广东省优秀社会科学家传略丛书
GUANGDONG SHENG
YOUXIU SHEHUI KEXUEJIA ZHUANLÜE

广东省优秀社会科学家传略（四）

本书编委会　编

中山大学出版社
·广州·

版权所有　翻印必究

图书在版编目（CIP）数据

广东省优秀社会科学家传略. 四 / 本书编委会编. -- 广州：中山大学出版社，2024.12. -- （广东省优秀社会科学家传略丛书）. -- ISBN 978-7-306-08268-8

Ⅰ. K825.1

中国国家版本馆CIP数据核字第2024KC8594号

GUANGDONG SHENG YOUXIU SHEHUI KEXUEJIA ZHUANLÜE(SI)

出 版 人：	王天琪
策划编辑：	嵇春霞　廖丽玲　周明恩
责任编辑：	周明恩
封面设计：	曾　斌
责任校对：	杨曼琪
责任技编：	靳晓虹
出版发行：	中山大学出版社
电　　话：	编辑部 020-84110776，84111996，84111997，84113349
	发行部 020-84111998，84111981，84111160
地　　址：	广州市新港西路135号
邮　　编：	510275　　传　真：020-84036565
网　　址：	http://www.zsup.com.cn　　E-mail：zdcbs@mail.sysu.edu.cn
印 刷 者：	佛山市浩文彩色印刷有限公司
规　　格：	787mm×1092mm　1/16　20.25印张　443千字
版次印次：	2024年12月第1版　2024年12月第1次印刷
定　　价：	88.00元

如发现本书因印装质量影响阅读，请与出版社发行部联系调换。

出版说明

哲学社会科学是人们认识世界、改造世界的重要工具，是推动历史发展和社会进步的重要力量。党的十八大以来，以习近平同志为核心的党中央高度重视发展哲学社会科学，习近平总书记亲自主持召开哲学社会科学工作座谈会，就哲学社会科学工作发表一系列重要讲话，作出一系列重要论述和指示批示，对构建中国特色哲学社会科学作出总体部署，有力推动哲学社会科学事业繁荣发展。党的二十届三中全会进一步明确提出"构建中国哲学社会科学自主知识体系"，这是党中央立足完成新的文化使命和哲学社会科学发展规律作出的重大部署，也是新时代我国哲学社会科学发展的战略目标。

广东省委省政府深入学习贯彻习近平文化思想，认真落实习近平总书记关于哲学社会科学的重要论述，着力加强组织领导、政策保障、人才培育，扎实推动全省哲学社会科学事业高质量发展。全省广大哲学社会科学工作者自觉立时代之潮头、通古今之变化、发思想之先声，积极为党和人民述学立论、建言献策，涌现出了一大批方向明、主义真、学问高、德行正的优秀社科名家，在推进构建中国哲学社会科学自主知识体系进程中充分展现了岭南学人担当，演绎了广东学界精彩。广东省委宣传部、省社科联组织评出的"广东省优秀社会科学家"就是其中的杰出代表，他们以深厚的学识修养、高尚的人格魅力、先进的学术思想、优秀的学术品格和严谨的治学方法，生动展现了岭南学人的使命担当和时代风采。

《广东省优秀社会科学家传略（四）》收录了2022年评出的第四届广东省优秀社会科学家，包括（以姓氏笔画为序）石佑启（广东外语外贸大学）、李凭（华南师范大学）、李萍（中山大学）、李新春（中山大学）、张卫国（华南理工大学）、张国雄（五邑大学）、胡军（暨南大学）、胡钦太（广东工业大学）、黄国文（华南农业大学）、黄建华（广东外语外贸大学）10位学者的传略，集中反映他们的学术追求和个人成长经历。希望全省广大哲学社会科学工作者自觉以优秀社会科学家为榜样，始终胸怀"国之大者"，肩负时代使命，勇于担当作为，不断为构建中国哲学社会科学自主知识体系，为广东在推进中国式现代化建设中走在前列作出新的更大贡献！

本书的出版，得到了第四届广东省优秀社会科学家的鼎力支持。他们贡献个人资料、学术成果、思想智慧以及各种建设性意见，为本书的编辑出版奠定坚实可靠的基础。我们在此表示衷心的感谢和崇高的敬意！由于时间和水平所限，本书难免存在纰漏欠妥之处，敬请读者批评指正。

丛书编委会

2024 年 11 月

目 录

石佑启：中国政府治理变革与行政法治研究的探索者 ········· 1
  一、足履实地　勤学奋进 ········· 2
  二、躬耕法治沃土　厚植学术情怀 ········· 6
  三、翰墨传承担使命　治校育人谱新篇 ········· 21
  四、明德悟道固根本　慎思笃行著华章——石佑启谈治学心得 ········· 36

李　凭：长期从事中华民族史基础理论研究的历史学家 ········· 40
  一、历经多次改行　坚持敬业操守 ········· 41
  二、投身历史研究　矢志探索不渝 ········· 54
  三、阐释历史规律　教学科研并进 ········· 61
  四、恪守唯物辩证　弘扬中华文明——李凭谈治学心得 ········· 67

李　萍：潜心中国德育理论研究与践行 ········· 78
  一、儿时到青葱岁月：那些融入生命里的记忆 ········· 79
  二、从"知青"到"大学生"：新生命的启蒙 ········· 86
  三、教师与学者："人师"的理想追求 ········· 94
  四、结语：成长的基石与人格的力量 ········· 104

李新春：中国家族企业与创业管理研究的开拓者 ········· 113
  一、求学：贫困乡村、与书结缘 ········· 114
  二、奠定研究基础：对理论的兴趣 ········· 120
  三、制度理论与国企改革 ········· 123
  四、战略联盟与网络 ········· 127

五、家族企业与创业 …………………………………………… 128
　　六、几点感想 …………………………………………………… 135

张卫国：金融复杂系统与风险管理研究的领军人物 ………………… 138
　　一、个人经历 …………………………………………………… 139
　　二、学术成就 …………………………………………………… 146
　　三、张卫国谈治学心得 ………………………………………… 162

张国雄：行走侨乡的"碉民"教授 ………………………………… 164
　　一、宜兴后裔，重庆仔儿 ……………………………………… 165
　　二、湖北知青，武汉学子 ……………………………………… 166
　　三、北京学人，广东"碉民" ………………………………… 168
　　四、张国雄侨乡文化治学心得 ………………………………… 176

胡　军：产业竞争力和跨文化管理研究的先行者 ………………… 185
　　一、个人经历 …………………………………………………… 186
　　二、学术成就 …………………………………………………… 192
　　三、社会影响 …………………………………………………… 200
　　四、胡军谈治学心得 …………………………………………… 207

胡钦太：教育信息化知行合一的践行者 …………………………… 210
　　一、个人经历 …………………………………………………… 211
　　二、学术成就 …………………………………………………… 216
　　三、社会影响 …………………………………………………… 230
　　四、胡钦太谈治学心得 ………………………………………… 240

黄国文：外国语言学及应用语言学的探索者 ……………………… 245
　　一、少年时代 …………………………………………………… 246
　　二、在广外的日子 ……………………………………………… 246
　　三、留学英国 …………………………………………………… 248
　　四、回国工作 …………………………………………………… 248
　　五、学术贡献 …………………………………………………… 249

六、人生处处皆选择 …………………………………………… 250
　　七、八年耕耘圆新梦 …………………………………………… 263

黄建华：词典学研究的领头人之一 ……………………………… 283
　　一、个人经历 …………………………………………………… 284
　　二、学术成就 …………………………………………………… 294
　　三、社会影响 …………………………………………………… 304
　　四、黄建华谈治学心得 ………………………………………… 309

石佑启：
中国政府治理变革与行政法治研究的探索者

1969年11月生，湖北大悟人，广东外语外贸大学党委书记，教授，博士生导师。长期致力于政府治理变革与法治政府建设、区域法治、地方立法等领域的前沿问题研究，在全国率先组织出版"区域法治与地方立法研究文丛"，率先组织编写《中国地方立法蓝皮书》《广东地方立法蓝皮书》等。系统研究政府治理与行政法治的基本理论及其制度创新问题，出版《论公共行政与行政法学范式转换》等著作与教材30余部。在《中国社会科学》《中国法学》《法学研究》《哲学研究》等刊物上发表学术论文160余篇，多篇论文被《新华文摘》等转载。

一、足履实地　勤学奋进

（一）难忘的成长经历

1969年11月12日，石佑启出生在湖北省大悟县一个偏僻的山村。他是大家庭的第四个孩子，有3个姐姐，他是第一个男孩。小时候的石佑启备受家人的宠爱和乡邻的喜爱。那时候农村的生活是艰苦的，但童年在充满爱的环境中成长的石佑启是快乐和幸福的。他在村里上完小学，就到乡（唐店乡）里上中学，读中学时在学校住宿，一般每周回家一次。每次上学，石佑启要背一小袋米、带一罐咸菜，吃一个星期。到了初中三年级，也是中考冲刺的一年，每次下了晚自习后，石佑启还要继续坚持学习一两个小时。初三那年的冬季，天气寒冷，晚自习后，中学的石成诗校长便叫石佑启到他宿舍去看书学习。石校长燃上一盆炭火取暖，并打了一盆热水让石佑启泡泡脚驱寒，这让石佑启无限感激，也鼓足了学习的劲头，更让其铭记终生。"宝剑锋从磨砺出，梅花香自苦寒来。"艰苦的学习环境，造就了石佑启吃苦耐劳、持之以恒的个性和敢于面对困难的勇气和决心。1985年中考时，唐店乡只有三名学生考上了大悟县第一中学，石佑启便是其中之一，而且他是以全乡第一名的成绩考上的。石佑启深知父母劳作的艰辛、农村孩子读书的不易，因此倍加珍惜在县一中的学习机会。"书山有路勤为径，学海无涯苦作舟。"高中时的石佑启也是在勤学苦读中度过的。他不苟言笑，酷爱看书，常常瞪着一双大眼睛安静地思考问题。高中的班主任李建安老师也很喜欢勤奋学习的石佑启，经常表扬他、鼓励他。1988年高考时，石佑启不巧感冒发高烧，但他不愿放弃，坚持参加高考。因受感冒影响，石佑启第一天的考试没能发挥好，到第二天有了好转，发挥得还算正常，尤其是数学考了满分120分。功夫不负有心人，他最终被中南政法学院录取。

（二）求学中南政法学院并留校任教

考上大学是石佑启人生的转折点，意味着他从此走出农村。1988年，石佑启收到中南政法学院录取通知书时，既高兴又有些疑惑，因录取通知书上写着"被录取到中南政法学院行政法专门化班"学习，他不知道"行政法专门化班"是什么意思，莫非是被录取到"专科"了？自己的考分也不低，怎么才录取为"专科"呢？是不是志愿没填好？到学校报到后才知道，"行政法专门化班"是中南政法学院首次设立的，也是学校的创新之举，这个班的学生都是从高考录取的学生中挑选出来的，号称中南行政法专业的"黄埔一期"，石佑启有幸被选上了。那时行政法学是一门新的学科，中南政法学院在全国高校中较早设立行政法专门化班，专门培养这方面的人才。大学期间，石佑启仍然保持着勤奋好学的习惯，各门功课都很优秀，尤其是对行政法有着浓厚的兴趣，其中方世荣教授等的精彩授课深深吸引着他。他经常向老师们请教并与同学们讨论行政法问题，还组建了一个行政法学方面的学术团体（行政法学协会），与爱好行政法学的同学们一起研讨行政法问题，而这批同学中如今有多位已成为行政法学领域的知名学者或专家。

刚上大学时，石佑启不太善于言辞，为了弥补这方面的不足，他有意识地进行自我训练，主动参加学校一些青年老师组织的卡耐基语言训练班，积极参加各种演讲比赛和辩论赛，这些活动锻炼了他的口才，也增强了他的自信。时任中南政法学院副院长的李远孝教授给石佑启写的毕业赠言是"寒窗语惊四座，法坛言胜群雄"。在日后的工作中，石佑启的发言总是能出口成章，令人心生佩服。大学毕业时，石佑启因成绩优异而被留校任教，学校还选派他到上海参加教育学、心理学等方面知识的培训。1992年10月，石佑启从上海培训完回到学校后，就登上讲台给本科生授课。他深知作为青年教师站稳、站好讲台的重要性，这是一名称职的教师的第一要务。所以，每次上课之前，他都会认真备课，大量阅读资料，收集相关的案（事）例，熟悉讲课内容，琢磨讲课的方法技巧。石佑启讲课时思路清晰、内容熟练、信息量大、引经据典、娓娓道来、充满激情，深受学生好评。"石佑启的课讲得好"的名声在中南政法学院逐步传播开来，很多实务部门也请石佑启去给干部讲法治课，并对他的授课给予高度评价。

1992年，对石佑启来说，是人生中无法忘记的一年。这一年，他留校任教，顺利参加工作；也是这一年，他的父亲突发脑出血，溘然长逝。子欲养而亲不待，父亲的去世是他心底永远的痛，也是他此生最大的遗憾。从此，他便要担负起家庭的重担。

1993年10月，石佑启顺利通过了律师资格考试，有一年多时间他在一家律所做兼职，缓解了经济上的一些困难。当时石佑启在到底选择做律师还是留在高校当老师之间犹豫彷徨过：做律师，有助于改善经济状况；当老师，收入虽不高，但感兴趣且有乐趣。在人生的十字路口，大学期间一直关注他成长的方世荣教授找他谈心，让他报考研究生，安心在学校工作，发挥好自己的特长，将来在专业上有所建树，这使他坚定了选择当老师并以教书育人为志业的决心。1995年，石佑启考上了方世荣教授的硕士研究生，从此开始了他的学术之路。方世荣教授治学严谨，对学生既严管又厚爱，这对石佑启后来的学术研究产生了极大的影响。那时，方老师经常带着石佑启外出调研、从事课题研究或编写书稿。在撰写学术论文和编写书稿时，方老师教导石佑启要细致认真、字斟句酌，甚至连标点符号都不能放过，这使石佑启受到了严格的学术训练。石佑启传承了方老师的严谨学风，后来在带学生、指导学生写论文时，他也是逐字逐句地修改，直到规范、满意为止。1995—1998

年，石佑启一边工作，一边攻读硕士学位。此时的他，已经在年轻教师中崭露头角，周围的老师和同学提起他都会竖起大拇指。他博闻强记，刚留校工作的那几年，校外律师考试培训班兴起，纷纷请课讲得好的石佑启去授课，对外宣传广告打上石佑启的名字，说他是"活电脑"，因为他对许多法条都熟记于心，随便问他一个法条，他都能指出是哪条哪款，就像查阅电脑一样方便。他超强的记忆力令人叹服。凭着对教学和科研的兴趣、投入及取得的成绩，石佑启在1996年破格评上讲师，后来一路破格评上副教授（2001年10月）、教授（2004年6月），并于2005年5月被遴选为博士生导师。

（三）深造于北京大学

1999年，石佑启考上了北京大学法学院宪法学与行政法学专业的博士研究生，师从我国著名法学家罗豪才先生和姜明安教授。北京大学"爱国、进步、民主、科学"的校训和"勤奋、严谨、求实、创新"的校风、浓厚的学术氛围、厚重的文化底蕴、风采各异的众多名师大家，深深吸引和感染着石佑启，令他受益良多。罗豪才、姜明安等老师知识渊博、学养深厚、品德高尚、和蔼可亲，师生只要在一起，总有讨论不完的学术话题。攻读博士学位期间，石佑启基本上是全身心地投入学习，遨游在知识的海洋里，广泛阅读、深入思考，撰写了多篇文章，按期高质量完成博士学位论文并顺利毕业，获法学博士学位。在北京大学三年的时光，极大地开阔了石佑启的眼界，增长了他的见识，让他明确了学术研究的方向，领悟了做学问的方法，也结交了一批良师益友。2002年博士毕业时，北京的一些高校向他抛出了橄榄枝，希望他能留在北京工作。因感念中南政法学院（2000年与中南财经大学合并，更名为中南财经政法大学）对他的培养和厚爱，他毅然回到了母校任教。从北京大学毕业回到中南财经政法大学后，石佑启得到学校的重用，生活过得忙碌而充实。他在教学、科研两方面齐头并进，服务社会的活动也越来越多，同时还在学校担任一定的行政职务。他先后担任了法律系副主任、宪法学与行政法学系主任、湖北地方立法研究中心副主任、学校研究生部副主任兼党委研究生工作部副部长，他以高度的工作热情和强烈的责任感投入工作中去，将各项工作安排得井井有条，不断开创工作的新局面，并取得了良好业绩。2003年2月，石佑启进入

2005年12月，石佑启在英国做高级访问学者时一家人的合影

武汉大学从事博士后研究工作，合作导师是我国著名法学家周叶中教授。2005年9月，受英国威尔士大学邀请，经中南财经政法大学同意，石佑启携全家去英国威尔士大学做了为期6个月的高级访问学者。

美丽的南湖之滨、晓南湖畔，石佑启在中南财经政法大学度过了人生中美好的20年时光。在这里，他不停努力向上，不断求学进取，从读本科到攻读硕士学位，再到北京大学攻读博士学位，后又到武汉大学从事博士后研究工作；在这里，他"小荷才露尖尖角"，课堂教学得到了师生的一致好评，科研方面也取得了较为丰硕的成果；在这里，他遇到了与他携手一生的伴侣杨桦。杨桦性格活泼开朗，青春靓丽，没有世俗偏见，从不嫌弃他的家庭条件。起初杨桦在黄石工作，为了结束两地分居的状态，在石佑启的影响和指导之下，杨桦考上了中南政法学院的硕士研究生，后又考取了武汉大学宪法学与行政法学专业的博士研究生，也走上了学习、研究行政法学的道路。共同的兴趣爱好，让他们相互扶持、相互帮助、携手共进。婚后，石佑启多次问杨桦，当初到底看上了他的哪一点，杨桦笑着说："人品，你朴实真诚、谦逊包容、勤学上进、一诺千金的好人品，深深地打动了我。"好的婚姻是彼此滋养、互相成就的，就像两棵树，它们的根紧拥在地下，叶相触在云端。在婚后长达十多年的时间里，他们分别都在不断深造、修读学位。岳父、岳母给予他们无私的支持，承担起所有的家务，帮他们照顾孩子，让他们能安心学习和工作，没有后顾之忧。女儿非常乖巧懂事，看到爸爸妈妈在

石佑启一家与岳父母的合影

工作、学习，她从不打扰。石佑启在中南政法学院成家立业，声名鹊起。整个求学阶段，他一直是品学兼优的好学生。他也得到了诸多恩师及亲朋好友的关爱、支持和帮助，初中时的校长石成诗老师给石佑启以亲人般的温暖，高中时的班主任李建安老师给予石佑启很多鼓励，大学时的班主任王兴和老师对石佑启十分关爱，还有导师方世荣教授、罗豪才先生、姜明安教授、周叶中教授等在他人生的重要节点给予了提携指点。石佑启是在感恩中奋进的，跟他有过接触的人，都会夸奖和赞赏他。来自师友的鼓励和亲人的支持，是石佑启一直不断前进的动力。这也许就是传说中的"爱出者爱返，福往者福来"。

（四）公选赴广东外语外贸大学任职

石佑启原以为中南财经政法大学就是他的家园，他会一直在这个美丽的校园工作下去。没想到，2008年的秋天，命运的齿轮忽然发生转动。石佑启的一位亲戚得知广东在向全国公开招考100名厅处级干部（包括30名副厅级干部、70名正处

级干部）的消息，也帮他报了名，拉他一起去广东考试。没想到石佑启第一次笔试就考了第一名，随后经过多轮激烈竞争，他在数千名报考者中脱颖而出。2008年11月，他被组织任命为广东外语外贸大学（简称"广外"）党委常委、副校长。认识他的人对这一考试结果并不惊讶，认为他是厚积薄发，完全具备这个实力，是实至名归的。此前，他从未到过这所以外语外贸著称的高校。担任校领导对他来说是一个新的挑战，但他积极融入新的环境，迅速适应新的工作和生活，顺利完成从一名教授到一名高校领导的转型。虽然行政管理工作繁忙且复杂，但石佑启从未放弃学习和学术，他努力做到行政、学术两不误，善于抓住碎片化的时间开展阅读和写作。来到广州，石佑启敏锐地感知到区域协调发展与区域法治这个学术前沿领域潜力无限。2010年，在全国政协原副主席罗豪才先生的关心和指导下，广东外语外贸大学设立了区域经济一体化法治研究中心这一校级研究基地，从研究珠三角一体化的法律问题到研究粤港澳大湾区的法律问题，并将罗豪才先生倡导的软法理论和公共治理理论等引入其中。作为广外法学学科带头人，石佑启非常注重学科方向凝练、师资队伍建设和学科平台搭建，与广东省人大常委会合作设立了地方立法研究评估与咨询服务基地，与北京市信访局合作设立了国家治理与信访法治研究中心，与广东省委办公厅和省教育厅合作设立了党内法规研究中心并成为广东省人文社科重点研究基地。石佑启还结合广外的外语学科优势，提出并积极推动法学与外语学科的融合发展，较早开展涉外法治理论研究与人才培养工作，引导广外法学学科走出一条差异化的发展之路，在服务国家重大战略需求中实现了弯道超车，先后成功获批法学一级学科博士学位授权点和法学博士后科研流动站，极大地提升了广外法学学科的综合实力、核心竞争力和社会美誉度。

二、躬耕法治沃土　厚植学术情怀

石佑启长期致力于政府治理变革与法治政府建设、区域法治、地方立法等领域的重点与前沿问题研究，笔耕不辍，在行政法学、立法学等学科的基础理论领域有着深厚的学术积淀，取得了丰硕成果。他作为首席专家先后主持国家社科基金重大项目2项、教育部哲学社会科学研究重大课题攻关项目1项，主持国家社科基金重点项目1项、一般项目2项，主持教育部、司法部等部级项目8项，主持其他省部级、市厅级项目及横向课题30余项，出版《论公共行政与行政法学范式转换》《私有财产权公法保护研究》《论行政体制改革与行政法治》《区域协调发展中府际合作的软法治理》等著作与教材30余部，在《中国社会科学》《中国法学》《法学研究》《哲学研究》等刊物上发表学术论文160余篇，多篇论文被《新华文摘》《中国社会科学文摘》《高等学校文科学术文摘》及人大复印报刊资料等转载，其研究成果获第二届全国法学教材与法学科研成果（著作类）二等奖、第七届高等学校哲学社会科学优秀成果奖（人文社会科学·著作类）二等奖、第八届高等学校哲学社会科学优秀成果奖（人文社会科学·论文类）二等奖、广东省哲学社会科学优秀成果特等奖与一等奖等省部级以上奖励10余项。

（一）立足中国治理变革语境，推动行政法基本理论创新发展

中国治理实践有其独特的发展规律、价值目标和覆盖场域，其在向不同主体、领域、空间延伸的同时，也促进了行政法制度的发展。治理实践与创新为行政法学研究提供了经验素材，促使了行政法学研究的价值取向嬗变，促进了行政法的制度功能调适。早在21世纪初，石佑启便关注到了公共行政改革之于提高政府治理能力的重要意义，以及对传统行政主体、行政行为、行政救济等行政法基础理论产生的冲击，他所著的《论公共行政与行政法学范式转换》一书率先从现代公共行政改革与发展着眼，从范式转换的视角，系统地思考和论证了行政法学的一些基本问题，具有鲜明的时代特色和前瞻性，创新性突出，对拓展行政法学研究视域、丰富行政法学理论体系、促进行政法制度创新具有重要价值。《论公共行政与行政法学范式转换》于2003年出版后，在学界引起了广泛影响并得到高度赞誉，于2005年第二次印刷，在2006年获得第二届全国法学教材与法学科研成果（著作类）二等奖，被列为北京大学、中南财经政法大学等知名院校宪法学与行政法学专业的研究生必读书目。

从1982年至今，我国已开启了九轮党和国家机构改革，出台了一系列机构改革方案。从精简机构、减少冗员到大部制改革，再到行政权力的结构性调整，改革实际上是对政府职能及对应行政权力配置的整合与分立进行整体重构，以强化其与市场、社会的互动，提升行政一体化和联动性。石佑启沿着公共行政改革的实践脉络，较早关注到行政体制改革对传统行政法提出的挑战。在2009年出版的著作《论行政体制改革与行政法治》中，他结合我国转型时期政治、经济、文化和社会生活的实际，以法治的理念和制度安排为基准，从法治行政和公共行政的视角研究行政体制改革问题，系统考察了政府职能转变、行政组织结构调整、行政权力配置和行政组织法完善等问题，并对行政决策体制机制优化、行政管理方式创新、行政执法规范化、行政监督强化和公共财政体制健全等进行了全方位思考，做了较为深入的论证，致力于为我国行政体制改革的法治化实践提供理论指导和智力支持。2014年，石佑启在《法学评论》上发表文章《我国行政体制改革法治化研究》，进一步聚焦于在法治的框架内设计和实施改革，提倡要充分发挥法治对改革的引领、促进和保障作用，并创造性地将行政体制改革的法治化划分为行政体制改革权的法治化和行政体制改革内容的法治化两个部分，强调必须善用法治思维与法治方式推进行政体制改革法治化，处理好改革与立法的关系，以及依托公开透明和民主

参与的方式推进改革，为改革寻求深厚的社会基础和强大的力量支持。该文章发表后，在理论界和实务界引起广泛关注和高度评价，被人大复印报刊资料全文转载，并获教育部第八届高等学校科学研究优秀成果奖（人文社会科学）二等奖。

部门行政职权相对集中是行政执法体制改革的关键尝试和重要举措。面对2010年前后我国行政综合执法改革面临的系列问题，石佑启于2012年完成的著作《论部门行政职权相对集中》，在总结我国行政综合执法及大部制改革实践经验的基础上，率先提炼出"部门行政职权相对集中"的概念，将其置于行政体制改革与法治政府建设的大背景下，揭示其宪法基础与生成条件，审视其价值导向与目标定位，思考部门行政职权相对集中的基本原则、标准及体制机制创新与制度变革问题，力求建立起部门行政职权相对集中的体制安排、机制构建和制度供给的完整体系。该著作对解决我国行政执法中遇到的深层次问题、破除"部门行政"的障碍、创新行政执法体制与机制、推进依法行政、提升政府治理能力有重大现实意义并于2015年获教育部第七届高等学校科学研究优秀成果奖（人文社会科学）二等奖，获广东省第六届哲学社会科学优秀成果奖一等奖。

党的十八届三中全会指出，全面深化改革的总目标是完善和发展中国特色社会主义制度，推进国家治理体系与治理能力现代化。政府治理是国家治理的具体实施和行政实现，政府角色转型构成政府治理变革的中轴逻辑。石佑启较早聚焦新时代政府治理法治化的现实需求，在《中国社会科学》2018年第1期上发表文章《中国政府治理的法治路径》，对行政法学理论与制度体系如何回应政府治理中主体结构、行为方式、行政过程及救济模式的全方位变革进行了深入的理论阐释。该文章从自治和共治两个维度对新时代中国政府治理的内涵、外延及其与法治的内在契合展开系统分析，创新性地提出面向政府治理多元主体结构、规则多元、过程交互、方式多样以及纠纷复合性对法治建设的新要求，应通过推进政府职能转变及行政权力配置法定化，拓展行政主体类型及完善行政组织法，丰富法的渊源及支配性规则改造，完善交互型行政程序制度，规范多样化行政行为，建立多元纠纷解决机制，等等，以实现政府治理的法治化。该文章厘清了中国治理理论的应有面向，推动了中国政府治理法治化话语体系构建及中国政府治理法治化学术体系回应型变迁，具有重要的学术价值和实践意义。该文章刊发后，产生了良好的社会反响，被《新华文摘》《社会科学文摘》和人大复印报刊资料等转载，被求是网、光明网、中国社会科学网、人民政协网等官方网站转载，被《中国社会科学》（英文版）刊发，在《中国社会科学》同期文章中被引次数排名第一，获广东省第九届哲学社会科学优秀成果奖特等奖。

在全面推进国家治理体系与治理能力现代化的时代背景下，如何基于"中国式现代化"内含的中国治理实践及其创新发展需求，进一步筑牢中国行政法治现代化的理论根基，是近年来中国行政法学亟待回答的重大理论命题。石佑启在对政府治理法治化问题进行系统研究的基础上，积极在更为宏观、全面的角度探讨中国治理实践对行政法（学）提出的挑战，进一步聚焦中国治理问题域，在《中国社会科学》2023年第9期发表文章《基于中国治理实践的行政法学命题转换》，提出中国治理的实践面向始终影响着中国行政法学自主知识体系构建的进程。该文章从历史、国家、社会、全球等维度解析了中国治理实践样态，提出对接中国治理的法治需求，行政法学研究应着力推动法治规律与中国国情相结合、治理创新与行政法治相协调、公权力与公民权利相平衡、中国法治与全球法治相统筹，实现自身目标优化，并因应治理主要任务变化、治理资源整合、治理范式改造、治理场域拓宽等，增强行政法的回应性、包容性、整体性及全球性。因此，该文章不仅系统、全面、清晰地勾勒了中国治理语境下行政法学与行政法治创新发展的历史规律和应然图景，而且以实现中国治理现代化为导向，探讨了如何彰显行政法学知识体系的自主性、创新性、融贯性。该文章被《新华文摘》2024年第1期作为封面文章转载，并被人大复印报刊资料《宪法学、行政法学》2024年第1期全文转载。

（二）落实区域协调发展战略，探索粤港澳法治协同模式创新

区域协调发展战略是新时代国家重大战略之一，是贯彻新发展理念、建设现代化经济体系的重要战略支撑。党的十六届三中全会将统筹区域协调发展置于"五个统筹"中的重要位置作出统一部署；党的十九大报告指出要实施区域协调发展战略；2018年，中共中央、国务院出台《关于建立更加有效的区域协调发展新机制的意见》；党的二十大报告将深入实施区域协调发展战略，促进区域协调发展作为加快构建新发展格局，着力推动高质量发展的重要内容予以明确。石佑启早在2007年便开始以中部地区法制协调为视角关注区域协调发展问题，并提出区域法制协调的制度机制设想。在2008年调入广东工作后，石佑启便开始以珠三角、粤港澳区域协调发展为考察对象，以其敏锐的学术嗅觉抓住区域经济一体化发展中政府合作带来的一系列法律问题，创造性地在区域法治建设研究中引入软法治理理论，阐释区域合作协议等的性质与功用，以及区域法治协同的法理意蕴，构建依托法治推进区域协调发展的理论模型。

2011年，以石佑启为首席专家申请的教育部哲学社会科学重大课题攻关项目"区域经济一体化中政府合作的法律问题研究"获批立项。以此为基础，他带领研究团队继续全面、系统、深入地研究区域经济一体化背景下推进府际合作面临的法律问题。同年，石佑启在《学术研究》上发表文章《论区域合作与软法治理》，明确提出加强区域合作，推进区域一体化进程，建构有效的法制保障平台，离不开软法的引导和规范，在强调充分发挥软法治理作用的同时，他还全面论述如何建立健全相应的软法机制，保证软法实施成效，为着力解决区域合作中的制度供给和机制设计与运行问题提供重要的理论支撑，他也成为将软法理论研究成果运用到区域府际合作场景的首倡者。此后几年，石佑启陆续围绕"区域府际合作治理与公法变

革""区域府际合作的立法协调""区域府际合作的执法协调""区域府际合作的激励约束机制""区域环境污染协同治理的法治保障"等重要问题,在《江海学刊》《学术研究》《武汉大学学报(哲学社会科学版)》《广东社会科学》等核心期刊上发表论文10余篇,从宏观层面探讨区域府际合作对公法尤其是行政法理论和制度体系的挑战及其应对,从中观层面讨论推进区域法治协同的路径选择,从微观层面研究区域范围内不同领域公共问题治理的法治支撑,由此从全方位、多角度勾勒出区域府际合作中法治协同的基本轮廓。2017年,石佑启围绕教育部哲学社会科学重大课题攻关项目形成最终结项报告《区域经济一体化中府际合作的法律问题研究》(56万余字),并获"优秀"结项。该成果最终于2018年由经济科学出版社出版,广受学界好评。《区域经济一体化中府际合作的法律问题研究》是石佑启关于区域府际合作中法制协调问题研究的阶段性总结,其深入法学基础理论层面剖析区域经济一体化中府际合作的法治需求和法治模式,系统研究如何从立法、执法、司法维度推进区域府际合作的法制协调,以及从利益协调、激励约束、信息共享、公众参与及纠纷解决等维度强化区域府际合作的法制保障,从而将区域经济一体化、府际合作和法治建设有机结合起来,在法治框架下探究区域府际合作的体制、机制等,为区域府际合作的制度化、规范化提供理论支撑,有力地推动了区域法治理论研究的深化。

宪法、组织法将各级地方人大、政府的权力范围限定在"本行政区域"内,这就决定了地方立法在规制区域公共问题方面存在不足,软法治理成为区域府际合作的必然选择。2016年,石佑启申报了国家社科基金重点项目"区域协调发展中府际合作的软法治理研究"并获批立项,进一步在前期研究的基础上聚焦于区域府际合作中的软法治理并开展精细化研究,深入探讨如何切实提升软法治理的成效,助推区域府际合作的有序展开。同年,石佑启主编的《软法治理、地方立法与行政法治研究》出版。该书从软硬混合法视角,对区域范围内地方立法形式的选择等软法治理实践问题展开深入探讨,尝试推进区域府际合作中软法治理模式建构。2021年,石佑启带领研究团队完成国家社科基金重点项目"区域协调发展中府际合作的软法治理研究"的最终结项报告,共计32万字,结项评定等级为"优秀"。2023年以该报告为基础,石佑启在上海三联书店出版著作《区域协调发展中府际合作的软法治理》,对区域协调发展中府际合作软法治理的基本理论、作用机理、制度完善、机制构建等核心问题进行全方位阐述,形成"区域协调发展及其法治问题研究"的重要参考资料。尤其是在深入分析区域府际合作中软法治理体制障碍的基础上,该书提出了推动软法治理制度完善和机制构建的具体路径,并尝试通过软法治理模式在粤港澳大湾区府际合作实践中有效协调"一国、两制、三法域"的理论和现实问题,有助于推进我国区域府际合作在法治的轨道上运行,提升政府跨区域治理水平,解决跨区域公共事务治理中的体制障碍、机制设计与制度供给问题,推进区域法治的进程,以及推动大湾区法治软实力增长,为国际湾区建设和全球治理提供样本，提升我国大湾区治理和法治建设实践的国际影响力。

粤港澳大湾区建设既是新时代全面深化改革、推动形成全面开放新格局的新尝试，也是推动粤港澳融合发展、"一国两制"事业发展的新实践。面向粤港澳大湾区建设的全面启动，石佑启在前期对珠三角、粤港澳区域法治建设相关问题进行研究的基础上，对已有的粤港澳大湾区法治建设相关研究进行反思，率先从揭示大湾区合作与传统粤港澳区域合作的内在差异以及大湾区发展的客观规律及其治理需求出发，提出应在推进国家治理体系与治理能力现代化的语境下，综合各个学科的知识谱系，以治理创新为研究切入点，讨论大湾区法治建设问题。石佑启在《中国社会科学》2019年第11期发表文章《粤港澳大湾区治理创新的法治进路》，提出要从理论和实践两个维度，进一步剖析粤港澳大湾区治理创新的法治需求以及法治对大湾区治理创新的能动回应，探寻大湾区治理创新的法治进路。该文章对粤港澳大湾区治理创新的基本内涵进行了系统阐释，从大湾区法治建设整体规划、法律规范体系建构、法律治理模式创新、法律救济制度完善四个维度全方位论证大湾区治理创新的法治路径，为厘清法治建设与先行先试、软法治理与硬法规制、多元主体参与合作治理、多样化纠纷救济机制适用等在粤港澳大湾区各类治理场景中的相互关系提出理论和制度设想，对依托法治推动粤港澳大湾区治理创新，探索构建大湾区治理法治化的法学理论体系、学术体系和话语体系具有重大意义。

2010年，在全国政协原副主席罗豪才先生的倡议和指导下，石佑启牵头在广外设立了区域一体化法治研究中心，组建了区域法治研究的专业团队。此后，石佑启不仅始终引领着区域法治问题的理论研究，而且率先在全国范围内组织出版"区域法治与地方立法研究文丛"。该文丛围绕"区域法治与地方立法"这一主题，采取开放式的方式，陆续出版著作20余部，系统深入地研究区域法治与地方立法问题，旨在为推进区域经济社会的协调发展以及法治体系建设与地方立法质量的提升提供理论支持。2017年，基于突出的研究成果，区域一体化法治研究中心被广东省社会科学界联合会确定为"广东省决策咨询研究基地"，并于2019年入选国家CTTI（中国智库索引）来源智库。2020年3月，依托区域一体化法治研究中心转型升级的区域法治研究院被广东省教育厅发文批准为"广东省普通高校人文社科重点研究基地"，石佑启作为研究院首席专家持续带领团队深化对区域法治相关问题的研究，并于2022年承接广东省哲学社会科学创新工程特别委托项目"粤港澳大湾区法治建设与区域协调发展研究"，在区域协调发展战略背景下进一步探索粤港澳大湾区法治建设研究的理论增长点。

（三）深耕地方立法创新实践，勾勒改革与法治良性互动图景

我国实行统一而分层次的立法体制，地方立法是中国特色社会主义法律体系的重要组成部分。区域法治与地方立法本质上是一体两面的关系，推进区域法治建设

要以高质量的地方立法为基础。石佑启在紧密关注区域法治前沿问题的同时，长期聚焦地方立法相关理论和实践问题研究，尤其是以广东作为改革先行地的立法实践为考察样本，打破传统立法学研究的理论桎梏，深入推动地方立法基本理论反思和革新，围绕立法与改革的关系、地方立法特色、地方立法与民间规范的关系等基础性问题展开探讨，力求指导具体的地方立法活动有序开展，在扩权与控权之间，探索地方立法创新实践的制度空间。

早在 2005 年，石佑启就积极参与到湖北省的地方立法实践当中，为地方立法理论研究积累了丰富的实践素材，并立足政策环境变化，围绕地方立法创新持续推出理论成果。在区域法治相关研究中，石佑启始终密切关注地方立法在促进区域经济社会协调发展中的重要作用，率先提出"区域合作协议搭建府际合作基本框架+地方立法落实区域合作协议"的法律治理模式，阐释地方立法在推动区域法治建设中的功能定位，勾勒区域内地方立法协同的理想图景。广东是改革开放的排头兵、先行地与实验区，这使得其在立法实践中常常面临如何协调改革与立法相互关系的现实难题，面临"改革就是违法，不违法就无法改革""改革要上路，法律先让路""不突破法律，就没有创新"等理论误区。石佑启紧扣时代主题，立足全面深化改革与全面依法治国同步推进的战略布局，较早全方位地阐释了改革与立法的内在联系，在《学术研究》2015 年第 1 期发表文章《深化改革与推进法治良性互动关系论》，提出"改革与法治如车之双轮、鸟之两翼""改革与法治要相辅相成、互动共进""正确处理改革的'变'与立法的'定'的关系"等重要观点，强调"改革的'变'要依法而变""立法的'定'不只是定结果"，并围绕如何实现立法与改革决策相衔接、重大改革于法有据、立法主动适应改革和经济社会发展需要、在法治轨道上推动先行先试等提出一系列方案，为在地方立法实践中推动改革与法治的良性互动提供了坚实的理论支撑。该文章发表后被人大复印报刊资料转载，引起学界的广泛关注。2016 年，石佑启进一步聚焦立法与改革决策的关系厘定，在《法学评论》2016 年第 1 期上发表文章《论立法与改革决策关系的演进与定位》，对立法与改革决策关系的演化进行系统梳理，得出立法经历了从"确认改革成果"到"服务改革大局"再到"引领改革发展"的角色转变，立法理念也随之从经验主义转向了工具主义，继而进一步转向法治主义的重要结论。以此为基础，明确提出应以法治主义引领立法理念转变，以法治思维和法治方式协调立法与改革决策的关系，实现二者的良性互动与有效衔接，进而从理论层面为实现改革决策与法治在地方立法层面同频共振提供证成。该文章发表后被人大复印报刊资料全文转载，在学界广受好评，成为研究立法与改革互动关系的经典文献。

地方立法既要切实协调好改革与法治的互动关系，也要注重地方自身特色在立法中的体现，以彰显地方立法的必要性和可行性。石佑启在《学术研究》2017 年第 9 期上发表文章《论地方特色：地方立法的永恒主题》，明确提出地方特色是地方立法存在的价值所在，没有特色的地方立法犹如没有灵魂的躯壳，旨在为地方立法相关理论问题的探讨和制度方案的设计确定主基调，并就如何突出地方立法特色从定位、源头、抓手、内容、程序和队伍维度提出建设性方案，以进一步保证地方立法实践不偏离特色化的轨道。地方立法特色不仅体现为立法对本地区改革创新实践的专门性回应，而且包含立法与本地区民间规范的融合发展，以追求地方立法对民间传统风俗习惯的吸收和转化。石佑启始终以地方立法应体现地方特色为导向，从基层治理的法治化需求出发，较早对地方立法与民间规范的相互关系开展系统研究，并提出了诸多有代表性的理论观点。2016年，石佑启申报的国家社科基金重大项目"民间规范与地方立法研究"获批立项，标志着他对民间规范与地方立法相关内容的研究进一步深化和凝练，逐步形成系统性、融贯性、创新性的研究视野和研究理路。此后，围绕国家社科重大课题，石佑启带领团队连续在《中外法学》《法商研究》《南京社会科学》《江苏社会科学》等核心期刊上发表最新研究成果，集中对如何推动地方立法与民间规范融合发展、良性互动，以及民间规范的生存空间、地方立法对民间规范的吸收和规制等进行全方位探讨，提出"民间规范的社群性、传承性和经验性分别能沟通地方立法的地方性、固有性和执行性""民间规范先导地方立法，地方立法吸收民间规范，民间规范补充地方立法，地方立法规引民间规范"等原创性观点，有力地为民间规范与地方立法的融合发展提供了理论证成，拓宽了地方立法特色化研究的理论空间。

  2015年，石佑启以前期理论研究和实务经验为基础，组织团队在广东教育出版社出版了教材《地方立法学》，弥补了地方立法领域理论教材的空白，在学界和实务界产生较大的影响。2019年，随着《中华人民共和国立法法》的修改，以及理论研究的深入和经济社会的发展，石佑启又带领团队对原教材进行大幅度修改，在高等教育出版社出版了《地方立法学》（第二版）。该书一经发行便引起了学界的广泛关注，许多高校将之作为地方立法学研究的指定教材。

2013年5月，石佑启邀请全国政协原副主席罗豪才
先生出席广东省法学会地方立法学研究会成立大会

长期以来，石佑启围绕地方立法展开的各项研究都以广泛参与地方立法实践为基础。他参与了多部法规、规章的调研、论证、修改及评估工作，提出的许多立法建议被立法、执法和司法机关所采纳，接受委托主持起草地方性法规和地方政府规章10余部，切实回应了地方立法的实践需求，其内容具有鲜明的实践性和前瞻性，为我国法治建设事业做出了重要贡献。2013年5月，为推进地方立法的科学化、民主化建设，充分发挥第三方专业平台在地方立法实践中的智囊团作用，广东省人大常委会与广东外语外贸大学合作成立省级研究基地——"广东省地方立法研究评估与咨询服务基地"，由石佑启担任基地主任。此后，他认真观察地方立法的实践，总结地方立法的经验，剖析地方立法的不足，率先在全国范围内带领团队组织编写《中国地方立法蓝皮书：中国地方立法发展报告》和《广东地方立法蓝皮书：广东地方立法年度观察报告》，自2015年起连续每年出版，深化对地方立法问题的理论研究，促进地方立法的发展和完善。蓝皮书的出版产生了良好的影响，获得了社会的广泛关注和高度评价。时任湖北省人民政府法制办主任张绍明同志和时任广东省人大常委会法制工作委员会主任王波同志评价地方立法蓝皮书的连续出版将有助于推进科学立法、民主立法和依法立法，提高地方立法的质量和效率；有助于全面推进依法治国和法治广东建设，促进立法信息公开与资源共享；有助于地方立法人才的培养；同时，地方立法报告内容翔实、数据准确、方法得当，具有较高的学术价值和实用价值，值得研读和收藏。

（四）聚焦市场主体现实关切，厘清营商环境优化的法治逻辑

法治是最好的营商环境。聚焦市场主体关切，在法治的轨道上持续深化"放管服"改革，是优化营商环境的核心要义。早在21世纪初，石佑启便敏锐地抓住了市场经济体制改革下市场主体的现实关切，积极关注私有财产权的公法保护问题，围绕"建构稳定、可预期的市场秩序"提出独到的见解。2004年，石佑启在《法商研究》上发表文章《征收、征用与私有财产权保护》，在第四次宪法修正案通过的关键节点，他率先就如何平衡征收、征用权与私有财产权的关系问题展开研讨，包括准确界定公益目的、确立公平补偿标准、建立正当程序、完善事后救济等，为后续相关研究提供重要参考。2005年，他又从制度设计、方式演进、路径选择3个维度系统探讨私有财产公法保护的方法路径，分别发表了3篇高质量文章，且均被人大复印报刊资料收录，得到学界一致好评。此后，他进一步在《法商研究》《法学论坛》上发表文章，对私有财产公法保护的价值取向及其与公共利益的关系进行深入探究，系统阐释私有财产权与公共利益之间的冲突与协调问题，提出应重点健全对行政权的规范和制约机制等，以实现私有财产权与公共利益之间的动态平衡，从而为实践中如何协调公益与私益的关系提供有益的参考。2007年，石佑启

在北京大学出版社出版专著《私有财产权公法保护研究》,从宪法与行政法的视角,采用历史考察、比较借鉴、价值分析、规范分析与实证分析等方法对私有财产权的公法保护进行了更为系统全面的分析和论证,进一步深化了私有财产权公法保护的理论研究,促进私有财产权公法保护的制度创新,更好地回应公民的权利诉求,指导私有财产权公法保护的实践。

党的十八大以来,我国通过简政放权、创新监管、优化服务、扩大开放、加强法治等,积极回应市场主体关切,持续探索进一步激发市场主体能动性,构建公平竞争的市场环境,为企业全生命周期提供服务,便利外商投资和对外贸易,巩固改革开放和营商环境建设的制度成果。石佑启在前期研究的基础上,立足新时代行政体制改革与经济体制改革的重要背景,聚焦区域协调发展、粤港澳大湾区建设等国家重大战略的实施,较早深入法治化营商环境建设相关问题研究当中,从立法、执法、司法等不同维度反思既有理论的不足及法治化营商环境建设的现实语境,提出构建一系列有利于回应现实需求的制度方案。围绕政府职能转变,石佑启于2019年在《学术研究》上发表文章《以转变政府职能为纲 推进法治政府建设》,深刻阐明了转变政府职能与法治政府建设相辅相成的关系,提出职能科学是法治政府建设的基本前提,全面履职是法治政府建设的本质要求,切实转变政府职能是推进法治政府建设的着力点,职能转变的法治化是法治政府建设的题中之义,针对"紧紧扭住政府职能转变这个'纲'""推进'放管服'改革"以及"职能转变过程和结果法治化"等提出诸多切实可行的建议。该文章获得学界的高度评价,并被《新华文摘》转载。2020年,《中华人民共和国民法典》颁布,对法治政府建设提出了新要求,注入了新动力。石佑启敏锐地抓住了民法典时代法治政府建设与民事主体权益保护的内在逻辑,在《学术研究》上发表文章《论民法典时代的法治政府建设》,进一步从有限政府、有为政府、守法政府、诚信政府、责任政府建设等方面着手,围绕促进政府严格规范、公正文明执法,全面提升政府的治理能力和水平,更好地保障公民权益进行全面讨论,助推政府治理进入良法善治的轨道,实现政府治理现代化。该文章被人大复印报刊资料收录,同时以此为题在中国法学会行政法学研究会2020年年会上作了主题报告,在学界引起广泛讨论,产生较大影响。

司法法治是法治化营商环境建设的重要支撑,其贯穿于优化司法环境的全过程,可以有效回应法治化营商环境建设的时代诉求和践行法治化营商环境建设的基本要旨。然而,学界较少从司法角度对法治化营商环境建设问题展开研究,缺乏关于司法与法治化营商环境建设内在关联的系统探讨,尚未形成具有代表性、专门性、指导性的理论文章。2020年,石佑启在对前期营商环境建设相关研究成果进行梳理的基础上,在《中外法学》上发表文章《法治化营商环境建设的司法进路》,结合法治化营商环境的基本内涵,对司法法治之于法治化营商环境建设的重要意义、法治化营商环境建设对完善司法的现实需求、以司法改革作为助推法治化营商环境建设的具体路径等问题进行全方位讨论，创造性提出营商环境建设的协调性、公私合作的广泛性、营商制度的创新性、权利救济的有效性、市场运行的高效性对强化司法的整体性、公正性、同步性、权威性和智能化提出了新需求，应遵循司法改革主线，通过完善司法联动模式、推进区域司法合作、坚守司法公正审判、构建司法能动机制以及加强智慧司法建设等路径，促进司法服务和保障法治化营商环境建设，实现司法在优化营商环境中的更大作为。该文章紧密结合国家治理语境下营商环境建设在区域协调、公私合作、实践创新、权利救济等方面的特殊性，从体制、机制、制度层面作出有现实针对性的回应，成为学界高引论文，至今被引用了110余次。

营商环境优化与法治建设两大主题的深度结合，要求法治化营商环境建设立足于政府、市场、社会的关系流变，还需出台相应的制度措施与行动方案。以往学界对于法治化营商环境建设相关议题的讨论，大多沿着"市场化"的逻辑脉络展开，侧重于营商环境建设对市场需求的回应，更关注法治政府建设层面的内容，把推进法治政府建设视为实现营商环境法治化的关键，以控制和规范行政权运行、划定政府的权责范围、提升政府服务质量等为主要目标。石佑启认为，面向市场需求对政府职能、政府权力行使范围与强度进行调适，固然是法治化营商环境建设的重要方面，但处理好政府、市场、社会三者的关系，对于法治化营商环境建设而言更为关键。为此，他在《法学研究》2021年第2期上发表文章《合作治理语境下的法治化营商环境建设》，创造性地提出合作治理在公域变革中的兴起，为营商环境建设设定了现实语境。与单纯强调"限权控权"的政府管理模式不同，在合作治理语境下，治理格局转变、治理诉求扩张、治理资源整合、治理进程交替，要求依托法治结构调适、法治价值兼顾、法源形式拓展和法治框架扩容等手段，发挥市场功能、协调多元利益、完善规范体系、释放创新空间，以契合法治化营商环境建设的逻辑演进规律。同时，该文章系统性地提出应通过厘定政府、市场与社会多元主体合作的制度边界，塑造糅合形式与实质双重要求的法治环境，促进法律规范体系的兼容并蓄及法治方式转变等具体途径，助推法治化营商环境建设目标的实现。该文章与传统研究的本质区别在于，其在理性审视政府、市场、社会三者的互动关系中探讨法治化营商环境建设的语境问题，进而形成更加全面的理论分析框架和制度方案。该文章发表后在理论和实务界引起较大反响，被《新华文摘》2021年第13期转载，部分内容被中国社会科学院2021年法学学科研究报告采纳，被《新华文摘》杂志、中国政法大学法治政府研究院、西南政法大学图书馆、CNKI法律数字图书馆、商法界等官方微信公众号推荐转载，在《法学研究》同期文章中引用率位居前列。

2022年6月9日，石佑启应邀给新疆维吾尔自治区"法治讲堂·逢九必讲"法治培训班作报告

2022年6月，石佑启应邀以"优化市场化法治化国际化营商环境，推动经济社会高质量发展"为主题，在新疆维吾尔自治区"法治讲堂·逢九必讲"法治培训班为全区8717个分会场、13.5万名党政领导干部授课，应邀以"法治化营商环境建设的价值导向、逻辑机理与基本路径"为主题在第三十三届全国副省级城市法治论坛上发言，获得社会各界的广泛关注。以此为基础，2023年6月，石佑启以"营造市场化、法治化、国际化一流营商环境研究"为题申报国家社科基金重大项目，并获得立项，这是他在法治化营商环境建设相关研究上获得的重大突破。

（五）把握依规治党时代内涵，推进党内法规制度体系化建设

党内法规既是管党治党的重要依据，也是建设社会主义法治国家的有力保障。党的十八届四中全会通过的《中共中央关于全面推进依法治国若干重大问题的决定》将"形成完善的党内法规体系"确定为建设中国特色社会主义法治体系的重要内容。新时代赋予了党内法规体系建设新内涵、新要求。石佑启始终聚焦公法领域的前沿问题，立足于依法治国与依规治党有机统一的根本要求，把握依规治党的时代内涵，较早关注党内法规体系建设问题，围绕党内法规制度体系建设的价值论、本体论、运行论等发表了一系列重要成果，产生了广泛的社会影响。

2019年11月，石佑启在《求索》杂志上主持党内法规栏目专题，并发表文章《新时代党内法规体系建设的价值取向与路径选择》，系统回应新时代党内法规体系建设的价值取向问题，创造性地提出在新时代推动党内法规体系建设价值取向应将党的政治建设放在首位，加强思想建设，重视民主法治价值和党内法规的动态运行价值等方向转变，并以此为基础，尝试通过明确基本原则、健全具体运行机制等做法妥善处理好党内

法规规范体系不协调、运行体系不完善、具体机制不健全等问题，以大力提升新时代党内法规体系建设水平，为全面从严治党筑牢制度根基。该文章牢牢把握党内法规体系建设的时代诉求和时代特征，提出的价值取向问题是党内法规体系建设的基本立场和目标定位，助力党内法规体系建设的高质量发展。该文章在学界产生较大影响，刊发后被人大复印报刊资料、中共中央办公厅法规局主办刊物《党内法规研究》转载，成为党内法规研究领域的重要参考资料。

法贵在执行，也难在执行。作为广东省法学会党内法规研究会会长，石佑启关于党内法规的研究始终能够兼顾本体论和运行论两方面的内容，尤其是能够坚持在确立价值取向的基础上，对规范建构及其执行问题进行专门性研究，助推党内法规制度体系有效运行。有效实施党内法规制度、提高党内法规的执行力是一个重要的理论和实践课题，也是落实全面从严治党的内在要求。石佑启经过考察发现，新时代党中央在全面从严治党中同步推进制度治党与依规治党，不断扎紧制度笼子，党内法规制度体系不断完善，但是党内法规的执行还存在制度虚置、象征性执行、选择性执行、机械性执行等现象，造成有规不依、执规不严、违规不究。基于此，他在《学术研究》上发表文章《论提高党内法规的执行力》，对如何通过健全和完善党内法规制度的运行机制，提高党内法规的执行力进行针对性、专门性研究，总结归纳出需要从科学立规、全党知规、严格执规、严厉督规、自觉守规等方面提高党内法规的执行力，坚持有规必依、执规必严、违规必究，加大党内法规执行力度，以增强制度治党的科学性和实效性，增强党内法规的严肃性和权威性，不断提升党的领导能力和依法执政的水平。该文章从"强制力"和"意志力"两个方面出发，同时对党内法规执行力的含义进行界定，弥补了既有研究的不足，同时对党内法规执行力不强的原因进行分析，具有较高的理论性、科学性和实践性。该文章刊发后，被人大复印报刊资料转载，在理论和实务界产生了广泛的影响，成为党内法规研究领域的高被引论文。

党内法规制度体系是以党章为根本，以民主集中制为核心，以准则、条例等中央党内法规为主干，由各领域各层级党内法规制度组成的有机统一整体，其以"1+4"为基本框架，即党章是总章程，在党章之下分为党的组织法规制度、党的领导法规制度、党的自身建设法规制度、党的监督保障法规制度四大板块。石佑启不仅从宏观层面探讨党内法规制度体系的建构和运行问题，还尝试从中观层面聚焦四大板块的制度完善问题。2021年，石佑启在《学术研究》上发表文章《论新时代党的领导制度的发展完善》，专门对党的领导制度建设问题进行探讨，具有重要的理论和现实意义。党的领导制度是我国的根本领导制度，在国家制度和国家治理体系中居于统领地位，必须长期坚持、不断完善。石佑启总结指出，推进党的领导制度发展完善，基本要求是巩固党的领导地位、强化党的领导职责、规范党的领导行为，并从法治运行的宏观视野出发，将实现领导程序法治化、领导行为法治化、法治保障系统化、领导规范完备化作为实现党的领导制度法治化的行动逻辑。他还对如何发展完善党的领导制度的具体路径加以系统阐释，有效地拓展了理论研究的广度和深度，为在实践中完善党的领导制度提供了重要参考。

（六）紧跟对外开放提档升级，助推涉外法治理论研究新发展

开放是当代中国的鲜明标识。从改革开放到加入世界贸易组织（WTO），再到进入新时代，我国始终坚持对外开放的基本国策，坚定奉行互利共赢的开放战略，不断以国家新发展为世界提供新机遇。2013年9月和10月，国家主席习近平开创性地提出建设"新丝绸之路经济带"和"21世纪海上丝绸之路"的合作倡议，拉开了携手推进"一带一路"倡议的帷幕。2013年11月，党的十八届三中全会通过的《中共中央关于全面深化改革若干重大问题的决定》，正式确立了"推进丝绸之路经济带、海上丝绸之路建设，形成全方位开放新格局"的发展战略，这标志着我国对外开放迈上新台阶，踏上新征程。十年来，共建"一带一路"，已经从理念转化为行动，从愿景转化为现实，从倡议转化为全球广受欢迎的国际公共产品和国际合作平台。2023年10月18日，习近平主席在第三届"一带一路"国际合作高峰论坛开幕式上郑重宣布中国支持高质量共建"一带一路"的八项行动，进一步为共建"一带一路"的高质量发展指明了大方向，勾勒了"路线图"。长期以来，石佑启始终紧跟国家对外开放的前进步伐，坚持从法治的视角探讨如何依托制度建构来引领和保障对外开放在公平、稳定、有序、可预期的轨道上运行，为提升对外开放及其法治建设的水平提供了诸多智力成果。尤其是党的十八大以来，伴随我国进一步推进高水平对外开放，石佑启率先从制度层面探讨高水平开放的法治根基，聚焦涉外法治建设，研究制度型开放的路径选择，力求推动对外开放与法治建设的相伴同行、相辅相成、良性互动。

早在2001年，中国刚刚加入WTO，石佑启便敏锐地关注到了加入WTO给我国法治建设，尤其是行政法治建设带来的重大挑战。他于同年在《中国法学》上发表文章《WTO对中国行政法治建设的影响》，创造性地结合WTO规则和原则体系，从宪法性制度，行政权力作用方式转变，行政行为的公开，政府对公民、法人和其他组织合法权益的保障，行政行为的司法审查，行政法学研究的创新，以及公务员制度改革七个方面，系统讨论了在加入WTO后我国行政法治建设面临的挑战，并提出相应的对策建议，为后续从行政法视角研究中国对外开放的法治建设问题奠定重要的前期基础。以此为线索，石佑启进一步以行政立法为视角，在《当代法学》2001年第7期上发表文章《WTO对我国行政立法的影响》，提倡大力转变和更新行政立法的观念，积极开展行政法规、规章的立改废工作，进一步完善行政立法程序等，其中关于"树立与WTO规则相协调的立法观念""围绕WTO规则体系进行行政立法立改废"等观点本质上已显现制度型开放的雏形，足以体现其理论研究和学术观点的前沿性。该文章发表后，被人大复印报刊资料转载，成为WTO规则衔接对接研究的重要参考文献。

党的十八大以后，石佑启时刻跟踪关注国家改革开放的最新政策和创新实践，准确把握中国对外开放时代背景、内涵外延的转变，结合广东及各大自贸区特殊的地理位置和功能定位，深入探讨"一带一路"倡议等落实所涉及的法律问题，专注于为新时代

高水平开放提供法治引领和保障。2016年,石佑启率领团队围绕"一带一路"法律保障问题展开专题研究,在人民出版社出版学术专著《"一带一路"法律保障机制研究》,以探究"一带一路"的法律保障需求及其法律保障机制构建的基本原则为基础,创新性地对"一带一路"法律保障机制构建中的自由贸易协定、国际软法、国内法、法律冲突协调、争端解决等方面进行全方位论述,提出构建"'一带一路'国际合作软法保障机制""'一带一路'法律冲突协调机制"等一系列核心观点,为完善"一带一路"法律保障机制提供重要理论指导和实践参考,在学界和实务界产生较大的反响。2019年,石佑启撰写的文章《"一带一路"法治建设的三个基本路径》发表在《南方智库》(专报)9月5日第32期。该文章主要从3个方面探讨"一带一路"法治建设的基本路径问题,其主要观点被中央有关部门形成的报告采纳,并得到中央主要领导同志和国务院主要领导同志批示,充分体现了石佑启对"一带一路"法治问题相关研究的理论价值和实践价值。

习近平总书记提出,法治同开放相伴而行,对外开放向前推进一步,涉外法治建设就要跟进一步。广东外语外贸大学长期在涉外法治建设领域积极探索,推陈出新,探索培育高水平涉外法治人才的广外路径,也积极在科学研究中助推涉外法治理论研究新发展。作为学校领导,石佑启在涉外法治人才培养的教学与科学研究上双管齐下,不断探索提炼涉外法治人才培养的理论模型,以及深入研究涉外法治建设的内涵外延和主要路径。2019年,由石佑启领衔的团队成功申报项目"'双模式'涉外卓越法治人才培养机制创新",获广东省教育教学成果奖一等奖。项目中的"双模式"是对涉外法治人才培养办学实践的理论归纳和梳理,通过外语教学和法学教学的深度融合形成"外语+法学"和"法学+外语"两种模式。2022年,石佑启应邀参加新时代法学教育与法治人才培养论坛并发表题为"新时代涉外法治人才培养"的主题报告,他积极倡议高等院校要努力培养一大批具有家国情怀、国际视野,通晓国际规则,善于处理涉外法律事务,能够参与国际合作与国际竞争和维护国家利益的高素质涉外法治人才。在顶层设计层面,要增强涉外法治人才培养的系统性;在制度创新层面,要保证涉外法治人才培养的可持续性;在协同培养层面,要提升涉外法治人才培养的融通性;在合作交流层面,要强化涉外法治人才培养的国际性,从而系统概括了涉外法治人才培养的主要路径。2023年,石佑启在参加广东省涉外法治建设工作会议期间,接受南方日报、南方网记者专访,向外界重点介绍"法学+小语种"涉外法治人才培养模式;同年10月,石佑启出席全国外语院校协作组第37届年会并作了"加强涉外法治人才培养服务国家涉外法治建设"的主旨发言,深入剖析了当前涉外法治人才培养的短板与不足,从"法学+外语""外语+法学"的人才培养"双模式",人才培养课程体系构建、教材编写、师资培育及平台搭建服务国家发展大局与人才培养区域特色等方面,阐述了涉外法治人才培养的具体举措。党的二十大报告提出,"推进高水平对外开放"以及"稳步扩大规则、规制、管理、标准等制度型开放"。扩大制度型开放是中国构建高水平对外开放新格局,着力推动高质量发展的时代要求。在涉外法治理论研究方面,石佑启长期以制度建构为主要抓手，探讨如何通过更为开放、公平、便利、透明的制度性、结构性安排，为推进更高水平开放筑牢法治根基。2022 年，石佑启承接广东省哲学社会科学规划"习近平法治思想研究"委托项目"统筹国内法治和涉外法治，完善我国海外利益法治保障体系"，并紧紧围绕构建我国海外利益保护法律制度体系在《民主与法制》上发表文章，就当前错综复杂的国际形势下我国海外利益保护的法律制度与机制构建进行探讨，围绕"保护海外公民、法人、驻外机构及人员的安全与正当权益""为我国贸易与投资创设安全、公平的海外环境""创建、引领有助于我国实现海外利益保护的国际机制""弘扬和平、发展、公平、正义、民主、自由的全人类共同价值"，提出"通过缔结、参加多边条约为我国海外利益保护提供基本保护框架""通过缔结双边条约满足我国在不同国家海外利益保护的差异化需求""通过国内法填补海外利益保护治理真空"等路径构建海外利益保护法律制度体系，为顶层设计和制度建设提供参考，具有重要的理论和现实意义。

三、翰墨传承担使命　治校育人谱新篇

自 1992 年参加工作以来，石佑启已在他热爱的教育领域辛勤耕耘了 32 年。32 年来，他始终坚守初心使命，以知识分子的报国情怀，秉持"严谨求实、勤奋创新"的治学态度，为我国法学教育、法学研究、法治建设和高等教育事业做出了重大贡献，获得了广泛认可。石佑启于 2006 年被评为湖北省首届十大杰出中青年法学家；2018 年被评为广东省立法工作领军人才；2021 年被评为广东省第四届优秀社会科学家。面对荣誉，石佑启总是淡然一笑，说这都是过去的事，要做的事情还有很多。在他眼中，荣誉总是"过去时"，努力才是"进行时"和"未完成时"。

（一）投身全面依法治国伟大实践，助力法治中国建设

1. 扎实开展法学研究，为法治建设提供理论支撑

石佑启作为一名法学研究者，注重将自己的专业所长与国家战略所需结合起来，以其扎实的专业知识回应国家发展之所急。他长期关注和研究行政体制改革、法治政府建设及行政法的基本理论及其制度创新问题，出版了《论公共行政和行政法学范式转换》（北京大学出版社 2003 年版）、《论行政体制改革与行政法治》（北京大学出版社 2009 年版）、《论部门行政职权相对集中》（人民出版社 2012 年版）、《法治视野下行政权力合理配置研究》（人民出版社 2016 年版）等著作，发表了《中国政府治理的法治路径》（《中国社会科学》2018 年第 1 期）、《粤港澳大湾区治理创新的法治进路》（《中国社会科学》2019 年第 11 期）、《基于中国治理实践的行政法学命题转换》（《中国社会科学》

2023年第9期)、《合作治理语境下的法治化营商环境建设》(《法学研究》2021年第2期)、《论行政法与公共行政关系的演进》(《中国法学》2003年第3期)、《论公共行政变革与行政行为理论的完善》(《中国法学》2005年第2期)、《我国行政体制改革法治化研究》(《法学评论》2014年第6期)等文章。这些成果围绕行政体制改革、法治政府建设、行政权力的配置、政府治理创新及其法治化等问题,展开了较为系统深入的研究,产生了良好的社会影响。以下仅摘取部分对其成果产生的学术影响的评述。

2003年,石佑启出版《论公共行政和行政法学范式转换》,该著作抓住了从国家行政向公共行政转变进而给行政法学带来巨大挑战这一社会发展变化,系统阐述了行政法对公共行政变革的理论变迁与制度回应,在学界引起热烈反响。时任中南民族大学副校长戴小明教授与中国人民大学王贵松教授合作,专门写了一篇书评,指出石佑启教授的专著《论公共行政与行政法学范式转换》从现代公共行政改革与发展着眼,从范式转换的高度全面而系统地梳理了行政法与公共行政的演进关系,概括了传统的行政法学范式及其面临的挑战,进而提出必须突破传统的理论框架进行范式转换,从而勾勒出在现代公共行政背景下的新的行政法学图景,为进一步完善行政法学理论体系,促进行政法治制度创新,更好地解决公共行政变革中产生的法律问题,提出了诸多富有创建性的观点,填补了行政法学研究上的一些空白。该书获第二届全国法学教材与科研成果奖二等奖,展现了石佑启开阔的视野和敢于创新的勇气,也为奠定他在行政法学界的地位开启了序幕。

2009年,石佑启出版《论行政体制改革与行政法治》,该著作多次被引用。广西民族大学法学院张显伟教授撰写的书评《行政体制改革法治化的理论建构力作——评〈论行政体制改革与行政法治〉》(《广西社会科学》2010年第3期)对该著作给予了高度评价:该著作结合我国转型时期政治、经济、文化和社会生活的实际,以宪法为根本向度,以法治的理念和制度安排为基准,从法治和公共行政的视角研究行政体制改革问题,是一本较为系统深入研究行政体制改革法治化的力作。该成果的理论价值与现实意义是重大的,其既为后来者进一步研究行政体制改革法治化问题提供了参考,开启了思路,也彰显出实践之树常青与理论研究常新的理论研究的回应性和生命力。

2012年,石佑启出版《论部门行政职权相对集中》,对中国大部制改革带来的行政法治理论、体制机制与制度供给做了系统深入的阐释。该著作入选《广东社会科学年鉴(2012/2013年合卷)》,被《南方杂志》推荐。该著作引起学界的广泛关注,有两篇专门的书评对其进行评介:一篇是中共广东省委党校朱海波教授写的书评《行政体制改革世界潮流的中国逻辑——评〈论部门行政职权相对集中〉》(《广东行政学院学报》2014年第1期);另一篇是广西民族大学法学院张显伟教授写的书评《对行政体制改革契入点的实践反思与理性建构——〈论部门行政职权相对集中〉读后》(《广西社会科学》2014年第3期)。两篇书评均对该著作给予了高度评价,指出《论部门行政职权相对集中》一书力图建立起部门行政职权相对集中的体制安排、机制构建和制度供给的完整体系。这是当前从交叉视角研究部门行政职权合理配置与大部制改革,是实现理论升华与实践延展有力结合的力作,对我国在深化行政体制改革和解决行政执法实践中存在的"多头执法、重复执法"等突出问题提供了有效的建议。

2014年,石佑启在《法学评论》上发表文章《我国行政体制改革法治化研究》。该文章被《新华文摘》(2014年"全面推进依法治国"专刊)转载,被《中国社会科学文摘》2015年第5期转载,被人大复印报刊资料《宪法学、行政法学》2015年第3期转载,同时被中国社会科学网、中国法学创新网选为"妙文共赏",被北大法律信息网、中国公法评论网、中国法学网等推荐,也被《依法治国大家谈》(人民出版社2015年版)收录(该文被称为:对十八届四中全会《中共中央关于全面推进依法治国若干重大问题的决定》最全面、最准确、最专业、最权威的解读)。

2016年,石佑启出版《社会矛盾化解与信访法治化问题研究》。该著作被第二届全国信访制度理论与实践研讨会组委会评价为:是我国信访法治化建设提出后,第二部专门研究信访法治化建设的著作,意义重大,为我国信访事业的创新发展做出积极贡献;石佑启教授是该著作的主要作者,其贡献将载入史册。中国法学会行政法学研究会、北京市信访矛盾分析研究中心联合就著作向石佑启颁发特别贡献奖励证书。

功崇惟志,业广惟勤。一切成绩都是拼出来、干出来、奋斗出来的。石佑启总能在繁忙的行政事务和高水平的学术研究之间游刃有余。勤奋、实干和担当是他最鲜明的个性。他是个"工作狂",每天好像都有用不完的精力。据他的爱人杨桦教授和同事说,他经常在家里或是在办公室看资料、写文章到凌晨,但是第二天他依旧能保持良好的精神状态。他常说:"除了学习,没有什么方法可循;除了实干,没有什么捷径可走;除了担当,没有什么忠诚可言;除了奉献,没有什么境界可讲!"在他的带动下,广外法学学科在较短的时间内得到了快速发展。对此,在2015年,著名法学家、全国政协原副主席罗豪才先生评价道:"广东外语外贸大学法学专业虽然起步较晚,但发展迅速,在石佑启教授的带领下,取得了一批高质量的成果,获得了多项国家和省部级重点项目,较好地推动了软法、区域法治和地方立法研究,为国家和地方法治建设做出了积极贡献。"《学术研究》(2016年第1期)封面"当代学林"将石佑启作为知名学者介绍,对其评价道:"石佑启教授坚持问题导向,回应现实需求,勇于开拓创新,取得了丰硕成果。他从法治建设的实践中寻找源头活水,既积极拓展法学研究的视域,丰富完善法治理论,又为现实问题的解决提供智力支持,彰显了学术研究的生命力,体现了学者的责任与担当。"鉴于石佑启对学术的执着和对法治建设做出的突出贡献,2021年石佑启被评为第四届"广东省优秀社会科学家",当时给予他的评价是:"石佑启教授是中国政府治理变革与行政法治研究的探索者,在科学研究方面取得了显著成绩,为推动广东哲学社会科学事业全面繁荣做出了贡献。"

2. 勇于担当法治使命,为法治广东建设提供智力支持

石佑启充分发挥自身专业优势与特长,践行法治使命与担当,立足广东实际,积极为法治广东建设建言献策、添砖加瓦。他被聘为广东省委法律顾问、广东省委政法委法律顾问、广东省人民政府法律顾问、广东省人民政府决策咨询顾问委员会专家委员、广东省重大行政决策咨询论证专家、广州市重大行政决策论证专家、广州市人民政府兼职法律顾问等,并担任第十三届广东省委委员、第十三届广东省人大代表及人大常委会委员。他作为广东省委省政府的法律顾问,认真履职尽责,审阅了《广东省文明行为促进条例》《广东省科学技术普及条例》《广东省数字经济促进条例》《广东省平安建设条例》《广东省重大行政决策听证规定》等地方立法文件200余份,并提出了很多有针对性和可行性的法律意见与建议。应中共中央办公厅法规局(简称"中办法规局")约稿,石佑启撰写《以党内法规体系建设守正创新保障"中国之治"》,刊载于中办法规局主办的刊物《党内法规研究》(2022年第3期)。在中共广东省委党校召开的透过百年党史看党内法规制度建设的研讨会上作主题发言,石佑启提出"强化五个统一、推进依规治党",推动全面从严治党不断向纵深发展,其观点被载入《广东法规要情专报》;撰写的《制定〈广东省海岸带管理条例〉推进海洋强省建设的建议》,获广东省人大常委会领导批示,为法治广东建设提供了智力支持。

值得一提的是,受广东省发展和改革委员会的委托,石佑启领衔的团队参与草拟《横琴粤澳深度合作区发展促进条例》,在时间紧、任务重、要求高的情况下,团队成员坚持高标准、高水平、高质量的原则,顺利完成该条例的草拟工作,获广东省人大常委会通过,并得到全国人大常委会高度肯定,充分展现了石佑启团队的责任与担当。2023年2月8日,广东人大网刊登2023年第1号公告,正式对外公布《横琴粤澳深度合作区发展促进条例》。这是继2021年9月出台关于横琴粤澳深度合作区有关管理体制的决定后,广东省人大常委会相应出台的地方性法规,也是引领和保障合作区建设的首部综合性法规,进一步为合作区管理运行和发展提供更为系统全面、明确细致的法治保障,将有力支撑粤澳健全完善共商共建共管共享的新体制。

3. 积极参与法治宣传,传播法治理念

石佑启平时的行政管理事务繁忙,教学科研任务也很重,但是他还是积极应邀到政府机关、企事业单位开展法治宣讲,勇做社会主义法治精神的弘扬者和传播者。作为普法高级讲师团成员和百名法学家百场报告会("双百活动")讲师团成员,他给领导干部和社会公众作了数百场法治报告,包括"全面推进依法治国,建设法治中国""推进行政体制改革法治化""平安广东的法治保障""物权保护与依法行政""深入推进依法行政,加快建设法治政府""新时代领导干部的法治思维与法治方式""学习宪法及修正案,维护宪法权威""新时代法治政府建设的新要求""民法典时代的法治政府建设""学习贯彻习近平法治思想,统筹推进国内法治和涉外法治"等,获得广泛好评。

为深入学习宣传贯彻习近平法治思想,广外成立由石佑启牵头、以法学学科师生为主要力量的"习近平法治思想宣讲团",面向校内外开展习近平法治思想宣讲活动,不断深化与广东省委办公厅、广东省人大常委会、广东省教育厅等机关的校地合作,完成立法宣讲、试点指导和业务培训100余场。近3年来,石佑启先后多次应邀赴多地作法治报告和参加高端学术论坛,积极传播习近平法治思想。作为百名法学家百场报告会成员,石佑启应邀给广东省委党校中青班及厅级干部班学员作"学习党内法规,做合格党员"的报告；应邀到广州市、惠州市、河源市、中山市、东莞市、云浮市等地作10余场"学习贯彻习近平法治思想，深入推进全面依法治国"的报告。

石佑启大力推动习近平法治思想进教材、进课堂、进头脑，带头面向全校师生讲授《习近平法治思想概论》。他在"书记校长思政第一课"上，结合中国法治建设的实际，引用历史典故、经典案例和名言警句，系统阐释习近平法治思想的重大意义、核心要义、内在逻辑和实践要求。他指出，习近平法治思想体现了鲜明的政治导向、坚定的理想信念、深远的战略思维、强烈的历史担当、真挚的为民情怀、宏大的国际视野、科学的思想方法，为深入推进全面依法治国、加快建设社会主义法治国家指明了方向。他勉励广外学子要深入学习领悟习近平法治思想，自觉做习近平法治思想的坚定信仰者、积极传播者、模范践行者，要坚持守法初心、增强法治自信、强化法治担当，奋力开拓中国特色社会主义法治道路的广阔前景，为加快建设社会主义法治国家贡献力量。

2021年10月14日，石佑启在首届"学术中国"国际高峰论坛上作"中国特色社会主义法治道路的历史、理论和实践逻辑"的发言

石佑启还应邀参加一系列高端学术论坛，分享自己最新的研究成果和学术观点。2021年10月14日，石佑启应邀前往北京参加以"中国式现代化新道路"为主题的首届"学术中国"国际高峰论坛（该论坛由中国社会科学院主办，邀请了来自中国和其他20余个国家的100名著名学者参加），在论坛上作了"中国特色社会主义法治道路的历史、理论和实践逻辑"的主旨发言，该发言稿后续发表在《中国社会科学报》2021年10月19日第3版上。此外，他还多次在"读懂中国""从都国际论坛""中国法治论坛""中国（喀什）—中亚南亚法治论坛""广东省涉外法治建设工作会议"等高端学术论坛上作主旨发言，围绕全面依法治国、高水平对外开放等国家战略中的重大理论和实践问题进行阐释，提出了许多针对性强的对策建议，为经济社会高质量发展提供智力支撑。

《中华人民共和国民法典》（简称"民法典"）的颁布，标志着我国正式迈入民法典时代。民法典颁布后，石佑启组织广外法学团队在全省高校中率先开展线上"中国民法典宣传大型公益讲座"21场次；该团队持续开展"民法典宣讲百村行""民法典宣讲进军营"等活动，深入全省100余个行政村宣讲民法典，此在全国为首创，被广东省委政法委和广东省法学会誉为"鲜明的广东普法特色"之一，两项活动分别获得2020—2021年、2021—2022年广东省国家机关"谁执法谁普法"创新创先项目"优秀普法项目"奖。广外获评全国普法工作先进单位。

2021年，石佑启在中国法治论坛上作"贯彻习近平法治思想　加强涉外法治人才培养"的主题报告

在石佑启的大力推动下，广外还积极承办普法宣传竞赛，致力于打造普法教育的高地。自2018年起，受广东省教育厅委托，广外连续承办全国学生"学宪法　讲宪法"广东省比赛，组织指导选手参加全国总决赛，并多次斩获佳绩，总体成绩位居全国前列，得到广东省教育厅高度肯定。2022年，广外与教育部政策法规司、广东省教育厅共建华南地区唯一一所青少年法治教育中心，积极建设立足广东、辐射华南、服务粤港澳大湾区、面向全国的青少年法治宣传教育基地、青少年法治教育人才培训基地和青少年法律援助基地。在揭牌仪式上，石佑启指出，青少年法治教育中心的成立对学习贯彻习近平法治思想、推动青少年法治教育工作有效开展、提升法治教育的质量和水平、强化法治教育研究等具有非常重要的作用。他积极动员学校各方力量，加强联动，实现资源共享，增强青少年法治教育的针对性和实效性；把握机遇，发挥学科优势，全力推动中心高质量发展；结合青少年法治教育的实际需求，把青少年法治教育中心建设好，为粤港澳大湾区率先在全国建成社会主义法治先行示范区做出积极贡献。

（二）扎根中国大地办大学，扛起教育强国建设的使命责任

教育是国之大计、党之大计，是民族振兴、社会进步的重要基石。回顾广外近60年的办学历史，学校的发展始终与国家同呼吸、共命运，在不同历史时期，为国家外交外贸事业做出了重大贡献。目前，广外已发展成为华南地区国际化人才培养、外国语言文学、全球经济治理、涉外法治研究及中华文化国际传播等的重要基地。迈进新时代新征程，如何推动学校事业高质量发展，在日益激烈的高等教育竞争中奋楫争先、赛龙夺锦，在教育强国、教育强省建设中践行更大担当，在新时代新征程中更好服务国家和地

方重大战略需求，这不仅是学校发展面临的关键问题，也是石佑启一直思考和探索的重大课题。

2024年是石佑启在广外工作的第16个年头，从担任学校副校长、党委副书记，到担任校长、党委书记，他始终牢记"为党育人、为国育才"的初心使命，始终恪守办好广外这所国际化特色鲜明的高水平大学的责任和担当，团结带领广外全体师生用实际行动回答好"强国建设，教育何为"的时代问卷。面对新形势、新要求，石佑启始终坚持用习近平新时代中国特色社会主义思想凝心铸魂，深刻领会科教兴国战略在新时代的科学内涵和使命任务，坚持"国家所需、未来所向、湾区所急、广外所能"的发展理念，引导学校走内涵式发展道路。面对新机遇、新挑战，石佑启始终坚持凝心聚力、守正创新，强调铸牢广外人"共同体"意识，凝聚智慧力量、奋力攻坚克难，形成推动学校事业高质量发展的强大合力。近年来，广外入选广东省高水平大学重点建设高校，各项事业发展取得新突破、迈上新台阶，综合实力稳居全国外语院校前列。广东省委常委、副省长王曦同志两次到广外调研，高度评价广外是一所"有底蕴、有特色、有担当"的大学。

1. 坚定高质量发展方向，加快建设国际化特色鲜明的高水平大学

党的十八大以来，教育在推进中国式现代化建设中的作用更加突出，地位更加凸显。党的二十大报告强调"教育、科技、人才是全面建设社会主义现代化国家的基础性、战略性支撑"。只有加快推进教育现代化、办好人民满意的教育、实现学校事业高质量发展，才能为实现中华民族伟大复兴提供强大的人才支撑和智力支持。

2023年6月9日，石佑启接受人民日报客户端采访，介绍广外办学特色和成绩

作为一名学者型的高校管理者，石佑启深刻认识到，当前高等教育已转入内涵式发展阶段，只有紧紧抓住高质量发展这条生命线，方能在危机中育新机、于变局中开新局。要实现高质量发展，学校就必须主动超前布局、有效应对变局、奋力开拓新局，在新一轮发展中抢占先机、赢得主动。从2015年两个学科群（"面向国际语言服务的外国语言文学创新体系建设"和"服务21世纪海上丝绸之路重大战略需求的经管学科融合创新体系建设"）入选广东省高水平大学重点建设学科项目，到2018年外国语言文学、应用经济学、工商管理、法学等4个学科入选广东省高水平大学重点建设学科，再到2021年广外整体升格为广东省高水平大学重点建设高校，广外把握住了发展的重大机遇，不断追求卓越、争创一流，推动该校综合实力、国际声誉显著提升，为接下来的发展奠定了更加坚实的基础。

办好教育，方向是第一位的。在广东全省市厅级主要领导干部学习贯彻党的二十大精神专题研讨班结业仪式上，石佑启深刻阐明了自己的观点，强调作为高校党委书记，要学深悟透党的二十大精神，做懂教育的政治家、懂政治的教育家、懂创新的实干家。一直以来，石佑启都把管党治党作为自己的首要责任，全面推动以高水平党的建设引领学校事业高质量发展，确保学校发展与党中央的决策部署步调一致，与国家和地方经济社会发展紧密对接，全面贯彻党的教育方针，落实立德树人根本任务，全力办好人民满意的教育。

推动事业发展，关键在于谋划。近年来，在石佑启的带领下，广外党委认真贯彻落实党中央决策部署，增强"为党育人、为国育才"的责任感、使命感、紧迫感，深入研究事关学校全局的办学理念、办学定位、总体规划、发展路径等重大问题，领导班子成员深入基层调研座谈，参与方案论证制订，狠抓工作推进落实。从2019年广外召开第四次党代会，到近两年来密集出台的学校"十四五"系列规划、高水平大学建设方案（2021—2025）、外语学科"冲一流"攻坚方案、新文科建设方案等一系列重大发展战略和规划，广外的办学理念和思路正不断优化，国际化特色鲜明的高水平大学建设路径愈加清晰。

在学科体系构建方面，广外不断提高学科总体布局与国家区域发展需求的契合度。重点做精"高峰"学科，推动外语学科整体水平快速提升，加快布局语言与人工智能新增长点；做强"优势"学科，大力推进涉外法治学科建设，增强服务涉外法治建设的能力；做优"重点"学科，以服务开放型经济为导向建好经管学科群；做实"交叉"学科，培育区域国别学、中华文化国际传播等新增长点。2021年，在石佑启的带领下，广外全校上下团结一心、攻坚克难，学校新增法学一级学科博士学位授权点。目前广外拥有3个一级学科博士学位授权点，数量位居全国外语类院校并列第一，为该校高质量发展打下了坚实的学科基础。广外在软科中国大学文科实力排行榜中位列第43，成功进入全国50强。广外在2023年软科最新排名中，其外国语言文学位列第3，进入全国前2%，连续4年上榜软科"中国顶尖学科"；法学进入全国前9%、应用经济学进入全国前10%，上榜"中国一流学科"；新闻传播学、工商管理排名前20%；9个学科进入全国前50%。

在学术体系构建方面,广外深入实施有组织的科研,打造"大团队",组建"大平台",承担"大项目",产出"大成果",不断增强在全球经济治理、国别和区域研究、区域法治与涉外法治、国际传播等领域的学术影响力。广外承担的国家级重大项目数量稳居全国外语类院校首位;国家社科项目年度立项数、教育部人文社科研究项目年度立项数最好排名分别为全国第41位和第5位,在全国外语类院校中排名第一;获2023年研究阐释党的二十大精神国家社科基金重大项目数量并列全国第三、广东省第一;获省部级以上科研成果奖79项,其中9项成果获教育部第八届高等学校科学研究优秀成果奖,超历届获奖数量总和。学校科研实现了从"跟跑""并跑"到"领跑"的转变。

在话语体系构建方面,广外用多语种讲好中国理论,深刻阐释习近平新时代中国特色社会主义思想的精髓要义,用具有国际通约性的表达讲好中国故事,为提升中华文明传播力、影响力贡献力量;打造广外特色国际语言服务体系,推进与省委宣传部共建的广东对外传播研究基地、广东对外传播翻译基地和广东在粤留学生游学基地,打造学术外译精品项目,加快中国学术"走出去"步伐,锻造具有外语院校特色的话语体系和服务品牌,为"中国走向世界"提供知识、资讯和人才储备。

2. 坚定人才自主培养旨向,着力培养高素质复合型国际化人才

"培养什么人、怎样培养人、为谁培养人"是教育的根本问题。高等教育要在教育强国建设中发挥龙头作用,必须对标加快教育现代化、建设教育强国的迫切需求,聚焦"国之大者",紧紧抓住全面提高人才自主培养质量这一中心任务。

一直以来,广外坚持把立德树人成效作为检验学校一切工作的根本标准。石佑启始终秉持"越是国际化办学,越要坚持党的领导,越要强化政治引领"的理念,坚持不懈用习近平新时代中国特色社会主义思想铸魂育人,推动学校完善"三全育人"体制机制建设,强化全员育人的主体维度,延伸全程育人的时间维度,拓展全方位育人的空间维度,推动课程思政和思政课程同向发力、协同育人,以强烈的历史主动精神和政治责任感,培养德智体美劳全面发展的社会主义建设者和接班人。近年来,广外积极推动思想政治工作体系贯穿于学科体系、教学体系、教材体系、管理体系,形成全员、全过程、全方位育人格局;成立了习近平经济思想、外交思想、法治思想教学研究中心,加强对习近平新时代中国特色社会主义思想的理论研究;推进《习近平谈治国理政》多语种版本"三进"工作,促进思政课程和课程思政同向同行、深度融合。广外入选广东省高校"三全育人"体制机制建设试点单位、广东省课程思政教学改革示范高校、首批广东省重点马克思主义学院。

多年来,石佑启坚持走近学生、走进课堂,做好理论宣讲,每年坚持为学生上好大学第一课,组织青年学生、出国交换生座谈等活动,引领学生树立正确的世界观、人生观、价值观。在2019年研究生开学典礼上,石佑启系统阐述了"进德、修业、务实、致远"的广外学风,教育学生要具备胸怀祖国、服务人民的家国情怀,具备求真务实、行胜于言的奉献精神,具备实事求是、脚踏实地的诚信品质,积极回应时代需求,成就人生价值。广外的优良传统和品格在潜移默化中铸成了广外学子的人生底色，深刻影响着他们的人生追求。广外校友邵书琴扎根边疆、服务基层十年如一日，荣获"中国青年五四奖章""全国高校毕业生基层就业卓越奖"；法学院法律援助中心为基层百姓纾解难题，推动基层法治建设，荣获"全省党建工作样板支部""广东青年五四奖章"；多语言志愿服务队积极投身抗疫一线，获评"全国抗击新冠肺炎疫情青年志愿服务先进集体"、全国学雷锋志愿服务"四个100"先进典型。在最需要的地方、最紧要的关头，广外学子用行动践行着新时代青年的责任和担当。

人才培养质量是大学教育质量的核心，是大学的生命线。迈上新征程，中国式现代化建设对高等教育的需求比以往任何时候都更为迫切，对优秀人才的需求比以往任何时候都更加强烈。面对新形势，石佑启一直思考着外语类院校人才培养工作的开展、定位和特色，努力推动学校在人才培养特色、学科专业内涵上下功夫，加快构建高水平人才培养体系，着力培养具有家国情怀、国际视野、过硬本领、创新能力、担当精神的高素质复合型国际化人才。

近年来，广外对标一流，夯实人才培养基础。37个专业获批国家级一流本科专业建设点，在全国外语院校中位列第二；获批省级以上一流本科专业建设点59个，占招生专业总数近九成；获评国家一流本科课程24门，位列外语类院校第一；在2022年"软科中国大学专业排名"中，"A+"专业数位居全国高校第44、全省高校第三。广外以一往无前的胆识和魄力抢抓"新文科"建设机遇，出台"新文科建设620行动方案"，通过开辟课程育人新阵地、建设文科专业新体系、探索人才培养新模式、打造课程教学新成效、搭建实践教学新平台、构筑人才培养新保障，打造具有广外特色的文科人才培养体系，有效推动文科专业之间以及语言与科技的交叉融合，把准外语院校的科学定位，适应新文科人才高质量培养的新需求。

3. 坚定服务国家战略导向，增强教育服务高质量发展能力

中国日益走近世界舞台中央，提出共建"一带一路"倡议，积极参与全球治理体系变革，推动构建人类命运共同体。广东积极融入粤港澳大湾区建设，支持深圳先行示范区和横琴、前海、南沙三大平台建设，奋力在新征程中走在全国前列，创造新的辉煌。面对新的使命呼唤，石佑启强调，必须以更高远的历史站位、更宽广的国际视野、更深邃的战略眼光，更加坚定地融入国家发展大局，为推动中国式现代化建设、广东高质量发展提供有力支撑。具体做法包括以下三点。

一是提供有力的人才支撑。石佑启高度重视推动学校人才培养供给侧结构性改革，加强国家急需的应用型复合型高质量人才培养。在关键语种人才培养方面，广外深入实施"小语种服务国家大战略"，开设33个外语语种，基本覆盖海上丝绸之路核心区域，着力培养既熟悉中国文化又具备跨文化视角、既熟练掌握外语又精通特定领域知识、既通晓国际规则又具有较强国际对话能力的新型国际化人才。在国际组织人才培养方面，广外充分发挥外语、经济、法律等学科优势，在全国高校率先成立国际治理创新学院，创办国际治理创新研究生项目，建立起本硕博一体化国际组织人才培养体系。在学生选拔、培养模式和学科建设方面,广外进行了一系列改革和创新,与美国马里兰大学、欧洲大学学院等世界名校建立了稳定的合作机制,与世界银行、世界贸易组织、联合国国际贸易中心等重要国际组织设计打造"国际组织周(月)""中国国际治理高端讲坛"等高端学术品牌,并通过创新设置跨学科课程、建设国际治理交叉学科、聚焦基础理论创新性研究,致力培养具有家国情怀和国际视野,熟悉国际政治、经济、法律和管理的复合型高端国际治理专业人才。截至2023年,广外已选拔培养八届硕士研究生共500多名,毕业生中有70%获得联合国等国际组织实习机会,20%正式入职联合国总部、国际货币基金组织、亚洲基础设施投资银行等国际组织。广外也是全省唯一一家入选全国30所国际组织青年人才项目的高校。在中共中央组织部、教育部联合召开的推送毕业生到国际组织实习任职工作会议上,广外作为6所高校之一,与北京大学、清华大学等高校一起分享经验。在涉外法治人才培养方面,作为广外法学学科带头人,石佑启敏锐意识到,建设更高水平开放型经济体制,促进构建新发展格局,离不开高水平的涉外法治人才保障。近年来,他亲自指导、推动法学学科建设取得了诸多重大突破,在涉外法治人才培养方面先行先试、大胆创新,实行"法学+外语""外语+法学"的"双模式"人才培养机制,组织出版全国首套全英文"涉外法治人才培养系列教材",与广东司法行政部门合作共建全国首家涉外律师学院,与广州仲裁委合作共建全国首家粤港澳大湾区国际仲裁学院,与广东省教育厅、省司法厅、省高级人民法院、省人民检察院合作共建涉外法治人才协同培养创新基地。入选教育部、司法部首批法律硕士专业学位(涉外律师、国际仲裁)两个研究生培养项目,广外成为涉外法治人才培养的重要基地。广外对人才培养定位准确、特色鲜明,人才培养质量得到国家和社会各界的广泛认可。在中国薪酬指数研究机构发布的2023年全国高校毕业生薪酬排行榜中,广外毕业生薪酬位居全国第七。广外先后被教育部评为"全国普通高校毕业生就业工作先进集体",被国务院评为"全国就业工作先进单位"。

二是提供坚实的智力支持。近年来,广外紧密对接国家和地区重大战略需求,在外语研究、全球经济治理、粤港澳大湾区建设、区域法治与涉外法治、国别和区域研究、国际传播等布局智库平台。广东国际战略研究院获评教育部战略研究基地、外交部政策研究重点合作单位及人才培养基地、中共中央对外联络部"一带一路"智库合作联盟理事单位,位居全国高校智库影响力榜第14位。21世纪海上丝绸之路协同创新中心被教育部认定为省部共建协同创新中心。在服务"一带一路"方面,广外打造了以教育部培育基地为核心的研究平台集群,聚焦周边外交、太平洋岛国问题、非洲问题等开展研究,常态化发布国别和区域研究系列蓝皮书,定期报送咨询研究报告和信息专报。在服务粤港澳大湾区建设方面,广外承担了《粤港澳大湾区发展规划纲要》的评估任务,承接省政府任务草拟《粤澳深度合作区发展促进条例》,得到全国人大常委会高度肯定。在助力法治建设方面,充分发挥广外在区域法治、土地法制研究等方面的领先优势,与省检察院共建民事、行政、公益诉讼及刑事检察综合研究基地,参与民法典编纂、土地管理法修订等工作,全面参与广东地方立法活动,为推进法治中国、法治广东建设做出积极贡献。

2020年，石佑启接受南方日报采访，谈广外事业高质量发展

三是提供专业的服务保障。广外大力支持广大师生发挥专业所长，积极投身社会服务。近年来，广外选派扶贫工作队驻村开展脱贫攻坚工作，圆满完成脱贫攻坚各项任务，在2020年省直单位定点扶贫开发工作成效考核中位列全省第一，每年派出近3000名志愿者投身暑期"三下乡"社会实践活动，成为"广东大学生百千万工程突击队"的优秀典型，3次获评全国暑期"三下乡"社会实践活动先进单位。广外积极服务高水平对外开放战略，每年坚持为广东外经贸、外事、公安等系统的干部职工提供外语培训；组建多语种高水平翻译服务团队为法国总统马克龙访华、新加坡总理李显龙访穗提供高水平翻译服务；鼓励学生为广交会、"读懂中国"会议、财富论坛、中国—东盟博览会等上百场大型国际会议提供优质外语服务。

4. 坚定国际化办学面向，深入推进教育对外开放

国际化是广外最鲜明的办学特色和优势，教育对外开放是中国对外开放、中国教育现代化的鲜明特征和重要推动力。迈入新时代新征程，如何更加有效强化特色、彰显优势，谋求教育对外开放更高质量发展，加快建设国际化特色鲜明的高水平大学，更好服务国家高水平对外开放、助力广东打好"五外联动"组合拳？石佑启深刻意识到，做好这些方面的工作将是学校发展的重要着力点和突破口。

近年来，广外坚持以"国际化""高水平"为导向，做好国际化大文章，不断将国际化办学理念融入各项工作中，持续拓展国际合作与交流的宽度、广度和深度。广外与世界知名大学的合作持续加强，目前已与64个国家和地区的496所高校和学术机构建立了合作关系，每年派出近千名学生赴国（境）外交流学习。加强对外合作平台项目建设，广外首倡成立"粤港澳大湾区孔子学院大学合作联盟""粤港澳大湾区葡语教育

联盟"，与港澳高校合作申报的 30 个项目获教育部"万人计划"批准立项；与澳门理工大学合作举办翻译专业本科教育项目，与英国雷丁大学本科双学位合作项目及与加拿大西安大略大学"3+1+1"法语联合办学等高质量项目。广外积极打造大型对外交流活动品牌，举办"'一带一路'非洲研究联盟""21 世纪海上丝绸之路国际智库论坛""粤非合作交流周""中国—大洋洲法治论坛"等大型学术活动，持续扩大学校学术国际影响力。

推动中国文化走向世界，增强中华文化国际传播力建设是党和国家的一项重大战略。石佑启在接受南方日报专访时表示，"打造高质量的国际传播一直是广外的突出优势和鲜明导向，要努力讲好中国故事、湾区故事、广东故事，提升中国对外形象，为中国更好地走向世界、世界更好地了解中国，贡献广外智慧和力量"。近年来，广外大力推进国际传播能力建设，打造国际传播平台，中华文化国际传播学科被增列为广东省高水平大学重点建设学科；2022—2023 年度国家社科基金中华学术外译项目立项数位居全国第三、广东省第一；新增全球治理与人类命运共同体建设、粤港澳大湾区建设与区域协调发展等 3 个省级文科重点实验室；建立起以非洲、俄罗斯、拉丁美洲等国家和地区为对象组建的科研创新团队、国际传播能力建设研究队伍，每年发布《欧洲移民发展报告》《东盟文化发展报告》等蓝皮书。

新时代教育改革创新为教育对外开放提供了广阔天地。石佑启认为，广外要以更加开放、自信、主动的姿态走向世界，抓住教育对外开放新的发展机遇，继续推动学校教育改革创新。2023 年，广外研究出台国际化 PRIME 计划行动，推动更宽领域、更深层次、更高水平的国际交流合作，力争在更高层次上、以更高效率服务国家高水平对外开放和助力广东打好"五外联动"组合拳。广外将以外向型学科群的综合优势推进国际化人才培养，以多语种资源优势增加高端语言服务供给，以新型高端智库群建设强化资政服务，以多元稳定的海外资源搭建桥梁纽带，以多元交互的跨文化交流赋能外宣工作，努力当好高水平对外开放和"五外联动"的人才库、服务官、智囊团、牵线人和宣传员。

（三）躬耕教坛育桃李，潜心育人绽芳华

在学生看来，石佑启是一个学识渊博、治学严谨、低调谦逊、平易近人、人格高尚的"好老师""大学者"，是一位"严师慈父"，是一个真正"大写的人"。

1. 站稳三尺讲台，深耕课堂教学

石佑启不仅在学术研究方面精深独到、勇于创新、成就斐然，而且在教育教学上也是精益求精、孜孜不倦。他是学生心目中公认的教学名师，其知识储备丰富，授课技巧精湛，对法律条文更是信手拈来，甚至能一字不差地诵读出来。他身边的师生朋友，无不惊叹其过人的记忆力。据他的学生回忆，在上宪法课时，他能深入浅出、旁征博引，从时下的社会热点或案（事）例来讲解抽象的宪法原理，加上其抑扬顿挫的语调，或

低沉深邃、或铿锵有力、或诙谐幽默，使得课堂生动活泼，赢得了学生的阵阵掌声和喝彩。他常说："站稳三尺讲台是作为一名教师最基本的素养，教书育人，必须首先丰富自己，想要教给学生一碗水的知识，那么你必须有一桶水的储备才行。"为此，石佑启每次备课，从选题、举例，到引用、说明，教学过程的每一个环节他都会精心设计、反复斟酌，努力把每堂课上成精品课，让每位学生感受到知识的光辉和魅力。在上课的过程中，他时常教导学生们，研究生阶段的学习不能仅仅局限于书本知识，不能只看到表面那些浅显的道理，要向"广""深"拓展，注重创新与创造，实现思维方式和人生境界的升华，只有到了"会当凌绝顶"的高度，才能获得"一览众山小"的喜悦。

石佑启带过的硕士研究生、现任中央财经大学法学院副院长的刘权教授，曾写过一篇文章《我的导师石佑启》并发表在《检察日报》上，描述了第一次听石佑启讲课的感受。他在文中写道："石老师学识渊博，思想严谨深刻。我们每个人都难以忘记石老师给我们上的第一次课，讲的内容是行政法的历史发展，那堂课不愧为一场思想的盛宴。从'夜警'国家到行政国家，从国家行政到公共行政，从依'意'行政到依法行政，石老师旁征博引，各类人物、案例信手拈来，表达准确精练，讲述技巧丰富，语调抑扬顿挫。整堂课讲得既有理性，也有激情；既有逻辑，也有实例；既有严词，也有幽默。石老师的博学、严谨、睿智、幽默，在一个上午的讲课中充分体现了出来。如果没有广博的学识，要想在一堂课里讲清楚行政法的历史发展，而且能够讲得如此游刃有余是不可能的。一位来旁听的外国法制史专业的女生听完课后兴奋地说：'原来专业课还有讲得这么好的，我从来没有听过如此高质量的课！'"

2. 爱生如子宽严相济，严谨治学甘为人梯

石佑启爱生如子、润物细无声，对学生有着深沉的关爱和严格的要求。他不仅对自己指导的博士生、硕士生关爱有加，而且对其他老师指导的学生，也都给予热情的帮助，只要能帮忙的，他总是有求必应。尽管他的职务和学术地位较高，既是学校领导又是教授、博导，但他总是和蔼可亲、十分谦逊，展现出虚怀若谷的大家风范。当你跟他一起探讨问题的时候，他会耐心地听你陈述观点。听到出彩的地方，他会赞许地点点头；听到不太清楚的地方或有不同看法的地方，他会记下来，不轻易打断你的讲话，而是等到最后再逐一进行点评、讨论。正是因为他的谦虚、大度和博学，其他老师和学生都很乐意加入他的研究团队，与他探讨研究问题，认为这种彼此相互尊重、相互启发的模式能够开阔视野，能学到很多知识、方法，可领略到学术的至真至美。

石佑启常常要求学生要以"归零的心态"对待学习，不断挑战自我、追求卓越。在石佑启的眼里，师生之间是平等的，课堂不过是大家相互交流、共同探讨、相互启发、共同进步的一个平台。所以，他对学生提出的批评和意见是包容的、真诚的。如果有学生在课堂上提出质疑或表达不同的观点，他不会生气，反而会笑着接受提问并鼓励该学生在学术上要保持这种批判精神。他经常强调，学习是一个自主自觉、互动共进的过程，要学会交流、善于观察、乐于反思，要对不同教材反复对比钻研，找到自己感兴趣的领域，深入阅读相关论著，并结合实践中的现象和问题进行观察和思考，从广度和深度上把握知识、提升能力，做到学有所思、有所悟、有所得。正所谓，"学然后知不足，知不足然后能自反也"，学无止境，达者为先。在一次《行政法学》课上，一位男生问了石老师关于实践中的一些问题，包括行政机关的不作为、乱作为在行政法上的合法性与合理性问题，并提出："老师在课堂上讲授的法学原理原则，在执法实践中是否能得到遵循？老师为什么不带领学生投入到轰轰烈烈的法治实践中去呢？"石佑启思考了一下说道："不可否认，当下中国在法治建设上还存在诸多需要完善和改进的地方，实践中一些公权力主体在处理某些问题时可能不是按法治思维和法治方式办事，违背了法治的精神和原则，效果不尽如人意，但这并不能阻挡中国的法治进程，我们对法治中国建设事业要充满信心，要坚信'法治兴，则国家兴；法治强，则国家强。一个富强民主文明的中国，必定是法治的中国；一个自由平等公正的社会，必定是法治的社会'。对实践中出现的一些失职、越权、滥用公权力的行为，要以法律人的眼光理性地去分析、评判，并善于从法治的角度去思考解决问题的对策。作为一个学者，我们既要做好理论研究，又要履行好培养人才的职责和使命。同时，积极关注和参与中国法治建设实践，大力传播法治精神与理念，推动法律的有效实施。法治中国建设是一个伟大的系统工程，仅靠我们个人的力量是有限的，老师在课堂上传授的是一种知识、一种理念、一种思维方法，目的是要培养法律人的共同体，期待同学们青出于蓝而胜于蓝，以法律人的良知和理性引导这个社会前进，共同推进法治建设的进程，实现社会的公平与正义。"石佑启希望学生"不做温室里的花朵，要学风雨中的雄鹰"，但磨刀不误砍柴工，"工欲善其事，必先利其器"。只有对法治抱有真诚信仰和执着追求，并勤学善思，练就一身法律人的硬本领，才能为法治中国建设建功立业。

石佑启对学生充满着期待，希望每位学生都能在平凡的岗位上成就不平凡的人生，成为可堪大用、能担重任的栋梁之材。因此，他对学生总是"严"中透着"爱"，"爱"中体现着"严"。石佑启的"严"体现在其一丝不苟的工作作风和治学态度上。据石佑启指导的两位硕士生回忆，在她们毕业论文开题时，由于准备不充分，但已临近答辩的时间，就想先请石老师签个名应付一下，以后再慢慢整理。然而，石老师看了他们的开题报告和学习状态后，并没有马上签名，而是十分严厉地批评起来，吓得她们都低下头不敢再说话。随后，他又耐心地指导她们该如何驾驭主题、厘清思路、从整体上把握文章框架，要阅读哪些资料，学会运用什么样的研究方法，等等。这种严格要求和诲人不倦的精神，令她们无比感动。当学生碰到难题，有畏难情绪时，他总是鼓励学生要迎难而上，说道："天下事有难易乎？为之，则难者亦易矣；不为，则易者亦难矣。学习知识、研究问题来不得半点虚假，要有刨根究底的精神，不能懒散懈怠、拖延敷衍，否则是学不到知识，做不出学问来的。"

石佑启时常教导他的研究生要有铁肩担道义的勇气，妙手著文章的情怀，保持宁静的心境和求真务实的品格。鼓励学生积极参加学术会议或论坛，敢于投稿、勇于发言，不要因为一次、两次被拒稿，就灰心丧气、消极躺平，要反复钻研、反复修改，一次不行就两次，两次不行就三次，相信有付出总会有收获。为此，他在繁忙的公务之余，也经常帮学生修改论文、引荐期刊。对于学生的论文,他总会以"期刊编辑"的视角加以审视,先是看文章结构,再看具体内容,看完内容后又认真地看每一个注释和参考文献,每一句话、每一个字甚至连标点符号也不放过。这种严谨认真的学术态度,也深深感染了他的每一位学生。

3. 铸魂育人守初心 立德树人担使命

古语有云:"做人德为先,待人诚为先,做事勤为先。德不修,则身不正;身不正,则业不成。"石佑启做人做事谨言慎行、言必诚信、行必忠正,他的为人处世原则以及人格魅力也潜移默化地影响了学生在做人、做事、为学方面的品格。他曾教导他的学生:"做学问很重要,但做人更重要,做学问要先学做人。一个人学问做得再好,如果不会做人、人品不行,那他也是失败的。"他还经常跟学生们分享他在英国威尔士大学做访问学者期间的一些事情,讲述一张小小信用卡背后的诚信问题,以及诚信对一个人、一个群体、一个国家的重要性。他告诫学生:人生路很长,要切记诚信为本,规则为重,做人为先;要砥砺德行,守望正义,知行合一,热情进取,止于至善。

石佑启虽然工作繁忙,但仍会定期与学生见面,关心关爱学生的思想、学习和生活,一起探讨学问,通过不断的启发来引导学生自觉进行学术研究。正是在石佑启的鼓励和帮助下,他的很多学生都在各自不同的领域和岗位上做出了骄人的成绩。在他指导的近百名研究生中,有的在高校教书育人,已经成为教学名师、学术骨干;有的在国家公检法系统担任要职,忠诚履职尽责,成为优秀个人、先进模范;还有的在各类企事业单位、律所等勤勉工作,为全面依法治国贡献智慧和力量。

"学高为师,身正为范"。石佑启热爱教育事业,已经把教育工作深深融入自己的生命之中。在为人和治学上,石佑启通过言传身教为他的学生树立了一座灯塔,当学生感到困惑和迷茫时,总能在他的谆谆教诲中找到前行的方向和向上的力量。

四、明德悟道固根本 慎思笃行著华章——石佑启谈治学心得

著名学者王国维论述治学有三种境界:一是"昨夜西风凋碧树,独上高楼,望尽天涯路";二是"衣带渐宽终不悔,为伊消得人憔悴";三是"众里寻他千百度,蓦然回首,那人却在灯火阑珊处"。治学是人一生的事业,也是要一世修炼的功夫。古人云,"师者,所以传道授业解惑也"。做经师易,做人师难。只做传授书本知识的"教书匠"易,而要做塑造学生品格、品行、品味的"大先生"难。如何提升治学的境界?如何成为教书育人、立德树人的"大先生"?这是一个学者一辈子的事情,是终身课题。下面,我从"明德悟道、慎思笃行"的角度谈谈自己的治学心得。

1. 立德为本,正身明法

"德者,本也。"百行以德为首,做人以德为本,人无德不立。古人把立德、立功、

立言视为"三不朽"，立德居于首位，只有立德，才能立功、立言。立德是做人之本、成事之基，正如盖房子一样，如果没有坚实的基础，就不可能建立牢固而耐用的房屋。一个人的道德、品行就好比树之根、水之源，只有不断立德修身，才能长成参天大树，实现海纳百川。无论是教书育人还是科学研究，都是如此，为学先"立德"。做学问要有高尚的道德，道德的高度决定着学问的高度。"立德"就是要养成胸怀祖国、服务人民的家国情怀，培植求真务实、行胜于言的奉献精神，塑造实事求是、脚踏实地的诚信品质。

"师者，人之模范也。"百年大计，教育为本；教育大计，教师为本；教师大计，师德为本。教师的职业特性决定了我们必须做道德高尚的人，做以德立身、以德立学、以德施教、以德养德的楷模；要取法乎上、见贤思齐，学为人师、行为世范，以高尚的人格魅力赢得学生敬仰，以模范的言行举止为学生树立榜样，成为学生为学、为事、为人的示范；要对教育事业满怀热爱之心、赤诚之心、奉献之心、仁爱之心，从中探寻到人生价值，守住清澈赤诚的育人初心，并为之拼搏、为之奋斗；要有"捧着一颗心来，不带半根草去"的奉献精神，自觉坚守精神家园、坚守人格底线，积极弘扬社会主义道德和中华民族传统美德，以自己的模范行为影响和带动学生，当好学生成长的引路人。

立德才能树人，树人先要正己。一个有德行的人一定是诚实守信的人，也一定是严于律己的人。我们在学习、生活和工作中要带头讲诚信、知敬畏、守规矩，秉持学术良知，恪守学术道德，严守学术规范，把锤炼品质修养、涵养道德操守、提升道德境界作为终身课题，做到以学立德、实践养德、怀德自重，营造良好的学术氛围，弘扬优良学风，让实事求是、脚踏实地的诚信品质在心中落地生根，让优秀的品德成为人生路上的指明灯，立天地无愧于心，行万里无愧于行。

2. 悟道寻理，温故知新

治学需要有"悟性"，以悟性点亮思维的火花，悟出学术的真谛，明白其中的道理、哲理和真理。悟性在人的思维过程和实际工作中发挥很大的作用。悟性或许有天赋的成分，但关键还在于多学、多思、多实践、多体会。

法学作为一门治国理政的学问，其中的"道"和"理"是什么呢？我认为：法学理论研究与法治实践统一于"公平正义"的真理之下，以"社会关系"为纽带，以"权利（权力）义务"为核心，建构起民众生活的现实图景和社会秩序的基本状态。法治是人类文明进步的重要标志，公平正义是法治的灵魂和生命，也是法治的出发点和落脚点。必须牢牢把握社会公平正义这一法治价值追求，努力让人民群众在每一项法律制度、每一个执法决定、每一宗司法案件中都感受到公平正义。法治是治国理政的基本方式，是和谐美好的生活方式，是党长期执政、国家长治久安、人民幸福安康的基本保障，是中国共产党和中国人民的不懈追求。法治兴，则国家兴；法治强，则国家强。一个富强民主文明的中国，必定是法治的中国；一个自由平等公正的社会，必定是法治的社会。这是学习法学、弘扬法治必须把握的精髓要义。

悟其道，明其理，这是学习和研究法学的基本目标，要达到此目标还必须讲究方法。好的方法，可以收到事半功倍的效果。"学而时习之，不亦说乎"，看似老生常谈，但这合乎学习和研究的规律。学习是一个不断接受新知识和不断回顾与总结旧知识的过程，这就要做到"温故而知新"。我在学习和研究中，经常回顾总结所学的知识，将原本淡忘的知识重新梳理整理，从过去的经验中汲取智慧，掌握知识的传承脉络，探究旧知识与新知识之间的逻辑联系，挖掘出知识隐藏的价值，实现知识传承与创新的有机融合。无论是学习一门新的学科，还是进入一个新的领域，都需要有一定的基础知识。而这些基础知识往往都是在温故的基础上学到的。笛卡尔说："知识并非从无到有，而是从一种已存的知识状态过渡到另一种已存的知识状态。"我们所学的任何新知识都是在旧知识的基础上发展起来的，温故而知新可以帮助建立起坚实的知识框架。只有不断地温故而知新，才能不断进步、不断成长。

3. 勤思善学，见微知著

业精于勤，行成于思。学术的道路是孤寂清苦的，也是乐趣横生的。可以说，求学问道是一场痛并快乐的人生修炼，切忌心浮气躁，要守得住初心，耐得住寂寞，甘坐"冷板凳"，肯下"苦功夫"，只有通过艰苦不懈的努力，才能在学术探究的道路上闯出自己的一片天地。

法学研究与国家治理实践密切相关，只有紧跟时代脉搏，观察法治建设实践，思考研究的新增长点，才能始终保持学者研究领域的前沿性、研究问题的必要性和研究结论的可行性。我在凝练主要研究方向，以及研究行政法基础理论、区域法治与地方立法、法治政府建设等相关问题时，时常翻阅最新的政策文件，关注国家立法的最新进展，学习领悟党和国家的重要会议精神，深入基层开展调研，紧密对接国家治理实践的现实需求，反思传统理论和制度体系存在的不足，深入思考推动理论范式转换与制度机制完善的有效方案。

学术研究不仅要注重观察和思考，还要尝试通过对理论和实践中一些特定范围、领域、场景问题的研究，观测和反思国家战略实施、治理体系完善存在的共性问题，以提升理论研究的广度、深度和厚度。聚焦到法律问题研究中，要尝试从制度问题中看到理论成因，也要在理论和制度完善中探索自主知识体系构建的空间，思考如何增强研究的理论深度，培育研究的全局意识，拓宽研究结论的适用范围，等等，以展现研究的深层价值。例如，广东作为改革开放的排头兵，法治广东建设中的问题既有个性问题，也有共性问题，以其为研究样本，要时刻注重举一反三、触类旁通。又如，我喜欢从行政法治实践中提炼问题，并结合问题对传统行政法主体理论、行为理论等基础理论进行反思，进而提出要立足中国治理实践，构建具有自主性、创新性、融贯性的行政法学自主知识体系。

4. 笃行不怠，学以致用

学非易事，学贵有恒。要想在学术上有所成就，必须做到持之以恒、勤耕不辍。同时，要做到学用结合、知行合一。法学研究者要勤于将学术思考转化为学术成果，并善于将其应用到法治实践中去，做到"思想性、学术性、实践性"相统一，以彰显研究的社会价值。反之,只有将法学研究成果运用到法治实践中,才能充分检验研究结论的可行性,为研究的进一步深入提供素材。

在30余年的教学科研生涯中,我养成了关注实践、提炼问题、归纳问题,并及时将问题和对策凝练成文字的习惯。无论是立足政府治理实践、推动法治政府建设、聚焦区域协调发展、推进粤港澳大湾区法治建设,还是回应市场主体关切、营造法治化营商环境等,我在思考国家治理法治化建设前沿问题时,努力做到理论与实践相结合,做到学、思、用贯通,坚持需求导向、问题导向、目标导向,积极组织团队申报国家重大、重点课题,认真撰写高质量的学术论文、著作和咨询报告,保证研究成果的持续产出,注重研究成果的应用价值,推动研究成果的实践转化,并依托实践应用推动理论研究的深化,增强研究成果的生命力,坚守学术研究的初心和使命。

(陈可翔、曾超文整理)

李 凭：

长期从事中华民族史基础理论研究的历史学家

  1948 年 9 月生，江苏江阴人，历史学博士，华南师范大学历史文化学院教授、博士生导师，主要研究魏晋南北朝史、民族史。中国魏晋南北朝史学会终身荣誉会长，《中国社会科学》杂志首席研究员。其代表作《北魏平城时代》受到海内外广泛好评，自 2000 年问世以来已经刊印三版，获第五届郭沫若中国历史学奖三等奖；《黄帝历史形象的塑造》，发表在《中国社会科学》2012 年第 3 期，获第七届高等学校科研成果二等奖；《北史中的宗族与北朝历史系统——兼论中华文明长存不衰的历史原因》，发表在《中国社会科学》2016 年第 5 期，获广东省哲学社会科学优秀成果奖一等奖。

一、历经多次改行　坚持敬业操守

李凭出身于普通家庭，从事过建筑业，当过中小学教员，曾在出版社、图书馆和研究院任职，此后进入大学任教，现已退休。他先后在山西大学历史系获历史学硕士学位，在北京大学历史系获历史学博士学位。

（一）运河之畔

李凭，1948年9月19日出生于北京，祖籍江苏省江阴县军港镇蒲鞋桥街。他早年失怙，被送到江阴县北㵎镇东街寡居的姑妈家里寄养。北㵎镇毗邻大运河，是一个四通八达的城镇，距离苏州、无锡、常州等工商业城市都只有几十里水路。由于地少而人多，北㵎逐渐形成居民普遍外出打工和求学的风气，因此当地很重视学童的教育，也倡导各种手工技艺的传承。

李凭的姑妈早年毕业于苏州师范学校，出嫁到北㵎以后就在镇中心小学教书。她育有两子两女，都毕业于镇中心小学，接着被送到县城中学读书，其中二女一男陆续考入上海交通大学和西安交通大学，学习工程技术之类的专业。大学毕业后他们都没有留在江南，陆续被分配到西安的西北工业大学、兰州的建筑工程设计院和贵州凯里的某保密工厂。三人常年在西部工作，先后在当地成立家庭。子女都离老家很遥远，但是姑妈没有想不通，甚至面上显得很高兴。她虽然常常暗自落泪，却总在人前夸子女们有出息。姑妈还不断叮嘱李凭，长大以后也要有出息，像表哥、表姐那样，成为科技人才。遗憾的是，姑妈家中的老二，原来学习最好的儿子，没有完成县城中学的学业就被送回家了。据说他得了"神经病"，当时老百姓所说的神经病在现代医学上称为精神分裂症。李凭长大以后才听说，表哥病情的表现是脾气郁闷、愤世嫉俗。不过，他对李凭和蔼可亲。那时候李凭年龄还小，脑子里没有神经病的概念，每天都陪表哥一起玩耍。

表哥病得不轻，他白天黑夜都吟唱着三个字。亲戚、邻居听不懂他嘴里的那三个字，可是李凭听出来了！那三个字是"沈冬彩"，因为他在上海住过的那所幼稚园的班上就有一个小朋友叫"冬彩"。在江南农村，这不过是一个平常女孩的名字，可是表哥吟唱时配的曲调是北㵎流行的锡剧大陆调，所以很好听。后来，人们常常看到李凭和表哥在北㵎的东街上一前一后地漫无目的地走着，吟唱着。两人唱的内容无他，只是"沈冬彩"三个字。邻里们悄悄传言："快来看，神经病是会传染的。"李凭成年以后一直不相信表哥得的是精神分裂症。如果他能多活几十年，就会被如今的医生诊断为忧郁症，很有可能治好的。李凭常常如是说。

表哥常有不发病的日子,这时候他会让李凭笔直地站在跟前,教他念文言文或者古诗词,让李凭按着他的声调背诵词句。背出来有赏,给一块糖或者一张纸牌;背不出来要罚站墙根,直到姑妈出现李凭才会被饶。表哥自己也常常朗诵诗句,最多的是"关关雎鸠,在河之洲;窈窕淑女,君子好逑"。长大以后,李凭才知道这是《诗经》中的名句,渐渐悟出了表哥得病的原因。

表哥头脑清醒的时候还会做一件事,就是到运河里游泳。他会问李凭:"我好几天没洗澡了吗?"答:"是呀。"接着问:"身上臭啦?"答:"是呀。"于是,俩人就来到架在镇西运河上的大石桥旁。表哥在桥墩边将衣裤脱下来交给李凭,自己下到运河里向镇东的大木桥游去。等李凭抱着他的衣裤穿过镇街来到大木桥边,他也刚好爬到木桥墩上。可是,有一天表哥下了运河,随后让李凭抱着他的衣服转回家去,说他要游到"在河之洲"去了。那天,表哥不见了,姑妈闷声流了好几天眼泪。以后,她不管到哪里都牵着李凭的手,说道:"要是把你也丢了,怎好到地下向你的老子交代。"

在外地的表姐、表哥先后回家探望姑妈,商讨对她的安顿,但是她不愿意离开失去丈夫和儿子的旧居。李凭日渐长大,也由此受到影响形成了不愿离开故土的执念。他只希望在北澼镇上的工厂里学开机床,哪怕到县属的建筑公司当泥瓦匠。隔壁邻居王炳炎大爷就是那样,他有过一份正式工作,在厂里被评为劳动模范,退休后生活有保障;而且他还学有一门手艺,那是各家都离不开的泥瓦匠活计。所以,王大爷不仅衣食无忧,而且受人尊重,因为哪家整修房屋都得听听他的建议。姑妈却不以为然,说像王大爷那样活着就没有出息了,为此她常常责骂李凭没有远大的志向。

对于命运,人们可以有各式各样的期盼,但是离不开大局的制约。蹉跎岁月,岁月蹉跎,李凭在青年时代遇上了号召上山下乡的大形势。于是,他有了平生第一份工作,这份工作合乎他最初的想法,就是当泥瓦匠。不过,那是在远离家乡三四千公里的塞上江南。

(二)边陲锻炼

李凭的工作单位是新疆生产建设兵团建筑工程第一师第二团第一连。这个单位,上下冠以部队的称号,领导都按照军事首长制度确定职级,但其实就是一家超大型的建筑公司。20世纪80年代,它被直接改称为乌鲁木齐市建筑安装总公司。

最初,李凭被招用在二团一连的第三班当泥水工,起点是学徒二级。这份工作让李凭着实体会到基层生活的困苦,不过他觉得命运由不得自己,应该接受现实,而且一定要好好学手艺。李凭认为,有了一门手艺,就有了生活的保障,所以就日复一日、年复一年地埋头干活。那时候,他经常背诵韩愈的《圬者王承福传》,勉励自己成为新时代的王承福。他的理想是向班里的五级大工师傅看齐。据说,泥水工的等级有八级,但是第六、第七、第八这三级是很难攀登上的,在新疆生产建设兵团一般到退休时能有五级工的待遇就不错了。然而,命运是捉弄人的,李凭刚学得一点抹灰浆的手艺,就被转岗当测温工了。

像新疆这样的高寒地区,为了避免新浇灌成型的混凝土构件遭冻受损,要对其采取保温措施,因此,建筑工地在秋冬季会专设监测混凝土温度的工种。这项工作就不像泥水工抹灰浆那么单一了,它要求与钢筋工、混凝土工、木工、水暖工、电工以及机械运输工等多个工种联络,而且经常要在零下30摄氏度以下的夜间配合抢修作业。虽然常常遭受天寒地冻的考验,但是测温工作却使李凭开阔了眼界,接触到不少技术。这些技术如今或许陈旧了,在当时却是先进的。更幸运的是,这段测温工的经历使李凭被选拔成为技术员练习生。

此后,李凭成为第一连连长蔺佐北和施工员王春兴的助手,先后参与过乌鲁木齐市肉类联合加工厂三千吨位冷藏库、红旗机械厂大型机械安装厂房等工程的现场施工。李凭从释读施工图纸学起,从运用经纬仪现场放线和使用水平仪检测工程做起;在实践中,他逐步学习了工业与民用建筑的施工技术,熟悉了相应的作业流程。不久,连指导员栾正贵升任三营副教导员,李凭随同调到三营营部,从事建筑工程的预算和决算。预算和决算不同于现场施工,这项工作要求将具体的工程数据抽象到纸本之上加以统计,再将统计所得的数据落实到建筑材料的配置和相应资金的调集上。整天伏案计算,与摆弄经纬仪、水平仪是不同的体验,会让人对建筑工程产生新的透视感。而且,每完成一次工程决算,李凭就会有一种成就感。特别是,当乙方决算表获得甲方的认可签字,甚至被追加补偿经费的时候,他会从心底觉得满足。这种体验使李凭以为,此生算是与土木建筑结下缘了。岂料,团部一纸调函下来,命令他到子弟小学报到。

(三)从事教职

原来,此时各类被"文革"冲垮的学校再兴,中小学教师成为紧缺职业。团部组织股的张洪生干事了解到李凭自学技术的事迹,便向宣教股推荐,建议调李凭去当教员。李凭的思想产生了矛盾:建筑工程是铁饭碗,他心里舍不得丢弃刚刚学到的业务和技术;可是,在实践中他也深感自己的学力不够,渴望进修数理化知识。子弟小学高希铭校长的一席谈话,促使李凭接受了调令。因为她作出承诺,答应为李凭安排进修的机会。

为了提高新教员的业务能力,建筑工程第一师政治部在位于吐鲁番的兵团第221团艾丁湖农场开办了教师培训班,受训对象是各团子弟学校新入职的教员。培训班的主任杨式平老师原本是建筑工程第一师师部中学的教导主任,他的中学语文课程在乌鲁木齐市教育界颇有名气。培训班的任课教师全是师部中学的骨干教员,多数有"文革"以前重点大学的文凭。李凭在教师培训班受训一年,像其他学员一样,结业以后回到原属的子弟学校任教。

李凭任教的那所小学，全称是新疆生产建设兵团工程建筑第一师第二团子弟学校。李凭入职不久，这所小学就"戴帽"了，所谓"戴帽"，就是它有了初中部；两年之后，它接着"戴帽"，有了高中部。再后来，这所学校被乌鲁木齐市教育局收编，改名为乌鲁木齐市第八十三中学，不过那是李凭离开新疆之后的事情了。

当时，伴随这所学校的两次"戴帽"，李凭从小学教员到初中教员再成长为高中教员。从初中部升往高中部期间，李凭又得到一次学习的机会。1972年春天，二团子弟学校的协理员兴冲冲地告诉李凭，他得到团部政治处的通知，要求尽快填表，推荐李凭到清华大学建筑系当工农兵学员。协理员是负责政工的营级干部，在二团子弟学校众多领导中为一把手，说话是算数的。他很认真地嘱咐李凭，学成以后一定要回乌鲁木齐，为边疆建设事业做贡献。李凭满心高兴，因为系统地学习建筑工程专业以后就会有机会重返施工单位，而且有资格在工地上正式当施工技术员。然而，事与愿违，录取通知如同泥牛入海没了音讯。后来有一天，协理员又高兴地告诉李凭，他得到团部政治处的通知，送李凭到新疆大学办的师资培训班进修。多年以后李凭才听说，政治处最初的通知是确凿的，只是去清华大学的名额后来被调剂走了；于是作为补偿，李凭有了去新疆大学师资培训班进修的机会。临行前，协理员再次嘱咐李凭，学成以后一定要回到二团子弟学校任教。

培训班挂着新疆大学的名义，其实是新疆生产建设兵团开办的，地点在兵团大本营石河子市，具体委托石河子中学代管，教师由新疆大学派遣。培训班的学员全都来自兵团属下单位的子弟学校，多数是在职教员，不少人与李凭一样，是来自内地的支边青年。李凭受训的这一期是数学班，历时一年。这些学员的基础参差不齐，但多数有强烈的求知欲望。新疆大学数学系派出的教师都很优秀，让李凭至今仍记忆犹新。如赖在抗、孙希敏夫妇和刘诚信先生，他们都是"文革"以前毕业于北京师范大学数学系的高才生。他们的课程生动活泼，深奥的数理逻辑和复杂的习题被阐释得显明易懂，而且有趣易解。后来每当谈及那一年的培训经历，李凭都用"丰富精彩"四个字来形容。尽管这次培训并不被认作学历，但是李凭认为，此次经历对他学养的影响绝不亚于后来受到的正规教育。

培训结束之后，李凭彻底打消了再往工地当施工员的念头。回到二团子弟学校后，他专心从事数学教育，先后教过代数、立体几何、解析几何以及微积分初步等课程。李凭还积极参加乌鲁木齐市教育系统的各项活动，凡是与数学课程密切相关的学术会议他都争取到场聆听，因为他希望能在边疆的教育事业上有所作为。然而，随着教育体制的调整，不断出现的学历规范化审核常常使李凭的积极性受挫。

为时不久，全国性的知青回城浪潮掀起，支边青年也被卷入返乡的行列。眼看许多同事回到内地，李凭也常常思念故乡江南。但是他回不到北滆，因为就户口而言，那里只是他寄养的地方，而不是原籍。通过友人的帮助，李凭调职到山西省阳泉市第二中学，他以为从此就能在这所传统的学校终身讲授数学了。但那时正值"深化"教育改革期间，中学课程被合并成为工业基础和农业基础两门。按照进驻学校的工人宣传队的指令，李凭带领一个高中班住到山西省寿阳县山区的卢胡公社卢胡大队，向当地一位生产队队长学习种土豆。这算是农业基础课的实践，历时一个学期。

该高中班的学生多数出身于阳泉郊区的农业户，年龄都大于17岁，最老成的学生23岁。这些来自农村的学生，干农活的体力和经验不比当地农民差。学生们毫无在地头实践的兴趣，但又不便公开反对。好在寿阳县与阳泉市紧挨着，坐绿皮火车只要半个小时就到，于是他们就隔三岔五地请假回家。请假的理由虽然五花八门，但其实都是去忙自家的农活了。半年的光景，农业基础课就走过场了。李凭倒也觉得有所收获，因为领略了与江南迥然不同的北方农村景象，真切体验了那里农民的甘苦喜厌。

阳泉市第二中学毕竟是一所老牌学校，它的教学逐渐转入正规，李凭也被召回学校。但是，他没有专业文凭，不能教正课数学，只能在正课教师请假时代课，或者改教不同班次的政治、历史、地理等课程。由于这三门课在当时是中学的副课，所以它们被合并于同一个教研室，称为政史地组。对李凭而言，每门课都是生疏的，都得熬夜备课。李凭近视的度数不断加深，但是他觉得值，因为又自学到了新知识。有些知识与李凭后来的历史研究看似没有关系，其实不然，读书让他感到思想充实。李凭没有怨言，他知道自己欠缺许多学识，而中学不仅是育人场所，而且是自己的受教之处。

（四）求学蹊径

与历史研究结缘，是李凭报考研究生之后的事情。1977年国家恢复高考，并着手研究生的招生工作。在那个年代，人们对于高考尚有记忆，对于研究生招生却不了解。李凭选择报考研究生的想法很简单，因为当时他正在当班主任，要辅导班里的学生参加高考。李凭觉得跟自己的学生一起去考大学不太好意思，但是他又很希望获得文凭，以改变不能正规从教的窘况。于是，他下决心报考研究生。

然而，1977年只有中国科学院系统公布了招生简章。自然科学的专业性非常强，没有受过相应的本科教育是摸不着门径的。李凭只能对着中国科学院的招生简章兴叹。不过，在兴叹之余他却发现了希望。李凭看到，古脊椎动物与古人类研究所要招收旧石器时代方向的研究生，导师为贾兰坡先生。贾先生是在北京周口店龙骨山的山顶洞里发现过三具古人类头骨的著名专家，他的自学经历尤其令李凭钦佩。古脊椎动物与古人类研究所的考试科目除了常规的政治、英语以外，还有中国通史、人体解剖学、古人类学与古文化学。其中古人类学与古文化学的专业性最强，但是指定的参考书却是一本通俗读本，书名是《十万个为什么》（第19分册）。多年在工地自学建筑技术的经历锻炼了李凭，他觉得这几门课程也都可以通过自学去掌握，所以就大着胆子报名了。这件事得到同教研室的历史教师杨震定先生的鼓励和支持。

杨震定先生"文革"前毕业于四川大学历史系，在中国古代史和考古学方面接受过严格的正规训练，具有杰出的专业素养。针对李凭没有本科文凭的劣势，他指导李凭撰写了两篇学术札记，以期弥补报考资格的不足。第一篇文章最初题为《关于古人类与古文化的学习札记》，是针对古脊椎动物与古人类研究所的招生要求而作的学术准备，该学术札记17年后发表在《文史知识》1994年第5期上，题目是《古人类学与古文化学》。第二篇文章题为《关于殷墟五号墓的学习札记》，旨在响应1976年考古学界在安阳殷墟的重大发现以及《考古》杂志1977年第5期上发布的《座谈纪要》，此后由于时过境迁而未曾将该文投刊。这两篇学术札记的训练，将李凭引入历史研究的专业门径，杨震定先生实为李凭的启蒙导师。

原定1977年的研究生招生后来推迟进行，从而与1978年的相应工作合并。那时候，李凭虽然已经将几部参考书背熟，但内心却胆怯了。中国科学院是全国顶尖的研究机构，而李凭没有大学文凭，担心白忙一场，会在自己的学生那里大丢面子。1978年，许多大学也开始招收研究生，于是李凭又同时报考了位于本省省会太原的山西大学。接着，他便按照山西大学规定的考试科目和相应的参考书备考。那时候研究生招考的方式是，招生单位将考题以邮递的方式寄往考生所在的地市教育局，教育局则于规定的时间在考点将邮件交付考生，由考生当场拆取考卷作答。李凭在规定的时间按照规定的程序完成了山西大学的卷面初试，接着到省城参加第二轮笔试以及第三轮口试，最终于1978年暑期被山西大学历史系录取。能够越过大学阶段而直接当研究生，他觉得已经很幸运了。于是李凭捆好行李，高高兴兴地到山西大学历史系报到去了。

李凭的研究生导师是著名的中国古代史大家杜士铎先生。杜先生是中国民主同盟的中央委员，当时担任山西大学历史系中国古代史教研室主任，后来担任历史系的主任。他的代表作《中国历史大系表》是精确考证而又精细排布的中国历代政权交替纪年挂图。这幅挂图曾经悬挂在周恩来总理办公室的墙壁上，此后数十年间被山西人民出版社多次重印，如今依旧畅销。杜士铎先生主编的《北魏史》于1986年由山西高校联合出版社出版，是北魏史专业全面而系统的名著，至今享誉中外历史学界。

李凭入学以后，历史系副主任刘书礼先生告诉他，山西大学招收研究生的目的是储备师资，而历史系计划重点发展的是考古专业，所以决定让李凭兼学考古，重点则是与北魏历史研究结合的魏晋南北朝考古。当时历史系考古专业的负责人是毕业于北京大学考古系的李壮伟先生。他在考古学界颇有名望，为人坦诚热情，李凭很高兴能听他的课程，并跟随他到考古工地实习。于是，在系统地啃读中国古代史文献的同时，李凭还得钻研考古专业的教材。考古学的教材，是李壮伟先生自编的油印本，以及在《考古》等杂志发表的论文。有时候，李壮伟先生还会邀请古脊椎动物与古人类研究所的尤玉柱等著名专家到山西大学讲学。他们讲解的内容集中在中国旧石器时代方面，与李凭的专业有隔阂。但是，接受考古学的熏陶，对于培养历史学专业研究生的学术素养是十分有益的。

1980年，李凭进入研究生学习的最后阶段。当年春天，高教部下达了建立硕士学位制度的文件，提出了硕士研究生必须撰写相应专业学位论文的要求。那时候，对专业的规定是很严格的，李凭原本是中国古代史专业的研究生，必须撰写中国古代史专业的论文。于是，他只得中断考古专业的学习，在中国古代史的专业范围内选择一项课题，以便完成硕士学位论文。不过，跟随李壮伟先生学习的这段经历，使李凭在后来研究历史的活动中有了较强的考古意识。

最初，李凭的学位论文方向被确定为研究北魏建都于平城（即今大同）的时代，那是山西古代最辉煌的历史阶段。参加考古专业实习的时候，李凭到过位于大同市的云冈石窟，感受到它的宏伟气象。以北魏平城时代为研究目标，使李凭觉得精神振奋。然而，这个历史阶段持续了将近一个世纪，以其作为硕士学位论文的框架，无疑过于宽泛。而且，确定该框架的时候已经是整个研究生阶段的后期，剩余时间不足一年，实际上来不及完成任务。所以，李凭只好截取北魏前期历史研究的一小段中的一项课题作为学位论文。这就是后来发表在《晋阳学刊》1986年第1期和1995年第6期的两篇文章——《论北魏宗主督护制》和《再论北魏宗主督护制》。

（五）煮字编书

1981年夏，李凭通过论文答辩，获得历史学硕士学位，随后被分配到山西人民出版社从事编辑工作。编辑工作实际上与李凭学过的专业几乎没有关系。不过，李凭从此有了一份稳定体面的工作，而且再也不会有被人事部门审核学历是否称职的烦恼。他觉得，应该对得起这份工作，只有这样，端起饭碗时才吃得香，内心才不会觉得愧疚。李凭在山西人民出版社当了五年编辑，工作到1986年夏。其中，前三年在文教编辑室任职，第四年在古籍编辑室任职，第五年被借调到教育部古籍整理委员会秘书处。

在文教编辑室，李凭被分配的业务范围很庞杂。他的主要业务是编辑历史方面的教科书和辅导书。在历史类书稿中，世界史和中国近现代史的书稿居多，中国古代史方面的书稿很少；即使有，也与李凭学过的专业北魏历史不搭界。他的次要业务是编辑地理、古籍整理方面的书稿，兼顾英语、日语等方面的书稿。

实际上，由于20世纪80年代教育界出现了留学的热潮，对外语类初级读本的社会需求远高于其他类书籍，所以外语类的书稿占据了李凭编辑业务量的过半。他先后担任过《学生汉英词典》《英语应用文手册》《初中英语复习与练习》《高中英语复习与练习》《太原史话（英文版）》《新日本语》等书的责任编辑。这些外语类读本的销售量很大，多数会重印或者再版。李凭曾因担任《新日本语》的责任编辑而获得第七届（1995年）晋版图书评比奖中的畅销图书一等奖。由于李凭编辑外语类图书居多，致使许多作者和机构以为他是外语系的毕业生。

在此期间，李凭还利用有限的业余时间，翻译了一些学术论文和著作，以此补贴生活费用。李凭个人翻译与合作翻译的外文论文约20篇，原文为日语的，包括《北魏赋税制度》（《山西财经学院学报》1985年第1期）等；原文为英语的，包括《评〈洛阳的回忆——杨衒之与故都（493—534）〉》（《古籍整理研究学刊》1985年第4期）等。李凭个人翻译与合作翻译的外文著作合计有7部，原文为日语的，包括《世界与日本》（北岳文艺出版社1992年版）等；原文为英语的，包括《传统和现实之间——一个东方文明古国的科技与文教界》（山西科学技术出版社1991年版）等。这些译文和译著，接近历史研究范畴的不多，与北魏历史相关的更少。不过上述编辑和翻译外文作品的经历，有助于李凭外语能力的提升，既对他此后通过北京大学博士研究生招考中的外语能力测试有利，也对他以后了解境外的学术动态有益。

除了外语类图书之外，李凭曾担任过"职工文化补课丛书""初中复习与练习丛书""高中复习与练习丛书"等教育辅导类丛书的编辑工作，也担任过《太原史话》《雁北史话》《杨业传》《中国近代报刊史》《司马光奏议》《晋秦豫访古》《东方佛教文化》《傅山研究文集》《山西风物志》《山西特产风味指南》《山西地方史论丛》《荆楚岁时记》等史地类图书的责任编辑。甚至为了赶进度，李凭还直接参与了《高中地理复习与练习》的撰写。在上述出版物中，《中国近代报刊史》于1985年获山西出版总社优秀图书编辑一等奖，《司马光奏议》于1987年获北方十五省市自治区哲学社会科学优秀图书编辑二等奖。

李凭获第五届郭沫若中国历史学奖三等奖

史地类的图书，尤其是专业性强的论著，发行部门反馈的征订数量往往很低，担任这类书籍的责任编辑会承担相当大的亏损风险。后来，山西人民出版社成立古籍编辑室，李凭被调到这个不太追求商业利益的单位，然而工作与他本专业不搭界的状态并未因此而改变。所以，在山西人民出版社工作期间，李凭仅仅组稿和编辑过一本与其所学专业相关的著作，那是北魏史名家肖黎先生撰写的《北魏改革家——孝文帝评传》。这种状态常常使李凭产生浪费所学专业的遗憾。

为了保持所学专业知识不废弃，李凭利用业余时间抄写了两纸箱有关北魏历史资料的卡片，撰写了一些文章。其中有一篇于1984年在《光明日报》7月4日的"史学版"发表，题为《拓跋珪的历史功绩》，那是李凭正式发表的第一篇文章。现在回头翻看，李凭觉得这篇文章实在平平，但在当时令他感到鼓舞。

1985年，李凭有幸被高教部古籍整理工作委员会秘书处借调。秘书处的办公室在北京大学校园内，李凭在每天三餐前后大多会漫步于未名湖畔的绿树青草之间，渐渐萌生出争取到北京大学深造的念头。1986年，李凭考取了北京大学历史系中国古代史专业的博士研究生，导师是魏晋南北朝史巨擘田余庆教授。

李凭（右）在导师田余庆教授家中拜访

田余庆先生是享誉中外的历史学家，1984年他在《历史研究》第2期发表了著名论文《论轮台诏》；1988年出版了《东晋门阀政治》，这部名著随后获第一届中国图书奖。李凭有幸投身田先生的门下，他在北京大学研读的方向是魏晋南北朝史，主攻的重点依旧是在山西大学攻读硕士时期确定的北魏在平城将近一个世纪的历史。在田先生的悉心指导下，李凭于1989年完成博士学位论文，随后通过答辩，其题目是《北魏平城政权研究》。

（六）书山求索

从北京大学毕业的当年，李凭来到北京图书馆工作，因为它是全中国收藏图书最丰富的宝库，是李凭心中景仰已久的学术殿堂。李凭对北京图书馆抱有好感，其中有具体的原因。

在撰写博士学位论文期间，李凭曾经到北京大学图书馆借阅黄家驷、吴阶平二位先生主编的《外科学》，却被图书管理员拒绝，理由是历史系的博士研究生不应该看医学类书籍。李凭不得不耐心解释道，他正在研究北魏文明太后因控制孝文帝而得以掌握政权的情况，其中涉及孝文帝是否为文明太后与外人所生之私生子的问题，所以有必要考证孝文帝的父亲献文帝的生育能力，因为相关的文献记载，孝文帝诞生之时献文帝年仅十三虚岁。李凭很认真地告诉这位图书管理员，《外科学》下册的第四十九章之下专设有题为《解剖和生理概要·男生殖系统的生理机能》一节，对于男性的生理机能及其成熟的年龄有所讲述。然而，李凭的解释没有起作用，管理员仍然拒绝借出《外科学》。当时的李凭没有办法，只好前往新落成于西直门外白石桥的北京图书馆碰碰运气。

到达北京图书馆，难题竟然迎刃而解，这部由人民卫生出版社于1979年正式出版的名家主编的名著，就端端正正地摆放在该馆开架阅览室的书架之上，任由读者随意翻阅，这令李凭喜出望外。利用黄家驷、吴阶平二位先生主编的《外科学》完善了考证信息后，李凭写成题为《北魏孝文帝非文明太后私生辨》的论文，澄清了史学界对于文明太后品德的误判。这篇论文成为李凭的博士学位论文中的一节，后来被收录于中国社会科学出版社1993年出版的《周一良先生八十生日纪念论文集》中。上述经历，使北京图书馆在李凭的心目中留下良好的学术印象，使他有了想到这家图书馆工作的愿望。

1989年秋，李凭到北京图书馆人事处报到，之后被安排到参考研究部工作。人事处的负责人向李凭介绍道，这个部门是这所国家级图书馆中最具有学术性的单位。

参考研究部的主要职责是配合读者的需求开展咨询活动，日常事务以答复读者的各类专业来信居多。参考研究部最重要的科室是马列主义研究资料室，主要职能是订购和搜集马列主义研究资料，以及答复读者的相关咨询。1989年冬，李凭被安排到这个资料室担任主任。这项工作与李凭的研究方向有相当大的差别。换言之，北魏历史研究又成了李凭的业余爱好。后来，北京图书馆馆长任继愈先生开导李凭时指出，学术专业和本职工作不相一致是人生常见的现象，协调二者的关系是一门艺术。

在马列主义研究资料室工作的两年时间里，李凭不仅为该室订购和搜集了不少相关的精品著作，而且还受任继愈馆长的委托，与到访北京图书馆的德意志民主共和国马克思恩格斯列宁研究院的专家晤谈，以期推动采集与马克思、恩格斯相关的外文资料事宜，从而扩充和提升北京图书馆的马列主义研究资料室之典藏。可惜的是，不久之后欧洲发生了柏林墙被推倒的事件，通过联系柏林和汉堡等地采集与马克思和恩格斯相关的外文资料之计划随之搁浅。

此后，李凭被调到北京图书馆属下的书目文献出版社（后改名为中国国家图书馆出版社）工作。李凭不再专门从事采集整理马克思、恩格斯文献的工作了，但是在马列主义研究资料室工作两年的经历使李凭的思想受到马克思主义的熏陶，其对社会和历史的认识显著提升。这段经历，为他以后运用唯物主义观点和辩证方法研究社会运动规律和探索历史发展轨迹作了相应的思想理论准备。

（七）经营出版

从1991年春到1996年春，李凭在书目文献出版社工作了5年，先后任代社长、社长及总编辑。李凭进社以后设法调动编辑部的积极性，充分利用北京图书馆善本书库和线装书库的典藏，发掘适应学术界需求并适合影印的题材，调配纸张和相关印制材料，集中有限的资源印制和出版大型丛书,从而推动了《北京图书馆古籍珍本丛刊》《日本藏中国罕见地方志丛刊》《北京图书馆普通古籍总目》《吉祥图案》《新编古今事文类聚》等丛书的编辑出版,为书目文献出版社在学术界赢得了声誉,也获得了相应的经济效益。

为了推进发行工作,扩大书目文献出版社本版图书的销售市场,1993年李凭作为中美邦交正常化之后国家新闻出版总署组织的中国新闻出版代表团的成员,在王子野团长和朴东升副团长的率领下出访美国。为了打开国际市场,推销中国传统古籍,李凭走访了多家公共图书馆和大学图书馆,积极调查和研究美国对于中文古籍影印类图书产品的需求;同时,接受美国《世界日报》的采访,向西方图书馆界和学术界热情介绍中文古籍,特别是北京图书馆庋置的古籍。回国以后,李凭又积极向国内出版界介绍亲身调研的美国图书市场中文古籍图书的流通动态,以期推动中文古籍在海外的销售。他还将这次访美活动的调研报告发表在《对外出版工作》1994年第1、2期上,题为《美国图书市场特点刍议》。

经过3年的努力,书目文献出版社终于在经济上扭亏为盈,发行业务进入良性发展轨道,出版了大量受到学术界重视和社会关注的丛书。与此同时,李凭还积极支持和参与了《文献》《北京图书馆馆刊》《国际汉学》等期刊的创建和发展事业。

1994年冬,李凭被中共北京图书馆党委评为优秀共产党员,并于次年出席文化部五四优秀青年知识分子座谈会,事后其以"理想·信念·敬业·务实"为题发表了相应的"纪要",刊登于《中国文化报》1995年5月3日版。

出版社事务繁杂,在当了5年社长以后,李凭下决心不干了。他向北京图书馆任继愈馆长倾诉苦衷,希望能够单纯地从事科学研究工作。对此,上级领导讨论之后提出了折中方案,调李凭到《中国图书馆学报》担任第一副主编。然而,李凭已经下定返回学术界以从事历史研究的决心,任继愈馆长也充分理解李凭的思想境界,于是推荐他前往中国社会科学院从事研究工作。对此,很多朋友无法理解,都认为他失去了很多。李凭却觉得,到书目文献出版社工作,原非出于个人意向,既然该社已经进入良性循环,自己应该见好就收。他认为:"人的生命有限,应该有所贡献;只有做出贡献,才能体现自己的人生价值。"他还认为:"如果在学术上能够有所作为,哪怕是一点点收获,会更加有意义。"

不过,李凭并不认为在北京图书馆的这段时间虚度了年华。他认识到,这是人生的重要历练,虽然被迫陷入烦琐的行政事务和商事活动之中,但是由此洞察了社会与人际,大大开阔了眼界,对于后来从事的社会科学研究是绝佳的启迪。

1996年春,当人们纷纷下海经商之际,李凭却来到相对清贫的中国社会科学院工作。

（八）潜心教学

当时，中国社会科学院的滕腾副院长兼任该院研究生院院长，他建议李凭到研究生院办公室任职。但是李凭认为，既然有幸进入研究部门，最好能够到研究所从事研究。李凭坚定明朗的态度得到理解，于是如愿以偿，被安排到历史研究所从事历史研究。在此期间，李凭担任过战国秦汉魏晋南北朝研究室的主任，兼任中国社会科学院研究生院的博士生导师。他于2000年主持完成题为《北魏平城京畿考察与研究》的国家社会科学基金项目；参与中共中央组织部交办的由林甘泉、张海鹏、任式楠三位权威学者主持的全国干部培训教材《从文明起源到现代化——中国历史25讲》的撰写工作，撰写了其中第十二讲《秦汉至明清的选官制度和监察制度》的内容，该教材作为全国干部学习读本于2002年由人民出版社出版，于2004年获第五届中国社会科学院优秀科研成果奖三等奖；还参与中国社会科学院历史研究所卜宪群所长主持的中国社会科学院重大研究课题《中国历史上的腐败与反腐败研究》，撰写了其中魏晋南北朝的部分（第7—11章），该项目结项后于2014年由鹭江出版社出版，此后于2023年由中央编译出版社出版精读本。李凭为该书撰写的内容被《检察日报》于2014年12月5日至26日以《历史学家视界下的中国古代反贪腐史》之（23）至（26）转刊于该报的《纵横》版。在经历了人生的曲折之后，李凭回到了中国古代史的专职研究上，并取得不少相应的成果。他的经历和成果证明这一抉择是明智之举。

李凭（右四）与历史研究所同事等在中国社会科学院门前留影

李凭在魏晋南北朝史的新探索国际学术研讨会暨中国魏晋南北朝史学会第十一届年会上致开幕词

2001年夏,经中国社会科学院历史研究所高翔研究员、北京大学历史系祝总斌教授和阎步克教授三位学者的书面推荐,李凭获得韩国高等教育财团的资助,到韩国国立汉城大学(首尔大学的前身)东亚历史与文化研究所进行为期一年的学术访问。置身陌生的生活环境,李凭感到心静而非寂寞。在韩国的时光,他潜心研读了大量专业领域的著作和论文,完成了《20世纪洛阳地区北魏考古与北魏洛阳时代研究》的研究项目,以及有关古代中原与朝鲜半岛文化交流的课题。后来李凭于2004年在《韩国古代史研究》[韩国]第36辑上发表的《北魏迁都的原因与意义》(由高光仪翻译成韩语)和2002年在《高句丽研究》[韩国]第14辑上发表的《高句丽与北朝的关系》等文章就是在这个时期写成的。

在韩国访学期间,李凭曾在多家大学的课堂上讲述中国历史的悠久以及中韩之间的文化交流,演讲题目有"政治动乱时期的思想变迁——魏晋南北朝时期的意识形态问题述论"和"儒学与经学——魏晋南北朝时期的思想"等。韩国学生和中国留学生的热诚反响既令李凭感动,也让他清楚地意识到,应该将研究成果推向教学实践,使更多的青年学子向往中华文明。

为期一年的韩国学术访问结束后,李凭放弃了其他到国外讲学的机会,于2002年夏离开首尔,回到中国继续淡泊的学术生涯。随后,李凭应聘到浙江大学人文学院历史系任教授。2004年,李凭主动要求到位于新疆南部的喀什师范学院支援教学一年,从而直接面对边疆少数民族的学生和直接考察少数民族的文化,以利在民族学方面获取生动活泼的感性认识。这项教学活动加深了李凭对于民族史理论的理解,提升了他对于中华民族大家庭形成途径与巩固规律的认识,也坚定了他将教学与研究相结合的信念。

李凭认为,所谓教学相长,就是强调教授书本与研究学问相辅相成。大学是教育机构,应该将教育放在首位;即使是以研究生教育作为主导的大学,也应该将教育放在最重要的位置,而将科研置于其次。故而,身为教授就必须任教,最好在第一线给本科生上课。既然是当教授，就不应该抱怨教书会影响到做学问。

2005年春，李凭应聘到华南师范大学任A岗特聘教授，2012年春受聘为华南师范大学首批二级教授。在这所培养师资的大学里从教，为他贯彻教学与研究相结合的理念提供了良好的平台。在广州的八年里，李凭创办了中华二十四史研究中心，出任该中心的主任，并担任华南师范大学学术委员会的委员和该校图书馆工作委员会的副主任，为华南师范大学的科研建设事业做出了贡献。此外，李凭还受到广东省教育考试院的聘请，担任普通高等学校招生全国统一考试历史学科命题组组长（2005年）和审题教师（2007年）。2013年，李凭按期退休，被授予"中华二十四史研究中心荣誉主任"的称号。

李凭由衷感慨道："我一生奔波游学，广州给了我强烈的归属感，因此在华南师范大学工作时间最久。"

二、投身历史研究　矢志探索不渝

李凭先后在出版社、图书馆、研究院和大学工作，在这些行业都做出了贡献，尤其在历史研究方面的学术成就更值得关注。

（一）平城时代研究

李凭的专业学科是中国古代史，方向是魏晋南北朝，课题是北魏。他在北魏研究上的代表性成就可以体现在专著《北魏平城时代》上，这部作品的基础是他的博士学位论文。

前面说到，李凭最初从事北魏研究，是因为要写硕士学位论文，临时被逼出来的。不过，客观而言，像鲜卑族拓跋部这样一个古代北方少数民族，确实非常值得研究。拓跋部兴起于大兴安岭北端，经历了曲折的历程来到大漠草原与黄土高原交界的平城，在那里建立起北魏王朝，然后活跃了将近一个世纪，在中国历史上留下了不可磨灭的丰功伟绩。根据这个历史阶段的时空特点，李凭将其称为"北魏平城时代"。关于这个时代的情况，《魏书》《北史》《资治通鉴》等文献虽有大量记载，但是对其发展轨迹勾勒不清，对其起伏规律少有解析，因此李凭关于北魏平城时代的研究具有填补空白和发皇古义的价值。

北魏平城时代发展到鼎盛阶段，紧接着便转折成为北魏洛阳时代，推动造成如此重大转折的事件是著名的孝文帝从平城迁都洛阳。该事件在中华大地掀起了汹涌澎湃的民族融合高潮，这个高潮成为中华民族发展历程上的一大亮点，从而将鲜卑拓跋部的历史地位彰显出来。由此回头反观拓跋部在整个北魏平城时代的作为，正好应和了酝酿和发动这场民族大融合高潮的能量聚集，为北魏洛阳时代的兴盛提供扎实的奠基。从这个角度出发，肯定和强调拓跋部建立的北魏平城时代在中国历史上发挥过强劲的推动作用，应该是毫不为过的。就这样，李凭一接触北魏历史的课题就被迷住了，此后他的研究便聚焦于此。李凭希望，不仅要将发生在这段历史上的光辉景象表现出来，更要发掘出这段历史中具有启迪意义的规律。

《北魏平城时代》一书的雏形是李凭在1980年设计的硕士学位论文框架，后来拓展成为他的博士学位论文。获得博士学位学位之后，李凭没有急于将学位论文出版，只是按照相关通知的规定，整理出一部约6万字的学位论文浓缩版，题为《北魏平城政权研究》，收编于浙江教育出版社1998年出版的中国人文社会科学博士硕士文库《历史学卷（上）》。

李凭没有及时单独出版博士论文的原因既有客观的，也有主观的。客观上，由于李凭随后就到北京图书馆工作，先后忙碌于马列主义研究资料室和书目文献出版社的业务，难以集中精力修订博士学位论文；主观上，囿于文献与考古方面的史料之局限，李凭感到他并没有将这个时代的辉煌景象和发展规律充分表达出来，对于这个课题还需要补充学术营养和凝练思想。

1996年，李凭来到中国社会科学院历史研究所工作，终于有时间和精力专职从事研究，于是将修订其博士学位论文提上日程。1997年，李凭以《北魏平城京畿的考察与研究》为题目，申请到国家社会科学基金一般年度项目的资助。利用这笔经费，李凭多次到拓跋部的发祥地呼伦贝尔大草原以及其后的根据地代国古城盛乐考察，特别是十余次到平城京畿的所在地山西省大同市、雁北专区作调查研究，于1999年圆满地完成该基金项目。在丰富的考古资料和地方文献支撑下，李凭将自己的博士学位论文扩充成为一部30万字的专著。在中国社会科学院出版基金的资助下，该书稿交由社会科学文献出版社出版，书名为《北魏平城时代》，发行时间是2000年，距离1980年确定其框架之时已越20年。此后，《北魏平城时代》于2011年被上海古籍出版社再版；该社又于2014年印制第三版，于2023年印制第四版。2021年，日本京都大学出版了该书的日文版，由中国学者刘可维与日本学者小尾孝夫、小野响合译。到2023年，这部学术著作的成长已经历了43个年头。在历次更新书版期间，李凭都会补充新发现的考古资料，吸纳同道的建议和意见，并且细读全书，弥补文字瑕疵，希冀其更臻完善。李凭说，对于《北魏平城时代》，他不会就此枕戈，还将继续吸收学术界的新鲜研究成果，继续字斟句酌地修订它。因为只有这样，这本书才不至于过时。

李凭坦言，关于北魏平城时代，他最初想过的问题与后来想到的问题并不一样，其中不仅有逐渐深化的思索，也有不断拓展的认识，还有否定自己的观念。由于认识不断深化，就有了《北魏平城时代》的不断修订再版；由于看法不断地拓展，才有了后来多篇内容比《北魏平城时代》更宽广的文章。

（二）黄帝形象探索

在研究北魏的初期，李凭只是想把拓跋部的历史贡献充分表现出来；到研究北魏的后期，他的思路逐渐展开，认识到应该将这个部族置于中华民族发展的历史长河中去看待。这样一来，对其研究就不能仅限于表述该部族的发展轨迹，而应该进一步探讨它在历史上存在的价值。因为，通过拓跋部这样一个典型例证，可以管窥中华民族之所以能够凝聚成为一个团结友爱的大家庭的内在原因。

中华民族是由于有许多像拓跋部这样的氏族、部落和部族陆续参加进来而壮大的。它们之中，有些至今还存在，有些已经消失。那些至今还存在的，其实已非最初的形态；已经消失者，亦非真的灭亡，而是像拓跋部一样，融化在中华民族大家庭中了。它们的后裔如今就生活在我们的身边，正在与我们运用共同的语言讲着话，使用相同的文字写着字。中华文化、中华风俗、中华艺术等，都是由多姿多彩的各族文明交流相融而凝聚升华成的。通过在浙江、广东以及新疆地区从事课堂教学和实地考察，李凭积累了丰富的感性认识，进而结合有关古代人口迁徙的理论与文献，撰写成《〈北史〉中的宗族与北朝历史系统——兼论中华文明长存不衰的历史原因》和《李弇后裔的迁徙经历与文化传承——〈北史·序传〉读后》两篇文章。这两篇文章都曾数易文稿而浓缩，先后发表在《中国社会科学》2016年第5期和《社会科学战线》2019年第6期。

李凭撰写的另一篇文章《黄帝历史形象的塑造》，也是跳出北魏研究框架而产生的作品。2004年，李凭在浙江大学工作期间参与了浙江省缙云县仙都峰黄帝祠的考察活动。这项活动使李凭不由得深思，黄帝分明活动在黄河中游，死后葬于陕西省的黄陵县，他的生平与缙云仙都峰毫无关系，为什么缙云当地要声称黄帝在仙都峰升天了呢？

李凭联想起来，同样的尊崇黄帝的现象在以往读过的史书之中也有提及，而且就在他熟悉的《魏书》之首卷。在该卷的《序纪》中，第一句话的主语就是黄帝。按照其中的文字记载，作为中原华夏领袖的黄帝，竟然成了漠北拓跋部的祖先。多年来，这种现象已经被人们熟视无睹，然而仔细想想，这样的记载是大有问题的。拓跋部分明被认定是鲜卑族中的一个部族，黄帝怎么可能是它的祖先呢？然而如此难以令人相信的事情，《魏书》的作者魏收却偏偏要写入书中，言之凿凿而毫不疑虑。带着这样的问题，李凭查遍二十四史中的其他各部正史。他发现，以黄帝开头的正史只有三部书，就是《魏书》《北史》与《史记》。《北史》是在《魏书》的基础上编撰成的，自可不论。那么，《魏书》以黄帝开头是否与《史记》有关系呢？因为《史记》的首篇就是《黄帝本纪》，那是堂而皇之的。由此，李凭不得不研究《史记》为什么要以《黄帝本纪》开篇的问题了。

原来，《史记》的作者司马迁，为了树立起帝王的典型，就着力尊崇黄帝，将黄帝置于《史记》诸本纪之首；不仅如此，为了崇敬黄帝，他还将黄帝塑造成为众生民之祖宗；于是，黄帝成为华夏族独尊的形象。司马迁这样做，其他史家不一定赞同，《汉书》的作者班固就不同意，但是《魏书》的作者魏收却赞成，具体表现就是上述的在《魏书》中也同样以黄帝为开端。那么，魏收为什么要这样做？那是因为，魏收生活在北魏孝文帝汉化改革约半个世纪之后，他亲历了各民族纷纷融合到华夏族之中的翻天覆地局面。为了适应这样的形势，他就将当时北方草原上的少数民族都编排成为黄帝的后裔。这样一来，中原的汉族与北方的少数民族就共同组成为一个民族大家庭。也就是说，受到《史记》的启发，魏收悟出了中华民族大融合的深远意义，因此又在司马迁尊崇黄帝的基础上推进了一大步。这样的一大步何其了得，它将黄帝从中原华夏的祖先推广成为草原游牧民族与中原农耕汉族共同的祖先，遂使黄帝的历史形象被广泛地弘扬开来。魏收的做法看似不可思议，但是具有无比恢宏的意义。

如果进一步考察，不难发现，北朝之后尊崇黄帝形象的活动非但没有停息，而且力度更有增强，范围也迅速扩展。隋朝统一以后，黄帝历史形象的弘扬范围不再仅限于游弋着异族部落的北方草原，长江下游同样受其强烈影响。因此，到唐代中期，远在江南的仙都峰也开始祭祀起黄帝。这种现象看似奇怪，其实正常，它正是反映中华文明广泛传播和交融的典型例证。随着研究的深入，李凭的论证跳出了北魏的框架，形成探索黄帝形象的塑造和弘扬过程的论述，进而拓展成对整个中华文明发展现象的研究。这篇文章以《黄帝历史形象的塑造》为题发表在《中国社会科学》2012年第3期上。

要之，《魏书》与《史记》都以黄帝开头，此事看似偶然，却引申出中华民族融合的大趋势问题。《黄帝历史形象的塑造》这篇文章，表面上看与北魏历史的关系并不密切，实际上却紧扣紧联。特别是大幅度提升了北魏孝文帝汉化改革事件的历史价值。可见，历史研究要放得开，也要收得拢。既要站稳本位，又要开阔视野；只有当视野开阔，才能揭示本位真谛。

（三）编纂大型丛书

从事社会科学研究，难以置身于社会之外，历史研究也不例外。何况，开展科研与教育工作的机构与单位，也都要面向广大的社会，不可能单设专门研究狭窄专业的部门，即便像中国社会科学院历史研究所这样专业性很强的研究机构，也不可能只有仅研究北魏的部门。所以，除北魏研究之外，李凭还必须从事不少非北魏史的项目。李凭认为这是正常的社会状态。

在山西人民出版社从事编辑工作期间，李凭参与了清光绪版《山西通志》的整理，点校其中的第六册《府州厅县考》，该书于1990年由中华书局出版，2016年由三晋出版社再版；他还参与了山西的三部山志《清凉山志》《霍山志》《恒山志》（山西人民出版社1984年至1986年先后出版）的整理和标点。从事这四部古籍的整理和标点，使李凭熟悉了将山西黄土高原作为根据地的北魏之地理环境与人文背景。

李凭（左二）与中国社会科学院历史研究所明清研究室主任高翔（左一）、北京大学中古史研究中心主任阎步克（左三）、浙江大学历史系主任包伟民（左四）在浙江乌镇留影

在文献研究方面，李凭曾经与两家图书馆有情愫。第一家就是前述的北京图书馆，现已改名为中国国家图书馆。他回顾道，北京图书馆虽然不是纯粹的科研单位，但是对他的学术影响并不小。李凭从1989年夏到1996年夏在北京图书馆供职，除去在该馆所属的书目文献出版社工作的五年，他在该馆参考研究部的马列主义资料研究室工作了两年。那两年时间，除从事该资料室的建设工作之外，李凭还主持和参与了四套丛书的编撰和一部古籍的整理工作。

第一套丛书是北京图书馆的重大项目《民国时期总书目》。李凭担任副总编，负责该丛书的《历史·传记·考古·地理》分册，该分册于1994年由书目文献出版社出版。这套丛书主要记录了北京图书馆、上海图书馆、南京图书馆和重庆市北培图书馆等单位典藏的民国时期出版的图书，并且为每本图书编写了提要，这是对辛亥革命以后至中华人民共和国成立之前共计37年之出版物的全面检阅。李凭也因参与这项工作而获得出入书库的特许证件，得以如海绵吸水般畅读群书，这是至今仍旧让李凭怀念着北京图书馆的重要原因。

第二套丛书是四册版《中国文化大典》。北京图书馆参考研究部的日常业务之一，是答复广大读者书面或口头提出的一般业务问题和常识性科技问题，业务人员经常要代为搜索各类图书资料。由于当时计算机与网络系统的开发与应用尚处于起步阶段，搜索各类图书资料的工作依赖于手工操作。效率高时，业务人员一天能查获几条相应资料；效率低时，几天才能答复一封读者来信。为此，李凭曾与北京图书馆阅览部主任王绪芳、副主任王珊，典藏部主任李素明，馆长办公室主任张彦等专家交流，征求张跃、卢元镇等学术名家和曹革成、王菡、安嫒等出版界、期刊界和印制业专家的意见，大家对咨询工作的艰苦皆有同感。后来,李凭与山西教育出版社琚林勇副总编辑交谈此事,颇得呼应,于是产生了编撰一部汇聚丰赡内容而又便于搜索查阅的文化类工具书的想法。这项事业不但受到北京图书馆任继愈馆长的支持,而且得到周谷城、费孝通、邓广铭、周一良、田余庆、侯仁之、李学勤、端木蕻良等学界前辈的认可。于是,李凭与好友张跃博士承担起执行主编的职责,积极组织约五百名京城的中青年学者和新近毕业的青年博士、硕士,费时八年完成了这项庞大的文化工程。该项目于1999年付梓,题名曰《中国文化大典》,合计3309页,约700万字。其学术意义和社会意义已经超越最初便于查询知识的设想,正如任继愈馆长为此书撰写的序言指出,"了解过去的优秀文化,正是为了创造未来的新文化。这对提高民族自信心、增强民族凝聚力,有着极为重要的意义"。

第三套丛书是《中国古代名物大典》。该项目是国家"八五"规划重点出版项目,李凭担任该书《日用类》的分科主编以及撰稿人。该项目后由济南出版社于1993年出版,其内容可与《中国文化大典》互为补充,在当时成为北京图书馆参考研究部工作中得力的工具书。

第四套丛书是10卷本《中华文明史》。1990年,李凭应邀担任《中华文明史》的编委,承担该丛书《魏晋南北朝》和《元代》两本分册的总纂和相应分册《卷首语》的执笔,以及《魏晋南北朝》分册《精神文明章》和《清代后期》分册第十一章第二节《近代报刊的出现与发展》的撰写人。在当时,这应该是与李凭所学专业最接近的项目。

在北京图书馆工作的后期,李凭重温古文,标点、释读和今译了著名的蒙读古籍《古文观止》和《续古文观止》。这项工作,由于独自承担而费时久长,一直延续到他调入中国社会科学院之后才得以集中精力完成全稿。1999年,中国发展出版社出版了李凭释读的《古文观止》正本及其续部,题名曰《古文观止正续全编》;又于2005年出版了该书的缩略本,题名曰《古文名篇》。作为其衍生物,李凭还编撰了用作中国古代史课程参考书的《中国历史文论选读》和《中国历史文献选读》,这两部书均由浙江文艺出版社于2018年出版。

除了以上各项工作,李凭常常配合北京图书馆的阅览、典藏、期刊等部门的工作需求,参与过不少文字工程的推进工作。他担任过《东方思想宝库》(中国广播电视出版社1990年版)中的《政治卷》的编委、《中国学生百科全书》(国际文化出版公司1991年版)的副主编;主编了《世界文学名著缩写本丛书》(北岳文艺出版社1992年版,北京广播学院出版社1996年再版)、《嫁衣集》等文化类系列丛书;还参与《中国家政百科》(山西科学技术出版社1992年版)、《家庭百事通丛书》(中国医药科技出版社1991年版)、《营养·健康·美味——家庭烹饪良友丛书》(北京出版社1991、1992年版)等生活类系列丛书;编写、编译《迪士尼乐园的创造者——沃特·迪士尼》(山西教育出版社1997年版)、《汤姆·索亚历险记(缩略本)》(北岳文艺出版社1992年版,北京广播学院出版社1996年再版)、《歌星梦》(希望出版社1987年版)、《婴幼儿喂养与教育》(希望出版社1990年版)、《南北风味小吃》(山西科学技术出版社1991

年版）等书；以及参与撰写《中国历代名君》（河南人民出版社 1987 年版）、《中国历代名臣》（河南人民出版社 1988 年版）、《影响中国历史的一百个男人》（广东人民出版社 1992 年版）等书中的部分内容。这些图书的组织和编撰工作繁重而琐碎，且与李凭的学术研究方向相去甚远，但是它们贴近百姓的日常生活与艺术欣赏，从而与文化教育的普及密切相关，是图书馆工作义不容辞的职能所在，因此李凭从未抱怨过，始终兢兢业业地落实其事并圆满地完成任务。在图书馆工作时，李凭常常回想以往在建筑工地当泥水工的日子，以此宽慰自己。他觉得，过生活必须感恩，应该满足现状；做工作不应挑拣，要具有工匠般的责任心。他的工作态度和丰富业绩，成为任继愈馆长选调其主持书目文献出版社工作的主要原因。

与李凭有缘的第二家图书馆，是位于广州的华南师范大学图书馆。在全国人民代表大会常务委员会许嘉璐副委员长的直接指导下，李凭于 2006 年创建了中华二十四史研究中心，出任首任主任。这是全国高等院校中独家专门从事整理、点校和研究中华二十四史的学术机构，由文化部民族文化促进委员会和华南师范大学合作资助、建设和管理。为了充分利用图书资料和便于联系教学活动，其工作地点就设置在华南师范大学图书馆里。利用这个高端的学术平台，李凭积极开展了一系列与历史研究密切相关的科研活动，完成了六项国家和省部级社会科学研究基金项目以及省部级出版规划项目。

第一项是国家社会科学基金一般项目"北魏洛阳时代文明研究"。这是继 2000 年"北魏平城京畿考察与研究"结项以后，李凭第二次获批国家社会科学基金项目。该项目于 2010 年获批，在 2014 年结项，于 2015 年被中国国家社会科学基金委员会评定为优秀结项成果。

第二项是教育部哲学社会科学研究后期资助项目"北魏龙城诸后研究"，于 2007 年获批，在 2013 年结项。

第三项是教育部全国高等院校古籍整理研究工作委员会直接资助项目"《北史》研究"，于 2007 年获批，在 2015 年结项。

第四项是广东省哲学社会科学"十一五"规划一般项目"北魏洛阳政权研究"，于 2006 年获批，在 2012 年结项，当年被广东省哲学社会科学规划领导小组办公室评定为优秀结项成果。

第五项为国家"十一五"重点图书出版规划项目和中国社会科学院哲学社会科学创新工程学术出版资助项目"今注本二十四史"。李凭担任该项目的编纂委员会委员和主持其子课题《北史》的今注，他率领 13 名博士生和硕士生合力完成了项目，并交由中国社会科学出版社于 2020 年出版。

第六项为江苏省"十五"重点图书出版规划项目、江苏省教育厅人文社会科学重点课题"六朝文化丛书"。李凭担任该丛书编委会主任和"丛书总序"撰写人。

退休以后，李凭于 2021 年被中国社会科学院、中国历史研究院聘为国家重大文化项目"（新编）中国通史"纂修工程审读委员会委员和魏晋南北朝卷审读组组长。他审读了《中华文明史简明读本》，并于2024年1月出席在北京召开的"《（新编）中国通史纲要》《中华文明史简明读本》学术座谈会"，作了代表发言。接着，又出席了"学习贯彻习近平总书记致中国历史研究院成立贺信精神五周年理论研讨会"。

李凭至今一直活跃在社会科学战线上。

三、阐释历史规律　教学科研并进

李凭一贯认真敬业，一向与同道热诚合作，因此屡屡获得业界好评和学术奖励。他的社会影响体现在研究成果、学术评价和教书育人三个方面。

（一）研究成果

李凭的研究成果首先体现在获得诸多奖项上。这些奖项充分肯定了他研究北魏的学术著作、研究中国古代史的论文和参与科研项目的学术价值。

1. 研究北魏的学术著作

1988年，李凭作为第一作者的《郦道元与〈水经注〉》由河北教育出版社出版，同年获山西省历史学会首届优秀成果二等奖。这是李凭在著作方面获得的第一个奖项。

2019年，李凭以《北魏平城时代》（第三版）获第五届郭沫若中国历史学奖三等奖。

2. 研究中国古代史的论文

1994年，李凭以在《社会科学辑刊》1991年第5期发表的《盖棺未必成定论，遗山不独是诗人》获该刊15周年优秀论文评选三等奖。这是李凭在论文方面获得的第一个奖项。

2009年，李凭以在《历史研究》2007年第3期发表的《北魏龙城诸后考实》，获第四届广东省哲学社会科学优秀成果奖论文类二等奖；随后获第五届教育部高等学校科学研究（人文社会科学）优秀成果奖论文类三等奖。

2019年，李凭获第五届郭沫若中国历史学奖，在人民大会堂前留影

2014年，李凭以在《中国社会科学》2012年第3期发表的《黄帝历史形象的塑造》获第六届广东省哲学社会科学优秀成果奖论文类二等奖；随后获第七届教育部高等

学校科学研究（人文社会科学）优秀成果奖论文类二等奖。

2019年，李凭以在《中国社会科学》2016年第5期发表的《〈北史〉中的宗族与北朝历史系统——兼论中华文明长存不衰的历史原因》获第八届广东省哲学社会科学优秀成果奖论文类一等奖。

3. 参与科研项目

李凭于1991年参与《中国古代名物大典》编撰项目。该项目由济南出版社于1993年出版成书，于1994年被评定为全国城市出版社优秀图书一等奖，随后获第八届中国图书奖。这是李凭因积极参与科研项目而第一次获得团体成果奖。

李凭于1990年参与10卷本《中华文明史》编撰项目。该项目由河北教育出版社于1992—1994年出版成书，于1995年被中共中央宣传部评定为"'五个一工程'入选作品"，随后获第九届中国图书奖。

由于李凭一贯努力工作，克己奉公，因此受到党和政府的关怀。1993年10月，李凭被批准享受国务院颁发的政府特殊津贴，至今按月发放。

2021年11月，李凭获广东省人民政府授予的"广东省优秀社会科学家"称号。

由于李凭一向谦虚严谨，团结同道，乐于为学术事业做奉献，因此受到学术界的普遍认可和好评。2004—2014年，他三次当选中国魏晋南北朝史学会会长。李凭担任学会会长期间，几乎每年都会组织和召开全国性的学术研讨会。其中最重要的是2010年4月于河南省安阳市召开的旨在考察曹操高陵的中国南北朝史学会与中国秦汉史研究会会长联席会议。在这次会议上，李凭提出了"坚持两个学术信任"的态度，即信任地方的文史工作者多年的努力考察与信任考古学工作者的严谨态度和科学方法。他主张中国魏晋南北朝史学会与中国秦汉史研究会应该本着负责任的态度，就曹操高陵的真实性明确表态，坚定地认可河南省考古工作者取得的发现曹操高陵的重大成就。随后，一直争论不休的曹操高陵之真伪问题尘埃落定。当年，李凭主编了《曹操高陵——中国秦汉史研究会中国魏晋南北朝史学会会长联席会议》，为曹操高陵的发现作了肯定性的总结。该书由浙江文艺出版社于2010年10月出版。

李凭退休之后被授予中国魏晋南北朝史学会荣誉会长称号，他依旧关心学会的发展事业，积极地参与学会的活动。2018年秋，李凭不辞辛劳地考察了陆上丝绸之路，接着在甘肃省武威市出席"凉州文化与丝绸之路国际学术研讨会"，在会上作了题为"李弇后裔的迁徙经历与文化传承"的演讲。

李凭曾于2000年被山西大学聘为客座教授，于2004年被上海华夏社会发展研究院聘为客座研究员，于2011年被襄樊学院聘为特聘教授，于2012年被《中国社会科学》杂志社聘为首席研究员，于2018年被澳门科技大学聘为特聘教授，于2019年被澳门大学澳门研究中心聘为特聘教授、《文化杂志》顾问编辑，于2020年被澳门中华青年展志协进会聘为讲座导师。李凭还曾于2013年当选广东省广府文化研究会副会长、于2014年当选广东省图书信息协会名誉会长，于2009年被全国科学技术名词审定委员会聘为中国古代史名词审定委员。

李凭积极参与社会活动受到学术界的充分肯定。

（二）学术评价

学术界对于李凭的学术评价，主要集中在对其北魏研究的肯定。尤其是他的代表作《北魏平城时代》，受到多位学术前辈的鼓励。

时任北京大学历史系主任的邓广铭教授指出，李凭写作此书时"广泛地阅读了《魏书》《北史》《宋书》《通鉴》诸古籍，从中钩稽出有关资料，分析比勘，反复考辨，对于《通鉴》中某些资料的取舍也间或加以纠正；对于清代学人以及近现代中外学人的有关论著也尽可能广泛地加以参考，取精用宏，融会贯通，镕铸出自己的独到意见，作者的努力处处可见"。又指出，李凭"深入探讨了北魏政权建立之始虽已积极采取离散部落以建立皇权体制、向着封建化专制统治方式迈进的措施，但部落联盟的遗制和遗俗，例如兄终弟及的继承原则和母权制的遗俗仍不断出现，使北魏政权的封建化进程因而受挫。但在旧史当中对这些事件的原委都缺乏明晰的记载，故作者在搜集有关这些史实的史料时，以及他在进行论证时，不能不迂回婉转地、索隐发幽地，作一些由小见大、由此及彼的综合、联系，而终能构成一个大的轮廓和框架，而对于每一事件的发生的时间、地点及其前因后果，又都能作出具有说服力的判断，所以，这确实是一篇精心结撰之作"。

北京大学历史系祝总斌教授谈到李凭的北魏研究时指出，"多年来中外学者关于北魏王朝的著作、文章，多偏重于孝文帝迁洛以后时期，对平城政权，因为资料先天贫乏，且多寓意含混，把握起来难度较大，相对说，研究比较薄弱，很多重大问题长期处在若明若暗之中。作者选择这个题目，证明很有眼光、很有勇气。从提供的三章文章看，研究是富有成效的。特点有二：一是对先天贫乏的资料探赜索隐，条分缕析，所作考证，或利用校勘，或排比资料，或以理推定，可以说相当细致、周到，一般说很难推翻。二是在严密考证基础上，对几个重大问题（如离散诸部、太子监国、子贵母死、文明太后专权等），联系背景，提出了自己的独到见解。这些见解，均可成一家之言，并且是很有说服力的一家之言。而且，通过这几个重大问题的研究，北魏前期如何由前封建的部落联盟一步步向封建国家演变的过程，也就被大体勾勒了出来。这里面体现着特殊历史条件下的一种社会发展规律。然而经过作者的艰苦努力，我们从论文中所把握的，不是抽象的教条，而是具体的活生生的历史。总之，这是一篇考证细、有创见、质量相当高的论文。"关于《北魏平城时代》的出版，他评价道："全书创见迭出。最突出的是将北魏平城时代的离散诸部措施、子贵母死制、拓跋部落兄终弟及遗制之影响、太子监国制、保姆抚养太子制，与当时重大政治事件，如建立封建国家、拓跋绍弑父、正平事变、冯太后专权等，有机地联系起来，结合历史背景，高屋建瓴而又细致地分析其前因后果，提出一个又一个独到见解，这些见解都建立在能够收集到的史料和精细考证基础上，从而使北魏平城时代扑朔迷离的历史和演变规律清晰地凸显出来。"

李凭的博士导师是北京大学历史系主任田余庆教授，他就李凭的北魏研究指出，"这个问题的研究方法和所得结论，具有相当的独创性。论文研究平城百年历史中两度出现太子监国和两度出现太后听政这些看来像是偶然的政治事件，经过较精细的考证分析，认为这些都是部落遗制、遗俗的表现。部落遗制、遗俗在比较闭塞的平城政治环境中消失得相当缓慢，因而出现了一系列与之相关的动乱和政变。但是部落遗制、遗俗毕竟是在消失之中，这正是孝文帝决定离开平城、迁洛改革的历史背景。这些分析也有相当的理据和一定的深度。"

此外，曾任中国魏晋南北朝史学会会长的朱大渭教授、中国社会科学院历史研究所张泽咸教授、首都师范大学历史系蒋福亚教授、北京大学历史系阎步克教授等史学名家均对《北魏平城时代》这本书给予很高评价。他们认为，李凭的这一研究成果填补了中国古代史研究之中北魏前期的这段空白，具有很高的学术价值。而北魏平城时代和北魏洛阳时代的名称，也是他第一个在著作中使用的。

2000年《北魏平城时代》初版以后，北朝研究会会长殷宪教授在2001年2月21日的《中华读书报》上发表题为《大冢·小冢》的文章，以平易显见的语言风格评价了李凭的研究成果，他阐释道："过去，我读《魏书·高祖纪》时，总是有一个问题疑惑不解，文明太后去世后的两三年，孝文帝在平城又是扩建宫室，又是大修寺院，还建了明堂，起了圆丘，大有在平城成就万年基业之势，但是不知为何突然议起了迁都之事并以迅雷之势一下子率领群臣浩浩荡荡涌向洛阳。李凭先生的'摆脱母权阴影说'对这个问题作出了令人信服的回答。对于北魏孝文帝拓跋宏迁都洛阳的是是非非，向来众说纷纭，就'摆脱母权阴影说'的观点看，这种选择是可以理解的，作为一位志在以华夏民族先进文化改造鲜卑政权的少数民族君主，就力求摆脱多少带有原始鲜卑部落遗风的母权制这一点而言，他的迁都举措无可非议。离开了方山大冢的压抑之后，孝文帝确实在精神上获得了解放，且看洛阳市西孟津境内的长陵，帝陵在前，又高又大，后陵在后，小且矮矣。这与方山的永固陵的格局形成了鲜明的对照。我们可以设想，如果孝文帝不迁都，死后果真葬入方山太后陵之后矮小的虚宫，即使孝文帝本人接受了这份沉甸甸的尴尬，孝文帝的子孙们岂能等闲视之？岂能默然应允？后人对此又将会怎样评说？"

中国社会科学院历史研究所所长林甘泉研究员曾经对李凭作过总结性的评价，他指出："李凭在北魏史研究方面具有相当深厚的功力，所著《北魏平城时代》一书和若干论文考订细密精审，在一些重要问题上或填补过去研究的空白，具有开创性，或纠正陈说，廓清迷雾，颇为同行专家所赞赏。他的知识面也比较广，参与编纂《民国时期总书目》和《中国文化大典》，并担任副总编辑和执行主编，对这两个学术工程做出了重要贡献。"

对李凭在北魏研究方面的评价，屡见于国内重要的报刊。朱大渭先生在《光明日报》2000年12月15日版发表了《评李凭的〈北魏平城时代〉》，浙江大学孙敏强教授在《光明日报》2005年8月19日版发表了《百年沧桑话拓跋》，学者王珺在《光明日报》2012年4月25日版发表了《北魏前期史研究的奠基之作——简评李凭〈北魏平城时代（修订本）〉》，等等，这些文章都对李凭的学术成就给予了好评。

另外，台湾地区的《新史学》第十一卷第四期刊登了学者谢伟杰的评论文章，指出《北魏平城时代》有三点"优异之处"："第一，本书以皇权为契子，对北魏在平城的历史作出深刻的探讨……以皇权的发展作为观察角度，不啻是对分析北魏史提供新方法，也能够作出更合理的解释。第二，作者注意运用了人物的心理分析。例如考证出道武帝早年流放于中原的经历对其政治主张产生深刻的影响，酿成了他对于中原文化的接受以及对前秦制度的因袭。由此，则不可如过往的一些分析，认为道武帝是坚持胡化而排斥汉化的君主。而明元帝因为未能明确地从道武帝手上接过权力，所以，对这一问题心存忧虑，终于接受崔浩建议，设立太子监国之制。而太武帝又因着自身的经验，继续推行此制度。此外，作者又细致分析了孝文帝对文明太后的心态，并由此与迁都之举连上关系。作者对这些历史人物的早年经历、心理状态的分析，使得书中所述的人物皆有血有肉、活灵活现。第三，书中精彩的考证，丝丝入扣，辨明史实甚多，理据充分，令人信服。作者在此表现了严谨的治学态度。"

2023年，《北魏平城时代》第四版问世，中国魏晋南北朝史学会网站发表文告，在总结学术界对该书历来的评价之后指出："本书将北魏前期政治史的研究，以首都平城为中心逐步展开，依时间顺序分四章作纵向探索，准确清晰地勾勒出它的变迁轨迹。作者的考察自始至终围绕着拓跋部落本身的社会文化特征和汉族文化对其产生的曲折作用这两个影响平城政权发展的重要方面。因此，被考察的虽然是北魏平城政权封建化的历程，但其意义却已超越了论题本身，成为探索中华民族形成过程中汉族与游牧民族相互影响与融合规律的重要一例。在考证中，作者既不回避种种重大矛盾现象，又以一丝不苟的态度对细微之处详加辨察，因而所得结论新颖而令人信服。"

上述客观中肯的评论，都是对李凭多年来不懈努力读书和研究的热忱鼓励。

（三）教书育人

李凭从事过多种行业，而历时最久的是教育，他曾经在新疆的小学、山西的中学执教，后来进入北京、浙江和岭南的高等学府。如今，李凭常常会在文化和教育场合碰到教过的学生；也会有海外或边疆的学生，千里迢迢地来广州看望他。其中，有不少是他教过的本科生和中、小学生。对有些学生，李凭不但记得姓名，还记得小名。

李凭是在中国社会科学院历史研究所工作期间被评聘为中国社会科学院研究生院（现为中国社会科学院大学）博士研究生导师的。此后，他分别在该研究生院、浙江大学、华南师范大学等学府指导过数十名硕士生、博士生和博士后。学生硕士毕业后，或在中学任教，或在图书馆、博物馆任职，少数在政府部门从事公务。学生博士毕业与博士后出站后，基本都从事历史学研究和教育。在教书育人中，李凭总是坚持原则，对学生要求严格，因此他的学生大多勤奋上进。

戴卫红是李凭在北京招收的博士生，毕业后在魏晋南北朝研究领域取得优异成就，尤其对在韩国发现之简牍的研究做出了突出贡献，现已被评为研究员、博士生导师，担任中国社会科学院历史研究所魏晋南北朝研究室主任，兼任中国魏晋南北朝史学会副会长，成长为该学术领域的领军学者。梁丽红、詹坚固、张建丽、杨向艳、梁玲华、姜霄是李凭南下以后招收的博士生，他们都获得了博士学位。梁丽红参与过李凭主持的《今注本二十四史》的子课题《今注本北史》，现任教于华南师范大学，在历史教学法研究领域取得优异成就。詹坚固参与过李凭主持的国家社会科学基金项目《北魏洛阳时代文明研究》，在疍民学研究领域取得优异成就，现于华南师范大学任副教授，并担任《中学历史教学》副主编。张建丽在北朝研究领域取得了优异成就，现于山西大学任副教授。杨向艳在潮州学研究领域取得了优异成就，现任广东省社会科学界联合会研究员、《学术研究》编审。梁玲华参与过李凭主持的《今注本二十四史》的子课题《今注本北史》，在历史文献学研究领域取得了优异成就，现任教于广东外语外贸大学。姜霄是李凭的关门弟子，在历史文献学研究领域取得了优异成就，毕业后被中山大学景蜀慧教授招收为博士后学者，现为中山大学历史系特聘研究员。张云华是李凭为华南师范大学招收的博士后学者，对魏晋南北朝历史有独到见解和深刻研究，取得了优异成就，现任《中国社会科学》史学部副主任、副研究员。

谈到学生在各自的行业和研究领域的努力进取，李凭十分高兴。他认为研究要有兴趣，在学术方向上要提倡两个允许，不可以死板地遵循固定的模式。即要允许学生改变研究方向，从事邻近课题的研究；要允许学生反对和修正教师的研究方法，这样才能超越既往的成果。李凭说，这就好比登山，如果邻近有更加精彩的山头值得攀登，何必要强求学生重复攀爬教师已经爬过的山头呢；如果教师自己走过弯路和错路，为什么不能让学生了解失误而另辟蹊径呢？

在教育理念上，李凭一再强调身教胜于言教。所谓身教，对于本科及以下的学生而言，是要求教师严于律己，以身作则地从事教学活动；对于硕士生和博士生而言，是要求教师热情地帮助学生，在科学研究的协作中共同进取。因为，科学研究的方法论不是课堂上能够说得透彻的。通过教室里的简单交流就能够掌握的，那是简单的技术，不是复杂的思维。教师在常年的读书和研究中积淀的认识往往只能意会，难以言传。而意会的最佳途径，就是协作；协作的最好方式，就是共同完成一项科研项目。所以，通过申请项目，建立科研团队，以协作的方式去培训学生，不失为传承学术的好办法。当然，这就要求教师对学生必须尽心尽力，毫无保留地教导。

在教学方式上，李凭倡导因人而异与因材施教。他主张，将教授摆在面对本科生教育的第一线，为本科的低年级新生开课，以吸引学生对科学产生浓厚的兴趣和努力钻研的信心；又主张，对硕士研究生加强基础训练，以参加教授的科研项目作为具体实践；还主张，让博士研究生的研究方向与其自身的基础和兴趣结合，而不赞成对师长的学术观点与研究成果亦步亦趋；至于对博士后学者，李凭则主张在原有的学术基础上不改初衷，从而心无旁骛地潜心著述，期盼其成为未来学术的中坚力量。

四、恪守唯物辩证　弘扬中华文明——李凭谈治学心得

我是一名普通的大学教师，早期做过一点实业，此后主要是读书与写作、讲课和授徒而已，总结不出高明的方法，只能谈一些人生的体会。诚如前文所提到的，我的体会是，人生的经历如同登山，要一步一步地攀爬。登山难有直道，常遇曲径；甚至遭遇险阻，需要披荆斩棘。因此：第一，如果从事社会科学事业，应该摆正主业与副业的关系；第二，如果能够专门搞学术，应该摆正点与面的关系；第三，不可急功近利，只有日积月累才能做出成果；第四，如果有成果，应该努力使之社会化；第五，最重要的是必须坚持唯物的世界观与辩证的方法论，才能少走弯路，深刻地认识世界，认识历史。

1. 主业与副业

在外出参加业务和学术交流会议之际，我几次遇到记者采访关于我的业余爱好的问题。诸如喜欢音乐、美术吗，爱好哪种体育项目呢。这样的问题，真是让我为难。我年幼时家境贫困多厄，年轻时出走西域，只身生活在异地他乡，久久拿着二级学徒工的薪水，既没有时间也没有财力去学什么乐器，或者搞什么健身运动。看到现代青年大谈业余爱好，我十分羡慕和感叹。

不过，自从完成硕士学位论文以后，北魏历史确实成为我的精神寄托了。所以我常常回答道，非要讲业余爱好，那就是研究北魏历史吧。因为，北魏历史虽然是我先后在山西大学和北京大学接受过正规训导的专业，但是在相当长的时间内只能利用业余时间去研究。

考取研究生之前，我在建筑行业当过泥水工、测温工、施工员，搞过建筑预算和决算；在新疆生产建设兵团建筑工程第一师第二团的子弟学校教过小学的语文课，初中的代数课，高中的立体几何、解析几何以及微积分初步课；在山西省阳泉市第二中学教过地理、政治、农业基础课。但是，我没有教过中小学的历史课，更想不到后来会与研究北魏历史有缘分。

离开北京大学之后，我到图书馆工作，当过图书管理员、资料室主任。我也曾两度从事出版工作，从责任编辑做起，做到社长、总编辑，还兼任过杂志的编辑和编委。然而，这些工作与我学习的北魏历史都没有关系。所以，我时常戏称，夜读北魏历史是我的副业，日理职守才是我的主业。

在那个阶段，我上班时间讨论的问题都跟历史研究没有关系，所读的书本和文件与北魏历史更是毫不搭界；我经常被要求或者被邀约写一些文字，但那些大多属于图书整理和编辑业务方面。只有在下班以后的晚间和节假日，我才能抱着《魏书》或《北史》研读，所以后来我为《北朝研究存稿》（商务印书馆2006年版）写后记的时候会有关于主业与副业的感慨。在那篇小文章里，我所说的副业，指北魏历史范围以内的文字，都是在工作之余的时间写就的；我所说的主业，指北魏历史范围以外的文字，反倒是因工作的需要完成的。那时候，工作是我的正规业务，学术是我的业余爱好。但是，我没有抱怨，因为想得通。我来自社会底层，能有后来的机遇，已经很幸运了。努力服务于社会，才能理直气壮地换取维持家庭和个人生活的报酬。所以说，忠于职守是应该的、必需的。

后来我到中国社会科学院从事研究和教书，持续七年的时间。按理说，主业与副业合并，职守和专业一致了。但是实际情况并没有那么简单，因为我担任的是战国秦汉魏晋南北朝研究室的主任，不但有行政协调事务，还有历史研究所乃至中国社会科学院交代的一些项目。这些任务有的是上面下达的，有的是横向联系的，多数有来头，都需要应对。研究室里的成员或许可以直接推脱，而我不能推脱，要服从大局。不过，我虽然很难投入全部精力去研究北魏历史，但是主要时间可以放在自己的专业上了，我在心理上感到前所未有的充足和实在。这七年时间令我在北魏研究上有所收获，《北魏平城时代》就是在此期间出版的。

朱熹有言："不以贫贱而有慕于外，不以富贵而有动于中，随遇而安，无预于己，所性分定故也。"朱熹是大思想家，所言为深邃的哲理，不过他谈的"随遇而安"值得深思。《晋书》卷四十六《刘颂传》中记载了古人刘颂的一段话："所遇不同，故当因时制宜，以尽事适今。"刘颂谈论的内容关乎他那个时代的形势，意趣所指理当别论，但是这句话正好诠释了朱子的寓意。对待生活与学习的态度也应该如此，由于社会环境的制约，不得不因时制宜，或者应该更加确切地说成因时求宜吧。

不过，作为学者，除了工作以外，应该有自己喜爱的学术副业。它能够寄托精神，这样的业余爱好是不应丢弃的；而且，它不像音乐或体育方面的业余爱好那样，是难以转换的。这正是人生不得不经历的矛盾现象，也是我常常面对记者提出令我为难问题之时的解释。人生受到社会环境的制约，不可能随心所欲，那就必须随遇而安，尽量做好分内的工作。只有这样，才会适应社会的需要，才能得到社会的认可。换言之，做人做事都应该摆正自己的主业与副业的关系，这样才对得起社会。何况，走出书斋，接受社会的历练，并非委屈。这样的经历，能够拓宽思想境界，对于认识和理解历史现象是有意义的。

2. 点与面的关系

我虽然接受了历史学的教育，但是与历史研究的接触却经历了回环曲折的渐进途径。如此途径，表面上似乎耽误了我的学术，实质上却为我深入理解属于人文社会科学门类的历史研究作了扎实的铺垫。而且幸运的是，1996年以后，我终于进入专职从事历史研究和教育的岗位。不过,我在此后从事的专业范围,也不再局限于北魏研究了。

回头看,我的历史研究大体经历了先由面到点,再由点到面的过程。

在备考中国科学院古脊椎动物与古人类研究所和山西大学历史系的研究生之时,我虽然背读了相关的通史和考古书籍,但是直到入读研究生之后,才在杜士铎先生的严督下相继通读《春秋左氏传》《战国策》和二十四史。他说,这样做的目的在于夯实中国古代史研究的基本功,以后再去看中国通史和学术论文的感觉就会不一样。我花了将近两年的时间啃读完这些文献,体会确如杜先生所言的那样。不过,由于历史文献的内容浩瀚,我常常有读后忘前的感觉。所以,后来向杜先生和谙熟历史文献的郝树侯教授、师道刚教授一起作总结汇报时,内心极度忐忑,生怕发生纰漏错讹。好在,那次杜先生只问了我一个问题:在这些书中体会最深的是哪一部?我仅答了《魏书》,一个原因是确实如此,另一个原因是侥幸希望三位老师能够缩小提问的范围。令我庆幸的是,他们并没有追问下去。平时提问很尖锐的杜先生只是说了一句,那就在《魏书》中选定一个题目写毕业论文吧。

我的硕士学位论文是《试论北魏宗主督护制》,这篇论文阐释了北魏平城时代前期拓跋政权对于中原地区统治政策的转变,其背景则是兴起于草原的鲜卑族拓跋部对华夏文明的倾慕。不过,我当时没有意识到这方面的重要意义,只是按照传统的研究方法做了考据而已。值得珍视的是,这段研读经历使我体验了由宽广的文献层面切入要害之点的学习过程。而这个要害之点,就呈现在北魏平城时代前期拓跋政权对于中原统治方式的转折处。

离开母校之后,我在山西人民出版社当编辑。我大部分时间都在读书稿与编书稿,这些书稿多数与我的专业没有关系,更与我研究过的拓跋政权对于中原统治方式的转折处风马牛不相及。然而,这正是做学问需要经历的沉淀,而不是断绝。等静下心来再思考时就发现,我读研究生期间所作的讨论狭隘了,而命运恰好也为我安排了走出狭隘的拐点,从而通向宽广的境界。

2004年,我到浙江缙云仙都峰参加祭祀黄帝的活动,我为以黄帝为象征的华夏文明在唐代就传播到江南而感动,随后主编了《缙云国际黄帝文化学术研讨会论文集——黄帝文化研究》(山西古籍出版社2005年版)。在审阅文稿中大量有关华夏文明远播的信息之时,我联想到自己在1981年完成的硕士学位论文。我想,当年拓跋部尚停留在草原与中原交界的平城,为什么就能采取适应中原传统的宗主督护制度来治理中原呢?答案应该是,拓跋部了解并认可了中原传统的政治制度。但是,它为何会有如此认可呢?答案应该是,华夏文明此前已经传播到达草原之上。经过20余年的沉淀,我的思想因获得启发而升华,思路开阔了。

我回过头来再读《魏书》,于是写成了前面谈到的文章《黄帝历史形象的塑造》。不过,文章的发表不等于问题的消失。不必回避和否认,魏收将黄帝认作拓跋部祖先的做法是牵强的,而且他的阐释显得虚无缥缈,所以包括史家和权贵在内的许多人都不理解魏收。拓跋与华夏在种族上有着显著的差异,那么魏收为什么非得要将二者捏合在一起呢？答案是，因为他与北魏孝文帝的心灵息息相通。

从时间上看，孝文帝实施汉化改革之策在前，魏收记录这次伟大的改革在后，前后相距半个多世纪，他们属于相近的两代人。作为魏收的前者，孝文帝是结束北魏平城时代并创造北魏洛阳时代的人，是历史的创造者；作为孝文帝的后者，魏收是编撰北魏平城时代与北魏洛阳时代之历史的人，是历史的编撰者。那么，孝文帝的历史功劳是什么呢？就是为中华民族的大融合做了两件大好事：其一，把黄帝树立为拓跋部的祖先；其二，把大部分北魏统领之部落的姓氏都改成汉姓。这样一来，少数民族也都成了黄帝的后裔，于是汉族与少数民族就能共同组合成为一个民族合欢的大家庭。如此丰功伟绩，常人难达其衷，但是历史的编撰者魏收以其睿智的眼光洞察到了。于是，魏收对北魏历史作出了不同寻常的阐释，通过黄帝与拓跋的结合，他将孝文帝的汉化改革总结到了《魏书》里面。这样看来，孝文帝的改革之举就毫不突兀，而魏收的编撰制作也毫不牵强了。要之，孝文帝和魏收，二者的作为都有利于更加广泛地传播中华文明，都有力地推动了整个中华民族的融合，因此都具有十分重要的意义。

我想，历史研究就好比登山。从山下的一个据点出发，辛苦地攀上山头，这时候才知道，原先那个出发点的格局显得小了。也就是说，只有登临山头，才能看到全面的景象和恢宏的脉络。而我，以北魏研究的课题为切入点，终于攀登到能够鸟瞰中华文明广泛传播场景的山巅，看到了古老的祖国大地上文明流传和汇拢的脉络，这真是令人兴奋不已的感受。这番攀登，我历经了二十几年，但是我觉得人生值得了。

但以登山作为做学问的比喻，也有不确切的地方。因为，登上山顶之后，会发现更多的山头，有的山头更加高耸。但是，做学问不能这山看着那山高，必须不断地回顾原先的出发点，因为那是做学问的基础。所以，经历过由点到面的过程之后，还应该再经历由面到点的过程。经过多次往复，学问才能提高；而且，写作时要既能放得开，也能收得拢。例如，我对黄帝历史形象的研究，最初是读《魏书》而发现的问题，最终又回到了《魏书》阐释的孝文帝汉化问题。

《魏书》与《史记》都以黄帝开头，看似偶然，却引申出中华民族融合的大趋势问题。《黄帝历史形象的塑造》表面上看与北魏历史的关系并不密切，实际上却是非常密切的。这篇文章表面上在谈黄帝历史形象的演变过程，实际上在论述北魏孝文帝的汉化改革问题。这样，我虽然从北魏史切入，但是跳出了北魏史；不过，最终还是收回到北魏史了。

所以，从事历史研究，有一个经历由点到面再由面到点的过程。这个过程的特点，正是学术界常说的以小见大和以大驭小。认真考察一个氏族、一个部落，乃至一个部族，可以得见其文明的细部；倘若沿着其文明发展的趋向摸索，便可以了解到与其相关的若干氏族、部落、部族之间的联系，从而摸索出文明的发展趋向；由此认识得以扩展，这就走到了学术研究的台面上。站在台面上，会发现差异，也能找到雷同，进而摸清文明发展的规律；此时回过头来反观，原本并不清晰的细部居然能够洞察了。于是，研究的意义便豁然开朗，对文明发展之规律的认识也就更加深刻。

中国历史的发展经历过曲折起伏，既呈现为春秋之际的百花争艳，也出现过秦汉之际的雄姿英发；既面临过魏晋南北朝之际的民族大融合，也迎来了隋唐之际的大繁荣；既展示过宋元文化的蓬勃，又显现了明清政局的跌宕。中国历史的发展，还经受过西方殖民主义的欺凌和帝国主义的侵略。但是，伟大的中华民族挺过来了，它坚强地屹立在世界的东方。这就是中国历史坚持发展的规律。

理解了中国历史发展的轨迹和规律，再回头看北魏历史，它就成为中国历史发展轨迹上的一个段落，北魏历史上的课题就成为这个段落上的一个点。唯其如此，才能获得以大驭小的新认识，对其蕴含的历史意义才能有不偏不倚的把握。

3. 不可急功近利

阐明历史，看似有两种入手的方法。

一种是利用某些现成的理论框架，然后检索相应的资料，将它们分门别类地插入框架之中，于是杜造成所谓的学术体系。这样的体系可能非常宏大，而且以为发现了历史规律。但是，其内部只是无机的集合，还会出现许多漏洞。20世纪80年代史学界流行过一些理论框架，雄心勃勃地想利用所谓的"三论"，即系统论、控制论以及信息论，试图重新规划中国历史研究的方式和方向。后来又有什么"新三论"云云。这些理论很唬人，不过它们来也迅，去也速，很快就被历史冲刷掉了。其实，这些不能称作方法，只能算是做法，没有什么意义。

另一种是在读书当中发现问题。经过读书，有了体会；积累体会，形成心得；把这些心得记载下来，成为札记；札记多了，会对某个问题形成系统的看法；进而加以分析归纳，形成具有真知灼见的论文。将诸多真知灼见融会贯通起来，就会发现研究对象的内在规律，这样的规律才是符合或接近客观历史的。

研究历史应当以材料在先，也就是阅读和考察在先。这样做出来的学术成果才是可靠的。所以，从事历史研究不能为了图省劲，仅靠套大框架和编新名词去唬人。只有细致地阅读文献，才会有所得，进而从微细处发现宏大的现象。不肯下真功夫，一味追求舶来的新意，结果可能会上当，捡了他人早已抛弃的旧货。

所谓旧货和新意，其实都在自己的身边。对于常见的史料加以耐心的琢磨，往往能够体会出创新的思想来。吕思勉先生在其所著《经子解题》（华东师范大学出版社1996年版）的首页就告诫我们说："学问之道，贵自得之，欲求自得，必先有悟入处。而悟入之处，恒在单词只义，人所不经意之处，此则会心各有不同，父师不能以喻之子弟者也。昔人读书之弊，在于不甚讲门径，今人则又失之太讲门径，而不甚下切实功夫：二者皆弊也。"他讲的正是这个道理。

当然，我们不应该排斥先进的手段。如今做研究比以往要方便许多，可以利用互联网了解动态，依赖电脑检索资料，省却一张又一张抄写卡片的辛苦，大大提高了效率。不过，抄写卡片虽然辛苦，却是有意义的，一是印象深刻，二是能有机地了解该资料生成的历史场景。任何资料都有局限性，其局限性只有放回生成它的历史场景才能更好地洞悉。所以，研究历史不能全靠检索，应该有重点地阅读文献。对于重要的文献要尽可能地细读原始文本，最好是原始文本的全篇。

我们作断代史研究的人，尤其要注重该时代的正史，它是无可替代的最基本资料，不仅应该全面细读原文，甚至还要了解不同的版本。由于受到列朝列代的重视，每部正史都有若干版本，这些版本中的文字会有差异，这些差异之中就常常存在着问题，以及对于问题的解释。版本的差异，依靠电脑是难以查出的，要靠对比去感悟。有些版本，前人读后写过批语，甚至注有校勘文字，就更加有意义了。因为前人的体会就在那里，它会令后人得到启发。所以，如果能有机会，最好将各类版本对照阅读。一页一页地翻阅原版本，这样看似枯燥，却会在认识上有感悟和飞跃。

2013年，我到中山大学图书馆去拜会图书馆学的名家沈津先生，得便看到中山大学典藏的几套《北史》的版本。对比不同版本之后觉得很有收获，除了增加感性认识，还发现了日本德川幕府时期的汉学家源伊信校勘过的南京国子监印制的版本。源伊信的校勘笔记约四千余条，不少见解迄今尚能显示出令人惊叹的独到看法。由此我更加深信，研究断代历史，对于相关的正史，不但要看现今流行的版本，而且要尽可能对照先前的版本阅读。只有对基本文献的版本特点做到如数家珍，在学术讨论时才能有实实在在的发言权。

历史是人创造的，历史研究的对象就是人和人做过的事实。提一个不甚恰当的说法，如果以历史作为标准来划分人群，则可以分为两大类：一类是创造历史的人，另一类是编撰历史的人。创造历史的人是绝大多数，凡是人，就会有生活，生活经历就是创造历史的过程，伟人如此，普通百姓也如此。二者的区别，不仅在于作用的大小，还在于作用的正反；有的人对历史起正面作用，有的人对历史起负面作用。编撰历史者的作用，则是把创造历史者的事迹记载下来，这是第一层面；而进一步的层面，就是加以褒扬或者批评，肯定其正面作用和否定其负面作用；再深入一步的层面，就是通过考察与类比而总结经验与警示教训，通过分析与归纳而厘清规律与探索动向。那么，这两类人当中，哪一类更重要呢？当然是前者，前者是社会的中坚。不过，二者其实难以分割，前者用实际行动书写着历史；后者虽然用笔（如今大多用电脑）书写历史，但是书写出来的作品会影响前者的思想，所以也在间接地创造历史。像我这样的分类，当然不甚恰当，也没有什么意义，更非曲意强调历史工作者的作用，只是想把下面的问题讲清楚而已。

历史是人创造的，而人是有性格和感情的，对于同样的一件事情，不同的人体会和认识会不一样，至少在程度上会有差别。这种差别或许能产生蝴蝶效应，或多或少地影响社会。从宏观的历史进程看，人物越重要，影响程度就越高；人物越不重要，影响程度也就越低，甚至接近于零。相对而言，重要人物的性格更显独特，情感也更为复杂，在处理问题的过程当中难免会带上个人的心理因素，从而影响解决问题的效果。正因为如此，历史发展的过程中才会出现不少出乎意料的偶然事件，而偶然事件又难免影响历史发展进程的迟速以及结果。所以我以为，研究历史现象应该把当事人的性格和感情等因素考虑进去，这样形成的观点可能更合乎人之常情，更能令读者相信，而且对历史人物也能表述得有肉，有骨；有血气，有精神。

要之，从事历史研究有一个广泛的积累过程，这个过程包括读书和考察，这是人文社会科学的特点。不过，读过的书不一定都符合自己的专业和兴趣，社会阅历也不一定与自己的专业相符。虽然身不由己，但是许多因素却会在潜移默化中影响人们思路的形成和学问的发展。人生遭遇的许多事情是预想不到的，我的工作最后能转回到历史研究上，也是我年轻的时候没有想到的，更谈不上立下过什么宏伟的志向，只不过是社会给了我求学的机会，而我则尽力而为罢了。

历史是研究人与社会之关系的学问，因此研究历史必须对人生有所感悟，对社会有所了解，此后才会有所得。我干过许多行业，这些行业从表面上看与历史研究的关系不大，其实却直接或间接地影响着我对历史人物和历史事件的看法。所以，虽然我年轻的时候做过许多与我所学专业大相径庭的工作，但是我感到有意思，一点也不觉得浪费了青春，反而十分珍惜以往的经历。如今回想起来，当年做泥水工已经是半个多世纪之前的事情了。每当我路过建筑工地时，常常喜欢探头往围墙里面看。看到忙碌着的工人，我就会想，那正是过去的我。多么遗憾呀，回不到那个年轻的时候啦！然而，我始终记得有生以来第一天的工作，那是师傅让我在建筑工地上一块一块地搬砖。建筑行业与我以后从事的历史研究似乎没有什么关系，但是它让我体会到底层生活的艰辛，懂得了做人不可以好高骛远。只有垒好每一块砖，才能积累起成就。

4. 成果应该社会化

阅读应该贪婪广泛，但是做学问不得不谨守本位。不能这山看着那山高，不可以涉猎过多的人与事，因为毕竟精力有限，时光有限。如果想要拓展学问，就应该具有团队合作精神；欲以传输学问，就必须投身教育实践。换言之，就是要努力将研究结构团队化，将研究成果教学化。

研究结构团队化，在学校里办得到，在研究所很难。因为，人文社会科学的研究不同于自然科学的研究和工程技术的创造，需要个人的冥思和发挥，孤苦的单兵作战可能会将学问发掘得更加深入。我在中国社会科学院历史研究所工作的时候，恰逢国家社会科学基金建立不久，于是就申请了题为《北魏平城京畿考察与研究》的项目。为了完成该项目，我组织了研究室内和研究室外的七位同道共事，然而真正参与者却甚寥寥，最后我只能成为独行者。大学里的情况就不同了，我到华南师范大学以后，申请过多个科研项目，都已顺利完成，获得优秀的评价，同道皆大欢喜。原因是师生关系良好，容易沟通，利于协作，便于检验学问。当然，作为表率的教师，一定要处事公道，这是要诀。

比做项目更好的检验学问的方式，是将研究成果教学化。我常常有这样的体会：做学问，想清楚和讲清楚的效果不一样，讲清楚和写清楚也会有不同的效果。有时候苦思冥想一个学术问题，自以为想通了，很高兴，但放到课堂上一讲却发现逻辑上有问题；把逻辑理顺了，写成文稿，很得意，在课堂上进行讨论时却会出现瑕疵，可能还有致命的漏洞。所以，当上了教授，仍应该讲课，最好给一年级的新生讲课。因为一年级新生并不熟悉教授本人，也不了解教授的学问，如果能够给他们讲明白，那才说明自己对相关研究的理解真正清楚了。这正是我要从研究院调到大学工作的缘故之一，也正是我坚持要为大学本科低年级的学生上课的理由。

检验学术成果还有一个办法，就是将它通俗化。人不可以自以为是，不能小看通俗化的读物，那并不好写，而且它也是立竿见影地检验学问有无纰漏的良方。何况，历史虽然距离现代的人们遥远，但是历史对现实仍有意义，而广大群众了解历史的途径主要是通俗读物，并非艰深的论著和理论刊物。所以，将学术著作通俗化不失为检验成果和将其社会化的良策。

其实，撰写通俗化作品对自己的研究成果也是一番严格的审查，能够全面检验自己的认识是否合情合理，能否被大众接受。也就是，让更多的人来看看，我的研究有没有道理，有没有意义。历史现象不仅要依赖可靠的证据加以证明，而且要依赖逻辑加以推理。人们在研究的过程中，会产生许多心得，这些心得可能是合理的，但是证据不充足；或者，虽然有证据，却组合不成证据链：这两种情况下都构造不出研究成果。然而，如果采用通俗读物的写法，那么许多逻辑上能够想通但是缺乏证明的想法，就可以有机地串联起来，形成一个整体。这样，不但可以表达清楚自己的想法，而且也是对自己的研究的补充说明。

通俗读物不仅应该文字畅达易懂，而且需要思想凝练。写完通俗读物再回头去看相应的学术专著，就会发现其中的不少缺陷以及语不达意之处；反之，凝练好学术专著，也能利于修饰与之匹配的通俗读物：所以学术专著与通俗读物的完善能够相辅相成。《北魏平城时代》出版之后，我对应地写了一部《百年拓跋》，目的就是将《北魏平城时代》通俗化。写完《百年拓跋》以后，我有了一些新的认识，于是对《北魏平城时代》加以修订，就有了这部研究专著的第二版。回过头来，我又将《百年拓跋》的文字进行修补，形成这部通俗读物的第二版，即《拓跋春秋》。《拓跋春秋》出版以后，我对再版的《北魏平城时代》又加以修订，于是有了《北魏平城时代》的第三版。接着，我又反过来逐字逐句地修饰《拓跋春秋》，印制成这部通俗读物的第三版，名为《从草原到中原：拓跋百年》。

让我感到意外的是，这部通俗读物的第三版于2016年12月16日被《中国出版传媒商报》和《中国传媒网》评选为第四季"中国影响力图书"。其理由是："讲述北魏拓跋氏百年历程的通俗历史读物。作者以犀利透彻的语言、真实详尽的史料，展现了北魏拓跋王朝既宏伟又细致的社会人文。"这番评论实在过奖了，愧不敢当。不过，它清楚地表明，通俗读物是广大读者喜闻乐见的文化载体，科研工作者应该重视它的社会效应。

无疑，《北魏平城时代》与《百年拓跋》，这两部书稿相辅相成地三次出版，表明学术著作与通俗读本是能够互为补充地发展的。最近，《北魏平城时代》的第四版问世了，我又在着手修订《拓跋百年——从草原到中原》，希望这部通俗读物能更加完善地交到读者手中。此处顺便想要说的是,写通俗读本的难度绝不亚于写学术著作。通俗化的度其实很难把握,正因为我对自己做过的通俗化工作总是觉得不满意,因此才会将书稿一改再改。

谈及科研成果的社会化问题,我还想多说一些,就是应该支持学术成果的影视化。20世纪90年代,中央电视台的刘嘉编导曾经与我联系,合作编排了不少关于魏晋南北朝历史的影视作品,如《孙权》《司马氏家族》《拓跋宏》《郦道元》《含嘉仓》等,它们都被列入中央电视台海外中心的历史文化专题节目《千秋史话》中,在中央10台陆续播出,效果颇佳。许多朋友告诉我,他们过去对这段历史比较陌生,看过节目后就熟悉了。山西省大同市的领导曾经组织编排名为《北魏冯太后》的连续剧,彩排期间邀请我到位于河北省涿州市的影视城临场观摩。我被地方政府热爱当地历史的举措感动,也为导演和演员的谦虚敬业精神感动,因此不厌其烦地为他们释疑解惑和出谋划策。

在涿州影视城《北魏冯太后》开机典礼上,李凭(左)与冯太后扮演者吴倩莲(右)讨论剧情并留影

中华民族具有悠久的历史,利用图像宣扬历史是由来已久的重要方式。在利用电视剧传播传统文化之前,已经有连环画册的表现形式,在更早的年代则有各种类型的壁画。我们这一代人,幼年时就知道诸葛亮和刘备、关羽、张飞,就是通过连环画而非《三国演义》,更不是《三国志》。所以,我一直支持和亲身参与将历史通俗化的行动。我曾经与博士研究生姜霄将诸如《女娲补天》《嫦娥奔月》等题材改编为画册脚本,供画师制成连环漫画图册,在澳门特区宣传中华文化。这两本画册颇受美术界的欢迎,于2018年11月3日被亚太动漫大奖组委会评选为"最佳教育漫画"和"最佳绘本"。

弘扬悠久的中国历史和优秀的中华传统文化,是我们历史学学者不容推卸的责任。

5. 坚持唯物的世界观和辩证的方法论

历史研究既是专门的学术，又包含广泛的学问，离不开其他知识的支撑。回忆我的经历，集中读史学文献和考古资料的阶段是在山西大学，集中读北魏文献和考古资料的阶段是在北京大学，集中读魏晋南北朝文献和考古资料的阶段是在中国社会科学院历史研究所，而读书最广泛的阶段则是在北京图书馆。

在北京图书馆马列主义研究资料室工作的两年时间里，我参与了该馆参考研究部整理《民国时期总书目》的项目，担任副主编并主持《历史·传记·考古·地理》分册的具体工作。编辑李江每周都会给我推来一车民国时期的书刊和她编写好的提要，以供我审读。我那个时候的读书景象，如同贪吃的儿童从饱餐吃到肚撑。当然，书读多了就会有所感想。记得我曾利用两个周日加班的时间，撰写了两篇研究民国时期名僧力空法师的文章，以颂扬他从日寇眼皮底下勇敢地保护赵城大藏经并将之偷运至延安的壮举。这两篇文章后来发表在《文献》杂志1995年的第2、第3期上。

马列主义研究资料室的主要工作是马列著作的建设与典藏事宜。为了推动往东欧采集马克思与恩格斯的相关外文资料事宜，我急需熟悉马克思和恩格斯的著述，为此通读了人民出版社1972年出版的四册版《马克思恩格斯选集》，精读了马克思、恩格斯论述哲学和历史的著论，特别是有关中国历史的文章。为了撰写有关传略，用于汇报以往的学习心得，我特意翻找查阅了在家中收藏至今的《马克思恩格斯选集》。倏忽半个世纪过去，犹能在那本书中见到当时所作的眉批、夹批，不禁扶案感慨。

在这些精读的著论中，有马克思的《道德化的批判和批判化的道德——论德意志文化的历史，驳卡尔·海因岑》《路易·波拿巴的雾月十八日》（1851年12月—1852年3月）、《论土地国有化》，以及《所谓原始积累》（《资本论》第一卷第二十四章）；有恩格斯的《社会主义从空想到科学的发展》《〈德国农民战争〉序言》《论住宅问题 卡尔·马克思〈政治经济学批判〉》《路德维希·费尔巴哈和德国古典哲学的终结》《法德农民问题》，以及《反杜林论》；还有马克思和恩格斯合写的《费尔巴哈——唯物主义观点和唯心主义观点的对立》（《德意志意识形态》第一卷第一章）。

记得马克思和恩格斯讨论中国历史的论著曾是我细读的重点。我在读过马克思的《中国革命和欧洲革命》《英人在华的残暴行动》《鸦片贸易史》《中国和英国的条约》《新的对华战争》《对华贸易》以及恩格斯的《波斯和中国》等文章之后，曾经做过相关的札记。当年尤其反复研读过恩格斯的《自然辩证法》中"劳动在从猿到人转变过程中的作用"一节和《家庭、私有制和国家的起源——就路易斯·亨·摩尔根的研究成果而作》，以及摩尔根的《古代社会》原著的中文译本（商务印书馆1971年版），写下了100多页的心得。这些马克思主义的经典对于我所学的专业具有直接的理论指导意义。

李凭在国家图书馆原馆长任继愈家中拜访

当初，北京图书馆馆长任继愈先生明知我的专业是中国古代史，却安排我到马列主义研究资料室工作。起先我想不明白，后来才领会了他的深切用意。在马列主义研究资料室的两年，我的思想受到浓烈的熏陶，对社会和历史的认识获得显著的提升，为此后自觉地运用唯物主义观点和辩证法去研究社会运动规律和探索历史发展轨迹作了相应的理论准备。

2023年8月，我有幸出席了由广东省社科联《学术研究》编辑部召开的落实习近平总书记在中国历史研究院所作的关于中华文明要与马克思主义和中华传统文化的两个结合的指示的有关会议，我又重温了过去研读过的马克思和恩格斯的著作，在会上作了发言，并且整理成为文章交付《学术研究》编辑部审正，题为《中华文明持续不断现象的启示以及历史学人的历史使命》。在那篇文章里，我想表达的是，从事历史研究，必须认真摸索人类文明发展的轨迹，真正尊重客观规律而循序渐进，尤其要恪守马克思主义的历史唯物论与辩证法。

李凭在武汉大学作演讲

李　萍：

潜心中国德育理论研究与践行

1957年2月生，广东蕉岭人，中山大学哲学系教授，哲学伦理学专业、马克思主义理论与思想政治教育专业博士生导师，教育部人文社会科学重点研究基地中山大学马克思主义哲学与中国现代化研究所所长。躬身马克思主义理论与思想道德教育，在哲学伦理学特别是现代道德教育领域取得卓越成就。创立了中山大学益友咨询中心，成为国内大学最早的大学生心理咨询中心之一。她主持的"思想道德修养"课程被评为首批国家级精品课程、主编的教材获教育部优秀教材奖。先后主持国家级、省部级重大重点等研究项目20余项，在海内外发表学术论文百余篇。专著《现代道德教育论》等多项研究成果先后获得多项省部级优秀成果奖。

要给李萍老师整理她迄今已走过 40 多年的教育人生之传略，既兴奋又忐忑，担心无法呈现一个在多少学子心目中的最真切的李萍老师，生怕辜负大家的期待。我忽然想起可以利用过往她的两所母校、她的家乡媒体、她的学生、她教育界的同仁曾经先后以不同的方式、从不同角度对李老师做的专访（我知道老师很少接受媒体对自己个人的专访，特别是在她担任学校领导期间）收集信息，这样可以避免我这个晚辈学生对老师经历的理解的片面性，于是我便转忐忑为淡定了。

如何给李萍老师的教育人生传略确定一个写作框架？我记得她在母校中国人民大学建校 60 周年之际，接受母校对杰出校友的专访时说，在她的记忆中，第一次比较完整地给自己的成长轨迹画像，是 1990 年的一次课程作业上。她当时是 30 出头的年轻教师，作为新中国成立以来本学科领域首批国家公派访问学者被派往美国西部的太平洋路德大学学习。李萍老师说："在选修的《教育学概论》的课堂上，有一次老师让学生做作业，即用你喜欢的方式和一种拼图的方法，说出'你是谁'。美国的学生所用的方法和材料可以说是五花八门，我因为初来乍到，只能找到一块硬纸皮做成特大开本的书夹子，然后从各种画报中剪下有关图片，表达'我是谁'。说实话，过去 30 多年我真的没想过这个问题，以前是不能想，因为担心'自我'可能是坏东西；后来忙忙碌碌，也习惯了不去想，这会老师要求做作业，不能不想了……"

一、儿时到青葱岁月：那些融入生命里的记忆

李萍在 34 年前给自己的"自我画像"是这样的：

"一只雄鸡站在海边的石头上——我祖籍虽属客家，但出生在海南岛，属鸡，有'一唱雄鸡天下白'之意；

一簇盛开的向日葵——象征着我的童年、少年时代，那是一个英雄主义的时代，我们每个孩子都是葵花，永远向着太阳；

一只芭蕾舞鞋——表达我的兴趣爱好，从小喜欢跳舞，中学时是毛泽东思想宣传队队长，最大的一个节目是革命样板戏《红色娘子军》第四场，我饰演主角吴清华，大学还在校文工团混舞蹈；

一组可爱的不同肤色的学生——我的职业是教师，我以为爱学生是教师最重要的品质；

一座挺拔的白雪皑皑的雪山——象征着我的人格追求：纯洁的心灵，善良的品格，坚强的毅力；

一片渐红的枫树林——用它表达我对生活的基本态度：热情工作，热爱生活；

一张我们三口之家的照片——那是我赴美前全家的合影，当时儿子 4 岁，所有的依

恋和牵挂仿佛写在脸上,更写在心里;

一望无际的雪地上,有一串由近到远、由深到浅的脚印——我以为人生就是这样一个过程。"

李萍祖籍广东梅县蕉岭新铺镇,出生于海南岛海口市,并在那里生活、读书直至考上中山大学。母亲是湖南湘潭人,家里通用语是粤语和普通话。她大学毕业工作后,每次出去开会或交流,初次见面的人第一个问题就是"你是哪里人",之后就"怀疑"她是广东人,再就是从客家的基因中找到南北混血的"理由"。

李萍(前排左一)儿时与哥哥、姐姐、妹妹在农校家门口的合影

(一)儿时家的记忆

李萍出生在一个特别的年份,出生不久全家就随爸爸下放到海南岛的琼中县,她开始有比较清晰的记忆时,已是爸爸下放结束后,从海南琼中干校回到琼山道美海南农业专科学校的时候了,她的童年是在那里度过的。

"我们家住在比较靠近学校大门边上的一排平房里,那时我姐在海南中学住校读初中,我哥在一所离家挺远又不能住校的乡村学校念小学,因为农校的周围除了一支部队和一所政治干校之外,其余都是农村了,唯有一所非乡村学校,叫'南岛中学'。这是一所从小学到高中都有的全日制寄宿学校,只招收海南岛团级以上军队干部的子弟和地方领导干部的子弟。我上小学前几个月爸爸因医疗事故去世了,也许是倔强的妈妈担心我一个女孩子走那么远的路上学不安全,硬着头皮带着我去找南岛中学的政委,请求他收留我在这所军队干部子弟学校读书,政委居然同意了!他是我生命中的第一个贵人。"

"虽然学校离我们家两三里路,但基本是在比较安全的路段。在我爸去世后我很少看到妈妈的笑容,那天我妈牵着我的手回家,路上真是满心欢喜,露出久违的笑容!三年级时我又被批准住校了。尽管每到周末,所有的同学都有专车接送回家,几乎只有我一个人步行回家,但比起哥哥和妹妹,我算是幸运的。这所学校的教育比较正规,生活条件在当时也是最好的,那时油水很少,可我住校时每顿饭都有肉炒菜吃。"

李萍说,"小时候最喜欢玩的游戏是捉迷藏,还很喜欢刮台风的天气,因为住在农校里,家的周围都是各种果树。捉迷藏时经常躲到石榴树丛里,边隐藏自己,边偷摘吃已成熟的大石榴,特别过瘾;台风过后家周围的龙眼、荔枝、杧果等应时水果掉得满地都是,我和妹妹便抬着大筐子迎接'丰收的喜悦';还有很难忘的是屋前那片种着番薯、毛薯的红土地，每次农民挖完收成之后，妈妈都会带着我们去翻挖第二遍、第三遍，总能收获满满。在某种意义上，它补足了那个物资匮乏年代我们全家的口粮，所以儿时的生活虽拮据，但我没有饿肚子的印象。"

李萍小时候最盼望的时光就是过年。"因为过年才有鸡有肉吃，有新衣服穿。我妈每年至少孵养一窝鸡保证过年让孩子们解馋，我们家的标准是大年三十团圆饭，有一只囤养够12斤重以上的大阉鸡，加上我妈做的湖南粉蒸肉，年初二，每个人可以独享一只'年轻的小母鸡'，炖着吃的。在印尼的姑妈，过年前会给我们寄些大裤腿的印尼花裤衫和阿华田等，我妈巧手把那些'大裤腿'改裁成我们的新衣裳。过年最好玩的还有我们的家庭晚会，哥哥吹笛子或口琴，我们姐妹扮演各种角色，学着样子表演，好热闹！这也是爸爸妈妈辛苦一年，觉得最开心的时候……"

李萍父母

李萍说，小时候最痛苦的记忆是爸爸突然离世的情景。"我对爸爸的记忆是相当模糊且碎片化的，因为我尚未上学，爸爸就因一次医疗事故去世了。在我童年的记忆中，爸爸留给我3个清晰的画面：其一，爸爸是一个特别温厚的人，从来没打骂过孩子。放寒假过年时，在外读书的哥哥姐姐放假回家，爸爸妈妈显得特别开心，除了备足让孩子们解馋的年货之外，更特别的是爸妈会饶有兴致地和我们围在一起开家庭晚会，看孩子们表演，其乐融融。其二，我常听妈妈说，爸爸在单位人缘很好，而且毛笔字写得漂亮，所以每年八一建军节，农校给驻军的慰问信都是爸爸写的，看得出妈妈是那样地引以为豪。其三，也是我最刻骨铭心的痛苦记忆，就是送别爸爸的时候。那天给爸爸送别的师生队伍好长好长，望不到头，妈妈拉着我们一群未成年的孩子走在队伍的最前面，妈妈撕心裂肺地哭得死去活来，无法自制……爸爸埋在一条大公路旁的小山坡上，紧挨在三位解放军烈士的墓旁……"

李萍小时候最担心的事是妈妈不开心。"在我的印象中，最能触动和影响妈妈喜怒哀乐的就是两件事：对丈夫的思念和对孩子们能否健康成长的担忧牵挂。我清晰地记得，爸爸去世后每次我从学校饭堂打饭回来，妈妈总会问我同一句话：'今天见到谁了，有没有和你打招呼？'开始我都如实回答：'我碰到张老师了，他还问候你好'，我看到妈妈的脸上即时露出欣慰的笑容；'我见到王老师，他没和我打招呼'，妈妈即显难掩的忧伤。慢慢地我似乎理解了许多，学会了'察言观色'，开始是想博得妈妈开心，后来我更明白了妈妈情绪变化的原因，她是担心没有父亲的孩子会受到委屈，于是她就像母鸡保护小鸡一样，本能地要保护自己的儿女。以后妈妈每次问及我此类事情，我总会往好里说，有时甚至往好里'编'，让妈妈不再为我们担心。长大后我们兄弟姐妹都有一个不约而同的默契,就是给妈妈汇报时,报喜不报忧。我们不想妈妈为我们操心,并学会了帮妈妈分忧解难。也许是这种成长的经历,我们家的兄弟姐妹与同年的孩子相比,似乎更懂事早熟,更有同情心和自尊自强。应验了那句'苦难是生命的乳汁'之哲理。"

小时候一次虚荣心的闪念,至今仍让李萍深感内疚和自责。"那是小学三年级我刚被批准为住校生不久,有一天我们正在大操场做早操,妈妈突然出现在操场边上,手里捧着用手绢包着的还温热的番薯。当老师告诉我妈妈找我时,我的第一反应是很不情愿,觉得妈妈怎么这时候来,被那么多同学看见,因为那时同学还不知我不是高干子弟。妈妈把番薯交给我,看到我快乐地和老师同学相处,就放心地回家了。我长大后才明白自己那时瞬间的'不情愿'就是虚荣心。虽然我从未和妈妈说过此事,但妈妈离开后,我常常会莫名地自责和深深内疚……"

谈到母亲,李萍用充满温存而又坚毅的语气说:"我的妈妈是一个十分普通却很伟大的女性!爸爸生前靠工资养活我们全家8口人,虽经济时常拮据,但妈妈善于持家,相夫教子,家庭和睦,其乐也融融,邻居们都好不羡慕。可这一切就在一次医疗事故后完全改变了:爸爸的突然离世,让原本作为家庭妇女相夫教子的妈妈从后台走向前台,扛起全家人的生计和生活重担,那种压力是当时的我无法理解和想象的。我清晰地记得在我们搬家到海口之前的几年时间里,妈妈每周都带着我和妹妹(哥哥姐姐都在远离家乡的地方读书)上一次坟看爸爸,妈妈每次在坟前的哭诉都像针一样扎在我们幼小的心灵里,特别凄凉。每到夜幕降临,我就有一种莫名的恐惧,害怕黑暗。所以我小时候喜欢亮着灯睡觉,或赶在大人们还在讲话,家里正热闹的时候就入睡,觉得有安全感。所以思念父亲既是孩子们眼中妈妈最不开心的时候,其实也许是母亲最释怀、寻求力量的时候。"

"妈妈刚刚从极度悲痛中缓过来,'文革'开始了,我和妹妹每人每个月18块钱的抚恤金中断了,没办法,妈妈只好白天在农校干点临时工,并在好心人的帮助下,领些活回家干,如帮人洗衣熨衣、织毛衣等,就这样没日没夜地操劳,含辛茹苦地把我们都拉扯大了。在那个年代,没有读过多少书的母亲,却没有让她的儿女在学业上落下,每个孩子都勤奋学习,凭自己的努力得以安身立命。每当听到周围邻居叔叔阿姨夸奖我们的时候,妈妈总会露出无比的兴奋和骄傲的表情!因为我知道在妈妈的心里,孩子着实是她生命价值的全部,是她精神的所有寄托!"

"妈妈虽不能教我们什么新知,但是我们的人格品行深受她的影响。妈妈最常说的一句话就是:'做人要有志气,人穷志不穷;与人相处,要将心比心,人敬你一尺,你要敬人一丈。'她对我们品格上的要求有时到了极苛刻的程度,在同龄的孩子中,别人都把我们当作榜样,妈妈不时还会因我们偶尔言行的闪失大发脾气,严厉训斥。小时候我很不理解,到我当了母亲后,才越来越深刻地体会到妈妈这份苦心。"

"妈妈的性格倔强、开明且通达。她为儿女们所做一切的背后就是基于她内心的那份爱与倔强：要让没有爸爸的孩子像其他孩子一样生活得有尊严。虽然妈妈对我们的品行礼数要求很高，但从不干预孩子的婚恋、工作等选择，我们兄弟姐妹无论是上山下乡还是当兵考学，只要我们是走正道的、追求进步的她都支持，只要对孩子的前途有利，她从不会拖后腿。当妈妈知道我开始谈恋爱，而对象是一个高干子弟时，她只委婉地提醒了我一句：'不要看重别人的家庭背景，重要的是他真心爱你。'这种道理今天看来似乎很普通，但对一个从旧社会走过来的妇女而言，确实表达了她内心开明通达的定力。在那艰苦的岁月，妈妈一人托起一个家，让家中的每个儿女都获得全部的母爱，健康快乐地成长，成为对社会有用的人才，就是妈妈一生价值的诠释。"

（二）青葱岁月的碎片和印记

"文革"开始不久，李萍的生活发生了一次很大的转折，她用"碎片记忆"的叙事，讲述了在那个"火红年代"生活、学习的场景：

"这是我青葱岁月记忆中最为艰难的日子：我们家从爸爸原工作的农校搬到海口，投奔我大哥，他当时供职于供电公司。因为大哥已成家有孩子，再加上妈妈带着我和妹妹，实在没法挤在一间十几平方米的房子里。公司领导那时很体恤我们，先安排我妈干点临时工，后到公司的幼儿园当保育员，并将公司刚盖好的半间不到 10 平方米的茅草房分给我们，妈妈和我及妹妹总算有了自己的栖身之地（我姐姐、小哥已在外地工作、下兵团），我在附近的红岛小学读完五、六年级，并进入这所小学的'戴帽'中学海口九中，完成了中学五年的学习。"

"那段'火红年代'的生活，虽一日三餐基本能保证，但日子过得十分清苦。当时物资非常匮乏，基本的生活刚需都是极低的限量标准，而我们都处在长身体的年纪，妈妈常念叨、担忧我们的成长。在妈妈呕心沥血的操持下，特别是随着我哥哥下乡到兵团，姐姐在医专毕业分配到公社卫生院工作后，妈妈的经济负担减轻了许多，而且那种环境也让我们学会了自救、互助和自强。记得哥哥只要从兵团回来就带着我和妹妹在住处附近的一个小水塘摸鱼，每次的'战利品'都成为我们重要的营养补充。单位里的叔叔阿姨们也很照顾我们。"

"为了让妈妈不要太辛苦，我初中开始就利用暑假打点零工，补贴家用。我干过最重的活是卸水泥，一袋水泥有几十斤，灰尘又大，但是为了挣点钱过日子，大家都争着干。我瞒着妈妈请求大人给我试试，他们开始都很为难，说我一个文弱女孩子怎么能扛起一大包水泥呢？最终我的表现说服了他们。有一个暑假，我一位同学的妈妈借着负责一个项目的机会，给我和她的女儿找了一份给机关建筑工地打零工的'美差'（因为那时暑期找活干不容易），而且连续干了十来天，虽然很累，但回到家我都装作很轻松的样子，怕妈妈不让我去干活。"

李萍转学到海口就读的红岛小学，其实原来也是一所地方干部子弟学校，但到李萍进来读书时，周边建筑公司许多工人的子弟，附近大英村许多村民的孩子已成为这所学校的主要生源。中学阶段，李萍担任了学校中几乎所有最高的学生干部职务，还是学校毛泽东思想宣传队的队长，在当地小有名气。也正因为如此，当李萍在校外独处时，不时会遭到一些"坏"男生出其不意的"挑逗"，所以，那些年李萍从不敢到电影院看电影，更不敢自己一个人逛街。有几件事也许可以大致勾勒出那个年代的特殊画面：

中学时代的李萍

其一，第一个学雷锋小组。这是南岛中学解散后李萍转学到红岛小学上五年级时的事：李萍约几位同学成立了当时学校第一个学雷锋小组。那时的李萍带领班上几个同学，每天最早回到学校，先把学校的厕所冲洗干净，然后去给班里的菜地施肥浇水（那时每个班都有自己的菜地，供学生在校劳动），然后才去上课。没想到两个多月后第二个学雷锋小组出现了，学校仅有的一个厕所被他们抢先洗干净了。于是李萍和其他队友商量，决定赶更早的时间到学校做好事，为此，李萍经常到校园附近的同学家居住，就是为了"抢做好事"，而且还扩大了做好事的范围，不仅给班里的菜地浇水施肥，还扩充到别的班级，以及打扫学校的公共场所。

其二，相片背后的留言。大约在李萍读初二时，北京电影制片厂的导演来海口，拍摄关于红色娘子军故事的纪录片，其中一个镜头是想表达家乡的人民如何热烈观看《红色娘子军》电影，学校宣传队的几位同学被通知作为特约观众参加了拍摄，导演 HK 叔叔让李萍做了主要镜头的那个角色。之后他还带李萍和几个同学到海口公园湖边拍了几张照片，那是青涩少女时期最美的照片，李萍特别喜欢。导演叔叔帮李萍多晒了几张，李萍随即给在部队的哥哥寄了一张，相片背面写着："送给亲爱的哥哥，我要像黄明道那样，活着一分钟，战斗60秒。"那时，通常给亲人、朋友照片的留言是"摄于某年某月，请留念"等。李萍之所以写这段留言，最清晰的解释就是，"活着一分钟，战斗60秒"是当时正在号召全国人民学习的榜样黄明道同志生前的一句话。其实，李萍给哥哥写的时候是很自然的，而当20世纪70年代末哥哥参加对越自卫反击战前把自己珍藏的所有家书和相片寄回家时，李萍已是大学生了，再看到相片背后的留言，却有了更深刻的理解：这着实是英雄主义时代的一个缩影。的确，雷锋、王杰、欧阳海等英雄是伴随那个时代青少年成长的阳光形象。在最柔软的亲情中表达如此刚毅的决心，太有时代印记感了！

其三，没收手抄本。学校通知要没收当时在中学生里流传较广的一本手抄本，各班没收的手抄本全部交到时任学校团委副书记的李萍手中，再由她交给学校领导。李萍记得有厚厚一摞，至少有30本，她竟然连扉页都没翻开过，今天想来真是够"纯洁""坚定"的。实际上也是某种程度的无知。最让李萍感到遗憾，而且越来越遗憾的，是在他们最需要读书、增长知识的时光，却没有书读，或有书不能读。对于绝大多数普通家庭的孩子,尤其是这些家庭中"听话"的孩子来说,这就成了"集体无意识式"的空白,当然,也成为那一代人难以弥补的遗憾。

(三)宣传队的"浪漫"和三次"命运"的选择

李萍在中学时代最美好的回忆,还是毛泽东思想宣传队的故事。在中学时代李萍一直是学校毛泽东思想宣传队的队长,李萍就读的海口九中和海南民族歌舞团只有一墙之隔,他们的排练场与李萍课室的间距只有不到50米,因此李萍和宣传队队友们总能最先了解学习到新的节目。加上宣传队有一个很好的音乐老师担任指导,她们在全市的各类会演中,总能拿到比较好的成绩,学校宣传队在海口乃至海南岛算小有名气。除了参加各级各类文艺会演为学校争光之外,宣传队平时的主要任务就是上街头宣传毛泽东思想。后来她们有时候来不及编新的节目,就编了两三个比较固定形式的节目,只要换一下主题词就可以。

李萍(左二)与宣传队的队友们准备为野营拉练的学生队伍加油打气

李萍在宣传队时演过许多十分具有时代特色且比较经典的舞蹈,如"洗衣歌""大寨亚克西"等,还有革命样板戏芭蕾舞《白毛女》片段,场面最大的一个节目要数芭蕾舞《红色娘子军》第四场,李萍饰演吴清华的角色。为此,她刻苦练芭蕾,经常弄得脚趾血肉模糊,甚至都变形了。但是她们从不叫苦叫累,反而觉得很好玩,与其他同学相比,加入宣传队使她们多了许多到处游走、释放情感的机会。那时她们最喜欢应邀到部队或农村演出,因为在物资十分匮乏的年代,演出团的餐食相对有保障。

李萍在就读中学期间,曾出现过三次改变她命运的选择机会。

第一次,海南民族歌舞团免试招录。李萍从小就能歌善舞,中学时是学校毛泽东思想宣传队队长,从报幕朗诵到舞蹈都很擅长,而且是队里主要的编导,在海口小有名气。巧的是,海南民族歌舞团的排练场就在李萍就读学校的校园里。李萍说,"下课铃一响我就飞奔到排练场的窗边看歌舞团的叔叔阿姨练功、排练,那是青少年时期最快乐的享受。初中二年级时,歌舞团的一个叔叔和我说,团里最近要招人,你可以免试,并和我描述了加入歌舞团可以吃穿不愁,到处游玩。好有吸引力啊!我兴高采烈地回家告诉妈妈,却被妈妈拒绝了:'你年纪这么小就去唱歌跳舞,吃青春饭,将来年纪大了怎么办?'我没有争辩就顺从了,因为我不敢惹妈妈生气,我知道她太不容易了。"

第二次,海口市师范学校免考录用。李萍读小学三四年级时,"文革"爆发,对教育环境的冲击很大。所幸的是当时李萍所读的小学和中学在当地来说教育资源、基础都算较好,且李萍因为不想让妈妈担心,从小就特别勤奋努力,中学时代,她担任语文、英语等多科小教员(每个学期都要代替老师给同学上两三次课,市内其他学校的同科老师或师范学校的学生来观摩学习),加上她在学校担任宣传队队长、学校团委副书记等工作,可谓是那时学校里的"红人",在市里也小有名气。所以在李萍初中毕业前夕,海口市师范学校的校长到学校找她说:"你可以免考进入师范学校读书,将来可以做老师。"校长话音刚落,李萍几乎没思考便回答了校长:"我不做老师,我要上高中、下乡。"

第三次,省某舞蹈学校招录被"替换"。在李萍高一的时候,省某舞蹈学校来海南招生,学校的领导和老师特别关心她,让她报名争取,但那时已进入少女时代的她已羞于去考舞蹈学校了。学校老师一再和李萍做工作,最打动她的是"你考入舞蹈学校,将来不能跳舞了,可以搞音乐,做编导,这不同于歌舞团,它是学校,你可以一边跳舞一边上文化课"。于是李萍便默认学校帮她报名参加考试了。凭着一直对文艺的喜好和锻炼,她一路顺利地进入复试过关,其间招考的老师确实也加考了她的乐感及其他相关的知识,随后李萍妈妈所在单位接到对她家庭背景做政治审查的通知(这是录取的最后一关),可是直到高中毕业李萍也没接到录取通知,而她也从没去问过。直到她考上大学,在一次联欢晚会上,见到了当时负责招生的老师,那位老师说:"好在你那时没来我们学校,现在考上中大多好啊!"李萍只是会意地笑了笑,不知如何作答好。也许冥冥之中这就是"命运的选择"。

二、从"知青"到"大学生":新生命的启蒙

(一)挣工分的日子和意外的"美差"

"高中毕业,我随着时代的浪潮下乡到海南岛定安县龙门公社农场,这是一个以种

甘蔗为主的经济作物农场,并以'万亩甘蔗园'而闻名。也许是凭着我中学的'光荣档案',很快就被公社任命当了农场的副场长,并和十来位知青被安排住在场部的知青宿舍,尽管女生是住在茅草房里,但比起其他分配到各生产队与农民同住的知青,条件算好的了。记得罗小平教授专访十位'快乐女性'时问过我一个问题:'你在海南当知青时,不会预知后来有高考,有机会回城,甚至会觉得永无出头之日,你是如何转负为正的?'其实我当时并没想这么多,也许是还没来得及想,每天我都'豪情满怀'地和农场的职工们一起挣工分,常常是知青中出工最早,收工最晚的那个,干活拣重的挑,总与场里干得好的职工比肩做榜样。我印象最深的是,在农场我挑过最重的担子是143斤的甘蔗(因为每一捆都要过磅记工分)。一般女知青都是一次挑两捆,我看农民一次挑四捆,便硬撑起了四捆,所幸没出大问题)。那时油水非常少,每顿要吃半斤米饭,贫下中农很照顾我们,尽最大的可能让我们吃饱,还不时让我们到他们家里蹭点小油水。特别是有位叫日桂的阿姨对我更是爱护有加,每次回家都给我带几斤白糖及一些土产,我回来也会给他们带点面粉、咸鱼之类的东西,在那个物资极其匮乏的年代,这些都算难得的礼物了。也许内心觉得是到广阔天地去锻炼,也许是正值青春年华(18岁),我对未来新生活的憧憬似乎掩盖了对'苦难'的思考,故谈不上'转负为正'。"

就在李萍下乡刚满3个月的一天,公社分管知青的副书记来到万亩甘蔗园找到正在劳作的她说:"县知青办要借调你去做知青专职干部,明天就要去县里报到。"李萍感到很意外,随即回甘书记说:"我下乡才刚满3个月,还需要在农村多锻炼。"她话音未落,甘书记说:"你在这是为了革命,你到县知青办,也是为了革命。"是啊,到哪都是为了革命,于是李萍第二天就收拾行李到县知青办报到了。

李萍说:"所谓知青专职干部,是20世纪70年代中后期实行的特别政策之产物。当时国务院文件规定,每个县如接收安置150个知青,当地知青办就可获得一个知青专职干部的配额,由国务院发工资,每月32元,但借调的知青户口依然在原知青点。我做知青专职干部整整2年零3个月。我们的主要工作就是:到各知青点调研,给先进知青写活学活用毛主席著作的先进材料;负责每年新一届知青的安置工作和招工回城的对接工作;春节前代表知青办到各知青点慰问知青等。这段经历在某种意义上决定了我大学的专业选择。"

"离开农场来到县城,虽然知青身份没变,但环境变了。我被安排住在县政府大院里,就在知青办办公室的后面,在机关饭堂吃饭,每个月有32元工资。尽管每次下知青点调研,我都是放下行李就和知青们一起去干活,他们休息的时间我才开始写材料,但这和农场每天面朝黄土背朝天挣工分的生活完全不同了。所以我拿到第一个月的工资时非常兴奋,刚好我们下公社调研,供销社有刚到货的上海牌羊毛衣出售,我预留了10元做基本伙食费,立即拿出当月工资所剩下的22元,再加上我自己省下的2元零花钱,给我含辛茹苦的妈妈和一直照顾弟妹的姐姐各买了件蓝色的羊毛衣,12元一件,一分不剩,这是天意!我终于可以帮妈妈、姐姐分担些生计压力了,那种'报恩'的快感是今天无法体验的!"

"在很多知青的眼里,我是同龄人中的幸运儿,我没做任何的争取,怎么就被安排了这么好的差事?也许是习惯了服从,自己也从没多想,只觉得组织信任我就努力工作,尽力帮更多的知青解决困难。因此,我那几平方米的住宅也成了或知青到县城学习培训,或农场职工出来办事看病的一个接待点,我心里觉得还是他们中的一员,挺踏实的。直到我考上大学后假期回家时,偶然才知道我的'幸运'源于我中学时代的'光荣档案',当然还有贵人的力荐。"

"在县城很多人的眼里,我是知青中的佼佼者,单位的领导同事对我既信任又照顾;左邻右舍的叔叔阿姨家里有好吃的,就会叫我过去分享;春节放假回家前,知青办的老基层干部琴姨总会亲自磨米,为我准备过年的年糕;回来上班,隔壁的奶奶怕打扰我,不时把煎好的年果从窗台放到书桌上给我做早餐;饭堂的周师傅对我也特别关照,有时工作晚了,还特别为我加热饭菜……所以我完全没有离家的孤独感,却有在家的温暖感。"

在李萍的眼里,下乡的两年多是她思想逐渐成熟的开始。对她影响较大的有几件事:

其一,落实知青政策遇到的难题。李萍每天的工作不仅会接触全县在不同时期、以不同方式下乡的知青,还有他们的家庭,他们各种不同的人生经历、遭遇及诉求,特别是可以学习了解国家的各种政策文件,让她开始对现实社会有了更多元立体的认知和感受。其中有一件事令李萍至今仍记忆犹新:一位应届毕业生的母亲带着她的女儿(样子十分清瘦)到知青办找领导哭诉求情,李萍刚好也在办公室里,了解到一些基本情况。这是一个单亲家庭,因已有哥哥留城,按规定其后的所有兄弟姐妹都必须下乡。但实际的情况是该生的哥哥户口虽在县城,但完全不履行对母亲和弟妹的任何义务责任,母亲没有固定的工作,还有两个读书的弟妹,全家的生活靠糊火柴盒子维持,所以母亲希望她这个大女儿能留在城里帮助她照顾一下家庭。这位母亲的哭诉声深深地扎着李萍的心,在送她出门时,李萍留下了她的家庭住址。"其实,我知道上山下乡的政策是大原则,不可能因人而异,我非常同情却感力不从心,不知所措。这时正好区知青办派干部魏建飞到我们县检查落实知青下乡安置的情况,我利用晚上的时间向他反映了县里执行文件遇到的实际问题。我列举了那个家庭的情况并提出,'我们的政策是否可以进一步完善,制定得更加合情合理?'他以同情理解的目光看着我说,'马上改变政策不容易,这是关乎大局的事情,你带我去她家看看能否帮助做点什么?'"于是李萍立马带着干部一起到了那位学生的家。果然,他们家里穷困潦倒的情景比其母亲诉说的有过之而无不及,一间十分破旧、约莫10平方米的老房子里,家徒四壁,简直就像流浪儿的蜗居……干部仔细询问了他们的家庭情况和孩子下乡的主要困难,并解释了一下目前的知青政策,安慰并鼓励他们一起克服困难,之后便离开了。在调研结束离开县城前,那位干部掏出身上所有的现金(包括零钱凑到一起还不足10元),交给李萍说,"请代我帮她购置一些下乡的生活必需品,有时间多去她家里看看"。这的确是他眼下唯一能做的,这位干部的作风和道德心深深触动了李萍,加上后来更多的彼此了解,8年后他们成了志同道合的一家人。

其二，思想上入党更重要。李萍清晰地记得，公社农场的党支部书记几乎每次到县里开会办事都会抽空来看她，每次他都关心李萍的入党问题，常常为她惋惜，甚至自责地说："早知这样，我们应该让你在农场入党后才调出来。"老书记说多了，特别是看到和李萍一起下乡的好几个知青都在农村入党了，李萍也开始出现思想波动了。后来，干部魏建飞成为李萍的男朋友，对她思想成熟的影响很大。有一次李萍想给他写回信，发现信笺纸刚好用完了，晚上商店也已关门，便随手拿了一张办公用笺给他回信了。几天后李萍收到干部魏建飞的来信，第一句话就说："你为什么拿公家的信纸给我写信？"李萍不但没有生气，反而更加敬重他了。在李萍对入党问题有些困惑时，他经常用书信鼓励她，"共产党是先锋队组织，我们首先要在思想上入党，组织上什么时候入党，要接受组织的考验"。正是凭着这种信念，李萍一直严格要求自己，努力锤炼自己。吃苦在前，享受在后；公家、他人利益在前，个人利益在后；每次到知青点写材料，李萍总是首先放下行李，先参加当天知青比较重的劳动，和他们打成一片，得到知青们的欢迎和信任。直到1978年1月，李萍几乎是在收到大学入学通知书的同时，也收到县委正式批准她为中共预备党员的通知，让李萍给知青生活画上了一个完美的句号。

其三，面对现实的沉思。"在我下乡的那些年先后发生了许多重大的事件，也是从这个时候起，我开始思考一些关于国家前途命运的问题了。面对当时经济落后，物资匮乏，生活贫困的现实，萦绕在我头脑中的一个问题就是马克思所揭示的人类美好的社会主义、共产主义社会什么时候才能出现？这是我最早的社会性迷茫，促使我要到马克思的经典那寻找答案，正是出于这样一个简单朴素的动机，高考时我决定将报考中山大学哲学系作为第一志愿，试图请马克思帮我'解惑'，给社会解题。也许那就是最早的社会责任感的真诚体现。"

（二）改变人生轨迹的航行

1977年10月21日，《人民日报》头版头条刊登了《高等学校招生进行重大改革》，宣布中断了十余年的高考将恢复考试，全国来自工农商学兵、知青、复员转业退伍军人、在校学生等570多万人自愿报名参加了1977年冬天的第一次考试。李萍说："这是改变千百万人命运，拯救中国教育，拯救国家、民族命运的考试。它开启了当代中国高等教育一个新的时代，它完全改变了我的人生轨迹……"

李萍深情地回忆道："我以下乡知识青年的身份挤上中断了十余年的首场大考，并成为千军万马过独木桥的幸运者，走在新时期的前列。我永远都不会忘记那决定命运的一幕：一个黄昏的傍晚，时任海南岛定安县定安中学语文教师的陈宏老师带着从教育局得到的高考成绩信息，兴奋不已地赶到我宿舍告知我这一喜讯，并当即指导我填写了志愿表。我后来知道陈老师的儿子当年也是考生（后被广州美术学院录取，并成为大学美术教授，著名画家），也许那天陈老师还没来得及回家辅导儿子就先来辅导我这个在县中学参加高考补习班的学生。陈老师带了一张高考志愿表，递给我时说'就填中山大学中文系'，我脱口说我想报哲学系，他原本激动的脸上显现出有点意外的微笑，我们相互对视了一下，稍沉静了片刻后老师说，'好吧，就报中山大学哲学系'，也许老师从我直接而坚定的目光里看出了我的决心。每每想到这一幕都特别感动，陈宏老师是我进入大学的引路人和启蒙老师！当我成长为老师并更多了解陈老师命运多舛的人生经历后，我觉得他那种兴奋之情，并不仅仅是对一个个学生的责任和爱护，更表达了一个老知识分子对国家、对民族前途命运的信心和希望。"

虽然李萍那天没向陈老师做任何缘由的解释，但是她的内心确实是非常清晰的。李萍在接受高等教育第二个母校中国人民大学对杰出校友的专访时，真诚地坦露过自己的心声，当时社会上流行一句顺口溜'学会数理化，走遍天下都不怕'。我姐夫是清华大学的学生，他跟我说'你不要报文科，要报文科绝不能报政治科'，我还是违背了他的忠告，报了哲学系。因为我生活在那个年代，目睹并感受到那时物资极度匮乏，百姓生活普遍贫困，心中似乎孕育了一种不容推卸的使命感，所以我当时只有一个想法，要到马克思主义那里去寻找解决社会问题的理论武器。无论今天想来，这种使命感是否包含多少幼稚或冲动，但我确实是真诚地带着这样的抱负踏上大学之路的。期望如鲁迅先生那样用思想来改变社会，提高国民的素质，改变生存的环境，创造美好的世界。"

"1978年3月，我和许多怀揣着美好理想的年轻人一起乘渡轮通过琼州海峡，来到向往已久的大城市广州。我从小就晕车，几十里的车程，我竟然呕吐了一路，所以我很怕坐车，最好是骑单车、坐牛车，再就是拖拉机和大卡车，上大学前我应该还没见过小轿车呢。一天一夜的海船，我晕吐得已经筋疲力尽，当船靠近洲头咀码头时，我已想不起当时是怎样把自己的行李箱拿下船的。因为那个行李箱不是今天的拉杆箱，而是我1975年上山下乡时，我妈的单位统一给本系统下乡子女的福利，一个大概1米长，80厘米高，表面刷了枣红色油漆的木头箱子，那时可是挺高级体面的物件，如果没有它，我真的不知道会拿什么袋子装我来中大读书的行李。"

"当满载新生的车驶进中大南门时，我忽然闻到一股竹林的清香，被一条南至北不宽的主干道牵引着，我们有曲径通幽的感觉。这座'怀士堂'正是20世纪初（1923年）孙中山先生给时年岭南大学学生发表著名演讲的地方，'学生要立志做大事，不可做大官'。驻足至此，我忽然发现'怀士堂'是中大校园中轴线的聚焦点，她的左右分别通向西区和东区，像一把打开的扇面，沿着中心主干道望去，在一片逐渐隆起的草地中央耸立着中山大学的创建者孙中山先生的铜像和迎风招展的国旗与校旗，主干道两旁全是承载着深远历史记忆的红墙绿瓦……比起码头和沿街而下的情景，真觉得自己来到了一个梦中的仙境圣地，晕船的难受早已被清新的校园环境淹没……"

"如果说中学以前，我在学校一直都比较顺利，下乡刚满3个月，又因'贵人'无意推荐，被当地知青办抽调，成为知青专职干部的经历，奠定了我自信满满的话，进入大学最大的心理冲击是忽然觉得自己有太多的不足：论知识积累，班里有不少'老三届'的同学，基础相当扎实，诗人、文豪大有人在；论工作经验，班里有当过校长、厂长不等的各类人才；论思想成熟，班上年纪最大的有20世纪40年代出生的，他们有更丰富的人生经历和深刻的思考，自己仿佛才刚刚开始被启蒙。但有一条信念却是清晰而坚定不移的：满怀报国之志，珍惜大学的每一寸光阴，像海绵吸水一样热情地吸吮知识。"

1978年刚进大学，李萍与同学从学校图书馆走出来

（三）康乐园重启"新生"

那时的中大只有10个系，校园到处洋溢着"为中华崛起而读书"的氛围，每个人都在争分夺秒。李萍如饥似渴地学习，恨不得一天掰成两天用。"因为我们这代人荒废的时间太多，需要恶补落下的知识。我知道自己不是最聪明的，但却是最勤奋的；时光不可以倒流，能够把握的只有当下。所以我时时提醒自己'笨鸟先飞，要走在时间的前面'。"

李萍每天6点多钟就起床，在中区跑完步后背英语单词再吃早餐，然后上课。那时学生可以自由选课、听课，李萍把每天都安排得满满的，除了专业课程之外，还选修了古代汉语等文史类的基础性课程，从早到晚都在课堂、图书馆、资料室或课室之间奔走。那时教育资源很有限，没课时要找个位置自习，都是要抢时间、抢速度才能"霸"到一席之地。李萍还清晰地记得，大学四年晚上自习，她基本会去中区教学楼102室，因为那间课室基本属于哲学系的常用课室，相对来说比较容易抢位置，每天晚饭后她几乎都是最早在课室门口等大楼管理人员（一对老夫妻工人，负责打扫大楼卫生的）开门的，每次到点开门时在门口等待的一群人就会冲进去，先在自己心仪的位置（靠灯管的位置）摆上书籍占位。也许是李萍对管理工人比较有礼貌，加上常常都是最早到的学生，有一天老阿姨把这间课室的钥匙直接交给她，"我掌握了课室开门的主动权，好开心呀！"

为了保证将更多的时间用在读书学习上，李萍总结出"零存整取"的用时法，担任班委，以及参加系、校学生会的工作时，她常利用课间操或课后零碎的时间通知会议、做社团工作等，绝不轻易打散整块的自习时间。无论是在排队进图书馆还是在公共汽车上，甚至在洗手间，手上都不离英语资料，嘴上念念叨叨背单词。"其实这种景象是那时中大校园的常景，也是我们这代学子的常态，学习特别用功。当然，儿时的文艺爱好也没落下，在新生晚会上因跳时代经典《洗衣歌》，而得绰号'洗衣妹'。学校成立文工团，我当上了副团长、舞蹈队队长。"

"那时给我们上课的许多老师都是学富五车、大名鼎鼎的学者，用今天的话来说，都是大咖级的，如李锦全、罗克汀、胡景钊、刘嵘、张华夏、林定夷、林铭钧、冯达文、章海山等。但由于历史的原因，不少老师教的专业已被冷冻、封存多年，许多专业教师也是随着我们进校先后从各地干校、厂矿或基层调回来重操'新业'的，加上年龄、经历的原因，我们那时的师生关系特别亲密。尽管每位老师都有不同的人生经历，不同的教学风格，但是可以感受到每位老师都是激情满怀，恨不得把他们失去的学术光阴都浓缩地弥补到我们身上，这是一种何等令人难以忘怀的气象啊！"

"按照哲学专业的要求，我第一次较系统地阅读了马恩列斯大量的经典著作，开始了解黑格尔、费尔巴哈以及中国哲学、西方哲学史上许多著名的哲学家、思想家……哲学专业的训练，使我茅塞顿开，开始对思考的逻辑、思想的方法有了理性的追问；哲学专业的视野，使我开始关注人的内在，关注人的心灵世界，思考道德、人生、人性的问题。四年的哲学教育给我最大的收获是，它启蒙了我对生命价值的思考。更形象地说，过去我的脑袋如同长在家长、老师的头上，习惯于听从、服从、顺从；现在我有了自己独立的思考和自我，懂得了比较、批判和选择。"

李萍说，"那时，作为中大的学生，头顶上有一种自带的光芒和担当。每当带着中大校徽的我们走出校门，都会引来人们关注、羡慕和特别尊重的目光。我以为那绝不是对某个人的好感，而是对我们国家经历了严冬之后迎来新的春天之感怀和希望的表达，那是我们这代人最感荣光和幸福的年代"。

然而，大学时代最让李萍难忘的是入学不久，中国共产党十一届三中全会召开了，"解放思想，实事求是"思想路线的提出，标志着中国开启了改革开放的新的历史时期，校园沸腾了！每到周末，校园唯一一间可容纳300人的107课室，便被挤得水泄不通，围绕时代最热的各种主题，伤痕文学、人道主义、真理标准、人生价值、理想信仰等展开的讲座、讨论会、辩论会吸引了满怀报国理想和时代担当的莘莘学子。大家在这里交流思想，反思历史，探索真理，对李萍来说，那就是真正的思想启蒙。"如果说系统新知识的学习，让我有了日益充实的成长感，新时期改革开放的春风则是真正启迪理性，打开我思想自觉的钥匙，让我从一个一半天真、一半懵懂的女孩逐渐成长起来，以至于大学毕业时，我做了第一次完全自觉的人生选择。"

"在中大本科学习那四年的光阴，是我生命旅程中最充实、最浪漫、最美好的记忆。除了每天像海绵一样吸吮新知，自由探索地学习之外，更有我心爱的人在我进入中大一年半后终于实现了自己的梦想，成为中山大学经济系79级学生。有爱情的大学生活是多么温馨啊！尽管那时校规规定大学生不能谈恋爱，但因为我们既不同系，又不同级，加上我们各自都相当努力学习，也是班、系的主要学生干部和大哥级的'学弟'，所以没露出什么'破绽'，我们在康乐园留下了许多刻骨铭心的爱情故事……1983年7月他大学毕业，同年11月12日，即中山大学建校59周年校庆之日，我们登记结婚，'康乐园'成为我们人生共同成长的见证。"

1979年，李萍与先生魏建飞同窗中大，在康乐园草坪留影

"1982年1月，恢复高考后的第一届大学生毕业了，当时各行各业都百废待兴，急需人才，同学们也都想找到一份理想的工作，许多同学都会向班主任老师表达自己的就业愿望，我确实没向老师提出过特别要求，但内心却有一个很清晰的信念：凡是别人能去的地方我都能去,凭自己的努力一定不会活得比别人差。这种信念一方面是对时代发展的大势及个人生存能力的一种信心,同时在某种程度上也夹杂着服从组织需要的'好学生'的惯性。当毕业分配结果公布时,我在留校的名单中,我们班近百位同学中,竟有20%的同学留校,据说原因之一是我们班学生党员较多,是学校当时的先进党支部。"

留校从事教学还是行政岗位工作?时任学校组织部干部科的C科长最先约李萍谈话,希望她到学校机关工作,并说:"现在机关干部青黄不接,你各方面条件都不错,又是女同志,将来前途无量。"领导话音刚落,李萍就明确表态,"我不要当干部,我要当老师"。谈到其缘由时,李萍毫不迟疑地说:"初中毕业时我拒绝了师范学校校长特别邀请我当教师的机会,因为我看到的是当时教师不被尊重的现实;大学毕业后我拒绝了当干部的机会,选择了教师,因为那时我开始懂得教育可以改变人的命运,而且我选择了学校正在筹备成立、尚未挂牌的,且让很多人不理解其设立意义的部门——中山大学思想教育研究室,成为一名大学德育教师。"

三、教师与学者:"人师"的理想追求

李萍说:"我的理想就是做一个不误人子弟的老师,但我知道这需要付出一生的努力。"1982年1月,李萍完成了大学本科的学习,也做出了人生一次重大的理性选择,成为中山大学一名德育教师。回顾20世纪80年代初的社会境遇,这个选择多少有一定"逆向性"的特点。因为她毕业的年代正是我国社会从计划经济向市场经济、以政治为中心向以经济建设为中心、文化封闭向文化开放急剧转型的肇始,她却选择了一个在很多人看来既没钱也没学术地位,既没发展空间也看不到未来,并充满相当不确定性的工作,但李萍却把这不被看好的工作干成了一份事业。她秉持着自己的信念和教育承诺,40年如一日勤奋耕耘,不断超越自我,成为当之无愧、深受学生爱戴的教师。在一届届学生的传说中,她是最受青年学子信任和爱戴的良师益友。

(一)创业初期的努力

李萍讲起留校创建思想教育研究室(简称"德育室")的那些故事,依然充满着深情:"1982年和我同时留校创建德育室的另一位同事是经济系77级的王世武同学,与在大钟楼的学工部合署办公,先后由时任学校党委书记张幼峰兼主任,后由党委常委、学工部部长黄瑜同志兼任。约一年后我们有了独立'办公室',在一栋住宅小楼里腾出一间不足10平方米的房间,从有人住的地下室爬上办公室的楼梯必须低头弯腰才能上去。1979年,我们研究室来了第三位同事,是刚从华南师范大学政教系毕业的钟

明华同学。那时条件真是非常简陋,校内的同事或学生经常找不到门口,常调侃我说,'李萍你在什么秘密的地方办公呀?'一次教育部思政司一位处长来学校调研,让我带她去德育室介绍情况,我担心上级领导看到我们的办公条件这么差,会批评学校不重视,便说我们办公室太远了不便去,我引着领导在校园导里边走边聊……那时我们单位没有创收,每月100多块钱的工资就是全部收入。也许那时我们年轻,而且都是经过上山下乡、工厂锻炼过来的,对条件的艰苦似乎都不很在意,一门心思就想如何开展我们的工作,我内心有一个坚定的信念——先有作为,才有地位。"

1982年12月李萍留校工作不满一年,参加了在厦门大学召开的"全国青少年共产主义思想品德教育"研讨会,这是她从教后参加的第一个全国性的教育研讨会。会议的主持人在大会上介绍说:"中山大学李萍同志是本次参会人员中年纪最小的老师。"此后多年,无论是在教育部思政司主持的思政课程小型座谈会,教材编写论证会,还是全国德育年会等场合,李萍一直保持"最年轻"参会者的纪录。在学校,李萍与同事们的工作是从自编《共产主义思想品德》课的讲义开始的,后改为《人生哲理》。最初主要在各系开设讲座。李萍经常深入了解学生,帮助他们排忧解惑;常受学生社团邀请,给他们作讲座或论辩指导;她和三位同事合作的第一本青年读物《大学生的恋爱观》(1983年)被很多同学作为床头读本,受到大学生的欢迎。

1986年,张孝宜教授从武汉大学调入中大任主任,她不仅是武大思想政治教育专业的创始人,有丰富的教学教育与管理经验,而且极具人格魅力,是一位德高望重的导师和领导。在她的带领下,德育室的队伍不断充实;组织机构日益健全;教学工作逐渐正规,学科建设更是连上台阶:承担全校本科生公共课、思政双学位专业的建立、硕士研究生培养……在张孝宜老师的带领下,李萍与同事们一起完成了第一个教育部委托项目"人生观理论与教育"。20世纪90年代初,德育室这个曾经名不见经传的部门在学校、省内外同行的影响越来越大,不仅开始承担全省德育教师的培训和培养工作、成为广东省德育教师培养的"黄埔军校",而且1994年

李萍与恩师张孝宜老师

中山大学与清华大学、南开大学、东北师范大学被教育部确定为全国高校思想政治理论课(当时简称"两课")改革试点单位,极大地促进了中国高校德育的改革发展。李萍回忆说:"我在参与这样重要的历史实践中得到了极大锻炼,得到清华大学林泰教授、刘美珣教授、陈劳志教授等先生们的教诲和鼓励,使我终生难忘!"

李萍（后排左一）与清华大学林泰先生（前排左二）、刘美珣先生（前排右一）等恩师们相聚于清华大学

"在张孝宜老师人格魅力的感召下，我们单位就像一个温暖的家园。她营造了一种文化，她对每个青年教师的培养和用心，使我们没有后顾之忧地往前走。有机会，张老师推着我们上；有想法，她和我们一起干；有困难，她走在前面挡；有成绩，她全归于我们。1988年我获得本单位第一个国家社科基金项目，随后我经学校选拔被推荐为国家公派访问学者……张老师和同事们都在背后全力支持。我出国访学前，她和先生邀请教研室的所有同事，在家里举行聚会，为我送行……1996年我们正在开始申报博士点的准备工作，刚过60岁的张老师却打报告退休，我心里真的不舍，含泪给她写了封信，请求老师再带领我们多干几年，她还是坚决退休了。许多年以后，我才意识到她的'坚决'是希望把机会和位置让给我们；才知道张老师还是离休级的教授，却从来没有离休老革命的架子；她总是满腔情怀，带领我们追求立德树人的教育理想。那段岁月是我从教以来最单纯、最充实、最快乐的时光！"

（二）倾情把"教学"变成"教育"

李萍先后给本科生、研究生开设的必修课主要有：《思想道德修养》《青年学》《教育哲学与道德哲学》《比较思想道德教育研究》《伦理学专题》等。她的学生可以说数以千计，除了必修课、专业课的教学，她还经常受邀到学生社团开设许多相关思想理论、青年成长的讲座，从一个校区走向多个校区；她连续20余年给党校学生上党课；1987年，她开创中大益友咨询中心（心理咨询中心），为许多有人生困惑的学子排忧解难，并成为广东省高校心理咨询专业委员会的创会会长。她主持的大学必修公共课《思想道德修养》课程被评为首届国家级精品课程；主编的《思想道德修养》教材获教育部"全国高校'两课'优秀教材"奖；带领教学团队先后获国家级优秀教学成果奖二等奖、广东省优秀教学成果奖一等奖；被评为教育部首届百名优秀"两课"教师、中山大学教学名师、广东省南粤优秀教师等。

李萍在接受学生记者提问"学生普遍对思想教育类课程有抵触心理，作为德育教师如何看"时坦言:"作为一名思想理论课的教师,一路走来,可谓酸甜苦辣都有。课程的性质,先天地决定了它的特殊难度。要改变学生过去沉淀在头脑中的偏见,特别是拒绝的心态,要把正确的思想、道德从教学变成教育,要使学生从'要我学'变成'我要学',确实对教师的人格、学识和心理是一个极大的挑战。从教数十年来,我对自己最满意的是从不说教(我给'说教'的定义为:只是说给别人听的,自己不信,也不行),用心与学生沟通;我秉承的德育信念是努力帮助学生成长,真诚地与学生同行;我最欣慰的是在教学的相长中,成为学生的良师益友。"

李萍在其专著《现代道德教育论》中指出,教育活动是以有意识的人为直接对象的社会活动,因而教学活动是由教与学两类相依相存的活动复合构成的。就教授过程而言,教育者是教育活动的主体,受教育者为客体,这个过程价值评价的焦点在于,受教育者在多大程度和水平上达到了教育目的的要求。就学习过程而言,受教育者是活动的主体,教育者是学习活动的客体,这个过程价值评价的焦点在于,教育者的教育活动在多大程度上满足了学生学习的需要。换言之,只有当教学活动满足了学习主体需要的时候,学生才能从"要我学"转变为"我要学",而这个转变对思想教育类的课程尤为重要,因为思想是不能简单给予的,无论是出于什么样的动机。

2019年毕业季,李萍与学生欢聚留影

李萍认为,并不是所有的教学都是教育,尤其是德育课程,只有当教学能对学生的思想、心理和精神产生触动,并与之能沟通、对话时,才有可能具有教育的意义。正是基于这样的教育理念,在教学中,她着力通过各种方式,调动学生作为学习主体的积极性，改变他们对这类课程的一些偏见。如从同情理解的角度，了解他们成长的困惑；从尊重他们个性的角度，改变"我打你通"的单一灌输；从培养学生自主性的角度，激发鼓励学生对问题的不同思考维度。为此，她对每一个专题都做到这3点——解答学生关注或困惑的问题、涵盖多维度的知识点、采用来自生活的典型案例，使教学与学生的生活紧紧联系起来，与他们的思考紧紧联系起来，与他们成长的需要紧紧联系起来。李萍的课堂和讲座总能引起学生极大的思想共鸣和反响。每学期课程结束后，李萍都会随堂做无记名的反馈意见收集，不仅95%以上的学生认为学习这门课程是必要的，而且不少学生还希望增加课时。"看到学生在这些大小不等的纸张上面留下他们的肺腑之言，每次我都感动得泪流满面，并成为我继续前行的力量。"

2024年6月23日，李萍和关门弟子及同贺的学生合影

当李萍因获得国家名师奖接受学生记者专访时，她说"这个荣誉属于整个团队，是学生成就了老师"；当学生们把她比喻为"人间四月天"时，她把学生比作自己教育人生中的"春风""夏雨""秋实"和"冬阳"。这是现代教育理念在教师教育实践中最真实的演绎。在一次与学生的分享会上，李萍即兴表达了她的心声：

在生命的旅程中，因为一次选择，
我们有了特殊的缘分，特殊的关系。
在老师的生命中，
你们是春风，用青春和理想抚育着老师；
你们是夏雨，用清纯和智慧滋润着老师；
你们是秋实，用奋斗和力量鼓舞着老师；
你们是冬阳，用炙热和光芒照耀着老师。
谢谢你们的爱，是你们成就了老师。

（三）学生"传说"中的李老师和她的教育观

2008 年，李萍荣获第四届高等学校教学名师奖，中大的学生记者给她做了一个专访，并作为当年教师节的特刊刊登在中山大学校报上。题目为"李萍：大智·大爱·大美——记第四届高等学校教学名师奖获得者李萍教授"。以下是专访开头的一段话："在美丽的康乐园中，有这样一位女性。每当她站上讲台，教室中似乎沐浴着四月和煦的阳光。学生们渴望听她柔和嗓音的谆谆教诲，犹如渴望聆听母亲的叮咛。她身材匀称，仪容端庄典雅。经历 20 多年的岁月变迁，她脸庞上不变的那一道明媚的笑容，已成为康乐园中最温暖的符号。她就是中山大学的李萍副书记，学生们的李老师。"

"她的'抱负'似乎有些平凡"：从事大学德育工作。这是一个学生普遍抵触、学者不屑钻研的学科，很多人不能理解她的选择。但是，她自己清楚地知道：大学德育是青年成长的重要支持，这是一份很有意义的事业。她的工作确实帮助了许多学生渡过了人生的困惑期。

笔者从李萍老师保存的学生们对她的课程的反馈意见中选取了几位不同专业、不同年级学生写下的心声：

"开始拿到课程表，看到有《思想道德修养》课时，心里很纳闷，但上了一学期的课程后，我感到它对我们是非常必要的……如同接受了一次心灵的洗礼"；

"当我在课表上看到思想政治课时，心里在想是不是搞错了？所以第一堂课我是带着无所谓的态度走进教室的，但听完李老师的课后，我发现我的想法错了"；

"可以这么说，除了思修课外，我都是被动去上课的，今天课程要结束了，这种体会更深切……这是我进大学以来对我帮助最大的课程"；

"自我上学以来，从没有像这样认真听老师讲课，但听您的课我完全是自愿的，甚至我觉得漏了您的课那会是我一生的损失"；

"来中大读书，是我第一次那么远距离、长时间地离家。不习惯、不适应，对环境的陌生感，与新同学、新老师的距离感，以及理想与现实的差异让我很压抑，有时觉得自己很孤单，甚至觉得被压得透不过气来。在这时候，思修课开始了，没有一点夸张，我觉得那是对我心灵的一次拯救。我很庆幸，因为上了思修课，我学到、了解到那么多东西，它让我的心胸变得开阔，不再沉沦于自怜自爱、自怨自艾之中，而能以平和、积极的心态去与人交流、去学习、去努力"；

"作为一个刚刚跨进校门的大学生而言，太多的问题困扰着我。怎样尽快地适应新的环境？如何与室友、同学和睦相处？如何正确地给自己定位？怎样才能在短暂而又漫长的大学四年中树立自己的人生目标，并为之努力奋斗？我不敢断言短短一个学期的思想道德修养课就为我找到了答案，但我可以毫不夸张地说，它的确为我的学习、生活和发展指明了方向，至少是给了我很大的启发"；

"踏入大学,我接触了它,它是那么的吸引人,它能使我们发现内心深处的种种感觉,它时时刻刻都在指引着我们向善而行,它教会了我们怎样去认识自己,教会了我们怎样去认识别人,教会了我们怎样与别人交往,教会了我们怎样融入社会,教会了我们怎样去尊重他人,教会了我们怎样去爱,教会了我们去珍惜世界上的任何情感等。在这样一个充满诱惑的大学生活中,由于有了它,使人总是能明白自己的所作所为是否符合一个优秀大学生的素质修养,使我能时时刻刻地鞭策自己做一个积极向上的大学生,并使我学会了与同学和睦相处。上完一学期的思想道德课,我发觉自己的思想已经被老师所影响,而这种影响正如催化剂,加速了善的反应,使我的行为中充斥着更多善的生成物。"

环境学院 2001 级学生 W,是来自山区的孩子,当时他不仅面临经济困难,还有家庭的危机,内心非常痛苦。"我拉着一个旧行李袋在空旷的校园里徘徊,不知道今后的人生路怎样走。没想到进校第二个星期,我就有机会聆听您的讲座,是那天晚上的讲座改变了我,我突然觉得您就像母亲一样在我身边,我不再孤独,我觉得您就是我的精神支柱,您的许多话至今我还记得,它一直鼓励和支持着我。"这是学生 W 在 2005 年毕业时向李萍教授道别时说的一段话。

李萍(左一)2008 年在人民大会堂出席"第四届高等学校教学名师奖"颁奖礼后,与华南师范大学获奖者李健英老师在天安门合影

李老师说,为人之师的基本责任就是"传道、授业、解惑",此即教书育人的过程。但李萍认为,教师还必须清醒地看到,这三者在不同的时代有不同的内涵,尤其是我们身处知识和信息大爆炸时代,不仅"道""业"充满了极大的变化性、不确定性,而且每一代青年学生都有自己独特的"惑"与"解惑"的诉求。作为德育教师,所谓"不误人子弟",就是要努力通过教育给予学生新知或启迪,使其人生朝着健康人格的方向成长。教师要真正承担起立德树人的职责,首先自己要立德修德。所谓"立德修

德"，即师者需在教育实践中不断涵养自己的道德三性：教育情怀，是师者的第一德性。"情怀"是一种深刻的、伦理的道德情感，是一种美好的、高尚的心境、情趣和胸怀。它包含3个层面：情怀是一种责任、热情，即大爱；情怀是一种体恤、共情，即同理心；情怀是一种素养、视野，即人格魅力。因为德育是生命影响生命，德育的本质是用大爱去唤起生命的尊严和价值。教育信仰，是师者的道德理性。所谓对教育的信仰，就是对知识、真理的尊重和追求。正如雅斯贝尔斯所言，"没有信仰就不成其为教育，而只是教学的技术而已"。因为教育培育的是有灵性的"产品"，因而它折射了教育对人负有不可推卸的责任。教育敬畏，是成就师者的内在动力。所谓对职业的敬畏心，即一个人对自己选择或所从事工作的一种尊重态度，同时由一种强烈的责任感而产生的欠缺感，即对自己的不满足感。"立德树人"作为教育的根本目的，它昭示一个基本的前提：教育必须是为人的，是为学生健康的身体与精神成长的。因此，教育应把关怀学生的生命价值和引导学生的精神发展作为教育的起点与终点。

德育课程的根本目的是帮助引导学生健康成长，这是一个德育价值观的问题。德育课程不是为了完成学分，也不是混考试文凭，因此教师不仅需要有相当的专业素质和智慧，更需要用心去对待每个学生、对待每次课。具体而言，就是教师要尽可能充分地了解学生成长的特点、拐点、迷惘点，尽可能地理解他们的生活，在体恤他们的经历中帮助他们分析、明辨人生成长中的问题，引导人生的发展。而要做到这一点，光是几节课的教学是不够的，为此，李萍花了大量的时间和同事们一起给学生开设成长讲座，从党校到学生社团，从一个校区到四个校区。1999年，李萍开始承担学校的行政工作，时间安排压力非常大，但她始终坚持一个信念：学生需要老师的时候就是教育的良机，我们不能轻言拒绝，这是德育教师的基本责任。

通过这些润物无声的工作，不少学生一次次渡过人生的困惑期。李萍说："当看到他们的改变、自立和成长，更加明晰自己人生的方向，作为与他们一起学习成长的老师，我有很深的价值感；当学生毕业多年之后还记得当年课上老师的提问及回答时的情景，甚至和老师交流过的一些见解还记在心里，时时想起，作为老师，确实有一种莫名的自足感；当看到学子们能在教育的引领下健康、热情地成长为国家栋梁之材，深感欣慰自豪！"

（四）作为学者的求索心路

李萍说："研究昆虫可以成为伟大的科学家，研究德育要洞察具有能动性的人的精神世界，才能引导他们树立正确的人生观、道德观、价值观，没有深入的科学研究何以可能成就真正的教育？"

李萍25岁留校任教，35岁破格晋升为副教授，38岁又再次破格晋升为教授，不到40岁先后成为硕士和博士研究生导师，成为高校思想道德教育领域的学科带头人。被评为"新世纪百千万人才工程"国家级人选和国家有突出贡献专家，享受政府特殊津贴；获评第四届高等学校教学名师、教育部首届百名"两课"优秀教师、宝钢优秀教师、国杰优秀教师、广东省高校教学名师、南粤优秀教师、广东省优秀青年科学家、广东省优秀社会科学家等荣誉称号。42岁先后出任中山大学副校长、党委副书记……

每当谈到她这些成功的足迹，李萍总是充满感恩地说："我是时代的幸运儿"；谈到她在学术上的造诣和成就时，她说："从教的后20年，由于双肩挑的责任，我已经从'学者'蜕变为'学子'了。"李老师一直以学子的心态追求学者的境界，她以超人的勤奋，在学术研究上领跑德育实践与学科的发展，在她看来，学术研究是作为高校教师的应有之义。"如果说没有'爱'就没有真正的教育的话，教师对教育的热爱是需要师者依凭相当的专业素质和能力来达至的，而学术研究则是其基本路径，没有严谨的学术研究为基础的德育，就难以给学生以新知、以生命成长的启迪，换言之，就是'误人子弟'。"

从教40余年来，李萍主持省部级以上哲学社会科学基金项目30余项，发表学术论文、专著等百余篇。她是中国高校德育学科较早的参与者和创建人之一，并成长为马克思主义理论、哲学伦理学学科的领军教授。

她坚持马克思主义的立场观点和方法论，将立德树人的根本使命置于开放社会的历史维度以思考；将现代人的思想道德素质问题置于东西文化、文明对话中以辨析；将伦理道德建设、现代思想道德教育的建构置于中国现代化发展及全球化面向以把握，完成了一系列具有较强前瞻性和开放性的研究成果。

她扎根中国大地，关切回应中国社会发展中的重大问题，尤其对意识形态与文化、当代中国社会伦理变迁与道德建构、价值教育的规律等问题，提出了有较强针对性与引领性的学术成果。她的教育科研成果先后获省部级或以上奖励10余项（次）。

2021年，李萍获广东省第四届优秀社会科学家称号，在即将出版的《李萍自选集》中，她在自序中对自己学术研究的心路历程做了一个小结："从大学毕业开启自己教育研究生涯以来的40余年，正是中国社会处于一个历史巨大变革的时期，我们需要面对各种诱惑和挑战，作为大学教师和学者，何以能保持追求学术、追求真理的热情和定力，使学术之树常青呢？我的体会是：守住学者的初心与使命，始终关切国家社会和人类文明发展的重大问题，自觉提升3种学术对话的能力，即在与时代发展对话、与学科前沿对话、与跨学科视野对话中不断创新学术思想、不断突破自我认知，在促进现代文明社会的进步中，实现学术研究的社会价值。"

李萍指出，所谓与时代发展对话，即学术研究，尤其是人文社会科学的学术研究，必须关注、关切、思考时代变化发展中出现的新问题，并力图做出具有普遍性价值的回答和规律性的揭示。20世纪八九十年代是中国从传统社会向现代社会急剧转型的历史时期，随着市场经济体制的建立，传统理想的失落，价值重构的需求，对马克思主义理论与教育提出了严峻的挑战。学术研究必须直面时代提出的重大关切，保持敏锐的洞察力、思考力。正是在这个时期，李萍申请并获得了开启她学术研究生涯的第一个国家社科基金项目（青年）——"开放地区大学生道德问题研究"，第一次以实证研究的方法在全国开展开放地区、次开放地区和后开放地区大学生思想道德观念变化的比较研究。

在通信、媒介技术极其简陋的条件下，课题组要向"三大区域"10所大学的学生们发出一万份专业性的调查问卷，组织工作极其烦琐和困难。正是在此基础上，李萍主持完成了《走向开放的道德》系列丛书。随后她还先后主持国家社会科学基金项目"文化市场与青年道德社会化研究"、教育部社科规划项目"比较思想道德教育研究""马克思主义大众化研究"等（都是时代对本学科提出的重大理论问题），并发表了一批有相当影响力的学术成果，如《我国思想教育逻辑起点的反思》《思想政治教育走出困境的理性思考》《公民教育——传统德育的历史转型》《马克思主义教育的返本归真》等。这些研究成果对提升思想道德教育的针对性、实效性和启发性发挥了积极的促进作用，为立德树人的教育实践奠定了坚实的基础。

与学科前沿对话，即学术研究必须力求站在学科发展的前沿思考问题。20世纪下半叶以来，随着科学技术的迅猛发展，把知识大爆炸时代推向高峰。当时有一部畅销书《学习的革命》，人们通常将其看作是改变学习方法和思维方法的书，该书作者有一个极具预见性的判断：我们的孩子将生活其中的世界正在以比我们学校快4倍的速度变化。这给了李萍极大的启发，即现代教育要从关注"学习什么"到强调"学会学习"，这意味着一场深刻的教育变革。这个变革背后的学科前沿问题正是关于人的主体性的哲学反思。

对传统社会的本质认知及现代性批判等前沿问题的学术讨论，打开了李萍的学术视域，她先后主持了国社科项目"我国社会主义思想道德体系建设若干重大理论问题研究"、全国教育科学规划项目"两种'利他'主义德育价值观的比较研究"、广东省社科专项"中国现代化进程中的伦理变迁与道德教育"等，发表了《论市场经济条件下伦理道德建设的起点与目标》《文化传统的预制性与公民教育》《论文化自觉的三个维度》《当代中国马克思主义的文化诠释与审视》《创新主流意识形态研究方式之探析》等学术成果，还出版了她的第一部专著《现代道德教育论》。

《现代道德教育论》这部著作，通过传统与现代道德教育的比较，系统地提出了现代道德教育哲学本体论基础、认识论基础和方法论基础，以及德育主客体交替与互动规律、德育过程的有机性与渐进性规律、德育功能的规范性与引导性相契合规律等理论观点，在学界产生了较大的影响。该书作为首届广东省青年科学家的代表作，入选首届"广东省中青年社会科学家文库"，并于2001年获韩国时任伦理学会会长及韩国专家的推荐，译成韩文版在韩国出版发行。该专著还获得多项（次）优秀学术著作奖。

与多学科视野对话，即学术研究要力求突破单一的学术视域，在不断的自我超越中把握学术思考的创新价值和社会价值。李萍清醒地认识到，一方面，我国的马克思主义理论与教育学科是一个极具中国特色的学科和专业，具有鲜明的意识形态特征；另一方面，它又是在中华民族五千多年文明发展、文化传统积淀基础上，尤其是立德树人的伦理道德文化传承发展的当代表达和产物。学科的特点和性质决定了它的研究既要把握正确的方向、科学的理性，又要保持多视角的学术张力，单一、单向度的研究视野必会导致作茧自缚，难以达至教育的根本使命。

近10余年来，李萍先后主持两项国家社科基金重大项目"改革开放视域下我国社会意识变动趋向与规律研究""中国马克思主义哲学形态研究",以及"985工程"国家哲学社会科学创新基地项目"全球化背景下的意识形态与价值教育"、教育部社科规划重大项目"中国特色社会主义实践与主流意识形态建构研究"、广东省社科规划重大项目"社会主义新文明形态对世界历史进程的深刻影响研究"、国家社科基金重大项目"思想史视域下中国特色社会主义制度人民至上价值研究"等,这些较为复杂的、综合性强的研究项目,对研究者具有多学科视野的对话能力提出了更高的要求,否则难以在研究框架和思考深度上有所突破。

李萍先后发表了《德性法理学视野下的道德治理》《"人生观论战"的反思与中国现代化的文化追求》《近百年来中国"精神人文主义"的建构性探索》《关怀与正义优先性的道德反思》《中国传统伦理道德中的公私观及其现代辨析》《早期中国共产党人接受马克思主义的历史契合点及其当代启示》《论马克思伦理思想的逻辑起点》《人生观论战的历史场域与当代价值》《中国式现代化的伦理旨趣及其文化逻辑》等文章,其中多篇被《光明日报》《新华文摘》等论点摘编及被《高等学校文科学术文摘》《中国社会科学文摘》和人大复印报刊资料等全文转载,在学界产生较大的影响。

李萍说,从教育伦理的角度,教育实践提供给教师有两种善:外在的善,即学校或者政府授予的荣誉或者奖励;内在的善,即教学提供给教师特殊的主体经验和体验。她更看重后者,因为所有的研究成果最终都归至教书育人的承担、文明的传承创新与弘扬。所以,这是一条只有起点没有终点的求索之路。

四、结语:成长的基石与人格的力量

作为晚辈学生,我真的很好奇,李老师哪来那么大的力量,可以持续地做那么多的事情?大家可以看到的是,她在大学教育生涯中,近乎三分之二的时间里都是"双肩挑"的学者(1993—1999年,先后任中大理论部副主任、主任;1999—2017年先后任中大副校长、副书记),然而重点是,她在每个角色都游刃有余。做教师,她把每个学生都放在心上,学生经常在深夜收到她对学生论文仔细批改的反馈;做学者,她经常在晚上10点以后才开始思考专业的问题,她开明的学术胸襟、家国情怀和追求真理的品格,使她一直走在本学科发展的前列;做领导,她公正务实、作风清廉、勇于担当,口碑在教职工中相传;做同事、朋友,她真诚待人、与人为善、助人之危、成人之美,是无数学生、校友、学界同道成长中的贵人……随着和李老师较长时间的接触、了解,翻阅了相关资料,以及询问我在学界接触到的同行,发现大家对李老师都有一个比较公认的感受,即老师的人格魅力有很大影响力。当我和李老师谈到这些赞誉时,她总是微笑且真诚地说,"这要归因于两个基石,对我来说是两个秘密武器"。

第一块基石是基于敬畏教师、敬畏学术的内驱力。李老师说,"要做一个不误人子弟的老师,有一个基本的前提,就是师者必须保持终身学习、求索新知的状态和勇气"。

从她的学习的轨迹和动因也可以一窥端倪。

书到用时方恨少。"大学毕业从教后,我越来越觉得'书到用时方恨少'。与大学时代的学习感受不同的是,逐渐从知识的涉猎到思想的升华,换言之,学习的针对性、聚焦性和思想性更强了。"20世纪八九十年代,那时李萍没太多行政工作,也没有繁重的考核,学习主要是靠自己的信念和自觉。李萍每周除了完成基本的教学工作之外,基本都在学习相关的知识,如围绕教育,广泛阅读教育学、教育哲学、教育心理学、青年心理学、青年学、社会心理学等国内外名著,特别是80年代中后期翻译出版的包括弗洛伊德、萨特、弗洛姆等的丛书系列,打开了她的学术视野和思想闸门。

北大进修。1984年9月,结婚还未满一年的李萍,深感再学习的紧迫性,在得到先生全力支持和理解下,她申请到北京大学哲学系进修伦理学,主修了杜维明先生开设的《儒学的第三期发展》、陈鼓应先生开设的《道家哲学》和魏英敏老师开设的《伦理学概论》等,这使她从学术层面开始亲近中华传统文化,思考中国道德哲学的问题,其间还选修了美学等课程,到中国人民大学旁听了伦理学的相关的课程和讲座。除了上课,其他的时间李萍几乎都泡在图书馆,开馆即进,闭馆方归。"我在北大图书馆看过什么书、查过什么资料已记不清了,唯一记得的是在北大图书馆完成了蔡元培先生的《中国伦理学史》(1910年版)的手抄本,这是中国第一部伦理思想史的著作,那时复印技术不普及,复印一本书对我来说就是'天价',手抄是最实惠的获取。我还抄了其他相关著作的重要论断、章节。可惜多次搬家,加上年轻时不懂得其特殊的价值而'流失'了。"学习归来,有同事替李萍惋惜说,"你学习进修有什么用,丢了个副科级"(那时德育室的老师亦可走行政级别,与李萍同年留校的同事升了副科),李萍笑了笑说,"我还真没想过要升副科级",她始终不忘自己的初心。

1985年寒假,魏建飞进京探望正在北大进修的妻子李萍,在八达岭合影

"巧合"中的安排。1990—1991年，李萍作为新中国成立后思想理论教育战线首批派出的国家公派访问学者，到美国进修一年。谈到这段经历，李老师分享了她"幸运"的故事，即"巧合"中的安排。

"从北大进修回来，我完成并先后发表了两篇论文。孩子出生，休完45天的产假后，我了解到学校师资科将开办《今日英语》培训班，立即报了名，当时最直接的想法就是恢复一下自己学习思考的大脑。虽然那时并没有针对教师的英文考核要求，但我意识到在高等学校从事教育研究工作，应该有这样的能力。我家住在校外，每周四晚上和周日的下午我都会骑着自行车回学校学习英文，最终获得了专业教师英语合格的结业证书。巧合的是，就在同年年底，教育部发文，包括本学科领域在内的所有教师职称评审都需要通过外语考试，当许多同行都在为之赶作业时，我的正规结业证让我从容地从助教转为讲师。更巧的是，1988年教育部发文要从我国思想理论教育领域选拔10位教师到国外访学进修，中大有一个名额，除了考察教育业绩、工作表现外，还有外语水平考试，于是，我之前的学习研究成果使我'脱颖而出'。接着，按教育部的要求，组织先后安排我到中大教育部外语培训中心和上海第二外国语学院教育部外语培训中心脱产学习外语（两校各学习一学期），并于1990年如期派我至美国太平洋路德大学教育学院进修，次年学成归国。"

这段学习经历不仅让李萍对不同文化背景下东西方文明的特点有了直接的了解和生活感受，更重要的是打开了她在思考教育、伦理、文化等方面的比较的视野，使她对如何在开放的时代，在追求中国社会主义现代化的历史进程中，通过自觉的批判扬弃，吸收人类文明的优秀成果，弘扬中华民族优良的道德文化传统，建设中国现代文明强国，有了更清晰的理解、更理性的思考和自觉。"比较德育"成为李萍一个新的研究方向，由她主持的教育部规划项目"比较德育研究"可以说是最有代表性的一个成果，相关著作于21世纪初由中国人民大学出版社出版，同时被确定为本学科研究生专业教材。

再次北上做学生。1994年已经升任副教授两年多的李萍，再次选择当学生，考入中国人民大学哲学系，攻读哲学伦理学博士学位，师从我国著名伦理学家、马克思主义伦理学的奠基人罗国杰先生。讲起这段经历，李萍总有某种掩饰不住的深情："应该说是中国人民大学给了我机会，是导师们给了我机会，从而奠定了我事业发展的重要基础。"

"我要报考博士研究生，很多同事朋友都不理解——你很快就是正教授了，还考什么博士？那时我儿子刚上小学一年级，确实面临不少的困难，我心中的两个缘由得到我先生的充分理解和全力支持，坚定了我的决心。一是从内在而言，自己越工作、越学习，越觉得知识贫乏，尤其需要在某一个学科领域有更系统、更深入的研究。二是从外在而言，我预判教育发展的趋势，对大学教师会有更高的学位要求。儿子那年也刚好接受基础教育，也算给孩子做个榜样。"

"1994年9月，我再次背起书包跨入中国人民大学的校门，作为罗国杰教授伦理学专业的博士研究生，开始了新的学习。由于中大教学工作的需要，学校领导要求我将全脱产改为学校委托培养，这意味着我在中大的教学工作不能减。在读博士三年间，我每周要给本科生上 20 多节思修课以及研究生的专业课,自己必修的政治、二外课程每周也大约有 20 节课,当时我还担任系的副主任到主任兼书记的管理工作。在最后一年半我做博士学位论文期间,组织安排我先生到远离广州的紫金县挂职锻炼,我毫不犹豫地支持他。要克服这么多的困难坚持学习,确实需要足够的毅力和勇气。我停止所有个人娱乐性的活动,在保证履行各个角色基本责任的前提下,废寝忘食地投入到博士学位论文的研究工作中。记得 1996 年的春节,年前我要搞好家里的卫生(那时还不兴请专业公司服务,即便知道也付不起钱)。年三十团圆饭吃过后,我就宣布'我要闭门写论文了',连儿子都不会随意敲开我的房门。功夫不负有心人,我的期中考试比脱产的同学取得更好的成绩,被老师点名表扬,我的博士学位论文也获得答辩专家的充分肯定,在论文基础上完成的专著《现代道德教育论》在 1999 年 6 月获广东省优秀中青年社会科学家专项资助出版,并先后获多项(次)省部级优秀学术成果奖励。"

李萍说,她之所以能克服这么多的困难完成博士研究生阶段的学习,罗国杰先生可谓倾注了极大的心血,给予她极大的勇气和力量,更宝贵的是罗先生为她树立了如何做"人师"的典范。讲起这段求学生活,李萍深情地沉浸在对罗先生的思念中:

20 世纪 80 年代末,罗国杰先生出席中山大学"人生观理论与教育研究"项目专题研讨会,李萍与恩师合影

"导师为保证我学习工作两不误,考虑到我既是学生,又为人母、人师,离家数千里,亲自为我量身定制了培养方案,并在符合学校管理规定的原则和严格要求下,亲自沟通协调各部门,使培养方案切实落地;每次课程学习和论文辅导,罗老师都尽量考虑与我的时间安排表对接,减少我的奔波次数和对家庭、工作的影响。有一次我托去人大开会的同事带封信给老师,请教论文选题、框架等问题,罗先生刚从外地开会回来,立即给我回信,字里行间,对我博士学位论文的写作既给了明确的方向、具体的指导,又

给予开放性思考、探索的鼓励。"那时罗先生是中国人民大学的副校长,可谓日理万机。他在信中写道:"课程论文能在6月底以前完成,我想可以;按照要求,原理、中伦史、西伦史各写一篇;政治理论课,有上次的论文,即可作为成绩。论文要力求用马克思主义的立场观点方法来分析问题,并尽可能结合现实生活中的情况,从世界观、人生观和价值观方面,提出有见地的看法。广州是改革开放的前沿,许多问题,从发展上看,都会在其他地方发生,怎样看待这些问题,怎样解决这些问题,望能多加强研究。"

每每面见,罗老师都叮嘱李萍,要努力同时做好3个角色,话里情间,体现了罗老师如父般的体恤疼惜、期待与鼓励。"我知道,无论是否为先生亲自带的学生,只要是求教过老师的,大家都会有同样的感受,他把每个学生的事都放在心上,老师再忙,从来都没有怠慢学生,特别是对那些远道而来的,或者比较边远地区有困难的学生更是关怀备至,在弟子们的心中,先生是学子们共同的温暖的严师慈父!"

"有件事迄今已经过去20多年了,一旦想起,我心依然滚烫!那是1997年4月中旬,我将已修改好的论文送到副导师焦国成教授家,途中突感身体不适,浑身发冷,却又全身发热,我坚持走到焦国成老师家里就支持不住了。焦老师给我煮姜糖水、按穴位,大约折腾了一个多小时,感觉退烧了,焦老师才把我送回宿舍休息。不知罗老师怎么知道了,当晚八点多钟罗老师和师母张老师,拎着一个饭盒,里面是红枣莲子煮的稀饭,外加2个咸蛋。喝下导师亲自煮的粥,我不仅觉得身体舒服了许多,而且心里热乎乎的。之后他叮嘱我一番,并说第二天上午8点到10点,他刚好没安排会议,要亲自带我去医院。我说同学陪我去就行了,您这么忙怎能让您操心呢?罗老师执意不变。第二天一早,老师骑着自行车将煮好的早餐送给我,便带我上校医院了。挂号、看病、检查,直到最后一个结果出来,他才放心地离开医院,送我回到宿舍,刚好赶上会议的时间。以后几天,罗老师和师母每天不漏地给我送饭,直到我完全退烧,恢复健康。这件事在我们楼的学生中传开了,他们都很羡慕我有这么好的如父般的导师。"

"1999年,我晋升了职务,工作更忙了,每次到北京学习或开会,哪怕只有十几二十分钟时间能在老师家停留,我也想着去看老师一眼。每次电话报告老师我来北京了,他都特别高兴!不管能停留的时间有多长,有3件事老师是必关心的:我的身体、学习工作以及广东改革开放的新变化。每次来去,老师都亲自开门迎送,有个细节也是令我尤为感动的。我曾经给老师买过两三件衬衣,我发现之后每次到老师家,他都会穿上我买的那件衬衣,夏天时老师单穿在外,冬天老师垫着毛衣打里穿,把领子翻出来,虽然那不是昂贵的衣物,但看得出老师的心意和爱惜。每次离开老师家,我都感到老师多有不舍的疼惜之情,一定要亲自把我送到车上。有一次正值酷热时节,那天我要乘公交出去,老师、师母担心我不熟路,一左一右牵着我的手一定要把我送到校外的公交站,望着他们的背影,我的泪水唰地涌出来,您不是父亲胜似父亲啊!"

有一次师兄告诉李萍说:"李萍你发现没有,老师家的书架上只摆了两张照片,一张是他们和孙女的,另一张就是老师、师母和你的合影。"李萍发现确实如此,认为也许这是偶然的安排,但确是她极大的幸运。2007年李萍意外地得了一场大病,她担心罗老师牵挂,一直隐瞒着未报告,大概在一个多月后,突然接到罗老师的电话,第一句话就说:"听说你生病了,做了个大手术,怎么没告诉我呀?"接着罗老师哽咽停顿了十几秒,李萍也激动得说不出话。平静下来后,罗老师一遍又一遍的叮咛,宛如一股暖流注入李萍生命的血液里,给了她慈父般无限的温暖、无穷的力量!

李萍说,在人大3年的学习,是她学业上求进的时期,也是学术深造和自我超越的时期。人大"实事求是"的校风传统、伦理学专业厚实的学术积淀、导师们严谨的学术教诲与人格魅力,使她受益终身。李萍在其博士学位论文《现代道德教育论》的后记里,写了这么一段肺腑之言:"我的导师罗国杰教授、焦国成教授为我的学习和研究,作了精心设计和安排,付出了极大的心血,创造了许多条件。从做学问到做人,可谓倾心关怀,润物无声。其情深意笃,令我刻骨铭心!宋希仁教授虽不是我论文的指导导师,但多年来他一直无私地开启我、帮助我,使我受益良多……"

再次的求学之路,清苦而艰辛,但对李萍来说,却是"内心踏实而自足的苦役"。她坦言,人大的学习,不仅使她赶上"潮流",在不惑之年戴上了博士帽,圆了她多年的梦想,更重要的是使她进一步明确了自己的专业方向,开启了新的学术视野,坚定了学术使命,为她人生的成长、事业的发展奠定了不可取代的基础。

再赴哈佛访学。2003年已是副校长的李萍老师,经过组织的批准,受哈佛大学邀请,成为时任哈佛大学燕京学社社长杜维明先生的学生。"原本是一年的邀请,因要负责学校80周年校庆的筹备工作,我只能在哈佛学习一个学期。我再次回到一天掰成两天用的学习状态,深知放下繁重的'双肩挑'工作,专注学术思考研究是多么珍贵。一方面,我通过选修哲学、伦理学等相关课程,参加杜先生组织的学术论坛和交流活动,并尽可能地了解哈佛大学的人文教育及其传统;另一方面,我利用哈佛大学图书馆丰富的馆藏资料,聚焦中国现代化的价值追求问题,开展深入的研究。此次学习使我第一次打开了20世纪初中国共产党的先驱们、中华民族的先贤们对民族命运、前途的思考和努力的大门,使我产生了极大的震撼和感受到启蒙教育的意义。我完成了《中国现代化的文化追求》,并发表在《中山大学学报》上。"

李萍说,"在教育人生成长的道路上,我曾得到过许多奖励和荣誉,但最让我激动的还是那一刻:1997年10月在中国人民大学毕业典礼上,我不仅是第一个上台接受校长学位礼的学生,还作为当年博士毕业生的代表发言,我一直在眼眶里打转的泪水那一刻不自禁地淌了出来……因为那是自己自觉自主成长的一次艰难的自我超越。它也是我学术成长旅程中的一个新的里程碑"。

第二块基石是"我站在巨人的肩膀上"。凡是比较深入接触了解李萍的人,都会有一种共同的感受,她是一个给予他人帮助不求回报,并心存感恩之心的人;在她的身上,总能感到满满的正能量,时时散发出真善美的光芒。李萍说,"在教育人生的路上,如果说我尽了一个教师、一个学者的职责和使命,问心无愧的话,那是因为我站在许多巨人的肩膀上"。在2021年父亲节来临之际,李萍曾在《记忆》中撰文"我和三位'父亲'的情缘",在某种意义上,道出了前辈恩师们对她人格成长的影响和深深的教育。

李萍的第二位父亲。"1983年11月12日,我和相爱了8年的先生结婚了,当我对着他的父亲第一次喊出'爸爸'的时候，我的眼泪夺眶而出。因为我整整20年没叫过'爸爸'了，而在我面前的这位父亲慈祥而深情的目光里，我获得了一种久违的父爱！"

李萍深情地回忆道，"我的这位爸爸在20世纪30年代就投身革命，在抗日战争、解放战争的枪林弹雨中转战桂、赣、粤数省，为人民的解放事业出生入死。爸爸多次和我讲起，在海南工作期间，全岛18个县市所有的生产大队他都走遍了，只有五指山的一个大队没去过，而这成为他离休后最大的牵挂和遗憾！"

"爸爸对子女家人慈爱关怀，但却十分严格要求。六个儿女都是老老实实做人，一步一个脚印前进。当年，老大、老二一个在远离家乡的县里当工人，另一个在北方当兵，其余四个孩子全部作为应届毕业生下乡当知青。1977年恢复高考，四个当知青的孩子两年内先后考上大学，老大老二也在工作岗位上通过自己的努力考上大学干部专修班，在各自的岗位上成为骨干。这是爸爸最感欣慰的事。爸爸经常告诫我们：'当官就不要想着赚钱，想赚钱就不要当官，一定要廉洁奉公，踏踏实实地为党和国家，为老百姓做实事'。"

1982年李萍留校当了大学老师，爸爸妈妈都特别高兴，爸爸不时就会满心欢喜地对她说："当老师好，当老师好啊！当中山大学的老师不容易啊！"1990年，组织安排李萍作为国家公派访问学者出国一年，那时她的孩子才三四岁，一向不管家务的爸爸多次对李萍说，"你安心去学习，孩子有我和妈妈，大家都会照顾他的"。李萍和先生原来就商量好，2岁多就已让孩子上日托，一年后就上了全托。"我在国外的那些日子，我的先生亦父亦母，真是不容易！一到周末，老人家就满心欢喜地迎接孙子回来，尤其关心妈妈不在身边的'孙老三'。当我结束国外访学回到家时，爸爸妈妈给我讲述了这一年孩子情绪、心理的变化及在家表现的许多故事，爸妈的悉心关爱令我感动至深，心情难平……"

"1994年，我把考博士的想法向爸爸汇报，当即得到老人家的充分肯定和鼓励，那时我们的儿子刚上小学，爸爸总是问我有什么困难，家里可以尽量帮忙的。我怎么忍心再辛苦公公婆婆呢？爸爸不知有多少次在我面前流露出因没能帮我们的忙而产生的不安和内疚。

李萍还清晰地记得，每年教师节，她接到的第一个"教师节快乐"的电话都是爸爸打来的。爸爸离开许多年后，每到教师节，她脑海里仍会浮现爸爸温存慈祥的脸庞和亲切熟悉的声音。1997年，李萍完成博士学位论文后赶去看望正在养病的爸爸，老人家躺在床上，接过她手中的毕业论文，饶有兴趣地翻看了几页，连声说："小萍不简单啊，你是我们家的第一个博士。"爸爸那平实的话语中包含了多少欣慰、期待和鼓励啊！1999年，李萍进入学校领导班子，夫妻俩的工作都特别忙，那时爸爸经常身体不好，而他们不仅不时缺席一周一次的回家欢聚，照顾爸爸的时间更是少之又少。没等他们解释，爸爸总是先安慰他们，"你们年轻人，正是干事业的时候，你们安心做好工作，不要辜负组织的培养"。李萍知道，其实爸爸妈妈是多么需要他们多些陪伴呀。

在李萍的印象中，爸爸离休后，每个周日老人家都喜欢坐在家门口，等待迎接儿孙们回家。在爸爸的心目中，有酿豆腐、酿鸡蛋，全家人在一起就是过大年了，而儿孙们的每一点进步和成长何尝不是爸爸更大的宽慰和快乐呢？最让李萍心痛和遗憾的是，

2001年父亲再次发病入院,她当时正在北京教育行政学院学习,2号接到他老人家病逝的噩耗,在宿舍痛哭了一场,那晚她几乎无法入睡。向领导请假后,第二天一大早便匆忙返穗,李萍回忆说:"为自己在爸爸弥留之际未能守护在身旁而感到终身遗憾!"每当想起这些,她都无法抑制自己的情绪,不自禁地泪流满面。

1999年,李萍(左一)看望在从化疗养的公公、婆婆(左三、左四),全家合影

爸爸所代表的老一辈革命家的精神品格和作风深深影响着李萍,他慈祥的目光里总给孩子们带来温润的心灵滋养和前行的力量。

李萍的第三位父亲:恩师罗国杰。李萍对恩师罗国杰先生对其道德人格的影响做了这样深刻的概括:"每当人生遭遇挫折之时,脑海里就会浮现您亦师亦父的形象,耳际就会响起您亲切的教诲,所有的不解、难题都会烟消云散,您成为学生生命定力的方向和永远的精神导师!"

"您在大学时代就加入中国共产党地下党组织,为中国人民的解放事业而奉献青春。1956年您请求以调干生的身份重新回到校园,您以'学者''园丁''战士'自况,您把毕生献给了党的教育事业,以毕生的实践验证了自己的信念和追求。

作为学者,您追求真理,60年如一日,俯而读,仰而思,留给学界大量原创性科研成果和宝贵的精神财富。您学贯中西,对马克思主义伦理思想、中国传统伦理思想、西方伦理思想进行深入研究,并对其中有价值的思想做了创造性转化与创新性发展,创立了新中国第一个马克思主义德性伦理学体系。先生心系国家民族,学以致用,把伦理学的学术研究与中国社会主义社会的道德建设和社会治理紧密结合起来,提出了一系列社会主义条件下的道德建设理论和以德治国理论。

作为园丁，您于1960年主持组建了中国高校第一个伦理学教研室，主编了新中国第一部伦理学教材。您领导主持了第一个全国性的伦理学教师进修班和研究生班，培养了全国伦理学教学和科研的基本队伍。先生作为新中国第一位伦理学专业的博士生导师，为国家培养了大量的高级专业人才，实为桃李满天下。

作为战士，您青年时期投身革命，加入地下党组织，终生无悔。您真诚地信仰马克思主义，为社会主义、共产主义事业奋斗不息。您走进中南海，为总书记和中央领导纵论历代治国理政经验之得失；建言献策，您的思想被采纳写入中央文件；您以弘扬优秀传统文化和以建设中国特色社会主义道德为己任，提出德治中国的一系列设想。

您为人俭朴、自律、谦逊、慎独、达观；您待人也宽厚、真诚、忍让、救人于危难且成人之美；您为学勤勉、严谨、博通，且能因时创新；您授徒亲而严、温而厉、因材而施、教而无类。先生思想，声名远播，蜚声海内外；您的道德学问，令人高山仰止；您用全部生命筑起了一座不朽的道德丰碑，它矗立在无数活着的景仰者的心中。"

李萍说，人应有理想和志向，有责任、抱负，但更需要踏实而坚毅的笃行，而这两块基石决定了她笃行的定力。"2023年中国人民大学《马克思主义与伦理学》辑刊对我做了个学人访谈，最后让我给青年学子提点希望，我讲了一个'起点'和三点共勉。当我梳理自己教育人生成长之路最后结语时，忽然觉得这正是自勉最恰当的结语：要学会在自己的欠缺或短板之处寻找进步的起点，对学者来说，这就意味着学术追求永远都在起点上，'路漫漫其修远兮'，吾当努力行之。"李老师最后补充说："对已经进入生命周期第二个阶段的我来说，站在生命新的起点上，吾将一如既往地追求学习成长，努力与青年同行，与教育同行，与时代同行，让生命更丰富，让生活更精彩，让灵魂更有趣……"

（卢俊豪整理）

李新春：

中国家族企业与创业管理研究的开拓者

1962年10月生，安徽桐城人，中山大学二级教授、博士生导师。《管理学季刊》联合创始人，家族企业和创业管理研究领域的领军学者，有着广泛的学术和社会影响。复旦管理学杰出贡献奖获得者。2000年在中山大学设立中国家族企业研究中心，成为国内聚焦家族企业和民营经济研究的重要平台。已出版相关学术专著与教材十多部，重要的学术著作有《回归市场》《企业联盟与网络》和《日本百年老店：传统与创新》等。在《中国社会科学》《经济研究》《管理世界》等刊物发表论文40多篇，主持的"基于全球商业竞争的创业教育模式创新"获教育部国家级教学成果奖二等奖。

李新春自述 ——我的教育和学术之路

一、求学：贫困乡村、与书结缘

1962 年我出生于安徽省桐城县杨桥区花山乡杨井村荷包咀小队（当时的行政区划和村队名称），从这长长的地名，你大概清楚，这是真正的乡村，远离城市和县城。我所在的村庄属于桐城县所辖，是在安庆城北群山（大龙山）环抱的一个大湖区的北部顶端，该湖叫作破罡湖，面积约有 40 平方公里，在我儿时的记忆中，湖面似乎像大海一样，群山和大湖就是我的世界。从地理上看，村庄离桐城县城有大约 100 公里，而离安庆市则只有 20 公里左右路程，离枞阳县城只是隔着破罡湖，大约 10 公里的路程。桐城是近代历史上有名的桐城学派诞生地，人文荟萃，名人辈出。而安庆则曾经是安徽府治所在。到了 20 世纪 60 年代，安庆仍然有着较强的工业和人文底蕴，但我所在的乡镇则似乎哪里也靠不着，因为地处长江边上的大湖区，江水几乎每两三年就会泛滥一次造成洪涝灾害，而此时破罡湖经常决堤（破围）。我所在的村庄（小队）有 20 多户人家，100 多口人，而湖边的土地十分有限，农田则更加有限，即便加上后来围堤造田的圩田和后面小山上（高度大约百米）开垦出来的山坡地一起，也不过 100 多亩地，人均不到 1 亩地，还需要每年向国家缴纳公粮。每年双季稻，丰收年景生产的稻米、红薯等也只勉强够过生活，而当破围或其他灾害歉收的年份则只能吃国家供应粮（救济粮），陈旧得有些发霉的大米加上大量的红薯干。母亲后来告诉我，我出生的 1962 年红薯收获很多，稻米不够，就大量食用红薯加些稻米煮粥，算是很不错了。之前的灾荒饥饿曾饿死不少人，因此，我出生在那一年算是幸运的，赶上了比较好的年成。

我的村庄一直到我高中离开之前，都几乎是与现代隔绝的，没有电，用的是煤油灯，中国农业数千年来使用的农具和脱谷舂米水车依旧在用，都是依靠人力和仅有的几头水牛。我在初中、高中时要走出村庄到公社中学读书，没有公路，每天来回要步行四五公里路。而且，路途有河流要渡过，没有渡船，就只能让父母划船送，或者呼叫偶尔出现的船只发善心渡我们这些学童过河。在初中时期，干脆脱下衣服，一手举着书包衣服，一手划水踩水，涉水游过有二三十米宽的小河去上学。直到高中，才有一条公路修通，从村镇通至公社，但很少有农村学生有钱坐车，仍然是跋山涉水地走路上学，肩上一头担着书包，一头担着带到高中食宿 6 天的咸菜和米（带到学校食堂交加工费后给饭票用餐，菜只有咸菜）。而最为艰苦的还是家里没有粮食，我初中时期至少有两次约半年时间，家里土地受灾，粮食缺乏，于是，在学校当其他带了粮食的同学中午吃饭时，我和几位没有粮食的同学就跑到中学（花山中学，很美的名字）校舍后面的小山坡的树林里嬉戏打闹，当时也没有觉得多么艰苦，只是肚子饿得很，躲开饭桶飘香，我们玩得也很开心。下午上完课,再步行回家,路上至少一个小时。回到家里,母亲有意在碗柜中给我留了一碗较稠的粥,回家第一件事就是急不可待地打开碗柜,将这碗粥"倒"进肚子里,这是一份极简单而又很幸福的少年记忆。

我的幸运不仅是出生年份(后来才知道,我们20世纪60年代初出生的一代人是赶上了后来很多好的时代机遇,成为幸运的一代)。我1969年上村小学,那是极为简陋的校舍,土坯搭成的课桌,关键是,还赶上"文革"时期,农村也陷入阶级斗争之中,学习知识的时间因此是很有限的。我没有上过幼儿园,小学甚至没有学过汉语拼音。但小学时在学校玩得很开心,也识得一些字了。父亲是生产队队长和大队党支部委员,一个老共产党员,但不识字,因此对我读书寄予很大期望。在家里兄弟姐妹5人中我是唯一的男孩,幸运地成为家里的重点培养对象。而我的两个姐姐则只上了一两年学,就回到家里帮忙干农活,后来我才感受到父母这份特别的关爱,这是我能在这样贫困的环境下读书的重要保证。在我读小学期间,家里经常无法交出学杂费(主要是书本费),母亲靠养鸡鸭生蛋来换钱,但这些钱还要支付家里的油、盐和灯油(煤油)钱。生产队的年底分红经常是一个工分(一个成年男子劳动力工作一天所记工分),也就是几分钱。在我初中毕业,考虑是否接着升高中时,我的班主任——同村的刘天和老师专程登门,对我父亲说我在学校的成绩很好,但父亲也仍在犹豫,到底是让我去学习一门手艺比如木匠,以便将来在乡村谋生,还是去区中学读高中?犹豫不决阶段,父亲带我去了在安庆市木材加工厂工作的舅舅(木匠技师)那里,舅舅坚持要让我读书,父亲才坚定了信心,让我有了后来的高中学习机会。因此我首先要感恩父母、舅舅等家人给予的无私关爱,只因为我是家中唯一的男孩,才有了这样的机会,在如此困苦的环境下获得到学校读书的机会,这也改变了我的人生。而我的小同伴不少都辍学回家学手艺如铁匠或干农活了,我们人生的轨迹也因此而不同。

更为幸运的一件事情,发生在我小学四年级的暑假期间。作为小学生,我也要参加生产队的劳动,我的工作是跟在收割担运稻捆队伍的后面捡拾稻穗,抢着在大人刚担走稻捆的地方捡拾稻穗。但这次负责担稻捆的是生产队一个刚到安庆市借读的高中生(应该是当时村里唯一在城里读书的高中生),暑期回来帮助干活,他力量和技巧都不够,过程中一扎稻捆从两头尖的苗担上滑落下来("苗担"两端是尖的铁皮包头,用于戳进稻捆。"苗担"是我老家的土话,如何得名不得而知,我就权按其发音写成"苗担"。网上查找,也有叫作"茅担"),苗担的尖头就打到正在后面捡拾稻穗的我的头上,一个大包鼓起并且流血,因此,我放声号哭。这个高中生很是惊慌,一边安抚,一边对我说:"别哭别哭,待会我给你小说书看。"很奇特的是,我一下子止住了哭声,好像脑袋也不疼了,就跟在他后面,直到收工,再跟着他回家。他拿出从安庆城里带回来的两本书,一本是《渔岛怒潮》(后来,才知道是作家姜树茂所著,1972年出版)。还有一本是写作中印边境自卫反击战战士生活的"三句半"(一种文体),书名已经忘了。那个暑期后来的时间,我大概是每天躺在家里房前晒谷场的树荫下,坐着或者累了就躺在乘凉用的凉床（其实是只能躺下一人的用木或竹子制作的坐席）上阅读这本书，天气炎热，但似乎不时有微风吹拂。那时我识字不多，但大多字已能认识。囫囵吞枣地将这本小说读完，脑袋里不时浮现出想象的南方椰子树和海岛的景象，书中的描写让我痴迷。向眼前的破罡湖和不远处的大龙山望去，仿佛看到了书中描写的人物和场景，看到了我想象中另外一个广阔的世界。而另一本"三句半"的书则引起了我幼稚的创作欲，一边和小伙伴干些农活，一边自编自演"三句半"，大家都认为我很神奇。

这两本小说可以说是打开了我终身阅读兴趣的大门，自此之后，读书成为我人生最大的乐趣。后来，我在"文革"期间书本贫乏时也向周围的同学不断地找书看，找不到城里的小人书，就借读小说，甚至还有些是家里古旧的线装书《三国演义》等。后来，还借来当时当红的小说如《艳阳天》《金光大道》《青春之歌》等，如饥似渴地阅读。这提升了我无尽的想象力和创造力（我一直认为小人书上的绘画是好，但限制了儿童的想象力，不如小说更让人有想象空间）。记忆中家乡的夏天很是闷热，晚上蚊虫肆虐，伸手就能抓到不少。夜晚很多人家里一般不点煤油灯（一是买油很贵，二是供应有限），但父母则允许我点煤油灯看书。我将双脚放进装着凉水的水桶中，上面盖上一件旧衣服，既清凉，又可以防止蚊虫叮咬。我几乎整日沉浸在各种小说描写的世界里。自己也尝试写作，后面在班上写的作文总是受到老师的表扬，不时被作为范文在班上念读，这大大激发了我读书的兴趣。一直到高中，我的作文总是班上的范文。高中第一节语文课上，班主任潮高隆老师让大家在课堂上写一篇命题作文《当我刚进高中的时候》。我稍事思考便开始作文，之后，潮老师将我叫到他住处（兼办公室），问我这篇作文是不是抄的？我说不是，是我写的。老师说，那好，这篇作文我给了最高分85分，我要在班上读这篇文章。看到文章上被老师密密麻麻画了圈线，表示"可圈可点"，我心中更坚定了读书写作的信心。

我所上的是乡初中花山中学和区里的杨桥高中（桐城县当时下属9个区，我所在的杨桥区有5个公社，包括著名的黄梅戏演员严凤英出生地杨桥区螺岭公社，我所在的是花山公社，毗邻枞阳县），杨桥高中地处桐城边远大龙山脚石潭湖边。一是有着较为深厚的人文底蕴，二是很凑巧的是，当时"文革"期间，桐城中学和安庆一中以及安庆师范大学等一批非常优秀的老师，因为被打成"右派"或者安排下乡劳动，而进入到我所在的花山中学和杨桥高中教学。尤其在杨桥高中，有着当时非常优秀的一批老师，他们来自安庆师范大学（如教数学的徐成谋老师）和安庆一中（潮高隆语文老师、陆惠泉化学老师、梁家文物理老师、冯晓兰数学老师）以及桐城高中（金成瑞语文老师），这些优秀师资甚至优于安庆市内的一些高中。我们当时身在其中，并不知道他们在那个时代的不幸对我们这些乡村学生来说却是难得的幸运，这大概就是每个人所面对的命运的安排吧。

至今反观我早期的教育和生活，我倍感幸运和感恩！我出生在农民家庭，生活在一个贫穷艰苦的环境中，但我有着父母亲人的呵护和关爱；尽管生活在"文革"时期，却十分幸运地遇见了书本，将读书和想象力、思考植入我少年时期的成长。更为幸运的是，我还遇到了一批优秀的老师，他们因为"文革"而来到偏远的乡村，但却无意间成为我们这批乡下学生的良师，帮助我们走上学习和追求知识之途。艰苦的环境磨炼了我的意志和对于艰苦生活的态度，即便是在吃不饱饭的时代，我也没有感觉到有多艰苦，因为有书本、有亲人陪伴，其实感到的更多是快乐。乡村优美的环境和远离都市的宁静反而是享受心灵、平静读书的好环境，我也因此终生热爱自然，回到自然、回到乡村我便能感受到慢下来的幸福感。在农村自很小起我就开始帮家里割猪草拾猪粪，和妹妹一起帮家里抬水（那时没有自来水）以及后来在假期周末参加农业劳动，经常被夏天毒辣的阳光暴晒，脱去3次皮之后，一个黝黑的尚未成年的身体就慢慢适应了农村艰苦的农活。插秧割稻割麦修圩堤等农活，无疑锻炼了我的意志和体格，更将一种吃苦耐劳的精神植入了我今后的人生之中，这无疑是一份难得的财富。

1977年春季学期，我进入杨桥高中学习，正好赶上全国恢复高考，一个新的时代开始了。好运似乎在一夜之间降临，在高中我遇到了可以参加高考的好时机和一批好老师，每门课都由最好的老师教。我们当时是冬季入学，为了和暑期高考对应，高中延长半年（共两年半），因此，我参加的是1979年暑期的高考。我当年跟着同学好朋友龙春生一起，辗转到桐城高中参加高考，路上转了几趟车才到达，这是我第一次到县城。高考的成绩并不是很理想，考完回到家里，感觉不好，躺了几天，之后又开始干各种农活。在8月初的一个日子，录取通知书送来了，是我报考重点院校的第五志愿——镇江农业机械学院（现在的江苏大学）机械制造工艺设备与自动化专业。我当时填报的第一志愿是浙江大学，但老师也告诉我们，最好有一个农业或地质院校保底。我第一志愿没录取，第五志愿农业院校就优先录取了。母亲在路上遇到道喜的邻居，连声说："还是毛主席好啊！"我父亲的家庭数代都是农民，我这一代能出个大学生，父母无疑是喜出望外的。我们在读大学前，实际上所知道的大学没有几个，只能参考学校77和78届的同学上的学校来填报志愿。尽管录取的学校并不是我理想的志愿，但能上大学，就是一件令家族无上荣耀的事情了。1979年的高考题较难，我是所在公社唯一一个考上大学的。因为父亲是村生产队队长和村党委委员，当时的公社书记还亲自过来祝贺。

镇江农业机械学院当年是南方农机部的重点大学（在我毕业前一年，学校改名为江苏工学院了，后来又更名为江苏大学），学校位处镇江丹徒县（后改为区），临近长江，风景宜人，坐车到市内需要半小时左右，很适合闭门读书，学校的学习风气很浓。当年77、78、79三届（所谓的"新三届"）入学的不少是被"文革"耽误的大龄学生，有的甚至带着孩子来上学。我们作为应届生，难得和这些有着上山下乡经历的师兄一起学习生活。尽管是农业机械学院，但我们实则是完全的工科生，尽管每门课我学得都还不错，最后毕业时各门课平均成绩还在班上排名前三，但我对作为工科"万金油"的制造工艺设备与自动化专业并没有多大兴趣，我是一个沉浸在自己思想世界的学生，对机器和生产技术热情不高。几年下来，除了对学习数学、外语、力学等课程有较大积极性外,其余都难以唤起我的学习热情。课余时间我基本上就是到图书馆,完成作业之后,便阅读文学期刊和借阅文学作品。尤其是在大学一、二年级时,因课程压力不大,我便借阅了国内外的文学作品。我延续着高中之前的读书嗜好,如同一个饥饿的孩子遇到丰盛的美食,大快朵颐,不分精粗。记得当年"伤痕文学"很受欢迎,每一期大型文学期刊的作品我都几乎通读了一遍,如《收获》《钟山》《十月》《花城》《当代》《人民文学》等,但到了大学三、四年级,课程压力有些大,就慢慢减少了文学阅读。

但工科严谨科学的训练和知识体系对我还是影响深远的,老师们兢兢业业的授课和实验教给我工程师的严谨和逻辑思维。我们不时要到校办工厂实习,到实验室做实验。四年级上半年,我们班到上海柴油机厂实习了一个多月,让我对工厂有了亲身的体验,还对大上海有了一些认识。这为我后来从事企业管理奠定了很重要的工业基础,我至今仍对工厂的制造和自动化流程有着强烈的亲切感,机械加工的车、钻、刨、铣、铸造以及热处理等工艺于我来说已经不是陌生的事物了。而我的毕业论文是由一位年轻老师王勇指导的,他对学生视如小兄弟,非常用心。我和另外三位同学跟他一起做毕业论文,跟着老师在实习工厂做车床磨削刀具和磨削液的实验,采用了当时较先进的双实体显微镜来观察磨削碎屑。我观察到在显微镜下部分碎屑呈现出球状体,而球形碎屑越多,则磨削精度愈高,由此,可以针对性改善磨削刀具和磨削液。前后大概一个多月时间,王勇老师还带我们一起到武汉的华中工学院(今华中科技大学)以及武汉工学院(今武汉理工大学)去调研学习和搜集文献数据,我和几位同学都获益匪浅。我的毕业论文获得优秀,王勇老师后来还将我的论文整理成学术文章一起在《江苏工学院学报》上发表了。和老师的研究成果第一次见诸刊印文字,我心中很有满足感。

后来,国防科工委来我校招人,我被选中,听说是因为我家祖上几辈子都是农民(出身),加上我的学习成绩较好,为人朴素诚实,但我当时并不清楚进入科工委要分配到哪个边远的基地工作。但后来确定是分到了北京国防科工委的一个研究所,无意之间幸运地进入北京工作,让我很是兴奋,又很憧憬。该研究所是研究科技信息和科技政策的咨询机构,有很好的图书数据馆和计算机室。我在图书馆实习了一段时间,初步熟悉了文献编目查询以及卡片制作等,这对于我后来的学术文献研究无疑是很有益的。在这里,我们是作为文职科研人员,经过一年的实习期后我进入科技政策研究室,主要是跟着老同志一起研究军转民等课题。同时,分配来的10多个大学生,大多毕业于清华、北航、北理工、南大、山大以及国防科大等学校,我能进入这个研究所,实在是很幸运的事情。

与我同时进入研究所的还有从江苏招收的南京大学理论物理系毕业的傅思行,他出生于教授家庭,从小受过很好的家庭教育,读了不少书。我很有幸遇到他,成为好朋友,经常一起聊读书。周末没事,我们会一起骑上自行车到西单那有着四五层楼的新华书店买书。从他那里,我了解了傅雷翻译的所有作品以及欧洲古典文学作品。工作后终于自己挣工资了,于是我买了几箱书,不少是古希腊文学、法国文学、英国文学和俄罗斯文学作品。我有一段时间还对散文和诗歌产生了很大兴趣,并参加了《人民文学》

的诗歌课外学习班,自己也涂鸦式地写了几本所谓的"诗和散文"。在充满幻想又有着淡淡忧郁的躁动的青春期,我那时最大的理想是成为罗曼·罗兰式的作家,有着一个"强说愁"式的白日梦。但这对于提升我的写作水平无疑是有益的,我后来的学术研究和想象力很大程度上得益于我多年的文学爱好和写作尝试。

我跟着同一办公室的郭俊义研究员学习,他是系统工程方面的专家,我学习系统工程建模和仿真,还用当时的 XT 台式计算机程序设计运算;同时,还跟着一批研究科技政策的专家一起做军转民的研究。对于一个刚出校门走上工作岗位的年轻人,我充满了热情,但自己所掌握的知识是有限的,于是在单位批准的情况下,我在工作的第二年报考硕士研究生,并被录取为本研究所(限定我们只能报考本所的研究生)招收的第一批硕士研究生(1986 年)。我的学习方向是科技政策,导师是柴本良教授,后来才知道,他是国家自然科学基金委管理学部成立初期的几位委员之一。很遗憾的是,我在这个研究生班只读了一年,只学习了一些基础课程,还没有来得及向柴老师学习更多专业知识,第二年我就被选拔为公派出国留学生并进入北京外国语学院学习一年德语。1988 年 8 月,我作为公派留学生进入民主德国的东柏林的洪堡大学学习,攻读博士学位。

这是我在进入国外留学之前所接受的有些支离破碎的教育,专业上还谈不上入门,文学上则是一厢情愿,但我对读书和学习的热情一直是高涨的。而在民主德国洪堡大学的学习经历,最终坚定了我的学术道路和人生追求。

高中毕业集体照(前排右四为班主任潮高隆老师,三排左六为李新春,摄于 1979 年 4 月)

李新春（后排右二）与父母（二排左一二）、叔叔（二排左三至五）和姐妹等家人合影
（地点为家里的晒谷场，背景是破罡湖，摄于1987年冬）

二、奠定研究基础：对理论的兴趣

带着无限的憧憬和期盼，我和一批公派留学生于1988年8月来到东柏林，进入著名的洪堡大学学习。当时，能出国学习是十分难得的机会。我所在的研究生班在入学第一年有一个公派留学指标，是去日本留学，我十分向往，但没有被选上。在同一批入学的研究生班中（共11个同学），我考试的总成绩排名第一，但英语成绩排名第二，而班主任给出的选拔标准就只看外语成绩，我对此不是很能接受，还给当时的所长写了封信，对这一选拔标准提出异议。所长鼓励我好好学习，说以后还会有机会的。研究生第二年，果然有了到德国留学的机会，这次我很顺利入选，尽管是去民主德国，不是此前想去的留学目的地日本，但能到著名的洪堡大学学习，也让我喜出望外。

洪堡大学没有围墙和校园，除主楼外，各院系、医院、博物馆等基本都分布在柏林不同的地方，于2009年正式启用的主图书馆（雅各布-威廉-格林中心，是全球最美的极具艺术设计感的图书馆之一）也在离主楼有一站地的地方。大学主楼位于分隔开东西柏林的巴兰登堡门不远的菩提树下大街，这里曾是普鲁士国王的王子宫。洪堡大学1810年在普鲁士国王威廉三世的支持下创立（最初命名为柏林大学），创始人是著名的教育家和语言学家威廉·冯·洪堡（当时普鲁士教育部部长）以及其弟地理学家亚历山大·冯·洪堡，是现代大学的先驱。这之前的大学基本上是修道院的传统，教育家威廉·冯·洪堡（1767—1835）将现代大学的教育理念植入柏林大学，将大学作为"知识的总合"，强调教学与研究并重。洪堡的教育理念可以归结为3个重要的原则："学术自由""教学与科研相结合"和"科学统一"，其对德国乃至于全球的现代大学教育都产生了深远的影响。洪堡大学在近代则诞生了一批有世界影响力的学者，如黑格尔、马克思、爱因斯坦等，在很多科学领域执世界之牛耳，前后诞生了50多位诺贝尔奖获得者。

洪堡大学在"二战"后仍是民主德国的最高学府，虽然学术地位和影响力与之前已不可同日而语，但在经济互助委员会组织内部，民主德国的经济和文化教育还是处于领先地位的。我于1988年进入洪堡大学，直到1994年毕业，经历了民主德国计划经济的最后一段时期。而1990年之后，则经历了柏林墙被推倒和艰难的两德统一的过程，洪堡大学也开始重新建设和恢复传统，我的学习是在这一转型时期完成的。

尽管处在社会主义的大学教育制度体系之下，但我仍然能感受到洪堡大学深厚的人文精神和学术传统。在一定程度上，洪堡大学更多保存了洪堡的大学教育理念和研究的传统，图书馆的藏书和期刊收录也相对丰富。德国的博士学习并没有太多必修的课程，可以选择少量的课程，之外就是跟着导师和研究所的同事进行阅读学习和做研究。导师会根据学生的研究方向给出书单和文献，大量的阅读和泡图书馆是前期学习的主要任务。在这里，我学会了对于理论和经典的重视，系统地掌握了学科和研究领域的经典和文献，这是研究生第一步也是最为重要的学习任务。还需定期与导师及研究所的同事进行交流和讨论以及参加各种研讨会，这是打好基础、明确研究问题和方向的主要途径。老师鼓励我们自由探索，给予足够的空间和时间让学生自主学习和探索。我读博士期间大量的时间是在洪堡大学主楼对面的老皇家图书馆以及不远处爬满常青藤的老建筑普鲁士国家图书馆读书和参加各种研讨会，后来到研究论文时期因为要查阅一些中文的资料，还不时到离大学主楼不远的东亚图书馆借书和学习，并由此认识了几位汉学家，对中国经济改革问题进行探讨交流，还可以通过中文期刊和年鉴等及时了解中国经济的发展情况。在东亚图书馆，我还借阅了一批中文书籍，包括翻译成中文的老制度经济学家康芒斯的两卷本《制度经济学》以及熊彼得的三卷本《经济学史》，可以说，这是我制度经济学和经济史的启蒙书。相对于德文，中文阅读理解起来还是容易不少。后来，两德统一后，我就经常到西柏林的国家图书馆看书和借阅，这里的图书数据无疑更为丰富。还到柏林自由大学以及柏林技术大学学习和交流，在那里遇到了不少学习经济管理的留学生，如后来合作较多的张胜洋博士（柏林自由大学博士，主修宏观经济与金融）。那时没有电子文献，就大量地复印图书和文献，到回国时，我有近20箱打包的图书和复印数据海运回国。这大概是我多年博士学习阶段积累的最为重要的财富了。尽管我的德语日常交流没有问题，但学术写作和阅读还是要经过多年不断努力才有较大改进，我的博士学位论文写作的头几章是在两位导师一字一句的修改下完善的，包括语言上的用词。尤其是阿尔布莱希特（Edo Albrecht）教授给我的修改用的是德文花体字（古体），最初我几乎无法辨识，慢慢地才适应。后来，还有一两位德国朋友帮我润色文字，我才比较顺利地用德文写作并完成了博士学位论文。

我在洪堡大学的学习最初是进入科学学与科学组织研究所（Wissenschaftstheorie und Organisation，简称 WTO）读博士，主要是研究科技政策与组织，科技创新是我关注的核心领域。我的导师有两位，一位是彭措尔德（Gisela Paetzold）教授，后来（博士学习第二年），研究所的所长 Edo Albrecht 教授也加入作为我的论文指导教授。但在 1990 年之后两德统一，研究所并入经济系，我的毕业论文基本上是在进入经济系后完成的。我读博士期间主要的理论兴趣在于制度理论、发展经济学和创新理论。我的博士学位论文研究主要做的是发展中经济创新与制度理论的研究，博士学位论文主题是"发展中经济高新技术创新与产业政策研究——对中国和韩国微电子产业的分析"，这是从创新理论和比较制度的视角探讨新兴经济体高科技产业的创新与产业政策。论文答辩委员会的成员有三位，其中两位是来自经济系的施瓦尔巴赫（Schwallbach）教授（研究方向为战略管理与社会责任）和沃尔夫施特托（Wolfstetter）教授（研究方向为产业组织理论，之前是柏林自由大学的教授），还有一位是前东德社会科学院的瓦尔（Wahl）教授（研究方向为科技政策）。德国的博士学位论文评审很严格，每位教授为我的论文写下了二三十页的评审意见和评语，很是细致深入，相当于一份很好的评论，我从中受益匪浅。我的答辩顺利通过，获得"优秀"（拉丁文：Cum Laude）的成绩。博士学位论文后来还获得 DAAD（德国学术交流中心）基金会的支持在德国 Peter Lang 出版社出版（作为"欧洲大学研究出版物，国民经济与企业经济系列，第 1439 卷"）。两位导师和答辩委员会的几位教授为我进入经济学（制度理论）、创新管理以及企业组织研究领域打下了良好的基础，同时指明了方向。德国的博士学习不太注重课程，更多注重跟着导师进行系统的阅读和研究，尤其是经典的阅读十分重要。德国经济学是历史学派和制度学派的传统，我也因此受到一定的影响，对秩序学派和社会市场经济的理论与实践有着浓厚的兴趣。而创新理论更多是来自英美的文献，因此，我对创新理论、国家创新体系以及制度理论的兴趣是在这个时期通过系统阅读和学习逐步建立的。

2001 年李新春重返洪堡大学（摄于洪堡大学主楼）

三、制度理论与国企改革

学术著作和论文发表其实是对个人学术研究的记录,我为何选择这些问题和方向从事研究?一方面是与教学和兴趣有关,而另一方面则是现实的影响。尤其是管理科学是一门基于实践和问题导向的研究,因此,有着强烈的时代烙印。我在回国工作之前,走访了德国一些熟悉的教授,向他们请教未来研究的方向,期望为回国的学术研究定位。我的博士学位论文主要研究的创新与企业家理论,是从创新理论和比较制度的视角展开的研究,我读博士期间主要的理论兴趣也在于制度理论、经济转型理论和创新理论。记得当时(1990年)我的指导教授 Edo Albrecht 告诉我,创新政策和企业创新问题在中国真正有用可能还需要10多年时间,你需要有学术耐心回国去做这个研究。洪堡大学的 Schwalbach 教授(我的博士学位论文的评阅人和答辩教授之一,后来一直有学术联系和交流)认为,中国在20世纪90年

李新春在老皇家图书馆前留影(摄于2001年)

代初,国际联盟合作非常重要,值得回国后研究。我回国后一段时间,听从了这一建议,将战略联盟作为我的研究方向,研究中外合资企业战略与创新学习(获国家自然科学基金委青年项目等资助),这些方向性的指引给了我很大的帮助。

对理论基础和学术的兴趣一直是驱动我学术研究的最大动力,我对新制度经济学、企业理论、比较制度理论一直有着强烈的兴趣,也进行过几次系统的文献阅读。在讲授硕士生和博士生的课程中,我也一直以理论前沿作为重点。周围聚集了一群学术朋友,如王珺教授(中山大学岭南学院)、罗必良教授(华南农业大学)、陈凌教授(浙江大学)、储小平教授(中山大学)、王跃生教授(北京大学经济学院)、卢昌崇教授(东北财经大学)、丘海雄教授(中山大学社会学与人类学)等,大家相互交流,保持长期的理论兴趣是做出好研究的基础。20世纪90年代,上海三联书店·上海人民出版社先后出版"制度经济学丛书",我们争相阅读研讨,同时,也对国内的市场化改革和制度转型进行直接的观察和研究,我们是这个时代的同行者和思考者,由此,将理论与实践结合起来,才能形成鲜活的、真正有价值的研究。

我在1995年回国早期的研究,主要是基于在德国的积累,以及对于回国学术研究

的定位。一方面，我开始对国内改革开放和制度转型的现实经济发展有了浓厚的兴趣，当时，主要的制度转型在于不同地区差异化的开放改革政策以及国企改革。我回国后第一项工作，是从图书馆找来经济管理类的重要学术期刊，系统地查阅了近10年来的文章和统计年鉴等，复印文章，大量阅读，做好笔记。系统地阅读国内有关制度转型和企业改革的文献，让我很快进入国内的学术研究前沿，了解国内学界关注的主要问题。我回国之初在《南方经济》《学术研究》《中国经济问题》《经济科学》《经济研究参考》等期刊发表的文章，代表了这时期对国内市场化改革和制度转型的思考和初步研究，这些文章不少是作为期刊封面主题文章发表的，表明了这些研究问题的重要性，也给了我极大的鼓励和信心。1988—1995年的阶级，因我在德国学习，刚回国时，对国内的情况是相对陌生的。能在较短时期内迅速跟上国内学者的思路和研究问题，是我有意花了一年多时间系统阅读文献并参加学术会议（如广东经济学年会）与学者们交流的结果。国外回来的留学生需要通过国内期刊阅读和学习交流，迅速在国内扎下根，才可能开展与中国经济和企业发展有关的研究，这也是我当时下功夫做这件事的初衷。

另一项工作则是基于我7年多在德国的学习和生活经历，1990年之后，民主德国经历开放柏林墙和合并而纳入西德体系，以及这之后数年的两德统一和经济融合的曲折历程。我是这一时期的亲身经历者和观察者，也收集了不少当时两德统一以及之后的原民主德国国有企业私有化过程的资料。加上我对国内市场化改革和制度转型的研究感兴趣，我邀请了当时在柏林留学期间多年相互学习交流的好朋友张胜洋（柏林自由大学经济学博士）和陈凌（洪堡大学经济学博士）一起来做东德转型和国企改革的研究。初步分工之后，历经两三年整理和补充收集资料，书稿于1997年完成，命名为《回归市场：民主德国经济转型与国企改造》，由广东人民出版社出版。这是我们完成的第一本著作，其中，我写作第一篇"激进的制度变迁与国企改革"，张胜洋博士（后来在德国KPMG等公司工作）写作第二篇"民主德国经济体制转轨与财政金融制度的变革"，陈凌博士（1997年后回到浙江大学经济学院和管理学院工作）完成第三篇"民主德国转型时期的劳动力市场与就业创造政策"。这本约25万字的合作著述是我们三位经济学人系统考察和分析民主德国经济转型和企业改革的第一本著作。德国制度秩序学派和历史学派对我们的影响很大，而这本书在一定意义上也是从制度理论视角对德国社会市场经济模式和制度转型研究做出贡献。浙江大学经济学院时任院长姚先国教授作序，对这本著作给予高度评价，认为这是"李新春、陈凌、张胜洋3位年轻学者研究德国统一后民主德国经济转型的一部力作……他们亲身经历了从昂纳克辞职、柏林墙开放到两德统一的整个巨变过程，并留意收集有关资料。以旁观者身份所作的冷眼观察和冷静思考，使他们能够从独特的视角去总结、分析两德统一这一历史事件，得出颇有新意的见解（'序'第1页）……本书引人注目之处，还在于作者对德国社会市场经济模式的分析和批判。这对国内所有对德国模式感兴趣的读者来说是一个新视角（'序'第3页）"。后来，曾于德国施佩耶尔国家行政管理学院留学的夏汛鸽博士在《中国经济时报》（2000年1月21日）上对该书发表了一篇较长的书评："回归市场的启示——与李新春、陈凌、张胜洋三位博士的商榷",他在文中指出,"第一,本书在翔实数据的基础上,从制度转型比较的角度,明确指出在德国东部激进的私有化过程中托管局用'计划'来改造'计划经济',与其说是提供了经验,不如说是提供了更多的教训。第二,本书在改革路径依赖的大视野上,围绕对原民主德国国有企业改造、财政金融体系变革和劳动力市场整合3个方面,从借鉴的角度分析原民主德国的经济转型,颇有'大智慧'的风范。第三,本书对原民主德国经济转型政策的批判,着力在指出'只见制度不见人'的改革是不会成功的,转型危机的深刻原因在于人们对市场经济原则近乎'神话般的迷信'"。

柏林经济学三位同窗好友合影（从左到右分别是李新春、张胜洋、陈凌,摄于1993年）

国企改革一直是我的学术兴趣之一,一方面我关注的是制度转型和组织变革,而另一方面则对企业家精神有着持久的研究兴趣,尤其是国有企业的企业家（创新创业）问题,这显然是国有企业改革的核心要素。《回归市场》是对原民主德国国企私有化政策的一个批判,比较研究就是与中国的国企改革相对照。在这里,产权理论过分强调产权控制和界定,而在一定程度上忽视了企业家精神的重要作用,是原民主德国国企私有化大多陷入困境和失败的主要原因。一个好的制度安排不仅仅是产权和治理结构的设计,更为重要的是能激发企业家精神,其创造性和进取心、企业家能力将会带领企业转型和发展。这也使得我将国企改革的研究重点转移到产权和企业家并重的视角上。2001年,我在《中国社会科学》（第4期）上发表的文章《中国国有企业重组的企业家机制》,以及在《经济研究》2000年第6期上发表的文章《企业家过程与国有企业的准企业家模型》,还有2000年在《南开管理评论》上发表的文章《企业成长的控制权约束——对企业家控制的企业的研究》,都是对于国有企业改革或重组的企业家机制的理论思考和创新。2006年,我和同事及学生（李新春、苏琦、董文卓）在《经济研究》发表的文章《公司治理与企业家精神》,又进一步揭示了公司治理作为保健机制必须同时兼顾企业家精神的动力（激励）机制，才可能为国企变革与转型发展同时提供制度和动力保障。这些理论文章实际上更多是从一般企业理论的视角出发，而非特别针对国有企业，我们后来重点关注的家族（私营）企业组织和治理问题中，也同样存在着制度保障机制和动力机制并重的问题，在这些研究的基础上，我们提出关于治理（督导）机制和企业家精神的激发机制作为现代企业"双重治理"模式的理论，将公司治理理论与企业家理论有机结合起来，研究组织的创新与创业成长，有着重要的理论创新意义和实践价值。

可以说，尽管我在读博士阶段重点研究的是创新政策和创新管理问题，但我一直关心的核心理论焦点仍然在于组织理论中的治理机制和企业家精神问题。我一直认为，这是现代企业（作为委托—代理）组织的核心问题，一方面，因为复杂的代理关系而必须建立一个有效的公司治理结构，以及对于家族企业专门化的家族治理结构；另一方面，则不能因为治理的制度化和权力控制与制衡结构，而牺牲企业家精神的激发和创造性。现代企业组织面临复杂的经营管理环境以及技术和管理方法等日新月异的创新，因此，承担风险、具有创新创业精神，以及承担社会责任的企业家精神是组织最为重要的动力和发展机制，如何实现治理的监督控制机制与企业家精神激励机制的兼容发展，无疑是现代企业组织和管理的核心思考要素。我在这个时期也基本上坚定了自己的研究方向和问题，尽管后来研究的企业主体从国有企业转向家族（私营）企业的研究，但所涉及的理论和实践问题是一以贯之的。也因此，我在2013年获复旦管理学杰出贡献奖（由李岚清同志设立的我国管理学最高奖），主要的获奖理由，是肯定我在企业家理论研究方面做出的贡献（复旦管理学2013杰出贡献奖的介绍是：李新春教授长期从事战略联盟、中国家族企业与创业的研究。通过对中国民营企业，尤其是家族企业的长期跟踪研究，提出了家族治理与公司治理的双重治理结构模式；分析了中国差序信任格局下的职业经理人市场以及分家治理等独特问题；揭示了家族治理、家文化与创业成长之间的关系等一系列问题，为朝向中国家族企业本土管理行为的理论建设做出了突出贡献，对我国企业管理实践产生了较大的影响）。

2013年，李新春（左二）获复旦管理学杰出贡献奖

四、战略联盟与网络

战略联盟与网络是我回国初期关注的另一个重要研究领域,这是因为广东作为改革开放的先行者和窗口,吸引了大量的外商投资,同时,国内的创业精神旺盛,珠三角成为"三来一补"以及外商投资的首选地。国内企业通过与外资企业的联盟合作而学习和创新。这是我关注的第一个经济改革开放的企业战略课题,并于1997年获批国家自然科学基金(青年项目)"对我国企业战略联盟与国际竞争战略的研究"(批准号:79600028),这开启了我和团队对企业战略联盟与网络,以及后来对于产业集群的研究。这其中,我主要关注的理论问题是中国经济中的信任结构、契约治理以及网络化成长问题。企业联盟中的信任关系以及治理结构是联盟稳定性和创造共享价值的关键,中国传统文化中的人际关系和信任以及治理问题成为我们研究的核心问题。而基于人际关系和商业网络建构与发展的企业网络与产业集群,是我国改革开放初期重要的商业组织和国际化模式,其中的研究不仅涉及正式的契约治理,同时,也更多涉及人际信任和社会网络、社会资本的研究。广东无疑是开展这一研究的最好个案,不仅因为大量中外合资合作企业的存在,同时,还有着20世纪90年代迅速发展起来的地方产业集群。这一始自经济学家马歇尔的关于工业区研究的传统,在中国沿海一带成为区域创业和地区企业家精神最集中的展现。当时,对产业集群的研究得到国内外学者普遍的重视,中国改革开放在90年代因为乡镇企业和城市改革的产业园、经济开发区的发展,通过地方政府为企业家的创业创新精神,以及大量的民营企业创业,而带动地方经济发展和吸引外资投资,也推动了出口加工贸易的发展。广东、浙江等沿海省份成为改革开放先行一步发展起来的典范。我们当时还走访了欧洲如意大利的中小企业集群和产业园区,了解和学习其区域品牌的建设与制度。同时,政府部门也在关注产业集群或专业镇的发展,如广东在90年代初,就在珠三角形成了各种不同的产业集聚,这是以乡镇为主体建立的"一镇一业、一村一品"的产业格局,即所谓的"专业镇"。在广东省科学技术厅的组织下,我们对广东省内的专业镇进行调研和规划。这一阶段,我与中山大学岭南学院王珺教授、华南农业大学罗必良教授以及广东省科学技术厅办公室主任路平先生、广东省委政策研究室的陈志英博士等一起,为广东省专业镇的认证做调研和规划。我们先后走进几十个专业镇,对地方政府、企业家、行业协会、产业园等进行了广泛而深入的调研,这为我实地了解广东经济尤其是产业集群的发展奠定了坚实的实践基础。这是时代赋予我们这一代学者难得的观察经济现实的良机,我的研究也有了丰富的资料和素材,由此取得了较丰硕的学术成果。我在《经济研究》投稿的第一篇文章《企业战略网络的生成发展与市场转型》(1998年第4期)很快就发表了,应该是该主题幸运地踩准了时代的步伐。而发表在《南开管理评论》(2002年第3期)的文章《企业家协调与企业集群——对珠江三角洲企业集群化成长的分析》同样是投稿后直接发表。2008年，我们还专门组织产业集群研究学术研讨会，主编出版了《市场转型与中小企业成长——产业集群与家族企业研究》（李新春、王珺、丘海雄、张书军主编，经济科学出版社2008年版）。2008年，适逢改革开放30周年，我们还组织编写了"改革开放30年广东专业镇发展案例研究丛书"（我作为编委之一），分别对10个专业镇做了专门的研究，这包括：南庄镇建筑陶瓷、花都汽车、西樵纺织、澄海玩具、江门摩托车、阳江刀剪、虎门服装、古镇灯饰以及北滘家电产业集群，这套案例研究丛书于2010年前后在广东人民出版社出版发行，是对国内改革开放与产业集群发展的历史研究和记录。

1998年下半年，我有幸作为福布莱特访问学者前往美国波士顿的柏森商学院（全球创业管理教学和研究一直排名领先的大学）和MIT斯隆管理学院学习，至1999年7月近一年的访学中，我系统地收集整理了企业理论方面的著作和文献，尤其是产权理论、治理理论以及企业家理论的文献。我有幸在波士顿与一批学者相聚，如东北财经大学卢昌崇教授（时任管理学院院长，当时在MIT访学），还有中山大学在哈佛燕京学社访学的一批教授，如：人类学系周大鸣教授、政治与公共事务管理学院任剑涛教授、哲学系冯平教授、陈少明和李兰芬教授、法学院黄建武教授等，来自不同学科的大家相互交流，到波士顿的旧书店淘书，这是一段幸福且收获颇多的时光。我借助这段时间，经常到哈佛商学院的贝克图书馆学习，这里环境优雅宁静，图书资料丰富。我在这段时间完成了我的第二本著作《企业联盟与网络》（广东人民出版社2000年版）的书稿，对战略联盟与网络的理论、产业组织以及地区制度文化特征进行了一个比较制度的分析，对汽车、纺织和计算机行业的联盟与网络结构展开研究，同时，比较了意大利、日本和我国台湾以及大陆的战略联盟与网络的结构，分析其背后深层次的制度文化因素的影响。这是一本比较制度视角的战略联盟与网络研究著作，进一步深化了我对于中国经济中关系网络、非正式治理以及制度文化的认识，应该是国内较早系统讨论战略联盟与网络的著作之一，受到国内相关学者的普遍关注。

五、家族企业与创业

1997年，在作为福布莱特学者出国访学之前，我意外地收到《中国社会科学季刊》（香港）8月秋季卷，上面刊印了我的一篇文章《中国的家族制度与企业组织》，这篇文章我投稿了半年多，一直没有消息，想不到直接刊发出来了。当年，这本期刊的学术水平很受学者推崇。这是我对家族企业研究的第一篇论文，不仅基于企业理论和制度的分析，同时，也开始关注中国传统制度文化在企业组织中的影响。我国民营经济在改革开放后迅速崛起，成为市场化转型和国际化发展的重要推动力，而民营经济中绝大多数（按照数量是90%以上）是家族创业和家族控制的，这也意味着，对于中国经济的研究，除了国有企业改革的关键性主题之外，民营经济尤其是家族企业的研究无疑有着重要的意义。在美国访学的近一年时间，我开始大量收集和整理家族与创业企业方面的理论和文献。在这之后，我与浙江大学陈凌教授以及当时从汕头大学来到中山大学岭南学院工作的储小平教授一起，开始家族企业研究，并于1999年底在中山大学成立了中国家族企业研究中心（英文为CCCR，不仅针对中国，还包括华人家族企业研究），这也是国内首个专门针对家族企业而设立的研究中心。我1998年在《中国社会科学季刊》（香港）的文章，以及陈凌1998年在《经济研究》（第7期）上的文章《信息特征、交易成本和家族式组织》、储小平2000年在《中国社会科学》（第2期）上的文章《家族企业研究：一个具有现代意义的话题》几乎同时发表，的确是缘分，也是大家开始关注中国民营经济尤其是家族企业研究的滥觞。可以说，这三篇文章正式开启了中国家族企业组织与管理行为的研究，也是自此之后，浙江大学陈凌教授发起了"创业与家族企业国际研讨会"，后来，中山大学联合浙江大学一起定期组织召开该主题国际研讨会，成为国内最重要的家族企业学术论坛（至今已召开19届），也是国内外尤其是中国和华人家族企业研究的重要学术交流平台。

认识到这个研究领域的研究意义和学术发展潜力后，我和团队、学生坚定信心，在之后一直坚持做家族企业的研究，中国家族企业研究中心也成为在国内外有重要学术影响力的学术平台。我后来也有一个基本的认识，学术研究需要长期的坚守和信心，一个研究问题甚至需要几代学者的砥砺耕耘和薪火相传，才可能有所建树和发展。在过去20多年，我们对家族企业的研究大致可以分为3个阶段，每一阶段关注的理论与现实问题都有着不同的侧重点。

第一阶段，首先关注的是家族企业作为一种独特组织的制度文化和治理理论问题，结合中国的管理实践，将家族治理中特殊信任结构、家族控制权以及代理成本问题作为研究重点，由此奠定了家族企业研究的理论基础。在此阶段，完成了三篇重要的理论文章：《信任、忠诚与家族主义困境》（《管理世界》2002年第6期）、《经理人市场失灵与家族企业治理》（《管理世界》2003年第4期）以及《内部人所有权与企业价值——对中国民营上市公司的研究》（《经济研究》2008年第11期），这三篇文章对中国家族企业的制度和治理问题进行了理论分析和讨论，为基于中国制度文化的家族企业研究奠定了理论基础。

中国有着深厚的家族主义传统和制度文化，在改革开放后的民营经济发展中，家族控制和经营管理就有着强烈的家族企业家精神，家族创始人控制和内部的团结与凝聚力成就了大量的家族创业，是支撑中国经济几十年高速发展的重要动力。而同时，家族治理和家族主义也有着很大的负面效应，家族裙带关系、家族冲突和分裂、家长式独裁领导、内外有别和封闭造成外部人才和资源难以进入，企业成长受到很大的限制，加上家族父系家长制度的延续，对传承也造成很大障碍。这一切都意味着家族企业在现代经济社会中既需要保留优秀的传统和文化，同时又需要进行制度变革。在一系列的论文中，我们对家族企业的管理革命、制度文化和治理结构的现代化转型，以及职业化管理（经理人）等问题进行了深入研究。结合中国工商联私营企业调查和上市民营企业的资料，我和团队、学生的研究不仅进行理论探索，也注重结合中国的管理实践进行实证分析，以对现实问题和政策给出有针对性的研究。基于此出版了系列研究丛书，如《家族企业：公司治理与成长》（李新春、苏琦主编，经济科学出版社 2008 年版）、《民营企业成长研究报告——基于广东省民营企业的调研分析》（李新春、储小平、朱沆主编，经济科学出版社 2008 年版）以及《私营企业成长与家族化治理——珠三角的实证与案例研究》（李新春、胡晓红、姜岳新编著，经济科学出版社 2008 年版）等。这些研究不仅在理论上引领了国内家族企业的研究，也为家族企业组织和管理创新给出了方向。

李新春（左一）调研李锦记集团（与家族企业第三代掌门人李文达先生及其夫人座谈，摄于 2008 年）

第二阶段是对家族企业传承问题展开研究。这既是具有重要理论价值的课题，同时，结合中国的制度文化，又是最具中国特色的理论建构和管理实践研究探索。这项研究一方面关注理论研究和发展，另一方面则得益于对实践案例的研究。早期的案例是通过李锦记第四代企业家李惠森先生（广州"无限极"创始人）以及李锦记家族办公室黄先生的帮助，我们前往香港对李锦记集团进行调研。家族第三代掌门人李文达先生及其夫人（原广州岭南大学毕业生）热情接待了我们。在对香港总部、家族第三代和第四代的访谈，以及江门工厂、广州"无限极"调研的基础上，我与学生何轩、陈文婷共同形成了研究论文《战略创业与家族企业创业精神的传承——基于百年老字号李锦记的案例研究》（发表于《管理世界》第 10 期），也因此开始了对家族代际创业的研究。这一案例研究引起学界广泛的重视，在这期间，我们还加入了柏森商学院发起的 STEP（成功跨代创业研究计划）全球研究的亚洲案例研究小组，我们成为中国内地第一个加入此研究的团队，并与香港中文大学的区玉辉（Kevin Ou）教授、台湾高雄中山大学的叶匡时教授等一起分别研究中国内地和香港、台湾地区的家族企业案例，并与亚洲 10

多个国家的团队一起，于 2010 年完成了系列案例研究报告《亚太家族企业——探索家族企业的跨代创业》（*Family Enterprise in the Asia Pacific—Exploring Transgenerational Entrepreneurship in Family Firms*，Edited by Kevin Au，Justin B. Craig and Kavil Ramachandran，Edward Elgar，Cheltenham，UK，USA. 2011）的出版。我们对于家族企业的案例研究后来拓展到对香港华人家族企业的研究，成果结集发表在《香港华人家族企业：本土化与国际化》一书中（李新春、储小平、何轩编著，社会科学文献出版社 2012 年版）。这本书注重香港华人家族企业的传承以及国际化研究，主要是因为香港的家族企业发展时间较长，有着数代的传承历史和资料，同时，也是内地家族企业传承与国际化发展的重要参考。

家族传承与创业、国际化的结合是我们第三阶段重点关注的课题。改革开放后的家族企业在进入 21 世纪的成长过程中，遇到的最大的问题就是传承与创新发展。老一代的家族创始人因为年龄和其他原因而开始家族交接班计划，新一代家族企业主开始进入企业经营管理岗位。基于中国传统家族文化和制度，家族父系家长制传承的子承父业仍然有着深厚的文化根基，而同时，市场竞争和现代制度文化的强大影响也必然使得传统的传承方式失灵和发生根本性的变革。这一时代性的课题激起了我和团队、学生的极大研究兴趣，我们对其中的创新创业以及国际化两个重要战略问题展开了研究。一是传承与代际创业的关系问题。传承不仅是继承财富和交接权杖，在现代创新发展和全球化竞争中，传承同时更需要企业家精神的继承和发扬，代际创业创新成为家族企业可持续发展的关键所在，这一研究将家族企业与创业管理的研究结合起来，成为一个跨领域的交叉性研究。《传承还是另创领地？——家族企业二代继承的权威合法性建构》（李新春、韩剑、李炜文，《管理世界》2015 年第 6 期）以及《家族企业跨代资源整合与组合创业》（李新春、张鹏翔、叶文平，《管理科学学报》2016 年第 11 期）是对这一课题展开的探索性研究。二是对传承过程的复杂性进行了深入探究。其中，主要对"父子共治"现象进行了研究，这一具有中国制度文化特色的传承现象至今在家族企业中仍然具有深远的影响，既有着其积极的意义，同时，也在一定程度上可能阻碍跨代创业创新。这一研究是学生祝振铎和我共同推进的，其成果发表在《管理世界》等期刊上。《"扶上马、送一程"：家族企业代际传承中的战略变革与父爱主义》（祝振铎、李新春、叶文平，《管理世界》2018 年第 11 期）以及《父子共治与创新决策——中国家族企业代际传承中的父爱主义与深谋远虑效应》（祝振铎、李新春、赵勇，《管理世界》2021 第 9 期）给出了家族企业"父子共治"中的创新与变革战略，将家族治理与共治理论融合起来，给出了新的理论视角。

家族企业国际化的研究是近年来我和团队以及学生的一个研究重点，这是基于国家自然科学基金重点国际（地区）合作项目"家族企业国际化与创新：基于制度—文化的比较研究"（批准号：71810107002），为此，我们与家族企业研究的国际领先学者组成团队展开研究，包括：加拿大卡尔加里大学蔡济铭教授、香港中文大学钟基年教授（Chi-Nien Chung）（原新加坡国立大学）、英国基尔大学黄起海教授以及日本北九州大学王效平教授。与日本的合作研究是关于长寿家族企业（百年老店）的研究，我们在2016—2017年间调研了20多家企业，同时，走访了当地的老铺企业协会、商人学馆、当地政府等，形成了一系列的研究论文和专著。2020年我出版了专著《日本百年老店：传统与创新》（李新春著，社会科学文献出版社），这是关于日本百年老店研究较为系统和深入的一本著作。日本有着数量最多、历史最为悠久的百年老店，大多至今还延续着历史的传统、技艺以及产业精神，同时，在近代以来，又融合了现代管理和人文科技，成为具有厚重历史传统的现代企业。传统与创新的有机融合，是其具有长久生命力的关键。通过日本的百年老店，我们重新发现日本企业儒家文化基因、产业精神和现代管理的传统与创新之间的关联，试图揭示百年老店的传统价值与现代意义。这本书很快在日本出版日文版，得到日本学术和企业界的广泛赞誉［李新春著，古田茂美译，《日本百年老店——日本老铺：重新发现传统与创新》（日文版），日本文真堂出版，2022年6月，东京］。日本文真堂出版社（日本著名的学术著作出版社）评论："日本的百年企业数量是世界第一，著者李新春教授在探明其原因后提出日本长寿企业传承传统与创新发展的理论。在傅高义论述之后40年，两位学者的论点相交于日本人杰出的学习能力。然而，李新春与傅高义不同的是，他在追溯数百年的日本历史和思想宗教哲学中找到了日本百年老店世界第一的根源。西方管理学已经无法解决中国和全球经济中潜伏的财富集中风险以及富二代登场后的创新力等社会矛盾。他将视线转向了使生命永恒、实现社会和个人幸福、保持和传承传统与创新的日本长寿企业，并通过自己过人的观察力在本书中描绘出了难以洞察的日本产业精神的本质，可谓惊醒日本人的令和版《日本第一》。"

《日本百年老店：传统与创新》是在我们多年来对日本企业制度和文化的研究，以及家族企业与创业的比较制度研究的基础上，对日本数十家百年老店的深入访谈以及大范围问卷调查，聚焦于百年老店的传统与创新发展问题，是国内外系统研究日本百年老店，对日本明治维新以来的制度文化、商人（工匠）精神、家族企业传承与创新，以及对儒家文化对商业的影响进行深度研究的重要著作。百年老店具有深厚的传统价值和现代意义。历史传统上，百年老店是深度嵌入于社会和历史传统之中的组织，在产业和企业层面上长期聚焦在一个特定行业或市场细分领域，深耕产业，在特定地区形成长期的产业传统和产业集聚，甚至成为当地的文化名片。现代意义上，百年老店是一个不断发展、不断创新的组织，例如日本百年老店在明治维新以来进行的科学管理、家族制度现代化变革、开放并强调创新和国际化。基于案例及问卷调研，研究发现日本老铺企业具有专注与适应时代、儒家文化伦理价值体系、文化传统传承、代际创新、创新的时代适应性、质量创新重于产品创新、注重国际化成长的特征，这解释了百年老店如何将传统与创新结合而不断发展。百年老店不仅仅是历史和传统的产物，更是未来重要的商业力量。对日本百年老店的多案例研究也揭示出传承与创新之间的关系，对于家族企业可持续成长战略给出了具有理论和实践价值的贡献，如：《传统继承与跨代创新——基于长寿家族企业的多案例研究》（李新春、邹立凯，《管理科学学报》2022年第25卷第3

期)以及《本地嵌入与家族企业的可持续成长——基于日本长寿家族企业的多案例研究》(李新春、邹立凯,《南开管理评论》2021年第4期)。

李新春(左五)调研日本百年老店美浓吉(该店创立于1716年,左四是家族企业第10代掌门人佐竹力總先生,摄于2017年)

对家族企业创业与国际化战略的研究除了前面提到的《香港华人家族企业:本土化与国际化》之外,我牵头编著了《粤商创业:家族的力量》(李新春、檀宏斌、郑丹辉、张瑾华编著,社会科学文献出版社2013年版),对改革开放以来粤商创业和国际化研究给出了其历程和个案,是系统研究现代广东家族创业的一本著作;同时,我们针对家族企业的对外直接投资,对其国际化战略的制度约束与创新的关系进行了研究,创新驱动成为家族企业国际化发展重要的动力因素。发表在《管理世界》(2017第10期)的《制度套利还是创新驱动?——制度约束与民营企业的对外直接投资》是对家族企业国际化战略行为进行制度分析的重要文章(作者李新春、肖宵),而创业行为的国际比较则是我们关注的另外一个重要问题,有关成果《社会资本与女性创业——基于GEM资料的跨国(地区)比较研究》发表在《管理科学学报》2017年第20卷第8期上(作者李新春、叶文平、朱沆)。

在合作研究中,值得一提的有两个方面,一个方面是国际合作和交流。其中,较重要的交流是1998—1999年我作为福布莱特学者到柏森商学院和MIT的访学。柏森商学院在创业和家族企业研究方面有着全球影响力,我在此收集文献,开展战略联盟的研究,并选修了创业管理的有关课程,这也为我后来进入创业研究奠定了基础。而这期间,我和北京大学经济学院的冯晴老师一起在柏森商学院访问,而在剑桥镇则与另外一批学者邂逅,包括具有人文精神的学者如冯平、任剑涛、陈少明、李兰芬和黄建武(他们是在哈佛燕京学社的访问学者)等,让我在波士顿展开了一次跨学科的近距离学习和交流，这是十分难得的机会。另一次国际交流是 2001 年到德国维滕大学（Universität Witten）访问 3 个月，这是德国专门从事家族企业管理教学研究的学校，有一批有影响力的学者，对我们的家族企业研究有着影响。其中，Herman-Pillatth 教授是研究中国乡镇企业与制度经济学的有影响力的学者，我在与他的交流合作中获益良多。这期间，浙江大学经济学院的姚先国教授也来到维滕大学访问，我从他身上不仅学习到治学之道，同时，更多也受到他乐观旷达、幽默风趣的性情感染。2011 年 6—7 月间，我在卸任院长职务后，来到英格兰美丽的兰卡斯特大学访学，和时任管理系主任的黄起海教授合作，度过一段安静的学习思考时光，也为我结束行政工作后重拾教学科研开启了新的征程。现在回想起来，确实每次到国外学习和访学交流，似乎都是为我的学术研究重新充电赋能的好时机，不仅使我了解了最新的前沿文献和书籍，也使我与一批国际学者建立了学术合作和交流联系，获益良多。其实，人生漫长的教学科研路途中，我们需要这样的时间来再学习和思考。另一个方面则是与国内一些机构和高校的合作。我们与全国工商联、民营经济研究会合作开展了家族企业发展报告以及社会责任报告的研究，分别出版了《中国家族企业发展报告 2011》[中国民（私）营经济研究会家族企业研究课题组编著，中信出版社出版，我作为研究课题组的副组长] 以及《家族企业社会责任报告》（2013 年）。《家族企业社会责任报告》（2013 年）是国内推出的第一本专门的家族企业研究报告和社会责任报告，受到社会广泛关注。

最后，还有一件事值得一提，就是《管理学季刊》的创办和至今持续了九年的创刊发展历程。尽管这不是我个人的学术研究，但是作为一个学者，有必要关注学术共同体的平台建设和发展，这是一个学者承担社会责任的重要体现。2016 年 3 月，各种机缘成熟，筹备了半年多的《管理学季刊》正式创刊发行，我和中国人民大学徐二明教授、上海交通大学李垣教授以及美国莱斯大学李海洋教授一起作为第一届联合主编（创始人），与来自全球的一流华人管理学者组成的 14 位领域编辑共同组成了《管理学季刊》第一届编委会。"聚集全球一流的管理学者，致力于中国管理学的理论创新和发展，尤其在战略、创新创业和组织领域打造一本一流的中文期刊，成为推动中国管理理论创新的重要平台。超越校办刊物的思路，将专业领域诸多学者之前分散的努力汇聚起来，形成学术共同体，创办一个开放共享的高质量期刊平台，成为《管理学季刊》的创刊宗旨。"（《共同的事业：〈管理学季刊〉创刊三年》，《管理学季刊》2018 年第 4 期第 3 页）《管理学季刊》作为学术共同体的事业，不仅建立了一个高水平的编委会，还成立了学术委员会和战略发展委员会，成为季刊朝向高质量和可持续发展的重要制度安排。编委会实行三年换届的轮值制度，保持创业精神和学术高质量，使得季刊在至今的三届编委会带领下，迅速成长为国内重要的高质量学术期刊，有着较大的学术和社会影响力，成为国内战略管理、创业创新管理和组织管理领域最为重要的学术期刊之一。《管理学季刊》于 2020 年入选 FMS 推荐高质量学术期刊，于 2021 年入选 AMBA-Cabells 期刊名单，于 2023 年入选中国人文社科期刊集刊核心，这是社会对其给予的高度认可和鼓励。《管理学季刊》是我们一批肩负社会责任和怀揣理想情怀的学者全力倾注的事业，我为能和这批优秀的学者一起致力于发展该事业而感到非常荣幸和自豪，也从中学习和受益良多。一个学者不仅仅要关注自己的教学科研，同时还要关切国家和社会的发展，尽自己的绵薄之力，做出时代的贡献，这也是这个时代赋予我们的机会和责任。

《管理学季刊》创刊第一届编委会会议合影（地点为上海交通大学，前排从左到右分别为第一届四位联席主编李垣、李海洋、徐二明、李新春，摄于2016年1月）

六、几点感想

在我不算丰富、更谈不上有多高学术成就的近30年教学科研历程中，回顾一下，还是有着不少感慨和感想。感慨的是，尽管出身于贫寒的乡村，但乡村给了我吃苦耐劳和磨炼意志的难得人生经历，这终生影响了我生活和工作的态度。似乎踩着各种幸运的脚步一路走来，看似偶然的机遇引领我读书和对书本产生了终生的热爱，而不同时期遇到的老师、朋友和同事，都似乎在帮助我走上学术之路，也对我的工作和生活有着深刻的影响。无比幸运的是在进入高中之后，作为"新三届"的大学生进入大学学习，之后的工作和作为公派留学生走向国外，在德国留学的7年，是改变我人生和对学术产生兴趣的基础。在中山大学工作的时期，无疑赶上了我国改革开放高速发展的阶段，能在广东这块改革开放的热土上学习和研究，作为一个管理学学者无疑是十分幸运的。我们因此是赶上了这个时代和国家发展的大机遇，才能作为一个学者做自己喜爱的学问文章和教书育人工作。回顾自己几十年的求学、工作、生活以及教学科研所走过的路，思考如何在现代社会做一个好的学者和教师，我个人既有一些经验，也走过不少弯路。以下有几点感想与大家分享。

一是人文精神的价值。尤其对于从事人文社会科学的学者来说，人文思想和人文精神是支撑学术人生最为重要的基础。经济管理学科即便从亚当·斯密算起，也有近250年的历史和文化积淀，其脱胎于伦理学和道德哲学，是影响现代工业社会物质文明和精神状态最为重要的学科。如果我们仅从技术的视角把握这门学科，就会失之偏颇，陷入工具主义的泥潭。我尽管从小受到的人文艺术教育严重不足，但因为爱好文学阅读，以及对古典文学的兴趣，较为广泛地涉猎文学、历史、地理、宗教等书籍，虽然这种自学不是很系统深入，但对我的学习和研究产生的影响是深远的。我的一些研究论文基本上很少修改就直接被期刊发表出来，一个原因是文字上扎实的功底和颇具思想性的观点，这可能得益于我平时大量的阅读写作的积累和保持记日记的习惯。我后来对于研究生尤其是博士生提出要求，希望他们多读古典文学作品，包括翻译的欧美古典文学作品，如傅雷翻译的法国文学和《傅雷家书》，这对学生们提升人文思想以及写作水平都是有益的。阅读成为我最大的兴趣和学习途径，无论是这些广泛的涉猎，还是专业书籍的阅读，我们的头脑因为阅读而丰富，人文精神引导我们走向热爱人类和文化的事业。

二是对学术的坚持和平常心。学术研究来自对理论和实践问题的兴趣和创新的不懈追求，更为重要的是长期的坚持。我认为，学者如同匠人，应长期专心打磨其产品和工具，不辞劳苦，精益求精，不为外境所扰。如能进入"无我"的境界，则如同得到天助，而能成就出色的工艺和产品。在我们这个时代，作为学者有着更大的挑战，就是面对功利化和浮躁的社会环境，如何做到一个学者有如同匠人一样的执着专注精神和平常心？我们这一代学人算是遇到了比较宽松的学术环境，当我回到国内从事教学和研究时（20世纪90年代初），学术研究的竞争压力不大，环境也比较宽松，也没有什么人才"帽子"需要去争取。因此，能够以比较放松的心态读书治学和教学。但后来，我还是花了一段时间去做学院行政管理工作，尽管对于一个管理学学者来说，具体的管理工作也是一种理论的践行，但这无疑大大影响了我的学术发展。在做完第一届院长前，我打了几次报告申请退出行政工作，但确实，要找到合适的人接任院长也并非易事。我要感谢来自美国迈阿密大学的陆亚东教授，他担起接任学院院长的职责，带领学院在国际化和学术发展上迈上了新的台阶。因为他的接替，我才能在2011年3月从院长位置退下来，重新进入学术研究和教学。我想，如果没有这7年的院长工作（加上之前四年的副院长工作），或许我的研究会有更大的发展。当然，带动一个学院和团队一起发展，也是一个学者的社会责任所在。而我是一个不能一心二用的人（所谓"双肩挑"人才），在做院长期间，唯有牺牲学术研究来全身心投入学院的行政工作。因此，我认为自己的学术坚持是不够的，容易受到环境的影响，这无疑是做一个优秀学者的致命伤。但有一点比较庆幸的是，我对于名利还算比较淡泊，不太看重这些。期望做一个比较纯粹的学者，在当今浮躁功利化时代确实是很不容易的。

三是理论基础的重要性。理论和思想史是经济管理科学的重要基础，作为学生和研究者需要在这方面打下坚实的基础，才能有所创新和发展。我在德国学习时，对于理论和经典文献比较重视。读经典文献不是一蹴而就的，需要持续学习和阶段性阅读的结合，需要多轮的学习理解、应用和重新阅读思考。我的博士学习以及后来几次出国访学的时机，对我来说都是理论和文献的"能量再补给"。让理论和思想不断累积，才可能厚积薄发而有所创造。我一直保持着定期逛书店购书的习惯，而拥有一间较宽敞的书房、徜徉书海是我最大的满足。到了互联网时代，在线上购书淘书则是我最大的购物乐趣。现在不少学生只注重刊物发表的最新文章，而几乎不读经典；过分注重研究方法尤其是计量工具，而在一定程度上忽视理论，这样是很难做出有深度的学术研究的。

  四是对现实和历史文化的关注。管理学是一门应用学科，需要直面现实，甚至从实践中思考和解决问题。因此，书斋只是读书和思考写作的场所，而另一个重要的研究场所就是社会，时时关切中国和世界的经济社会现实，关注现实的组织和管理问题，是我们理论和政策研究的出发点，也是回归点，这样回到书斋才能做出好的研究和创新理论。我有幸与同事以及团队一起开展了许多对国企改革、产业集群以及家族企业的调研，并与政府、行业协会、企业家等交流，这是发展理论以及深化中国管理理论和实践问题研究的重要路径。我的体会是，作为学者，既要与产业界和企业保持密切的联系，又要保持一定的距离，这是一个学者能中立客观观察社会和研究实践问题的重要立场；此外，还需要对中国传统的制度文化和历史有所认知，只有这样，才能对当今的社会和经济有深刻的理解。

  最后是保持身心健康。尽管将这一点放在最后，但我认为，这是做学者最重要的一点。做学问是学者一生的事业，需要保持良好的身心健康，才能做长远的学问。我的经验是，要将锻炼身体与学习工作两方面做好平衡，坚持运动，是做好学术的身心保障。我刚回国工作时，患有浅表性慢性胃炎。一位当医生的同学建议我，每天慢跑加上冲凉水澡对治愈胃炎有效果，我因此坚持了七八年的慢跑，且至今仍保持着冲凉水澡的习惯，效果确实很明显，几年后，胃炎基本上痊愈了。运动带给我身心愉悦，也减轻了我的工作压力。我后来又开始打乒乓球和羽毛球，和同事、同学一起组织羽毛球队，每周至少一次两小时的羽毛球运动，我们至今已坚持了近 20 年，感觉很是受益。对于常坐书斋的学者，锻炼身体和散步旅行等无疑都是最好的身心调节活动。但重要的不是从事何种运动锻炼身体，而是要长期坚持，这会给学术研究更多的定力和韧性。动静结合，在我看来，是调节身心、快乐治学的秘诀。我一直是个有着忧郁情绪的人，但南方灿烂的阳光和经常运动的习惯则带给我快乐和满满的正能量。

张卫国：

金融复杂系统与风险管理研究的领军人物

1963年12月生，陕西安康人，金融数学博士，管理科学与工程博士后，教授。华南理工大学工商管理学院原院长。长期潜心于管理科学、金融市场、金融工程与风险管理的理论与实践问题研究，特别在投资组合选择、金融衍生产品定价、金融复杂系统演化、互联网金融和风险管理等领域取得了突出的创新成果。出版《现代投资组合理论——模型、方法与应用》《分数布朗运动下股本权证定价研究——模型与参数估计》等著作10部，学术成果《金融复杂系统的演化与控制研究》入选"国家哲学社会科学成果文库"。

一、个人经历

（一）少年时期，清贫中成长

1963年12月，张卫国出生在宁夏回族自治区中卫市一个普通干部家庭，在兄弟姐妹八人中排行第四。父亲是新中国成立前参加革命工作的老干部。母亲因为要抚养孩子，不得不放弃工作，主要依靠父亲的工资收入支撑全家生活费用。父母正直诚实、知书达理、善解人意，虽然家境清贫、物质条件差，但是全家人乐观向上、相亲相爱，他的童年依然充满欢乐。

1970年至1975年7月，张卫国在中卫二小读小学期间，书包里经常放着光板乒乓球拍，每天下课后，都会到水泥乒乓球台上与高年级同学打乒乓球，直到天黑才回家。张卫国也非常喜欢打排球，是学校乒乓球队和排球队的主力队员，多次代表学校参加比赛，获得了优异成绩，以至于他在1975年7月小学毕业时被中卫二小留了下来读初中（当时小学实行"戴帽"试办初中）。在初中学习期间，为了补贴家用和支付上学费用，张卫国和哥哥姐姐经常利用假期打零工，虽然有些辛苦，但是这样的经历对他克服今后人生道路上的艰难非常有益，不仅锻炼了身体素质，培养了吃苦耐劳的品质，而且树立了自强自立、努力拼搏的精神和为社会做贡献的人生价值观。

1977年9月，由于学习成绩、思想品德等各方面表现优秀，张卫国作为初中优秀毕业生被免试保送到宁夏重点中学——中卫中学读高中。他自幼喜欢数学，数学成绩比较优秀，读高中期间，经常参加数学竞赛并获奖。1977年国家恢复了高考制度，全国高中生开始了千军万马过高考独木桥之路，每个高中生都把考上大学作为实现人生发展的奋斗目标。尽管1979年的高考数学试题公认特别难，但他的高考数学成绩在全班位居前列。张卫国作为"新三届"（77级、78级、79级）高中应届毕业生考入宁夏大学数学系。

（二）大学求知，结缘于数学

1979年9月，张卫国入读宁夏大学，开始了大学学习生活，出于对数学的偏爱，他在大学里选择了数学专业。数学是一门非常重要的基础学科，大学四年，每天都要接触抽象的数学理论和复杂的数学公式，张卫国并没有因此感到枯燥，反而在刻苦的学习中乐此不疲、潜心钻研。他迄今还清楚记得黄涵、关志儒、邓远能等系里很多老师上课时的情景，因为他们不仅知识渊博、教学认真，而且对学生和蔼可亲、平易近人，尤其可贵的是极善于调动听课学生的情绪，并使之产生不竭的追逐求索知识的兴趣，由此使张卫国萌生了大学毕业后进入高校从事教学与科学研究的想法，也是因在校时阅读了邓远能老师推荐的"概率论与数理统计"方面的书籍，他在大学毕业时报名参加了该方向的研究生入学考试。

大学求学期间，张卫国正值16至20岁的青春活力旺盛时期，所以既活跃又爱玩，经常打排球、踢足球。同班的、不同班的、同系的、不同系的，只要是在宁夏大学球场上举行的比赛，总会发现他的身影。大学扎实的专业学习为张卫国今后的教学科研工作打下了良好的基础，良好的身体素质使他始终保持饱满的精神状态，大学的人文气息和学术氛围也深深感染着他，影响着日后他对人生道路的选择，使他后来在生活非常艰苦的情况下也没有选择离开大学的讲台和教书育人的岗位。

（三）职业选择，做大学教师

1983年7月大学本科毕业时，为了从事科学研究和高等教育事业，实现当大学教师的梦想，张卫国放弃了回到物质生活条件较好的家乡工作，选择来到位于艰苦山区的固原师范专科学校（现宁夏师范学院）数学系担任大学教师，誓要在自己选择的高等教育和学术道路上坚持走下去。当时他还是一个不满20岁的小伙子，从未做过饭的他不得不自己下厨。一个小煤油炉、一口小锅、一些简单的餐具就是他做饭的全部家当。山区的生活条件非常艰苦，常常没有蔬菜供应。工作单位与家乡之间的道路非常崎岖颠簸，他要坐长途汽车、走一天的山路，才能回到300公里之外的家，有时寒暑假也难以回家与家人团聚。山区条件艰苦，加上思乡之苦，令张卫国迄今难忘，那种经历绝对是对意志力的重大考验。当然，理想的可贵，往往就是因为在追寻和坚守的路上充斥着荆棘、挫折，甚至是沮丧。非淡泊无以明志，非宁静无以致远。山区的生活条件虽然艰苦，却给了张卫国安静的环境、宁静的心，使他能够潜下心来专注于学术、专注于教学，即使在这个交通和信息都非常闭塞的偏远山区学校，他也已在关注当时中国刚刚萌动起来的市场经济，关注着国家社会经济发展与改革开放中的热点问题。

宝剑锋从磨砺出，困难面前咬紧牙关，坚持总会收获一个更好的自己。回忆过去，张卫国说："现在所经历的艰难困苦都比不上那个时候，那时虽苦却有不小的收获。在那段时间里，我一门心思都放在了学习理论知识和阅读研究文献上，这些宝贵人生经历不仅为我后来从事科学研究打下了坚实理论基础，而且也养成了我坚强的意志。"

1987年8月，张卫国被调入银川师范专科学校工作，1997年银川师专并入现在的宁夏大学，张卫国也因此回到了母校宁夏大学担任教师工作。

（四）学术之路，始于证券市场

1992年，张卫国为了给自己寻求一个更合适的学术环境和研究平台，使自己所学的基础学科数学不停留在基础研究的层面，在女儿刚刚出生还不到10天，他就踏上了一条外出求学之路，他选择攻读成都科技大学（现四川大学）应用数学专业经济数学方向硕士研究生，师从成都科技大学教务长、国内运筹学领域著名学者王荫清教授，特别是系统学习了1990年诺贝尔经济学奖获得者马科维茨、夏普和米勒等人提出的资产组合选择理论、资本资产定价理论和MM理论，这些理论不仅是现代金融学的基础理论核心，也是金融工程的重要研究内容，并且已经成为投资决策和管理实践的重要工具。在1992—1995年攻读硕士研究生期间，张卫国经常整天待在成都科技大学和四川大学的图书馆里查阅国内外学术著作和期刊，阅读有关证券投资组合选择和资本资产定价方法方面的研究文献。他对于能够应用数学方法度量证券投资收益和风险，构建投资组合选择优化模型等数量金融研究产生了很大兴趣。当时适逢我国企业股份制改革、上海证券交易所和深圳证券交易所相继开业，股票市场成为投融资的重要渠道，非常需要开展证券市场投资组合选择及风险管理的数量化分析方法研究。通过敏锐观察和慎重思考，1994年张卫国开始调整研究方向，从应用数学学科的纯理论研究转为金融和管理学科交叉的金融工程研究方向，从事投资组合理论研究，成为我国较早接触该领域的年轻学者之一，他的硕士学位论文题目就选择了"效用极大的最优证券投资组合决策方法"，并且首次用英文撰写的学术论文被国际最优化学术会议接受且收录在会议论文集中。张卫国攻读研究生的日子是在清贫艰苦中度过的，硕士毕业回到定向培养他的宁夏大学的时候，他成了全系唯一一个家里没有电话的教师。

张卫国在读硕士研究生期间，四川大学优越的科研环境和条件，使他拓展了学术视野，提升了学术素养，提高了独立科研能力，通过潜心研究，他一直走在学术研究的前沿，并且加快了高水平科研成果产出。张卫国在国内权威期刊《预测》杂志1996年第6期发表了关于证券市场投资的学术论文《无风险投资或贷款下证券组合优化模型及应用》，又在中国系统工程学会会刊《系统工程理论与实践》1998年第4期发表了学术论文《不相关资产组合投资优化模型及实证分析》。《不相关资产组合投资优化模型及实证分析》不仅指出了为了降低投资组合的风险和同时提高收益，应该选择不相关或者相关性较低的资产进行投资组合，而且给出了有效投资组合的具体计算公式，具有较大的创新性。该学术成果被中国科学院举办的全国金融数学学术研讨会作为高水平研究成果进行学习研讨，在国内产生了较大学术影响。在中国社会科学院数量经济与技术经济研究所主办的刊物《数量经济技术经济研究》1998年第5期发表了《投资项目的风险性评价及择优方法》，首次提出了既能反映投资项目（或方案）的收益大小，又能反映该投资项目（或方案）风险程度的投资项目风险性评价及择优方法，并且该方法不受项目投资额和生命期限不同的限制。该成果获宁夏哲学社会科学优秀成果奖二等奖。梅花香自苦寒来，随着国内高校开始注重教师的学术科研工作，经过多年学术研究的积累，由于科研成果比较突出，在一批年轻教师当中，张卫国轻松地脱颖而出，于1995年被破格评为副教授，于1998年又被破格评为教授。张卫国于1999年获首届宁夏"青年五四奖章"，是10名获奖者中唯一的高校教师，同年被任命为宁夏大学数学与电算工程系副主任，于2000年被评为享受宁夏政府特殊津贴专家，于2002年被任命为学校西部发展研究中心常务副主任。

张卫国工作照

张卫国可谓在家乡母校奉献了他的整个青年时期。谈及这一时段的任教经历，他无怨无悔。那时候，因为改革开放的大力推进和市场经济的蓬勃发展，对许多大学老师而言，高校薪资已经不再有吸引力，下海从商成为当时最热最火的事情。身边人来人往，面对这种情况，张卫国始终不为所动、心中不起涟漪，他知道大学才是自己的舞台，科研才是自己的道路，学术才是自己的归宿，至于其他，无须羡慕。

（五）教授读博，学术再提升

1999年，张卫国成为硕士研究生导师，首次招收了3名证券投资优化方向的研究生，他尽职尽责精心培养学生，想方设法为学生创造学习深造机会。随着经济全球化和金融市场的发展，我国对外开放加大，金融工程和金融数学研究方向成为国内外研究热点，中国科学院、西安交通大学、上海交通大学等国内许多科研机构和高校开始招收金融工程、金融数学专业方向的硕士研究生和博士研究生。2000年，张卫国看到西安交通大学理学院聂赞坎教授和徐成贤教授招收金融数学专业方向的硕士研究生，为了让他的研究生能够开阔学术视野，接触丰富学术资源，了解前沿研究问题，感受名校良好科研环境，他专门前往西安与聂教授交谈，希望能够送他的3位硕士研究生来西安交通大学学习一年。聂教授了解到张卫国其实是国内较早研究金融数学、成果突出的优秀青年学者，于是邀请他带着学生一起来西安交通大学，由他们共同指导两所学校的研究生，同时也建议他顺便读博士。已经成为教授且成果突出的张卫国并没有停下前进的脚步，果断选择2000年9月在西安交通大学攻读金融数学博士，一边指导硕士生，一边自己攻读博士学位,有2位硕士研究生因为有了在西安交通大学学习的熏陶,硕士毕业就考上了名校上海交通大学安泰经济管理学院和西安交通大学管理学院博士研究生。张卫国经过3年刻苦攻读,也以优秀博士学位论文获得了博士学位。

(六)学术腾飞,华南攀高峰

2004年7月,20年磨一剑的张卫国,为了能够扩展研究视野,方便与国内相关研究领域专家学者进行交流,了解金融工程与风险管理学科领域相关研究前沿问题,参与了华南理工大学全球招聘新建经济与贸易学院常务副院长的竞聘,在初选后,有来自国内外大学和研究机构的8位学者参加了现场答辩,经过激烈竞争,张卫国凭着突出的科研成果、丰富的行政管理经验和踏实的工作作风,如愿获聘为经济与贸易学院副院长(主持工作),时任广东省副省长宋海担任院长。在经济发展最活跃、改革开放最前沿的国际化大都市广州工作,使张卫国从事的金融工程、风险管理、证券市场及决策科学等相关理论研究有了实际应用场景。同时,"985"高校华南理工大学高层次的科研平台、高质量的学术资源和高水平的学术交流,使他的学术研究有了较大的发展空间。2004年底,他被评为管理决策学位点博士生导师,2005年招收了第一个博士研究生。2005年作为主持人获得了第一个国家自然科学基金管理科学部面上项目"模糊可能性投资组合模型及决策研究"。

然而,负责学院行政工作一年以后,为了集中精力从事教学和学术研究,张卫国决定还是追随初心,毅然辞去了人人艳羡的学院领导职务,转而全身心奔赴教学与科研岗位。在其他人看来,这样的决定是不可理解的事情,但是张卫国因为回到了熟悉的岗位,能够从事更加擅长的学术研究而甘之如饴。回到工商管理学院后,张卫国每天的行动轨迹就是校园住家、教室和汕头校友楼办公室。他因潜心于学术研究而常常忘记了时间,每逢节假日,整个办公楼里几乎只有他一个人,有时他几周都睡在办公室里。

为了使理论研究更贴合实际,2004—2006年,张卫国进入西安交通大学管理科学与工程学科博士后流动站开展研究工作,其合作导师是中国工程院院士,我国著名的系统管理学科奠基人、工业工程学科创始人之一、卓越的管理工程教育家汪应洛先生。在汪院士的精心指导下,他选择应用系统工程和复杂科学的理论方法在金融工程、管理科学与工程专业领域继续深耕细作,其研究方向扩展至包括但不限于金融市场发展、风险预警控制、金融衍生品定价、套期保值、在线决策、互联网金融等诸多新领域。至此,张卫国的研究已经涉及投资组合、金融衍生产品定价、投资风险管理、金融市场理论及在线决策方法等诸多交叉学科前沿科学问题,研究工作综合运用了数学、经济学、管理学、金融学、统计学、系统科学、计算机科学技术等多学科理论知识、研究方法及计算技术。

蜕变对于任何人来说都是困难和痛苦的,但是对于一个渴求知识的人来说又是一个成长的过程,只有蜕变才能变成美丽的蝴蝶。本着基础学科指导实践的想法,张卫国的专业发生了从数学到经济数学再到金融工程及管理科学与工程的转变。虽然这些专业都与数学有关,但其中的跨度也是相当大的。张卫国的每一次转变都使自己的学术研究向实用科学迈进一步,每一次转变都让自己多了一份拼搏的印记。他之所以持之以恒坚持走学术道路,他说是个人兴趣使然,自己感兴趣才有动力,才能够坚持,才能做好。只有努力、全身心地投入,才能做好事情,他认为结果不是最重要的。

2008年,张卫国获国家杰出青年科学基金,开展的"金融工程"研究课题涉及随机不确定、模糊不确定等环境下证券投资组合选择问题及股票、股本权证、可转换债券等金融资产定价及风险管理问题,项目的研究成果获高等学校科学研究优秀成果奖(人文社会科学)三等奖和广东省哲学社会科学优秀成果奖一等奖,在国家自然科学基金委杰青项目后评估中获"优秀"。为了开展国际学术交流与合作,张卫国在2011年赴加拿大滑铁卢大学做高级研究学者,在2012年由国家留学基金委公派美国哥伦比亚大学做高级研究学者。

随着金融一体化的不断推进,以及人工智能的飞速发展,系统性风险的破坏性和联动性越来越明显,单个或局部的金融风险极易演变成全局的系统性风险。金融安全不仅关系着经济的持续发展,也事关国家与社会的安全和稳定。有鉴于此,2011年张卫国作为首席专家获批了国家社会科学基金重大项目"金融复杂系统的演化与控制研究",用了4年时间专门针对金融系统的复杂性、演化机理与风险控制等核心问题进行了系统深入研究,应用系统科学、复杂性科学、金融学、经济学、行为科学、统计学及计算机科学等相关学科的理论与方法,结合我国金融市场实际,通过分析、建模、优化、仿真、预测、决策和控制等理论和实证研究,形成了一整套金融复杂系统演化与控制的理论、方法与技术,以达到实现监控、预警与控制金融风险及防范金融危机的目的。张卫国于2015年完成了研究成果"金融复杂系统的演化与控制研究",该成果入选了2016年"国家哲学社会科学成果文库"(管理学仅有2项成果入选),不仅实现了哲学社会科学研究的重要突破,还为国家在金融复杂系统等相关领域筑起了坚固的理论高堤,从源头防患于未然。

随着对外开放的深入发展,金融市场和投资经营环境更加开放、复杂,投融资渠道、生产经营模式、资产配置管理也逐步走向国际化、多元化;同时,金融市场的国际化、互联网技术的飞速发展,极大地促进了国际金融资产投资和配置需求。2017年,张卫国作为项目负责人获批国家自然科学基金重点国际(地区)合作项目"数据驱动下国际金融资产的风险度量及动态配置管理研究",综合使用大数据、深度学习、神经网络、优化理论、随机分析等多学科理论、方法与技术,在国际金融资产(包括股票、债券、外汇、期货、期权等)的价格预测、定价、收益和风险度量、资产配置及风险管理等科学问题上取得了一系列具有重大理论创新和实际应用价值的研究成果,在国际顶级期刊 *INFORMS Journal on Computing*(UTD24)等发表学术论文70余篇,在国家自然科学基金委重点项目后评估中获"优秀"。

张卫国取得了十分出色的科研成果,成为管理科学与工程学科国内外著名专家学者。张卫国于 2008 年成为国家杰出青年科学基金获得者，实现了华南地区国家自然科学基金委管理科学部该人才项目"零"的突破；于 2013 年入选国家"百千万人才工程"国家级人选，并被授予国家有突出贡献中青年专家荣誉称号；入选 2013、2014 年度国家级高层次人才奖励计划特聘教授，实现了华南地区管理科学与工程学科国家级高层次人才特聘教授"零"的突破，至今仍然是华南理工大学唯一的经济管理和人文社会科学国家级高层次人才特聘教授；于 2015 年获批享受国务院政府特殊津贴专家；于 2021 年获评第四届广东省优秀社会科学家；等等。

这些来之不易的学术成就与荣誉，张卫国说都离不开教育部、国家自然科学基金委员会、国家哲学社会科学规划办公室、科技部及学校的大力支持，以及团队成员的共同努力。

张卫国参加国际学术会议

（七）亲情助力，砥砺前行

张卫国时刻铭记自己所取得的一切成就离不开家庭的大力支持。由于一直在外求学、工作，能够尽孝的时间非常少，父亲年轻时为了养活这个十口之家付出了很多艰辛，因操劳过度而疾病缠身，父亲临终的时候张卫国在成都读研究生，也未能侍候床前，每当想起这些，张卫国满怀愧疚，不禁有些泪眼潸然。由于家庭条件比较差，姐姐和妹妹为了让他能继续读书，很早就放弃了学业参加工作。家人对张卫国多年来无私而又坚定的支持，让他一直不间断学习，能够得以顺利发展。学会感恩，也让他一步一个脚印、踏踏实实走到今天。亲情是他奋斗的源动力。

同样是丈夫和父亲的他，对于妻女也是充满歉意。张卫国生于宁夏，长于宁夏，深造于成都和西安，现在又工作于广州，可谓"南征北战"，经历非常丰富。这期间他的家人对于他的选择都非常尊重和支持，妻子和女儿也跟着他辗转南北，在相当长时间都过着简朴的生活，但毫无怨言。

（八）恩师教诲，接力传承

张卫国每年都要回西安交通大学看望恩师汪应洛院士，向汪先生汇报最近的工作情况，取得了什么研究成果，更重要的是听取汪先生对国家一些发展战略和规划的意见看法，咨询如何搞好管理学科专业建设，开展有理论创新和应用价值的管理科学研究。让张卫国非常感动的是，汪先生一生情系家国，在教育学生方面，汪先生总是以身作则、率先垂范、尽心尽力，以期托举学生为社会做出更多贡献，师恩深如海。正如西安交通大学的评价，"汪应洛院士的一生，是勤奋的一生、奉献的一生、光荣的一生"。汪先生胸怀祖国、服务人民的爱国精神，勇攀高峰、敢为人先的创新精神，追求真理、严谨治学的求实精神，淡泊名利、潜心研究的奉献精神，集智攻关、团结协作的协同精神，甘为人梯、奖掖后学的育人精神，是大学师生之楷模。

张卫国（左一）与汪应洛院士等合影

张卫国牢记恩师教诲，接力传承育人。他始终坚持教书育人、言传身教、豁达待人的教育理念，摸索出许多培养学生的心得体会：第一，培养学生的爱国情怀，引导他们树立为中华民族伟大复兴而勤奋学习的理想；第二，了解学生的研究兴趣，指导学生的职业规划；第三，加强道德品质的教育，注重科学素养的培养；第四，强化基础理论的学习，提升专业技能的水平；第五，提高独立研究的能力，培养创新的思维。目前，他已经培养出了30多名博士，100余名硕士，其中多名研究生的学位论文获全国优秀博士学位论文提名论文、广东省优秀博士学位论文和优秀硕士学位论文等荣誉。有些学生获教育部"新世纪优秀人才"、广东"珠江学者"、北京"长城学者"、广西"卓越学者"等省部级优秀人才称号。张卫国持续激励着年轻人为推进强国建设、实现民族复兴伟业而不懈奋斗。

二、学术成就

从事科学研究30多年来，张卫国取得了突出的学术成就。在国际顶级杂志

INFORMS Journal on Computing（UTD24）；IEEE Transactions on Systems, Man, and Cybernetics: Systems；European Journal of Operational Research；Omega；Energy Economics 及国内顶级刊物《管理科学学报》《系统工程理论与实践》《管理世界》等发表文章300余篇，被国际权威索引SCI、SSCI收录文章近200篇，收录文章被SCI、SSCI他引3000余次，在科学出版社、经济管理出版社出版《金融复杂系统的演化与控制研究》《现代投资组合理论——模型、方法与应用》《分数布朗运动下股本权证定价研究——模型与参数估计》《中国可转换债券价值评估与风险管理》《中国进出口制造业企业外汇风险测定与管理》等著作10部。主持国家杰出青年科学基金、国家社会科学基金重大项目、国家自然科学基金重点国际合作项目、国家自然科学基金—广东联合基金重点支持项目、科技部重大项目课题及广东省自然科学基金团队项目等国家级、省部级科研项目20余项。获高等学校科学研究优秀成果奖（人文社会科学）、国家统计研究优秀成果奖、广东省哲学社会科学优秀成果奖等省部级一、二、三等奖20项。

主要学术创新与贡献如下。

（一）金融工程与风险管理研究

证券投资组合选择、金融资产及衍生产品定价、套期保值是金融工程与风险管理的核心问题，张卫国围绕这些核心问题开展了系统研究。

1. 关于可容许投资组合模型及算法问题研究

金融风险资产的未来收益受到各种不确定性因素的影响从而具有不确定性，国内外相关研究主要是在能够准确获得金融风险资产预期收益及风险估计值前提下进行的，并且很少考虑投资者心态的差异。

（1）研究了风险资产可容许投资组合模型及算法问题。针对金融风险资产的预期收益和风险不能被准确预测及投资者的选择态度存在差异的现实情况，在假定资产的期望收益和风险具有可容许偏差的条件下研究了可容许有效投资组合模型及算法问题。给出了基于专家意见和历史数据的资产收益和风险估计方法。引入了可容许收益及可容许风险概念，并建立了适合于各类投资者心态的可容许有效投资组合模型。推广了Markowitz、Tanaka等人的模型。提出了不允许卖空等投资约束下风险资产可容许有效资产组合的公式算法，给出了风险资产可容许有效前沿的解析表示。

（2）研究了存在无风险资产的可容许投资组合模型及算法问题。金融投资活动中存在着能够借入或者贷出无风险资产（资金）的现实情况，但是投资者在进行投资组合选择决策时不清楚应该借入还是贷出无风险资产及其数量。另外，贷出利率与借入利率的不同将影响投资组合的有效性等。关于这些问题的相关研究通常是假设贷出利率与借入利率相同，并将贷出与借入分开考虑进行研究，而且难以获得有效投资组合前沿的公式算法。针对投资者如何决定合理借贷无风险资产的现实情况，研究了存在无风险资产的可容许有效投资组合模型及算法问题，建立了具有无风险资产的有效投资组合模型，将借入及贷出情形统一在一个模型中，推广了现有模型分别情况考虑（事先就确定借入或者贷出）的处理方法。分别研究了贷出无风险资产情形、借入无风险资产（有上界限制或者无上界限制）情形及贷出利率与借入利率相等或者不相等情形的有效投资组合的公式算法，给出了可容许有效前沿的解析表示。依据计算公式，投资者就知道应该借入还是贷出无风险资产以及具体的数量或者比例。为投资者合理制定借入及贷出策略、降低投资风险、提高投资收益、获得有效投资组合提供了决策依据。特别是当所有风险资产的期望收益和风险的可容许偏差为零时，就获得了常见的 Markowitz、Tanaka 等人提出的方法和模型。因此推广了已有的研究成果，扩大了使用范围。

2. 关于基于模糊收益—风险理论的投资组合选择理论研究

传统的投资组合理论与方法，都是假设金融资产价格和收益率都是随机变量，并且能够根据历史交易数据确定概率分布或者期望和方差，并且使用期望作为未来收益的度量，使用方差作为风险的度量。由于金融市场受到许多非随机因素（如政策、投资者心理期望、行为偏好等）的影响，使得金融资产的价格及收益具有模糊不确定性。另外，投资者也经常使用模糊语言，如高收益、低风险等。因此，在随机不确定性环境下的传统投资组合研究难以描述模糊不确定情形和满足现实要求。基于此，根据描述模糊不确定性的可能性理论和可信性理论，开展了基于"模糊收益—风险理论"的投资组合选择理论研究。

（1）研究了模糊环境下的单阶段可能性投资组合选择问题。提出了投资组合的模糊可能性收益和风险的度量方法，以资产收益率的可能性均值来度量其收益，以资产收益率的下可能性方差作为风险度量，以可能性熵来度量资产组合的分散化程度，建立了若干模糊环境下的单阶段可能性投资组合优化模型。

（2）研究了模糊环境下的可能性投资组合调整问题。建立了若干模糊可能性投资组合调整优化模型，包括：提出了乐观型可能性投资组合调整优化模型、悲观型可能性投资组合调整优化模型、中立型可能性投资组合调整优化模型、可能性收益—风险容忍可能性投资组合调整优化模型及效用极大可能性投资组合调整优化模型等；建立了新增风险资产、新增自有资金和可借入资金、投资种类及数量（比例）有限制、具有一般LR类型收益分布及一般类型交易费用函数等各种投资约束条件下若干模糊可能性投资组合调整模型，获得了投资比例（数量）的调整方法。

（3）研究了模糊环境下的多阶段可能性投资组合选择问题。构建了双目标有交易成本的可能性均值—半方差—熵多期投资组合模型，利用我国证券市场中的真实数据对模型进行了应用，验证了基于可能性熵的分散化投资组合选择模型较基于比例熵的分散化投资组合选择模型的优越性；提出了具有开环控制策略和闭环控制策略的多阶段投资组合优化模型。为了给投资者提供更多的决策选择，考虑了资产收益、交易费用、风险以及偏度等决策指标对投资策略选取的影响，并依据模糊多准则决策理论进行建模。

（4）研究了模糊环境下的单阶段可信性投资组合选择问题。提出了投资组合的模糊可信性收益和风险的度量方法，以资产收益率的可信性均值来度量其收益，以资产收益率的下可信性方差作为风险度量，建立了若干模糊环境下的单阶段可信性投资组合优化模型。

（5）研究了模糊环境下的可信性投资组合调整问题。建立了各种约束条件下若干模糊可信性投资组合调整模型。考虑的约束条件包括：新增风险资产、投资资金可变、存在无风险资产借入、贷出及数量（比例）限制和具有特殊类型交易费用函数等情况。

（6）研究了多阶段可信性投资组合问题。提出了具有破产风险控制的可信性均值—方差多阶段投资组合优化模型和具有破产风险控制的可信性均值—下方风险—熵多阶段投资组合优化模型；提出了基于可信性报酬与波动性比率的多期投资组合模型。

3. 关于权证、期权等金融衍生产品的定价模型及其避险策略研究

传统的金融衍生产品定价模型是在标的资产服从几何布朗运动下进行的。然而，近年来众多实证研究表明，金融资产的收益率存在着自相似性和长记忆性等特征。为了反映这些特征，采用具有这些性质的分数布朗运动刻画金融资产价格变化的行为模式，开展了权证、期权等金融衍生产品的定价模型及其避险策略研究。

（1）研究了股本权证定价问题。分别建立了风险偏好、混合分数布朗运动以及带交易费用下股本权证定价模型，获得了相应的定价公式；利用权证定价原理对稀释效用作出调整后，建立了分数布朗运动下几何平均亚式权证的定价模型，得到分数布朗运动下亚式股本权证定价公式；建立了公司同时发行多种权证时的权证定价模型并提出了算法。

（2）研究了期权定价问题。建立了分数布朗运动下的亚式期权定价模型，给出了分数布朗运动下亚式期权的定价公式；建立了分数布朗运动下欧式汇率期权的定价模型，通过引入基于历史信息的偏好理论，推导出分数布朗运动下的条件密度函数，进而推导出分数布朗运动下汇率期权定价公式，并针对赫斯特指数对定价公式的影响进行了分析；提出了带跳的分数布朗运动下汇率期权的定价公式；建立了模糊环境下的期权定价模型，提出了股票价格、贴现率、波动率都为模糊变量具有分红的美式期权的定价公式，给出了具有给定隶属度的美式期权价格及模糊均值和方差的计算方法；运用总体最小二乘拟蒙特卡罗方法给出了标的资产价格服从跳跃—扩散模型和利率服从短期随机利率模型的美式障碍期权、美式—亚式期权定价问题的数值解法；研究了分数布朗运动下最优投保和消费策略，基于 Merton 的最优消费和投资组合模型，通过假设风险资产的价格变化服从几何分数布朗运动，建立了一类具有人寿保险的最优投资消费策略模型。

4. 关于套期保值问题研究

在企业实际生产经营和对外贸易活动中，经常面临着原材料、产品及外汇汇率的价格波动带来的损失风险，特别是钢铁企业、航空公司、农副产品生产加工及进出口贸易公司等大型企业，需要通过使用相应物品的期货来对冲现货价格波动带来的风险。期货是金融市场中一种非常重要的套期保值工具，生产经营者可以通过持有一定比例（即套期保值比率）与现货头寸方向相反的期货资产，以规避现货价格风险，达到套期保值的目的，而如何确定这个比例以获得最优的套期保值效果就是期货套期保值模型研究的核

心问题。期货市场具有两个特殊的制度,即保证金制度和逐日盯市制度。保证金制度是指交易者在参与期货交易时,必须按照其所买卖期货合约价值的一定比例缴纳资金,作为其履行期货合约的资金担保,并视价格变动情况确定是否追加资金。保证金制度是逐日盯市制度得以实行的基础。逐日盯市制度(又称当日无负债结算制度)是指每个交易日结束后,交易所按当日结算价结算所有合约的盈亏、交易保证金等。当出现交易保证金低于最低的保证金水平时,交易所就会通知客户,要求其补足保证金;如果客户不及时补足保证金,交易所就会根据情况对其持仓实行强行平仓或者部分平仓,那么客户套期保值的策略就会失效,这就是逐日盯市风险。逐日盯市风险直接关系到客户的套期保值效果,如果能够建立起规避逐日盯市风险的模型,将有助于投资者控制投资风险,增强套期保值的有效性。因此,如何建立相关的模型以规避逐日盯市风险,获得最佳的套期保值效果,成为套期保值模型研究的重点。

(1) 研究了规避逐日盯市风险的期货套期保值问题。针对逐日盯市制度对套期保值可能产生的影响,建立了在自有资金和借入资金两种情况下规避逐日盯市风险的期货套期保值模型及算法,给出了在这两种情况下的最优套期保值比率;建立了逐日盯市风险下的复合交叉套期保值模型及算法,结合我国证券市场的实际情况开展了避险策略研究;提出了债券组合信用风险模型,将债券按发行公司所属行业进行分类,利用分组 t 关联函数研究了债券组合的信用风险并进行了实证分析。

(2) 研究了最小化期望机会成本的最优备用保证金问题。保证金账户备用保证金富余或不足都可能会使套期保值者承受机会成本。在套期保值者可以获得短期贷款情况下,依次建立了基于最小化期望机会成本的单交易日和多交易日最优备用保证金优化模型,结合 GARCH-VaR 方法给出了最优备用保证金的动态设置方法,并通过上海期货交易所铜期货历史数据实证研究了备用保证金优化模型和设置方法的有效性和准确性。结果表明,提出的模型和方法能够达到最小化期望机会成本的优化效果,且最优备用保证金的持有量和期望机会成本与投资者短期投资所能获得的短期无风险收益率负相关,而与银行短期贷款利率正相关。

(3) 分别考虑了期货机会成本和期权预算约束,建立了最优期货和期权套期保值模型。通过构造等价鞅测度,在风险厌恶型一般效用函数下证明了模型最优解是唯一存在的,给出了求解模型的算法步骤,并在负指数效用函数下得到期货和期权最优头寸的显式表达式;根据实际投资中投资者可以选择不同到期日、不同敲定价格的期权组合进行套期保值的现实,建立了二次效用函数下期权组合最优动态套期保值模型,并在协方差矩阵可逆和不可逆两种情形下分别给出了期权最优头寸的显式表达式。研究结果表明:不同到期日不同敲定价格的看跌期权组合具有较好的套期保值效果。

(4) 提出了利用货币期权对冲国际金融资产配置汇率风险的方法,计算了下偏矩(LPM)风险,测试了使用货币期权进行对冲能否提高国际资产投资组合的表现,结果发现货币期权对冲在样本内投资期间优于其他工具,为了检验鲁棒性(robustness),根据样本外的模拟数据研究了所提出模型的对冲有效性。模拟结果证明了货币期权对冲在降低下行风险暴露方面的优势,发现较高的风险规避或目标收益意味着下行风险的增加。因此,提出了投资者购买拥有更高执行价的看跌期权,以规避汇率风险的建议。

(二)金融复杂系统的演化与控制研究

金融是经济的血脉,经济发展离不开金融市场的强力支撑,金融市场的健康发展是经济社会持续稳定发展的可靠保障,金融安全关系到国家安全。金融市场是一个由股票市场、货币市场、外汇市场等多个市场构成的规模大、层次多、交叉开放的复杂系统,金融市场之间相互影响、相互作用,呈现非线性动力学特征。以往研究主要是针对单个金融市场的发展和风险管理问题,忽视了各个金融市场之间和国内外金融市场之间的相互影响和作用。基于研究现状,开展了对金融系统的复杂性、演化机理与风险控制等核心问题的系统深入研究,形成了一系列关于金融复杂系统的演化与控制的理论与方法的研究成果,促进了金融系统管理理论的创新与发展,达到监控、预警与管理金融风险及防范金融危机的目的,推动了我国金融市场稳定有序的发展。

1. 关于我国金融复杂系统的特征、结构、相互作用关系研究

运用复杂系统理论并结合我国金融市场实际,刻画了整体金融市场系统的复杂性特征和结构。从经济适应性、规模合理性、市场联动性、功能效率性四个方面客观评价了我国金融市场发展的协调性,深入分析了存在的问题及原因。实证检验了我国外汇市场、货币市场、股票市场、债券市场、基金市场的波动溢出效应及量价关系,中国股市暴涨暴跌与美国、英国、日本及中国香港股市暴涨暴跌之间的交互作用关系等。

2. 关于我国金融复杂系统的演化机理研究

在系统观指导下,利用复杂性理论,对金融市场表现出的结构上的相关性、作用上的非线性、功能上的适应性三大机理进行分析并建立模型框架,具体分析了中国股票市场的泡沫现象。建立了基于主要金融市场政策目标的非线性演化模型。从金融系统的环境、组成、关联、演化、稳定、风险等方面,提出了系统构建应对复杂性的宏观审慎管理框架。选取了 12 个既反映所在金融市场状况,又与其他金融市场紧密联系的决策指标,构建了股票市场、货币市场及外汇市场综合指数,建立了刻画股票市场、货币市场及外汇市场的两个非线性演化模型,并结合 COMDE 算法提出了模型的求解方法,这些金融市场非线性演化模型能够应用于股票市场、货币市场及外汇市场的风险预警。实证结果表明,构建的综合指数较好地反映了市场波动。带约束非线性演化模型较好地刻画了 3 个金融市场的非线性演化结构。

3. 关于金融市场的分形分析及资产定价研究

实证检验了中国股票市场、债券市场、汇率市场和利率市场的分形、多分形特征及股指、汇率、股指期货、权证等收益率序列波动率的长记忆性,提出了波动率预测方法及赫斯特指数估计方法,进一步提出了分形环境下股本权证定价方法、分数 Vasicek 过程下零息票债券的定价方法及参数估计方法、次分数布朗运动下带交易费用的备兑权证定价及参数估计方法、模糊环境下亚式期权定价模型、可转债定价模型等。

4. 关于金融复杂系统的人工智能技术研究

利用机器学习和数据挖掘中的人工智能技术，处理金融数据及有关模型计算问题。建立了融合独立成分分析（ICA）与 BP 网络理论的多维人民币汇率的时间序列预测模型。建立了结合双层差分进化算法（DE）与极限学习机（ELM）的股票指数预测模型。使用 TVP-VAR 模型结合模型预测控制理论对中国货币政策进行了仿真分析。

5. 关于金融复杂系统的计算机模拟实验与行为研究

利用人工金融市场、计算实验技术和平行执行（ACP）等方法，构建了基于 ACP 的金融复杂性平行系统的研究框架，并以证券市场为例进行了仿真分析。结合中国证券市场投资者情绪与投资者行为，建立了包含基础信息的情绪资产定价模型。分析了股指期货情绪的期限结构、多市场情绪与股指期货收益的联动性。应用集成经验模态分解（EEMD）方法，分析了投资者情绪与股指波动的关系。

6. 关于金融复杂系统的预警机制研究

结合我国国情，提出了我国外汇市场汇率风险、货币市场流动性风险和股票市场股指风险的测量指标和方法。使用 1997—2015 年我国金融市场的实际数据测算了人民币升值与贬值、货币流动性过剩与短缺、股指暴涨与暴跌的双向风险水平与分布情况，剖析了几次危机产生的背景事件。获得了各金融风险变动的先行指标、金融风险的传染路径和作用机理。提出了主要金融市场短期和中长期风险预警指标体系和预警指数。

7. 关于金融复杂系统的风险控制方法与对策研究

根据我国金融市场的发展现状，结合当前深化金融体制改革的要求，提出了加快建设我国金融市场系统性风险防范体系的对策建议，提出了我国资本项目开放和汇率制度改革及人民币国际化协调的对策建议，以及我国货币市场与股票市场协调发展的对策建议。此外，还提出了基于短期股指期货的长期套期保值模型及风险管理方法、模糊不确定环境下多期证券组合优化模型及风险管理方法，以及多种人民币汇率波动率预测方法、基于随机模型预测控制的欧式期权动态对冲模型与风险管理方法等。

8. 关于对策建议

（1）研究表明，我国金融市场是一个开放、远离均衡的非线性复杂系统，具有不断演化和动态稳定的耗散结构，复杂性特征在结构、作用及功能上分别表现出了相关性、非线性及适应性。基于"三元悖论"金融政策目标的非线性结构分析显示：在政策偏好上，我国注重维护汇率的稳定性，资本开放度与货币政策独立性渐近趋于中等的水平，它们之间存在着短期（约1年）与长期（约5年）不同结构的非线性均衡关系。因此，需要从金融市场系统的环境、组成、关联、演化、稳定、风险等方面，结合短期和中长期目标，系统构建应对我国金融市场复杂性的宏观审慎管理框架。具体来讲：要建立稳定的经济环境、完善的法制环境、良好的信用环境和规范的制度环境以维持金融系统有序的状态；要明确市场分工，优化整体结构；要建立金融信息平台及动态运行网络，提高政策传导效率和资源配置，发展货币基金市场来连接货币市场和证券市场，促进不同类别市场主体间的互联互通；与政策直接导出的短期利益相比，应更重视构建长期适宜的金融系统结构；要微观搞活，宏观有序，分析市场波动所处的范围及资金配置的流向，优化财富配置，引导市场主体的价值投资理念，建立整体风险预警防范体系。

（2）研究表明，我国货币市场、股票市场及外汇市场发展协调性不足。在经济适应性方面，我国货币市场发展落后，股票市场发展不足；在规模合理性方面，我国货币市场与股票市场规模不足，银行贷款过大，融资结构失衡；在市场联动性方面，我国货币市场和股票市场联动弱，传递渠道不通畅；在功能效率及效益方面，我国金融市场资源配置效率较低，银行业与非银行上市公司经营效益不均衡，储蓄向投资的转化过少等。因此，需要加强我国主要金融市场的协调发展，如：丰富货币市场工具种类，扩大货币市场的规模，鼓励设立民营中小型金融机构，放宽银行业准入条件，设置顺畅的退出机制，加速利率市场化进程，控制和减少银行信贷规模；改革新三板交易制度，落实做市商制度，推进股票发行注册制改革，发挥股票市场融资功能；扩大货币市场与股票市场投资主体的一致性，大力发展跨市场产品，提高两市场互动程度；等等。

（3）研究表明，中国股票市场、债券市场、汇率市场和利率市场等存在着分形、多分形特征、长记忆性及非对称的波动溢出效应，基金市场、债券市场和外汇市场存在显著的杠杆效应。因此，金融市场管理者和投资者在金融资产定价、价格及收益预测时应该同时考虑这些特征，使用科学的方法。

（4）研究表明，我国现行的分业经营、分业监管的金融模式难以防控金融市场系统性风险的传染，难以对金融风险进行系统性的预警监测。我国监测金融市场系统性风险的指标数量少、数据量小，难以及时收集金融市场数据信息和掌握变动情况。因此，我国迫切需要设立统筹金融市场全局监管的金融监管部门，建立各金融子市场预警和整体金融市场预警相结合、中央宏观预警和地方微观预警相结合的能够监测金融市场系统性风险的预警机制，开发权威的针对整个金融市场专项统计的官方数据平台。

（5）研究表明，我国资本项目开放和人民币汇率改革以及人民币国际化互为条件、相互促进。资本项目的开放需要市场化程度高、富有弹性的浮动汇率制度，需要人民币具有流通性好、投资性高及交易量大的国际化水平支持。资本项目的不断开放会造成国内外利率的利差波动及汇率风险，导致风险在各金融市场之间的传递，造成货币市场波动的剧烈和复杂化，影响国内货币政策的制定和执行。因此，需要全面统筹系统改革，促进协调发展；坚持人民币汇率制度改革的自主性，实行即期汇率浮动幅度管理和年度浮动幅度管理相结合；加快人民币国际清算网络的全球性布局，提高人民币国际化的水平；做好资本项目开放的次序、路径选择与时间安排，控制金融市场之间的风险联动。

（6）研究表明，投资者情绪与行为对于金融资产定价、收益有明显影响，投资者情绪与资产价格在不同时间尺度下呈现出不同的波动关系。我国股市作为新兴市场，投资者情绪化的现象明显、情绪的短期波幅较大，股市价格、股指期货价格的振荡也较大。因此，无论是机构投资者还是个人投资者，都要重视心理因素在投资过程中的影响和作用。监管部门需要掌握市场运行特征，合理引导投资者的投资行为。

（7）研究表明，我国金融市场存在两条系统性风险传染路径：第一条路径为外汇市场（汇率风险）—货币市场（流动性风险）—信贷市场（市场风险）—证券市场（市场风险）；第二条路径为信贷市场（信用风险）—货币市场（流动性风险）—外汇市场（汇率风险）—证券市场（市场风险）。我国外汇市场短期处于低风险，中期面临贬值的高风险；货币市场短期面临低风险，中期面临流动性过剩的中风险；股票市场短期和中期均处于低风险。

（8）研究表明，需要应用复杂性思维管理我国金融复杂系统的风险，构建符合中国系统性风险特征的监测及管理的宏观审慎体系。专设履职机构，可集中于过剩产业、房地产、系统重要性银行及机构的监管，并将宏观审慎的管理理念融入微观审慎的举措中，规范如保险公司、基金公司等机构的金融数据的存储，保证其精准且有效地被记录和可获得。此外，应创新风险的度量方式，依靠衍生品等金融工具对冲、转移和规避风险。

（三）数据驱动下国际金融资产的风险度量及动态配置管理研究

中国在国际资产的投资上呈现出快速增长的局面。2016年是全球经济投资机遇变革的一年，新的投资拐点和机遇不断出现。同时，关于"人民币贬值""房产税政策""遗产税""CRS全球征税"等各种预期更加激发了中国投资者进行海外资产配置的需求。从QDII（指境内机构投资人可将批准额度内的人民币资金投资于离岸人民币市场）、RQDII（指允许境内机构用外汇资金投资境外证券市场）再到沪港通、深港通的不断推出，也为金融机构和个人投资者提供了跨境投资的多种渠道。在国内财富管理领域，全球资产配置时代已经到来。由于外汇市场经常呈现大幅波动（如2008年美国次贷金融危机、2009年爆发的欧洲主权债务危机、2016年的英国脱欧等事件造成的汇率变化），外汇储备构成会对整体估值产生重要影响。这使我国外汇储备的资产优化配置面临严峻挑战，也无疑给储备资产的投资管理带来了更大的难度和提出了更高的要求。因此，如何在充分考虑外汇储备功能及特殊性的基础上，寻求创新的投资管理模式，并对外汇储备资产进行优化配置和科学管理，从而实现保值增值的目标，已成为我国迫在眉睫的重要问题。经济全球化和金融一体化的深入发展必然会使得金融市场和投资经营环境更加开放、复杂，投融资渠道、生产经营模式、资产配置管理也必然会走向国际化、多元化。同时，金融市场国际化和互联网技术的飞速发展，极大地促进了国际金融资产（包括外汇、债券及股票等）投资和配置需求，同时也带来了爆炸式增长的客户数据、交易数据、管理数据等非结构化数据。尤其是在网络化和数据化为特征的新经济时代，国际金融资产数据具有数据量大、形式多样化、传输速度快和价值化等特征，而且影响金融资产的价格、收益和风险的因素繁杂及现实投资约束多。上述因素和国际化背景使得国际金融资产（外汇、债券及股票等）具有风险来源广、传导机制复杂和风险传染快等特征，具体表现出：信息不对称性，投资目标市场的交易机制、监管要求等与国内市场迥然不同。其次，从理论上讲，国际金融资产主要面临汇率风险、市场风险、信用风险、流动性风险等类别的风险。在具体实践中，上述风险具有不同的表现形式，需要分别加以识别和管理，给投资者、跨国公司及政府进行国际金融资产配置及风险管理带来了不便和全新的挑战。因此，如何利用金融大数据信息，并结合投资者情绪及国际金融资产间相关性，提出主要单一国际金融资产的各种风险整合度量方法和国际金融资产组合风险度量方法；如何构建多目标、跨区域、多种类的国际资产动态配置优化模型，并且设计高效智能算法来对模型进行求解；如何针对国际金融市场和金融资产的风险来源多、传染速度快、破坏程度大等特征，构建具有系统性、时效性、可操作性、科学性和弹性的国际金融风险预警和控制体系。上述关键科学问题不仅深刻地影响国家的对外发展战略决策和国外金融资产的管理模式，而且极大地促使跨国公司、投资机构、投资者必须改变传统的国际金融资产投资、配置及风险管理的模式与决策方法。因此，对这些现实情况和复杂情形下国际金融资产的风险度量、动态配置优化及风险管理问题的研究显得尤为迫切和重要。在实践应用上也是政府资产管理部门、企业、投资机构、投资者进行多元化资产配置和风险管理急需的决策方法和管理技术，具有重大理论学术价值和现实应用前景。

1. 关于金融大数据处理模型与分析方法研究

（1）研究了股票市场文本数据的投资者情绪问题。通过投资者社区挖掘大量关于股市分析的文本数据，利用文本分析方法构建了4个情绪指数以度量投资者情绪，从非线性理论的角度研究投资者情绪对股市波动率预测的影响。研究结果发现，与发达市场不同，新兴市场的投资者情绪以非线性模式而不是线性模式引起股票波动。此外，利用长短期记忆网络模型验证了投资者情绪对股市波动率具有显著的预测力，并且，该预测力在控制另外的情绪代理变量后仍然有效，证明了由情绪提高的预测力具有经济价值。

（2）研究了基于新闻文本挖掘的股指期货高频预测问题。提出了一个基于新闻文本挖掘的股指期货高频预测模型，设计了相应的高频交易策略。基于股指期货的高频价格波动为每条新闻赋予涨跌平标签，利用所提出模型对新闻进行分类，能够预测三大股指期货价格的涨跌平方向。基于5年半以来的三大股指期货的高频数据及证券新闻文本的实证研究显示，提出的预测模型和交易策略取得了较高的准确率和收益率。

（3）研究了基于神经网络的股票趋势预测问题。提出了基于图卷积特征的卷积神经网络模型的股票趋势预测方法，该方法同时考虑了股票市场信息和个股信息。设计了一个改进的图卷积网络（IGCN）和一个双CNN来构建GC-CNN，它可以同时捕获股票市场特征和个股特征。实验分析表明，该方法优于几种股票趋势预测方法和股票交易策略。

（4）研究了融合文本信息和财务信息的信用风险评估问题。提出了融合相关文本描述软信息与财务状况硬信息的贷款（债券）市场借款人（发债人）和股票市场上市公司的信用风险评估模型。这种方法首先利用Transformer编码器从贷款申请和债券发行、股票描述中提取文本特征，然后与从贷款申请和债券发行、股票描述中导出的硬性特征结合起来，共同构成了贷款申请和债券发行、股票描述的最终特征。最后，将组合特征输入两层前馈神经网络以预测贷款和债券、股票退市的违约概率。通过对于来自美国市场的 LendingClub 贷款数据和来自中国市场的"人人贷"贷款数据进行实证研究，结果表明，考虑了文本贷款描述的模型在贷款违约预测方面优于未考虑文本信息的模型。此外，基于 Transformer 编码器的模型在 AUC 和 G-mean 指标下实现了最佳的性能。

（5）研究了国际股票市场不确定性问题。构建了基于高频数据和稀疏主成分分析（s-PCA）方法的国际股票市场复合固定不确定性指数（UI），并证明它对全球股票市场中已实现方差（波动率）具有显著的样本内和样本外可预测性。这种预测能力比其他两种常用方法 PCA 和偏最小二乘法（PLS）更强，具有稳健性。此外，解释了 s-PCA 优于其他降维方法的原因是它可以有效地增加强预测因子的影响，减少弱预测因子的影响。提出了一种日频综合性不确定性指数（NUI），该指数涵盖了金融市场的诸多不确定因素，包括政策、投资者、政治、地缘政治和市场层面的因素。实证结果表明，NUI 与美国股市波动具有显著相关性。此外，样本内和样本外结果表明，其可以很好地预测道琼斯工业平均指数的已实现波动率。这种可预测性在经济繁荣和萧条期中都是稳健的。验证了 NUI 对国际股票市场的已实现波动率具有显著的预测能力，并且在大多数情况下也是稳健的。

2. 关于数据驱动下国际金融资产定价、收益与风险度量研究

（1）研究国际金融资产相关性及风险传染问题。采用空间面板模型研究了 43 个国家 2006 年 12 月至 2015 年 12 月的股指空间联动机理及传导途径。结果发现：①经济/政治制度方面有相似性的国家股指间存在空间相关性；②在金融发展较平稳阶段，宏观经济变量是股指空间相关的重要传导途径；③发达市场股指间时空相关在整个研究阶段基本呈现正相关且以时间序列相关为主；而发达/新兴、新兴/新兴市场股指间正负相关并存，且时间/空间相关作用大小不一。说明空间相关性对股指的国际投资决策产生了重要影响。

研究了国际金融市场中外汇、货币、信贷和股票市场资本流动所带来的波动性溢出和风险传染路径的问题，以戈登模型的传统理论和利率平价理论为基础，推导出多个金融市场的理论价格关系。理论结果说明了国际金融市场中外汇、货币、信贷和股票市场资本流动的波动性溢出和风险传染路径。

检验了金融危机时期发达市场与新兴市场之间是否存在跨市场尾部风险溢出和传染，并分析跨市场尾部风险传染的驱动因素。首先，采用多元多分位数条件自回归模型（MVMQ-CAViaR）测度次贷危机和欧债危机时期发达市场和新兴市场间尾部风险溢出的方向和程度。其次，通过平稳时期与危机时期尾部风险溢出程度的差异性检验来分析跨市场传染效应。最后，基于改进的国际因子风险传染动因模型，从信息不对称、流动性约束和羊群行为 3 个视角考虑投资者行为的影响，将宏观经济基本面、全球性风险冲击及投资者行为纳入统一框架中，深入考察两次危机时期驱动尾部风险跨市场传染的因素。结果表明，两次金融危机均存在发达市场与新兴市场间的尾部风险溢出与传染；宏观经济基本面、全球性金融恐慌和流动性紧缩是尾部风险跨市场传染的主要驱动因素，同时，信息不对称、流动性约束和羊群行为也是两次危机尾部风险跨市场传染的动因之一。

提出了一个动态空间 GARCH-Copula 变体模型（sGC）来评估国际股票指数的投资组合风险。在该模型中，空间 GARCH 模型被用作边际分布，Vine Copula 被用作指数的联合分布。将所提出的模型应用于评估投资组合风险。结果表明：第一，根据 Kupiec 检验、Z 检验和 Christoffersen 检验，提出的具有空间相关性的风险预测模型优于忽略空间影响的模型，经济稳定时期的风险预测比危机时期更准确；第二，具有空间相关性的模型的风险度量高于没有这种相关性的模型，但低于 Vine Copula 模型；第三，单独包括空间相关性或 Vine Copula 的模型表现出相对较差的性能。研究结果为个人投资者、机构投资者和国家监管机构管理国际股票指数投资组合风险提供了重要的理论支持。

（2）研究了国际金融资产价格、收益与风险度量问题。提出了预测国际股指投资收益的动态空间面板条件异方差模型，即 DSP-GJR-GARCH 模型，不仅考虑了收益波动的时空相关性，还考虑了波动的非对称性。构造了一个以经济距离为基础的权重矩阵，在模型参数估计时以未知数作为参数的初始值，基于股指投资收益的日波动率以及 VaR 预测值，使用提出的模型与 GARCH 模型、Spatio-Tempora-AR 模型以及动态空间面板 GARCH 模型对美国、德国、法国、英国、日本及中国 6 个主要国家的股指数据进行比较研究。实证结果显示，所提出的模型比其他 3 个模型能够更好地预测 VaR。

提出了基于偏最小二乘法的投资者情绪指数（NISI）预测股票已实现波动率，该情绪指数在 3 个方面优于许多现有的情绪指标。首先，NISI 相对于其他指标具有更强的预测能力，大多数情绪指标仅在非危机时期表现出可预测性，而 NISI 在危机时期也有效。此外，NISI 在更长期的预测方面表现出更突出的优势。其次，考虑杠杆效应后，NISI 仍然显著有效，而其他大多数指标表现不佳。最后，NISI 比其他情绪指标稳健性更强。

提出了原油价格在线点预测和区间预测的新方法。通过改进的变分模式分解对价格序列进行分解，得到规则子序列和噪声序列，其参数采用基于平均最大包络熵的粒子群优化算法进行优化；根据子序列的特点建立了点预测的混合模型，并结合点预测模型和 Bootstrap 抽样构建了区间预测模型；将提出的点预测模型和区间预测模型组成预测器，实现在线实时预测。实证结果表明，与其他竞争模型相比，提出的点预测模型在不同频率数据下的损失函数基本上提高 10% 以上，验证了其在精度和鲁棒性方面优于其他模型。区间预测结果的覆盖率和波动一致性几乎都在 70% 以上。

（3）研究国际金融资产定价问题。建立了包含投资者情绪和公开信息的资产定价模型，其中公开信息会对投资者情绪产生冲击。研究发现：公开信息对资产价格有显著影响，投资者情绪对资产价格的影响取决于情绪投资者的比例和公开信息对投资者情绪的冲击；公开信息对投资者情绪的冲击会显著影响资产价格、价格稳定性和公开信息效率；研究结果强调了投资者情绪和公共信息对资产价格的综合影响，公共信息冲击对投资者情绪的影响机制，以及这种冲击如何影响资产定价。

提出了汇率、波动率、本国利率和外国利率均由不确定微分方程驱动的外币期权定价模型，设计了一种新的数值方法，即 Runge-Kutta99 混合方法，用于求解嵌套的不确定微分方程。通过与解析解进行比较，验证了所设计数值方法的准确性。针对欧洲和美国外币期权的价格推导了准封闭式解，为了说明所提模型的合理性和实用性，设计了几种数值算法来计算期权价格，并分析了外币期权在不同执行价和到期日的价格行为。

提出了一个流动性调整的欧式双币种期权定价模型，标的国外资产处于非完全流动市场，其价格动态受市场流动性的影响，推导出四种不同类型的欧洲双币种期权的解析定价公式。通过标的资产 SSE50ETF 和人民币兑港元汇率进行实证研究，结果表明，该模型的定价精度明显优于 Black-Scholes 双币种模型。说明在欧洲双币种期权定价框架下考虑流动性风险可以显著改善对真实市场数据的拟合能力。特别是，对于中期和虚值期权的改进率较高，这些结果对于不同的流动性测度也具有鲁棒稳健性。

研究了不完全流动市场中连续固定和浮动交割亚式期权的定价问题，在标的资产价格动态服从一个流动性调整的 Black-Scholes 模型下，基于 A-对冲策略推导出了连续固定和浮动交割几何亚式期权价格所满足的偏微分方程，利用 PDE 方法给出了看涨期权的解析定价公式，证明了涨—跌—平价关系。研究了混合分数布朗运动环境下连续固定和浮动交割几何型亚式幂型期权的定价问题，基于 D-对冲策略和偏微分方程方法，推导出了固定和浮动交割几何亚式幂型期权所满足的混合分数阶偏微分方程以及相应的闭式解，给出了无风险利率和波动率均为区间数的固定和浮动交割几何亚式幂型期权价格上下界。数值结果支持了将市场流动性引入期权定价理论的观点。

提出了存在跳跃和流动性风险的金融资产价格动态模型，该模型能够捕获经验观察到的流动性风险对离散障碍期权定价影响，基于 COS 方法，得出了离散障碍期权价格的解析近似公式。在数值实验部分，通过将解析近似解与 Monte Carlo 模拟进行比较，证明了提出的定价模型的准确性。数值实验和实证研究的结果都证实了在基础资产价格模型中引入流动性风险和跳跃的合理性。研究成果弥补了传统期权定价理论忽略市场流动性对基础资产价格影响的不足。

从公司年报中挖掘信用违约文本信息，构建语调变量情绪指标，以调控脆弱期权的违约临界值，改进经典的 Klein 欧式脆弱期权定价模型。研究表明，随着语调变量指标的增大，欧式看涨看跌期权价格呈递减趋势，且指标越接近 1，期权价格递减速度越快，说明期权价格对负向情绪更加敏感，符合金融市场实际情况。应用研究发现，不考虑情绪指标的 Klein 模型倾向于低估期权价格，考虑公司信息披露情绪的脆弱期权定价模型能更准确地分析财务困境对信用风险的影响，结果更贴近实际情况。

3. 关于数据驱动下国际金融动态配置模型及方法研究

（1）研究了随机环境下国际金融资产动态配置问题。提出了国际金融资产回报的分布、一阶和二阶矩以及汇率都不确定情况下最坏情形均值-CVaR 的鲁棒国际投资组合优化模型，提出了最坏情形的下偏矩（LPM）、平均收益下鲁棒国际投资组合优化模型。将一个由货币市场无套利条件的偏差区间构成的新支持集纳入分布的不确定集，提出的模型可以转化为等价且易求解的半定规划问题。采用周滚动窗口策略在全时段、1997 年亚洲金融危机时期和稳定时期进行了实证研究，并使用各种性能指标与其他 4

个基准模型进行了比较。结果表明，投资者采用提出的鲁棒国际投资组合优化模型在所有 3 个时期的收益率和各种风险调整收益测度都是最好的。

提出了存在时空相关的国际股票指数投资组合均值-VaR 模型以及均值-CVaR 模型，使用这两个模型研究投资者在各种约束下是否可以在国际股票市场中获利。结果发现：①从规避风险或追求利润的角度来看，投资者仍然可以从时空相关的国际投资组合中受益；②时空相关性和汇率对投资组合的绩效有重大贡献，在危机和平静时期，交易成本和固定收益很少对投资组合产生影响；③与其他市场的时空相关性最低的投资组合是最佳选择，在平静时期，其他合适的区域可能是收益率具有正均值和负偏度的区域，如英国市场；④在平静时期，均值-CVaR 模型的表现优于均值-VaR 模型。研究结果表明，提出的具有时空相关性的均值-CVaR 框架为国际投资组合提供了更灵活有效的决策支持工具。

构建了国际投资组合选择的混合整数线性规划模型，通过最小化初始情景和缩减情景之间的矩信息损失来提高传统方法的缩减精度，设计了一种改进的 Benders 分解算法来寻找模型的最优解。实证检验了国际投资组合选择由此产生的情景，实验和比较研究揭示了提出的情景缩减方法相对于其他现有方法或模型的优越性，以及算法的优越性能。

（2）研究了模糊环境下国际金融资产动态配置问题。提出了模糊投资组合可能性均值-半方差模型和模糊投资组合多目标均值-半方差-熵模型。这些模型考虑了一些现实投资约束包括交易成本、基数约束、投资阈值限制、决策依赖约束以及最小交易手数限制、流动性，同时实现收益、风险和投资组合、多元化三者的优化，设计了求解模型的混合微分进化算法及结合蝙蝠算法（BA）和差分进化算法（DE）的混合算法 BA-DE 新启发式方法。

提出了具有时变损失厌恶的多期模糊投资组合模型，考虑了投资者对损益的时变非对称态度对投资组合选择的影响，给出了时变损失厌恶的定义，以描述时变的非对称对损失和收益的态度，设计了一种改进的协同进化粒子群算法（ICPSO）来求解该模型，通过模型与固定参数损失厌恶模型的比较分析，证明了该模型对投资组合选择的绩效有显著影响。

提出了具有收益控制的多期模糊投资组合模型，考虑了投资者追求以最大化终端财富和累积分散化程度，并最小化累积风险为目标，借助模糊多目标非线性规划技术将所提出的模型转换为一个单目标规划问题，设计遗传算法对转换模型进行求解。

提出了具有折扣交易成本的多期模糊投资组合选择可能性均值-半方差-偏度模型。利用加权极大极小模糊目标规划方法来整合投资者不同的投资偏好，设计动态微分进化算法来求解模型。提出了最大化终端财富和累积资产组合偏度及最小化累积风险具有折扣交易成本的多期模糊投资组合选择模型，考虑了一些主要的决策准则，包括财务、风险、偏度、交易成本、比例熵、整手限制、最大持有资产数目以及预算约束。

（3）研究了不确定环境下国际金融资产动态配置问题。提出了不确定性均值-方差-偏度的单期投资组合选择模型，考虑了证券收益率为不确定变量，并考虑了交易费用、上下限、基数和最小交易批量等现实约束，为了求解所提出的非线性混合整数规划问题，基于萤火虫算法（FA）和遗传算法（GA）设计了新的混合算法 FA-GA，通过数值例子说明所提出模型和算法的有效性。

提出了考虑交易成本、持股范围、基数等多个现实投资约束条件的多期多目标投资组合选择不确定性均值-方差-偏度模型，应用加权最大-最小模糊目标编程方法将多目标编程模型转换为单目标模型，并设计了一种新的帝国竞争算法（ICA）和萤火虫算法（FA）的混合算法，称为 ICA-FA 算法。

提出了具有实际约束的多周期投资组合选择不确定性均值-半方差模型，考虑了安全收益为不确定变量，安全收益超过了专家估计，存在交易成本、基数和边界等约束。此外，在安全收益为锯齿形不确定变量的假设下，提供了此均值-半方差模型等价的确定形式，提出了一种改进的帝国竞争算法来解决相应的优化问题。

（4）研究了在线决策环境下国际金融资产动态配置问题。提出了一种带边信息的在线投资组合指数梯度策略，用相对熵函数定义两个投资组合向量之间的距离，从理论上证明了带边信息的在线投资组合指数梯度策略是一个泛证券投资组合策略，即与离线的最优状态定常再调整策略具有相同的渐近平均指数增长率。采用实际股票数据对该策略进行了测试，并分析了交易费用对策略的影响，结果表明能获得更高的收益。

提出了集成专家意见的在线投资组合指数梯度策略，根据指数梯度在线投资组合策略的更新方法构建代表投资策略的专家意见池，并以此为基础应用弱集成算法加权集成专家意见得到改进的指数梯度在线投资组合策略，证明了该策略可与最优专家策略（基准策略）相媲美。将交易费用引入到改进的指数梯度在线投资组合策略中，进一步给出对应的投资策略，理论上证明了该策略实现的平均累积收益与最优专家策略实现的平均累积收益之间的差值存在渐进式下界，从而提高了指数梯度在线投资组合策略的实用性。利用国内外股票市场的历史数据进行实证分析，说明了改进的指数梯度在线投资组合策略的可行性和有效性。

4. 关于国际金融市场投资决策及系统性风险预警监管研究

（1）研究了国际金融市场投资决策方法问题。针对股市突发事件，提出了一种基于四参照点的第三代前景理论的应急决策方法，提出了基于四参照点的单个前景值快速集结为综合前景值的方法，并将该方法运用于股市投资各情景下综合前景值的计算，将各情景下的综合前景值转变为各方案的期望前景值，并最终以该期望前景值作为投资者动态调整应急方案的依据，所提出的方法比等权信息集结方法或者传统的复杂信息集结方法更适用于股市应急投资决策。

提出了基于前景云的不确定语言多准则投资群决策方法，并将其运用在国际股指投资中，前景理论模型用来刻画投资者情绪对决策的影响，云模型用来刻画语言评价值模糊性和随机性之间的关联。首先解决传统文献云生成方法中云期望值超过论域或者无法区分语言评价标度等级等问题，然后构建了前景云模型并将该模型应用于多个专家共同进行的国际股指投资群决策。选取 6 个国家的股指来进行投资决策实证分析，具体包括：中国、美国、日本、德国、法国及英国。实证结果显示，该模型得出的决策结果比传统决策方法下的结果更直观、可靠，表现为决策依据不仅考虑方案的期望值大小及变动风险，而且考虑了投资者情绪对决策的影响。

张卫国在美国哥伦比亚大学商学院担任高级研究学者时留影

（2）研究了金融市场系统性风险预警监管问题。从两个视角研究金融市场系统性风险预警监管问题：一是从系统重要性金融行业的视角测算金融机构系统性风险并识别出系统重要性金融行业，借此观察系统性风险的行业分布和时变特征；二是从金融关联网络的视角构建信息溢出网络，并根据网络结构特征分析危机时期的关联交易，通过减少风险交易降低大规模关联风险事件发生的概率。研究发现，系统重要性行业包括银行业、保险业以及证券业，其中，银行业和证券业的系统性风险表现出"危机时期极大且平稳时期极小"的特点，在危机时期需要更多的监管关注；信息溢出网络分析表明，全样本时期银行业和保险业处于网络中心地位，危机时期不同子行业交易频繁，平稳时期同类子行业内部关联更为紧密，根据不同时期的关联特征规范风险关联交易可达到监管目的，且信息溢出网络动态因果指数提前一年预警系统性风险。两种监管选择得出的监管重点基本一致且符合实际，说明两种方法的监管方向具备科学性，而信息溢出网络是一种兼具科学性和预警效果的监管选择。

5．关于国际金融资产套期保值问题研究

（1）研究了出口企业规避汇率风险套期保值问题。针对出口企业存在汇率风险的实际管理问题，建立了汇率期权套期保值模型，建立最小化CVaR的期权套期保值模型，考虑了购买期权预算约束。以中国铂金出口企业汇率期权套期保值问题进行实证分析，实证结果表明：企业利用汇率期权套期保值可以降低CVaR风险；最优敲定价格不受出口企业风险规避度的影响；企业风险规避度越大，利用汇率期权套期保值其CVaR风险越小。期权最优敲定价格随着预算的增加而增加，但在预算一定的条件下，企业不能盲目购买敲定价格高的看跌期权，提出了购买敲定价格略小于汇率当前值的期权进行套期保值建议。

（2）研究了国际大宗商品套期保值问题。针对布伦特和 WTI 两大基准国际原油套期保值问题，提出了偏正态分布下最小风险套期保值模型，评估了国际原油市场布伦特和 WTI 考虑了偏态的套期保值策略表现，偏正态分布下的套期保值策略优于正态分布假设下的套期保值策略。提出了一种改进的核密度估计方法来估计最优套期保值率，为了满足二元核密度对独立随机变量的要求，采用 ARCH 模型来获取与原油现货和期货收益相关的独立噪声。实证结果表明，基于改进核密度估计方法的套期保值策略具有较高效率。

提出了基于偏斜正态的甲醇期货合约套期保值策略以规避甲醇价格的巨大波动风险，考虑到 Copula 方法允许在解决不对称和非线性问题时构造灵活的多元分布，通过高斯 Copula 函数来模拟现货和期货收益之间的依赖结构，采用人工蜂群算法搜索最优解。实证研究结果表明，偏斜正态分布能够更好地代表收益的分布特征，提高套期保值的有效性。

三、张卫国谈治学心得

回顾自己的学术人生路，如果说有一点成就，这与兴趣志向、勤奋踏实、创新思维、持之以恒有很大关系。

1. 兴趣志向

我对科学研究具有浓厚兴趣，立志从事大学教师工作，从事科学研究。唐代文学家韩愈的名言"人生处万类，知识最为贤"和明代哲学家王阳明的名言"志不立，如无舵之舟，无衔之马，飘荡奔逸，终亦何所底乎"，都是我非常赞同的。

我在大学三年级就开始准备研究生考试，虽然失败了，但是没有放弃读研究生的梦想。大学毕业后，我选择来到全国闻名的艰苦地区固原师范专科学校（现宁夏师范学院）从事大学教师工作，继续报考研究生，为科学研究打好基础。曾经有机会读基础数学专业硕士研究生，但由于不是自己喜欢的应用性较强的专业，我还是选择了放弃。在此之后，通过继续努力，一边工作、一边学习，我终于考上了成都科技大学（现四川大学）经济数学方向的硕士研究生，实现了读研究生的梦想。然而，我并没有就此停步，在追求知识和科学研究的道路上继续前行，即使已经获得了教授职称，仍继续考入金融数学专业，成为博士研究生，最终获得博士学位，并且又继续完成了管理科学与工程学科博士后研究工作。一路走来，勤于读书，保持学习的热情、习惯与能力，不管遇到什么困难，还是面对各种诱惑，无论是处于逆境，还是顺境，我也始终没有放弃科学研究。即便担任了领导职务，取得了令人羡慕的各种成就和荣誉，我仍然坚持科学研究 30 多年如一日。

2. 勤奋踏实

从事学术研究是艰辛之路，我时刻用"世上无难事，只要肯登攀"这句话激励自己。我认为做好学术研究需要严谨务实的工作态度，需要有潜心钻研和求真务实的科学精神，一步一个脚印地攻坚克难。如果没有实实在在的辛苦付出，就不能奢望有满意的成功回报。现今，经济社会发展迅速、科学技术日新月异、知识更新速度加快，需要始终勤学好问，养成终身学习的习惯，不断学习新知识，开阔新思维，应用新技术，重视将理论研究与应用实践相结合，做到学以致用。其实，无论做什么工作，在怎样的岗位上，有何种际遇，只要勤学好问、踏实肯干、努力拼搏，就一定能够做好。

3. 创新思维

我们正处于一个大变革、大发展、大融合的新时代，创新不仅是新时代最核心的重要特征，也是推动经济社会发展的第一动力。学术研究更是要求不断创新，需要有以新颖独创的方法解决问题的创新思维，以创新思维突破常规思维的界限，以多学科的知识、多维度的视角去思考问题，提出解决问题的思路和方案，从而产生新颖的、独到的、有理论学术意义和实际应用价值的创新成果。在学术道路上，需要时刻保持创新意识，努力提高创新能力，用创新精神来促进我们的学习和研究。创新既是一种思维，也是一种行动。在学习、生活、工作中都要始终保持创新进取的精神，并勇于将创新付诸行动。

4. 持之以恒

古代诗人刘禹锡诗句"千淘万漉虽辛苦，吹尽狂沙始到金"、伟大民主革命先驱孙中山名言"不断的奋斗就是走上成功之路"及国际著名数学家华罗庚名言"治学问，做研究工作，必须持之以恒，不怕失败，摔倒了，爬起来，想一想，再前进"，这些名言都明示我们，做任何事情，包括做学术研究，往往并不是一帆风顺，需要经历千辛万苦，有时付出了很多，但是回报很少，这时更需要坚定信念、坚持梦想，只有持之以恒才能够实现目标。不能幻想今天刚起步，明天就能到达终点。骐骥一跃，不能十步；驽马十驾，功在不舍。无论何时何地，一定不要轻言放弃，放弃只需要一瞬间，而坚持则需要一辈子。

（丁煜好整理）

张国雄：

行走侨乡的"碉民"教授

    1955年11月生，江苏宜兴人，历史学博士，广东五邑大学学术委员会主任、教授，广东省文史馆馆员。长期从事华侨历史、侨乡文化、世界遗产研究，努力将侨乡潜在的文化资源转化为现实的文化生产力，注重学术成果的转化，"开平碉楼与村落"申报世界文化遗产、"侨批档案——海外华侨银信"申报世界记忆遗产首席专家。主编《中国侨乡研究》辑刊，出版《岭南五邑》《开平碉楼与村落》《赤坎古镇》《良溪古村》《有国才有家——南洋华侨郑潮炯的史诗》等著作。

一、宜兴后裔，重庆仔儿

张国雄于 1955 年 11 月 2 日出生在重庆空气压缩机厂医院，该厂是重庆的八大兵工厂之一。他的幼年、童年、少年和青年都是在厂里度过的。小学四年级时，"文化大革命"爆发，但学校很快就恢复上课，那时工厂的中学教师师资很好，在初中、高中学习中，张国雄有幸遇到了几位好老师，他与几个志趣相投的同学喜欢向老师请教，老师也时常给他们一些书看，帮助他们形成了学习的习惯，这在当时是非常难得的。1974 年高中时，张国雄加入了共青团，那时中学生发展成共青团员还是很少的。当了知青后，他在农村仍坚持学习，时常在煤油灯下看书到深夜，第二天起来时鼻孔里还有煤油燃烧过的黑尘。因为一直与老师有书信联系，张国雄得到了很多的鼓励，其中李日新老师还曾专门到林场看望过他。1977 年恢复高考，他们几个当年喜欢向老师请教的同学都顺利考上了大学，成为学校的骄傲。

张国雄祖籍江苏宜兴，老家在太湖边上，那里有堂兄、表姐和侄儿、外甥，但是他在 2004 年以前从来没有回过老家，对于宜兴只有父亲从小给他讲述的非常模糊的印象。不过他对父亲讲的几件事情记忆非常深刻。一件发生在 1937 年下半年的一个中午，父亲正在与家人吃午饭，突然大批难民穿过村庄，边跑边呼喊"日本鬼来了"。祖父母带领一家老小仓皇地扔下饭碗，就加入了逃难的队伍，离开了村庄。等到停顿下来，父亲与家人已经走散，身边熟悉的只有村里的私塾先生。私塾先生便让父亲跟着他们继续走，不要回去，因为如果他自己一个人往回走很危险。那时的一个农村孩子哪里知道回家的路怎样走，又在兵荒马乱之中，于是父亲就跟随私塾先生一路西行，过皖南、江西，入湖北，到了宜昌，准备去四川重庆。父亲说，这一路逃难，忍饥挨饿是家常便饭，因此养成了非常节俭的习惯。张国雄记得儿时即便是家里的饭馊了，也不能倒掉，必须吃完。而最让其父亲记忆深刻的是，一路上日本人的飞机时常轰炸扫射，死伤的难民倒毙哭号，无人救助，老百姓只能自救。尤其是他父亲在宜昌等着过三峡时，轮船都被政府征用，以转运工厂设备、政府机关人员、军队入川，而普通难民最后多是徒步穿过三峡。日本飞机对宜昌长江转运的轰炸非常频繁，民众的惨状在他父亲的脑海中几十年都挥之不去。正是这一路逃难的经历，让其父亲在重庆 21 兵工厂当工人期间感情就倾向于共产党，成为《新华日报》的热心读者，并与报童建立了联系。新中国成立不久，他的父亲就申请加入了中国共产党。另外一件让张国雄记忆深刻的事，是关于抗战时期流行于四川的一副对联，"江苏无锡宜兴紫砂壶，四川成都重庆新政府"。他父亲用这副对联告诉儿女老家在哪里，家乡有什么特产，张国雄从对联中体会到在艰难的抗战岁月民众的乐观和期望。直到 20 世纪 50 年代初，父亲才第一次重回老家，与失散多年的父母兄妹相见团聚。

2004 年张国雄和妻儿才第一次回到宜兴老家，将去世 10 年的父亲的骨灰送回并安葬在老家自留地里，完成了父亲落叶归根的心愿。从此，他心里对宜兴有了更多的认知，"根"的意识更加强烈。以前他比较少提到自己是宜兴人，自从这次送老父亲回家安葬，与通信联系多年的堂兄、表姐妹见面后，他心里的"宜兴人"意识日益增长，开始参与协助编修《徐渎张氏宗谱》，与宜兴侨联也建立起联系。这个心路历程对他理解海外侨胞的家国情怀很有帮助，使他意识到中国人的血脉之缘是割舍不断的。

二、湖北知青，武汉学子

张国雄在1975年高中毕业后走向社会，9月落户到湖北省谷城县石花公社月光林场当知识青年，任林场副场长，春、夏、秋到生产队忙收割冬小麦，插早稻秧苗，抢早稻、种中稻，收割晚稻，冬天进山挖树坑，来年种松树、杉树苗；参加农业学大寨。张国雄于1976年7月1日在月光林场光荣地加入了中国共产党。张国雄当知青的时间虽然不到3年，但是体会了农民、农村、农业的艰苦和社会发展的复杂，当后来再回去林场，看到物是人非，感慨良多。

1977年12月，张国雄在湖北省谷城县石花镇高中参加了恢复高考后的第一次高考；1978年2月走进武汉大学，成为历史系的一名新学员。77级汇集了"文革"10年积压的人才，同学们分别来自农村、工厂、机关、部队，还有极少数是77年高中毕业参加高考的，同学间年龄相差很大，张国雄的班上有一个同学来自农村，但已经是3个孩子的父亲。大学期间，张国雄任党支部书记、班长。为中华振兴而读书，把失去的时间抢回来，是他大学4年的信念。哪个同学看了一本好书，哪个同学听了一门好课，都会在同学间介绍，同学们都像饥饿很久的人一样拼命地想用知识填饱自己。那时，张国雄和很多同学的课间都是围着老师讨教请益，没有课就去泡图书馆，晚自习抢占图书馆、阅览室座位，闭馆后回到寝室还是继

1977年恢复高考当年张国雄的准考证

续看书学习。后来学校开始限制学生看书的时间，理由是建设社会主义需要好身体。系里要求学生干部带头，下午下课后不准留在教室，必须到运动场去锻炼，晚上宿舍实行统一熄灯制度。下午运动大家执行得比较好，但晚上宿舍熄灯后根本限制不了学生们继续学习，有的同学在床上用手电筒看书，有的借走廊灯读书看报。抓紧一切时间读书学习是当时的常态。

张国雄读大学的4年适逢改革开放之初，"实践是检验真理的唯一标准"大讨论，也成为同学们时常关注和热议的话题，中餐、晚餐时大家都端着饭碗聚在宿舍讨论，讲

当天看到的文章观点，交流体会。

1982年，张国雄顺利考取历史系硕士研究生，那是恢复高考后的第二批研究生，当时还没有博士生招生，只有硕士生。张国雄师从石泉先生，开展历史地理研究，李涵先生即师母是他本科宋元明清史课程的老师。他们出身于世家，是燕京大学的高才生，学识渊博，融通中外，学问严谨，要求严格。对张国雄的每篇课程论文，石泉先生都要核对原文仔细批改，连错别字、标点符号都不放过，一丝不苟，每次在作业、论文稿周边批改的文字密密麻麻，石泉先生当时事务繁多，这些批改常常都是他利用深夜休息的时间来完成的。在石泉先生身边的学习经历，让张国雄知道了什么是严肃、严谨的学术态度和孜孜追求的学术情怀，最重要的是从石泉先生那里，他受到了关于"学识"于学问之重要的教育，认识到在学术上能够走多远就看个人学术层面知识的积累、达到的水平和视野的深邃程度。石泉先生在荆楚历史地理研究中常发新议，使用的都是学界熟知的资料，但是分析的视角、文献的解读和学术的结论却标新立异。石泉先生在20世纪80年代初撰写的《古文献中的"江"不是长江专称》一文，张国雄反复学习研读，受到极大启发。今天，这个学术观点已经成为学界的常识，但在当时却是不被重视的基础性学术问题。90年代，三联书店出版了石泉先生的硕士学位论文《甲午战争前后之晚清政局》，这是陈寅恪先生指导的唯一一篇近代史的学位论文，论证非常精彩，贯穿了石泉先生一直以来的学术研究追求和学术风格，是张国雄认知里什么是"学识"的样板。

1984年12月，硕士研究生毕业后，张国雄就留在石泉先生身边做助教，石泉手把手教他如何走上讲台、站稳讲台。1987年张国雄成为石泉先生带的第一批博士研究生之一，研究方向从历史经济地理（江汉平原垸田历史地理研究）转向历史人口地理（明清时期两湖移民研究）。读博期间他与师妹梅莉、师弟晏昌贵合作出版了《两湖平原开发探源》，发表了《明清时期两湖平原开发与环境变迁初议》《"湖广熟 天下足"的经济地理特征》《"湖广熟 天下足"的内外条件分析》《明清时期两湖外运粮食之过程、结构、地位考察》《明清时期两湖移民的地理特征》等文章。1992年张国雄获得博士学位。

虽然石泉先生和李涵师母非常希望张国雄继续留在武汉大学执教，但他因故很不情愿地选择了离开。石泉先生积极将他推荐给北京大学的侯仁之先生，希望张国雄能进入地理学博士后流动站工作。在等待北京大学的消息时，张国雄在9月选择了举家南下广东江门，进入五邑大学工作，夫妻结束了长达9年的两地分居生活。两位先生给予张国雄的教育不仅仅是如何做学问，更重要的是如何做人，他们于张国雄亦师亦父母，在他人生最低潮时给予了教诲、帮助，其恩情使他终生难忘！

石泉先生、李涵先生于张国雄（左一）而言亦师亦父母

三、北京学人，广东"碉民"

在新学校工作 1 个多月，张国雄就收到了北京大学的通知。于是 1993 年 1 月，他一人北上，人生第一次到北京的他兴奋不已。北京大学的侯仁之先生是中国历史地理学理论与方法、中国沙漠历史地理、中国城市历史地理研究以及中国历史地理学学科建设的开创者、宗师，与谭其骧教授（复旦大学）、史念海先生（陕西师范大学）号称中国历史地理学的"三大家"。侯仁之先生还是在国内倡导开展世界遗产保护利用研究的第一人。有幸在他的指导下，张国雄在博士后流动站的工作以历史人口地理理论与方法研究为重点，非常紧张忙碌，但也得以眼界大开。在武汉大学学习历史地理是在历史系，而北京大学的博士后工作则是在地理

张国雄（左）与侯仁之先生合影

系，多学科的交叉研究训练，以硕士、博士的专题研究为基础进行的博士后整体性、集成性理论与方法的思考探索，极大地提高了张国雄的学识，这对他后来的研究工作益处极大。

1995 年初完成北京大学博士后流动站工作，张国雄又面临一次选择，本可以留在北京大学城市与环境系历史地理中心工作，韩光辉老师也帮助联系安排好了爱人在北京大学的工作单位，但他最后还是决定选择返回广东的五邑大学。这与他从硕士研究生以来养成的研究"习惯"有很大关系。做硕士研究生学位论文时，他跑遍了江汉平原垸田分布区，为了做博士研究生学位论文他深入到湖北、湖南以及四川、重庆大部分乡村去收集明清时期的移民资料，从散布在各地的族谱中挖掘了大量的移民文献。在这期间他养成了喜欢跑田野的习惯，在那个年代读研究生一般都会到北京去进行学术游学，拜访前贤，读书时他的很多研究生同学都去过北京了，而他却是个例外，经费都用在了学位论文研究区域的田野调研。另外一个原因是，张国雄了解到五邑大学所在的江门是中国著名的侨乡，其海外侨胞集中分布在美洲、大洋洲，是美国华侨之乡、加拿大华侨之乡和南美洲、大洋洲华侨之乡。而当时中国的华侨华人研究集中在东南亚，他感觉做美洲、大洋洲华侨华人研究有很大空间，其博士研究生和博士后工作时期学习的历史人口地理理论与方法完全有用武之地。虽然北京大学的研究条件非常好，但与他心向往之的田野调查总感觉有所差别，于是张国雄最终选择了离开北京大学南下广东。在将最后决定告诉侯仁之先生时，侯先生表示了尊重和遗憾，并告诉张国雄"老大学是学校抬人，

新大学是人抬学校",暗指到新大学去寻求发展的路途将会非常艰难。这句话的深刻含义张国雄到广东工作后才体会到。对张国雄最后的选择深感遗憾的还有恩师石泉先生、师母李涵先生。当时他心里的压力是很大的,害怕最后自己一事无成,愧对先生们的培养和期望。

到五邑大学后,张国雄一方面继续完成博士、博士后期间的研究课题,出版了《明清时期的两湖移民》《长江人口发展史论》著作,发表了《中国历史上移民的主要流向和分期》等学术论文。另一方面,张国雄心心念念的就是开展华侨华人研究,他到新会景堂图书馆、广州中山图书馆查阅美洲、大洋洲华侨华人研究文献,到中山大学、暨南大学、华南师范大学拜访同行专家学者,最终确定立足五邑华侨华人破题开展研究。在历史文献严重欠缺和学术成果积累很少的情况下,张国雄将目光集中到新移民研究,这是当时华侨华人研究的一个热点课题。当他了解到20世纪80年代以来江门五邑侨乡有不少涉外因婚移民之后,江门市民政局民政科就成为他常去的地方。从1985年起,与华侨结婚的手续在各县民政局办理,与外籍华人结婚集中在江门市民政局登记领证,改革开放以来江门五邑侨乡涉外婚姻人数逐年增加,90年代中期达到了每年数千对。与外籍华人结婚后很快就可以办理移民手续,不受名额限制,而与华侨结婚的移民则要排期等候。他认识到因婚移民是新移民的一个重要类型,是一个很好的切入点,很值得研究。于是,一有时间他就往江门市民政局跑,去手抄涉外婚姻登记资料,管理人员在了解了他的意图后也给予了很大的支持。依据这些第一手的涉外婚姻登记资料,张国雄先后发表了《九十年代广东五邑侨乡新移民的涉外婚姻观》《九十年代广东五邑侨乡涉外婚姻移民的人口构成》《九十年代广东五邑侨乡因婚移民的地理特征》3篇论文。在同时期有关五邑华侨华人的研究中,因为这3篇论文利用的是第一手资料,聚焦新移民中的因婚移民类型,在他心目中具有特殊的意义,与后来另外发表的《唐人街民族经济模式的形成与五邑华侨》《唐人街经济结构中的五邑华侨因素》《唐人街中的五邑侨团》《广东五邑海外移民与唐人街》等文章共同组成了张国雄早期对五邑华侨华人研究的学术认知。

1996年,广东高等教育出版社联系五邑大学,希望校方组织力量撰写《五邑文化源流》,这是该社"广东地域文化系列"选题中的一部。学校将这个任务交给了张国雄,于是,他组织校内外的文史专家用一年的时间共同完成了《五邑文化源流》书稿,于1998年正式出版。历史人口地理学是将移民的迁出地与迁入地结合起来进行研究,这次的撰写任务使他对江门五邑的地方历史文化有了一次比较全面的了解,帮助他将研究的视野投射到五邑华侨华人的祖籍地,但是在当时他还只是将五邑侨乡作为五邑华侨华人研究的背景,还没有想到侨乡可以作为研究主体。

五邑大学学校图书馆相关的文献资料非常有限,难以开展研究,这本书的撰写促使张国雄必须将更多精力放在乡村,去收集资料以弥补不足。他有幸得到了学校的梅伟强教授的大力支持。梅伟强教授毕业于北京大学历史系,1984年从中国社会科学院世界史研究所来到五邑大学，夫妇俩成为学校的创建者之一，担任了学校的宣传部部长、统战部部长。研究五邑华侨华人历史一直是梅伟强教授的心愿，他非常希望有更多的老师一同来做这项研究。于是他与张国雄一拍即合，成为张国雄进行侨乡田野调查的引路人和学术研究拍档。梅伟强教授出生于开平，在台山长大，为人谦和，熟悉当地语言，结识了很多地方文史爱好者和职能部门的朋友，为张国雄的田野调查提供了很多便利，如果没有他的帮助，张国雄的五邑侨乡田野调查最初必定是一头雾水，绝不会那样顺利。1999年，再次受广东高等教育出版社的委托，学校承担了《五邑华侨华人史》的撰写任务，这是该社"广东区域华侨华人史丛书"的一个选题。张国雄有幸和梅伟强教授担任主编，完成了他们二人的第一部合作成果。2001年出版后，这本集体成果至今还被业界作为研究五邑华侨华人的必读著作，让他们甚感欣慰。

20世纪90年代末的几年间，张国雄和梅伟强教授时常行走在五邑的田野乡间，让他这个外乡人对侨乡有了很多实实在在的感受。其中感触最深的是散布在台山、开平城镇乡村的中西合璧的乡土建筑，不仅数量大，而且类型多，诸如碉楼、骑楼、别墅（庐）、学校、祠堂、图书馆等，作为一个热衷于田野调查的研究人员，看多了，熟悉了，就会想了解更多，如五邑侨乡存在的大量侨乡遗产背后的历史和文化。现有的历史文献和学术积累并没有给张国雄带来更多的帮助，而侨乡遗产现象却常常让他陷入思考。

进入21世纪，张国雄的学术研究迎来了3个难得的重大机遇。

第一个是2000年江门市委市政府准备创建华侨华人博物馆，承担任务的部门领导找到梅伟强教授和张国雄，希望他们给予学术支持，于是他们提供了创建华侨华人博物馆的论证报告，供市政府决策参考。很快，江门市委市政府决定建设江门五邑华侨华人博物馆，首要任务是征集文物，由张国雄担任文物征集委员会主任，后他又承担布展大纲和展陈方案设计任务，成为该博物馆建设的学术总负责人。张国雄在当时全国涉侨博物馆建设的基础上，以新的华侨华人研究成果为基础，突出华侨华人对中外文化交流、对住在国的贡献，丰富了现有华侨华人博物馆展陈集中讲述血泪史、奉献史、爱国史的格局。经过10年的建设，以"根在五邑"为主题的"江门五邑华侨华人博物馆"于2010年10月1日正式开馆。这座华侨华人博物馆的设立理念、叙事逻辑、主题场景和丰富的展陈文物，一开馆就受到业界、社会和海外侨胞的好评，成为江门市的一张文化名片、城市文化客厅、市民最喜欢去的文化场所、海外侨胞回乡必去的打卡地。

张国雄也因此与江门五邑的很多华侨华人博物馆的建设结下不解之缘，后来陆续设计了台山华侨文化博物馆和台山海上丝绸之路博物馆布展方案，更重要的是2020年又承担了"中国侨都华侨华人博物馆"的布展设计任务。在他心目中这是江门五邑华侨华人博物馆的2.0版本，经过20多年的侨研究，张国雄对华侨华人历史和侨乡文化有了更深的认识。他将新的华侨华人博物馆主题设计为"根在侨乡"，用江门五邑华侨华人、侨乡的文物讲述华侨世界、世界华侨、中国侨乡的故事，在展陈设计上打破过去华侨、侨乡分别讲述的二元结构，用整体集成的观念、全球的视野讲述"侨"的故事，贯穿"根"的红线,传递华侨华人在海外奋斗不仅仅是勤劳勇敢,更运用中国智慧推动住在国发展的思想;全面展示华侨华人在世界反法西斯战争中的突出贡献;将唐人街和侨乡融为一馆彰显华侨华人推动中外文化交流的伟大实践,为构建人类命运共同体提供的历史实践;首次展示中国共产党的初心与侨心相契的历史进程。全新的中国侨都华侨华人博物馆于2023年元旦开馆,必将再次成为全国涉侨博物馆的新标杆。《有国才有家——南洋华侨郑潮炯的史诗》《丰碑——华侨华人与世界反法西斯战争》等著作和相关文章为中国侨都华侨华人博物馆2.0版本的设计提供了学术支撑。

第二个是2001年开平市委常委会决定启动开平碉楼申报世界文化遗产的工作,负责这项工作的市委常委李玫和博物馆馆长张建文会后就到学校拜访张国雄和梅伟强教授,恳请给予学术支持,诚邀他们参加申报世界文化遗产的工作。早在北京大学地理学博士后工作期间,张国雄就从侯仁之先生那里了解了世界遗产保护在中国的发展情况,当时历史地理研究中心的主任谢凝高教授就是泰山申遗的首席专家和文本撰写者,因此张国雄对世界遗产并不陌生,在五邑侨乡进行田野调查过程中也引发了他对碉楼等乡土建筑的世界文化遗产价值的思考。当时开平碉楼研究基础很薄弱,文献资料也非常缺乏,张国雄长期在侨乡的田野调查给地方政府职能部门领导留下了很深的印象。于是,他和梅伟强教授被聘为首批开平碉楼申报世界文化遗产专家顾问。

2005年,张国雄被开平市人民政府聘为"开平碉楼与村落"申报世界文化遗产工作首席专家

最初他们二人承担的任务主要有两项,一是撰写申报文本,二是开展深度的碉楼文化田野调查。张国雄虽然是申报文本的第一撰稿人,但它是集体成果,香港大学、华南理工大学的专家学者和广东省文化厅副厅长都参加了申报文本的修改完善,在国家文物局专家郭旃的直接指导下,他们为此多次在开平、珠海开研讨会,常常是从晚饭后一直讨论到凌晨三四点,大家集思广益贡献智慧。最初的文本主题是"开平碉楼",后来在英国专家、以色列专家的建议下,申报类型定位为文化景观,申报主题也改为"开平碉

楼与村落"。后来又遇上联合国教科文组织修改世界文化遗产申报文本的格式，提出新的要求。这些变化都给申报文本的撰写带来不小的困难，在郭旃的具体指导和开平市委市政府的大力支持下，他们高质量地完成了申报文本的撰写任务，而且这还是中国第一项按照新的申报格式要求提交的文本。同时，他和梅伟强教授从此成为开平的常客，只要开平有需要，一个电话他们就下乡；只要有课余时间，他们二人就去开平乡村，那几年的周末基本上都是在开平田野调查中度过的。他们设计了第一次开平碉楼普查方案，与申遗办的同事一道参加了第一次碉楼普查，走遍了开平所有的镇和碉楼比较多的乡村，与不少村民成为朋友。2005年张国雄和梅伟强合著的《开平碉楼与村落田野调查》出版。这些工作为开平碉楼与村落申遗点的确定和碉楼的世界遗产价值、世界意义的提炼提供了扎实的基础。在这个过程中，申遗办公室还将组织开平碉楼学术研讨会的任务交给张国雄，希望补上开平碉楼学术研究这块短板。他们邀请省内外的遗产专家和多学科专家学者到开平、到五邑侨乡进行考察调研，在香港实业家吴荣志先生的大力支持下，2005年在开平在园举办了国际学术研讨会，主编出版《开平碉楼与村落研究》，推动了开平碉楼与村落的学术研究工作。此外，张国雄还参与了开平碉楼所有历史文献资料的建档工作，指导申遗办公室档案整理工作人员对从碉楼中收集回来的每一件文献资料作编目整理，他负责为每件文献确定档案名称。这项成果有力地支撑了申遗工作，给来现场考察的联合国专家卢光裕先生留下了非常深刻的印象，获得高度赞赏。通过这些工作实践，张国雄被聘为"开平碉楼与村落"申报世界文化遗产工作首席专家。2007年"开平碉楼与村落"成功列入《世界遗产名录》后，因为贡献杰出，张国雄被广东省人民政府荣记一等功，梅伟强教授荣记二等功。

张国雄（右二）向联合国专家卢光裕介绍"开平碉楼与村落"申遗项目情况

第三个是2008年参与"侨批档案——海外华侨银信"申报世界记忆遗产工作,成为申遗首席专家。该年6月,江门市副市长李崴给张国雄打来电话,告知广东省档案局准备开展侨批申报"中国档案文献遗产"和"世界记忆遗产"的工作,希望张国雄代江门市政府草拟一个申请报告,表述五邑银信对广东侨批项目的价值,争取五邑银信进入这个项目。他还请张国雄给当时分管此项工作的雷于蓝副省长写信,从专家学者角度献策,希望引起省政府的高度重视,总体布局,切实推进。在"开平碉楼与村落"申报世界文化遗产的过程中,张国雄原来就接触到这类从碉楼中挖掘整理出的乡村文献,更知道潮汕历史文化研究中心一批老同志早在20世纪90年代就在挖掘整理侨批,通过汕头的省政协委员一直在努力呼吁侨批申报"中国档案文献遗产"和"世界记忆遗产"的工作,他也多次参加过汕头组织的侨批研究学术研讨会。这批老同志保护侨批、研究侨批的精神十分令人感动,是他们首先发起推动了这项工作。接到李崴副市长的电话后,张国雄深感义不容辞,于7月28日给雷于蓝副省长写了题为《关于"广东侨批"申报世界记忆工程(遗产)的反映》的信,从此加入到侨批档案的申遗工作之中,广东省档案局局长徐大章对此非常重视,并指派吴晓琼同志负责具体工作。张国雄的任务是负责申报文本的撰写,组织文本翻译,组织侨批档案的国际学术研究。他的同事刘进教授是侨批研究专家,也成为申遗文本撰写的核心骨干,他们在吴晓琼同志的协调下,一起到潮汕侨乡向汕头的老同志们请益和调研。他们到福建侨乡调研,对广东、福建的侨批保护情况有了整体性认知,并且对广东、福建侨乡侨批的不同特点和内涵也有了更加深入的把握。他们还多次随省档案局领导到北京向国家档案局汇报侨批申遗的工作,他们的任务主要是汇报侨批档案的"世界记忆遗产"价值和整体性保护的论证。经过6年的努力,在国家档案局总体部署和广东、福建两省档案局的领导下,得到各地侨乡档案部门、博物馆、研究机构和民间收藏家的齐心协力支持,"侨批档案——海外华侨银信"于2013年成功列入《世界遗产名录》,中国又增加了一项涉侨世界遗产。随后,张国雄和刘进教授受广东省档案局的委托,承担了《广东省侨批档案保护管理办法》的研制任务,该办法于2018年实施,这是侨批申遗之后第一个省级保护管理法规。

这3个机遇不仅仅是需求推动了学术研究,为张国雄的研究创造了条件,更重要的是在此期间使他真正确定了学术规划,明确了研究方向,知道了自己的学术根基应该扎在哪里。

如上所述,到五邑大学后,张国雄最初的想法是做五邑华侨华人研究,努力了几年下来发现困惑很多。这主要来自两个方面,一是随着频繁参加全国的华侨华人研究学术活动,看到了中山大学、暨南大学、厦门大学等老牌高校的研究实力和学术积累。二是时任广东省侨办副主任的吴行赐很关心支持五邑大学的研究工作,他时常向张国雄推荐来广东访问的外国学者(主要来自北美)到江门交流并考察侨乡。在学术交流中,张国雄发现国外学者对华侨华人的研究已经很深入了,他们有地利之便,且都是运用第一手的华侨华人资料开展研究,五邑大学没有这个优势,而张国雄的一些关于五邑华侨华人的学术观点并不能真正引发他们的兴趣。国内有标杆,有难以追赶的学术差距;国外有高山,有无法企及的学术优势。五邑大学是新办的地方高校,华侨华人研究一无团队基础,二无学术积累,三无资源优势,继续做华侨华人研究的发展前景在哪里?目前的路可以继续走,但是已经明显感觉到会走得十分艰难,而且走不远、做不大,成果的学术贡献度必然很有限。这与张国雄南下奋斗的学术目标是不相符的。

出路何在?这个困惑伴随了张国雄很长一段时间,在学术焦虑之中,幸运的是新的学术聚焦点也在萌生。

一方面,政府涉侨重大文化项目陆续落在肩头,推动张国雄向前走,更重要的是政府的组织运作将深藏在民间的资源挖掘出来,将分散在各部门的资源整合起来,使2001年之前存在的学术研究资料欠缺的"瓶颈"问题逐渐得到解决。在"开平碉楼与村落"申报"世界文化遗产"的过程中,每次推开封闭很久的厚重大铁门,走进尘封的碉楼,接触到以家庭或家族为单位的完整的碉楼史料时的那种兴奋情形;在筹建"江门五邑华侨华人博物馆"征集文物的过程中,每次发现文物线索,接触到以往从未见识过的系列而完整的文献时的那种激动情形;在"侨批档案——海外华侨银信"申报"世界记忆遗产"的过程中,数万页侨批资料陆续汇集在眼前的那种欣喜情形,至今回想起来都仍令张国雄感到激动,每一次发现"金矿"带给他的视觉和内心冲击都要好几天才能平息。开平碉楼申遗办公室收藏的数千件(套)碉楼相关的文献,江门五邑华侨华人博物馆征集到的数万件(套)文物,还有他们在侨乡档案馆挖掘到的上万件、数十万页晚清和民国档案资料,构成了侨乡文献体系、族谱、侨批(银信)、账册、证件、货单、侨刊、侨报、政府档案等被他们后来统称为"侨乡文书",为开展侨乡研究提供了坚实的文献资料基础。

另一方面,在与外国学者的交流和侨乡考察中,张国雄发现他们很关注华侨家乡的状况,走进乡村的那种兴奋自然流露出来,与村民交谈,进别墅登碉楼,处处感觉新鲜,即便张国雄他们研究很少的侨乡文化体会也常被刨根问底。这种学术交流的反差表现,引发了张国雄的思考:我们对身边熟悉的侨乡究竟知道多少?对它的内涵和价值真的了解吗?这种感觉随着政府涉侨重大文化项目建设的推进越来越强烈,学术意识也越来越清晰:自己的学术研究应该从华侨华人转向侨乡。新办地方高校的学术优势不在海外,就在脚下,就在这片侨乡大地。与老牌高校相比,与海外学界相比,华侨华人研究不是他们的优长,五邑大学地处侨乡,开展侨乡研究有天时、地利、人和之便,走错位发展之路,既现实可行又有更大的拓展空间。

"侨乡"概念出现于20世纪40年代,这不是一个陌生的新词。学术界的研究最早可以追溯到20世纪30年代,陈达的《南洋华侨与闽粤社会》一书是开端,是经典。50年代厦门大学开始进行福建侨乡调查,80年代初中山大学黄重言先生的《试论我国侨乡社会的形成、特点和发展趋势》一文,是改革开放后首篇在华侨华人研究领域专题论述侨乡的重要成果,其学术价值不亚于陈达的《南洋华侨与闽粤社会》对侨乡研究的学术开拓。中山大学年轻学者吴行赐、郑德华等将研究目光投射到侨乡，挖掘了侨刊乡讯的学术价值。90年代初厦门大学南洋研究院承担了福建新一轮的侨情调查任务，组织召开了国内首次侨乡研究学术会议。

同时，张国雄也观察到，国内的"侨乡"研究与其所拥有的丰富内涵、学术价值相比，是很不相称的，长期处于华侨华人研究的"背景"、配角的从属地位。这固然有对侨乡文献资料挖掘重视不够所导致的在开展侨乡研究时遇无米之炊的客观困难，更重要的是，学术界的研究视野长期放在国外，集中关注的是海外华侨华人，侨乡并没有受到重视，并没有深入思考"侨乡"是否与"华侨华人"具有同等的学术价值，是否是一个与华侨华人研究同等重要的学术领域，是否具有与华侨华人研究同等重要的学术地位，是否应该从华侨华人研究的"背景"角色脱离出来自成一体。涉侨重大文化项目的建设带给张国雄肯定的答案，大量侨乡文书的涌现给予他坚定而可行的信心。在围绕社会服务需要所开展的研究中，张国雄日益认识到侨乡与华侨华人是一个硬币的两面，合起来是一个"侨文化"的整体，各自又互为主体，相互紧密联系而不可分割，互为对方发展的背景、条件。简言之，华侨是中国公民，华侨历史是中国近现代史的组成部分，更重要的是华人是外籍公民，无论是华侨还是华人，他们的活动主要在海外，是住在国历史的一部分，属于世界史的范畴。华侨华人是住在国重大历史进程的积极参与者和直接推动者，比如东南亚农业、矿业、工业等的开发和城镇的发展，美国和加拿大横贯大陆铁路的修建，古巴争取民族独立解放战争以及世界反法西斯战争，等等，无不有我侨胞的流血牺牲，他们立下的丰功伟绩受到住在国人民的尊重和纪念。他们将优秀的中华文化传播到世界，逐渐发展成为当地多元文化的重要组成部分，在中国与世界之间架起了文化交流的桥梁，使中华文化成为人类共同的财富，2023年12月联合国将春节定为联合国假日，舞龙成为澳大利亚墨尔本、巴拿马等国的本地重要文化财产，都离不开华侨华人的贡献。而侨乡，虽与海外联系很紧密，深受海外文化的影响，但它归根结底是中国历史文化的一部分，不论是发展阶段还是乡村景观、社会结构、民众信仰等，都带有鲜明的地域性，传统文化的影响根深蒂固，民族文化是它的基调和主色，主要遵循中国历史发展的逻辑而进步。两者的区别与联系，正是侨乡研究能够发展为一个独立的学术领域的基础，它具有广阔的学术拓展空间。张国雄也因此提出"侨研究"的概念，统合侨乡与华侨华人的研究。

2006年，在"开平碉楼与村落"申报"世界文化遗产"最紧张的阶段，开平市负责申遗工作的市委常委、宣传部部长黄继烨安排张国雄接受广东省电视台邀请做一期人物专访，配合申遗工作的整体宣传部署。这期专访的名字是"碉民教授张国雄"，他很喜欢，从此以"碉民"自称。

张国雄在开平蚬岗镇进行田野调查

四、张国雄侨乡文化治学心得

  自从参与筹建江门五邑华侨华人博物馆、"开平碉楼与村落"申报"世界文化遗产"、"侨批档案——海外华侨银信"申报"世界记忆遗产"以来,我的研究就围绕这些涉侨重大文化项目的建设开展,从最初的被动逐渐转为主动以"侨乡"为中心的研究方向,渐渐形成了自己的侨乡文化研究学术观点。

  侨乡、华侨华人研究与国家重大战略联系非常紧密。华侨华人从支持维新变法,投身辛亥革命,援助祖国抗战,到服务社会主义建设,踊跃参加改革开放,近代以来中国的所有重大的发展都离不开华侨华人,他们是不可缺少的参与者、推动者、贡献者。侨乡是最早融入世界发展的中国乡村,成为中外文化在中国乡村交流、互鉴的实践地、展示地,为国家侨务政策的实施提供了重要的资源和渠道。加强海内外中华儿女大团结,为民族复兴提供强大的合力,一直是国家的重大战略。因此,侨乡研究必须明确为现实服务的导向,认真学习领会国家的侨务理论、侨务政策。2014 年初,在广州二沙岛,我和广东省侨办副主任林琳参加完《广东华侨史》编委会会议后聊天,他谈道,党的十八大后习近平总书记的侨务论述应该加以研究。我当场表示组织学术研讨会,希望能得到他的大力支持。我也一直在关注习近平总书记关于侨务工作的重要论述。中国的发展已经进入到一个新的阶段,面临新的环境和新的转变。改革开放以来的以国内为中心已经转向兼顾国内、国际两个大局，党和国家的侨务中心工作也必然随之转变。我喜欢行动，会后我就和刘进教授去北京拜访中国华侨华人历史研究所所长张春旺，希望联合举办"习近平总书记侨务论述学术研讨会"。中国华侨华人历史研究所（2017年9月更名为"中国华侨华人研究所"）是中国华侨华人研究的国家级研究机构，承担着组织全国华侨华人研究的重任，开展习近平侨务论述研究应该是面向全国侨学界的任务。很高兴我们一拍即合，首届学术研讨会当年暑假就在江门召开，反响很好。随后，五邑大学和中国华侨华人研究所持续主办（承办）了一年一届的研讨会，至今发展成为研究习近平总书记系列重要侨务论述的全国唯一的学术交流平台，张春旺所长在其中发挥了很关键的作用。长期学习习近平总书记的系列侨务重要论述成为我开展侨乡研究的重要指导，我完成了《人类命运共同体视野下的"侨"研究》《中国式现代化视野下的侨乡建设》等系列文章，中国侨都华侨华人博物馆主题、主线的设计就来自学习的认识。

侨乡既然是一个与华侨华人对等的研究领域，那么它的基本概念、基本发展历程、基本理论与方法等就必须开展研究。我长期在思考诸如"侨乡"何时形成，是否有海外移民就自然产生了侨乡，"侨乡"概念何时出现，侨乡文化有何特点，侨乡研究应该如何开展等侨乡研究的基本学术问题。最先形成学术认识的是侨乡的形成和侨乡的文化形态特征。黄重言在《试论我国侨乡社会的形成、特点和发展趋势》一文中最早提出1893年是中国侨乡社会形成的重要分界线，因为这一年清政府废止了"海禁"政策。随后，学术界对这个问题又出现了其他一些看法，意见很不统一。我在收集了国家、地方多方面的文献资料进行综合分析后提出，中国侨乡形成于第二次鸦片战争之后，并非有海外移民就自然形成侨乡，也不能以1893年为界线。因为《中英北京条约》《中法北京条约》《中美天津条约》的签署为东南沿海民众自由出洋打开了法律的缺口，实际上宣告了清初以来的禁止商民出洋法令的失效，至少在东南沿海传统的海外移民输出地区没有约束力了。人员的大规模自由往来，是形成侨乡的第一个必要条件，往来于海内外的移民自由了，才会有资金、物资、信息等的大量输入，从而带来移民迁出地的经济、社会、文化大发展大变化。在台山、开平的地方文献中，将当地出现转变的时间确定在19世纪六七十年代的"同治初年""光绪初年"，就是直接的历史见证。1893年海禁政策的废止其实只是对这些变化的"追认"，因此不能以此为侨乡形成的分界线。

何为"侨乡"？"侨乡"概念迟至出现于20世纪40年代，因为外来文化通过华侨的大量输入，与本土文化融合，19世纪60年代以来促使东南沿海一些长期输出海外移民的传统乡村演变为侨乡，广东潮汕、五邑、梅州和福建的泉（州）漳（州）厦（门）就是近代形成的中国著名的四大传统侨乡。侨乡是以中华传统文化为母体、地域文化为基础、外来文化为资源，以中外文化融合为鲜明特征的一种新的地域文化类型，具有原根性、国际性和融合性，它丰富了中国地域文化的多样性。从外来文化角度考察，四大著名传统侨乡分为两类，广东潮汕、梅州和福建的泉（州）漳（州）厦（门）三大侨乡属于东南亚文化类型，进行的是以农耕文明为基础的"同质"文化交流；五邑侨乡属于欧美文化类型，进行的是农业文明与工业文明之间的"异质"文化交流，所以中外文化融合的侨乡文化特征最为鲜明突出。从本土文化角度考察，四大著名传统侨乡分属福佬文化、广府文化、客家文化区域，民系、语言、自然环境、历史传统、风俗民情、乡土建筑差异很大，侨乡赓续的传统文化各异。这一特点也让我们不难看到侨乡文化与中国传统地域文化的区别。传统地域文化的区域往往与省级行政区合一，诸如三晋文化与山西、三秦文化与陕西、燕赵文化与河北、齐鲁文化与山东、蜀文化与四川、巴文化与重庆、吴文化与江苏、越文化与浙江等。同一种传统地域文化集中连片分布在一个大的行政区域内，岭南文化则是在广东、广西，兼及海南、香港、澳门几个行政区（特别行政区）连片存在；而侨乡文化则是跨行政区域的，四大著名传统侨乡就分布在广东、福建两省，同时期海南、广西、浙江、湖北也有侨乡形成。到今天，云南、吉林等沿边地区都形成了少数民族侨乡，20世纪50年代为安置归难侨在全国设置了86个华侨农场，分布在广东、广西、福建、云南、海南、江西、河北、吉林、新疆等省区，虽然已经全部改制，归属地方，其东南亚侨胞长期生产生活形成的有别于周边乡村的鲜明的异域文化特色则保留下来，成为特殊侨乡。侨乡在沿海沿边的广泛分布使之成为具有全国影响的一种地域文化，研究空间非常广阔。历史上这些侨乡地区因长期远离中国的政治、经济、文化中心，偏居东南沿海沿边蛮荒之地，是古代中国的边缘地带。西方大航海时代之后，东南沿海地区与海外的接触交流越来越频繁，与西方文化交流的地位日益突出，侨乡成为最早融入世界的中国乡村，中外文化在此交汇、交锋、交融，发展为开放、包容、革新的重地。近代中国重大变革的力量主要来自广东、福建侨乡地区，比如倡导维新变法的康有为、梁启超，领导辛亥革命的孙中山，都出自珠江三角洲西岸，晚清的留学幼童也集中来自这里。改革开放的深圳、珠海、汕头、厦门四大经济特区都在广东和福建。古代边缘之地演进为近现代中国发展、走进世界的前沿之区。可见，侨乡研究绝不简单是地域文化的一个新类型，因直接贡献于中国近代史、中国现当代史、中外文化交流史而具有更重要的学术价值和学术地位，必须站在全国、全球的视野对之进行学术研究。这些学术思考陆续形成了《侨乡文化与侨乡文化研究》《试论中国侨乡发展的分期及其形态变化》《地域视野下的侨乡研究》等文章。

  侨乡文化的中外文化融合特征，决定了它的研究视野和技术路线必须具有国际性，同时具有国际合作的广阔空间。比如，参与美国横贯大陆铁路建设的铁路华工研究是一个重要的课题，美国历史、考古、文学、文化等学科的研究持续不断，以斯坦福大学为研究中心。2019年是这条连接美国东西部的战略大通道建成通车150周年，美国学术界在2012年就开始布局筹备学术纪念活动。与以往的研究不同，美国学术界希望此次的研究能够着眼美国和中国两个场域进行整体性考察，2013年斯坦福大学与五邑大学广东侨乡文化研究中心签订合作协议，随后双方学者深入铁路沿线和五邑侨乡进行联合田野调查，2019年取得了标志性成果，大大促进了对美国铁路华工的研究。我作为中方的组织者，在与美国学者的交流中获得很多学术启发，也形成了更深入的铁路华工与侨乡的学术认知。为此，我完成了《侨乡文化的国际性与侨乡文化研究的国际合作》《美国铁路华工的追梦与圆梦——基于侨乡视角的考察》《跨域视角下的美国铁路华工研究述评》等文章。目前，北美唐人街研究也在与加拿大温哥华的卑诗大学合作推进。

  对侨乡研究理论与方法的思考需要以专题研究为基础，这是学术发展的规律，我的专题研究集中在"开平碉楼与村落""侨批档案"两个涉侨遗产方面。

21世纪初，开平碉楼的学术研究基础很薄弱，成果集中在建筑学领域，而碉楼的历史学、文化学、人类学等学科的研究亟待拓展，我和梅伟强教授一方面组织全国多学科专家学者来开平考察，希望获得他们的研究成果，为申报工作打好学术基础，提供学术支持，我们自己也积极开展碉楼的历史学、文化学、地理学探索。为满足现实的迫切需要，我的很多时间和精力都投入到了开平碉楼研究之中，出版《开平碉楼与村落》《赤坎古镇》等侨乡遗产研究著作，发表了《中国碉楼的起源、分布与类型》《开平碉楼名实考》《开平碉楼的类型、特征、命名》《试析开平碉楼的功能》《试析开平碉楼的设计》《开平碉楼的建造》《广东开平塘口镇潭溪院的规划、建设与管理》《试论开平碉楼与村落的真实性与完整性》《开平碉楼与村落的文化景观价值》《开平碉楼的遗产属性与保护措施》等文章，形成了自己的开平碉楼系列学术观点。

侨批的研究比开平碉楼的学术基础好很多，20世纪40年代起以侨汇为中心的侨批研究一直持续发展。侨批本体的研究大致兴起于80年代，其中1991年成立的潮汕历史文化研究中心对侨批研究的推动贡献极大。2013年"侨批档案——海外华侨银信"列入世界记忆遗产名录，标志着这一重要的涉侨遗产受到全人类的保护，从此获得政界、学界和社会大量的资源投入，侨批研究进入到一个全新的阶段，成为侨领域和世界遗产领域多学科研究的一个热点课题，资料挖掘整理进展迅速，学术研究成果大量涌现。我的侨批研究主要是从世界遗产的角度开展，并且运用侨批开展侨乡和华侨华人研究，发表了《侨批文书的世界遗产价值》《广东侨批的遗产价值》《怨责与释怀：大历史背景下的个人命运——新加坡华人郑潮炯家庭书信解读》等文章。我关注最多的另一个问题是侨批基本概念的梳理考证。在撰写申报文本的过程中，围绕项目名称曾有过争论，有的专家建议就简洁地用"侨批档案"之名，我主张用"侨批档案——海外华侨银信"命名，将现在法定的正式名称和历史上运用最普遍的俗语结合使用，涵盖这项遗产的历史文化演变。当时学界流行的看法是，"侨批"和"银信"是粤闽不同方言区的术语，后来"侨批"成为全国统一的称呼，"银信"与之不能对等。我最初也是这样认识的，但是在研究过程中发现实际情况并不是如此，"银信"不仅仅在广府地区使用，也在潮汕、梅州和闽南侨乡流行。所以，坚持自己的主张，用证据说服了广东省档案局和国家档案局负责同志而最后得以采用。但是，这个问题并没有在学术上得到完全解决，经过近十年的资料收集和学术思考，我对侨批研究最基本的概念演进有了更加完整清晰的学术认识，撰写的《从银信到侨批演进的历史文化因由》一文对这一学术问题作了全面的论述：这种关于海外侨胞与侨乡亲人之间流转钱款和往来家书的指称，最迟在明朝嘉靖年间就有了民间的说法，清朝前中期各种称谓更加繁多复杂，不管如何变化，"银信"的使用最为普遍，而且广泛流行于广东、福建侨乡。"侨批"的概念迟至20世纪30年代才出现，即便政府确定了官方称谓，但是在民间、在业界依然沿袭传统，各行其是。直到新中国成立，"侨批"才完全取代"银信"等称谓成为统一的专称。这一消替演进是中国从传统农耕社会转型进入现代社会的产物，见证了近现代国家治理的历史性进步和乡村金融、乡村邮政逐渐纳入国家治理体系的现代化建设成效。就这一学术见解，我在2023年"侨批档案——海外华侨银信"申遗成功十周年纪念学术研讨会上与专家学者进行了交流。客观地讲，迄今学术界对侨批基本概念演变的认知依然分歧很大，尚不统一，我的观点就算是一家之言吧，同时，我坚信自己学术观点的学术力量。

如前所述，侨乡研究绝不是一个新的地方文化研究，它的学术价值和学术贡献是一般地域文化研究不能等同视之的。在侨乡遗产专题研究和侨乡研究理论与方法思考的持续推进中，立足侨乡大地是第一步，同时我一直在思考侨乡研究的顶层设计应该怎样构建，这是自己开展侨乡研究初始就非常明确的学术追求，绝不能局促于一域，将"侨乡文化"研究做成一般的"地方文化"研究，必须站在全国的角度挖掘侨乡研究的学术问题和学术价值。

侨乡遗产专题研究的社会服务转化给予我很多启发。在"开平碉楼与村落"申报"世界文化遗产"的过程中，以及申遗成功后的学术交流和接待讲解中，我常常遇到这样一个提问：开平碉楼究竟因何能够成为世界文化遗产？而上海外滩、北京东交民巷、哈尔滨中央大街、广州沙面、天津劝业场、武汉江汉路、青岛中山路等，都有很多近代建筑，它们都比开平碉楼更加精美、更加标准；20世纪二三十年代中国建筑界兴起的古典复兴式建筑潮中也涌现了不少建筑精品，同样有中西合璧的风韵，而且也比开平碉楼精美，为何这些近代建筑没有成为世界文化遗产，开平碉楼却能呢？申报文本按照联合国教科文组织的世界文化遗产6条标准，我们进行了学理性的分析论证，学术的话语如何更通俗地向业内同行和业外朋友讲述？更重要的是，这触及"开平碉楼与村落"能够入选"世界文化遗产"的最根本的价值所在。这是一个非常有意思的提问，引发了我长期的思考，最后成为自己的侨乡文化学术研究的学理基础和学术目标。

来自不同人士的提问，其实带给我们一个比较的视角和分析方法。开平碉楼以及大量的别墅、学校、骑楼乃至祠堂与上述的上海外滩、北京东交民巷、哈尔滨中央大街、广州沙面等城市的建筑都属于近代建筑范畴，具有可比性。同样是近代建筑，上海外滩等近代建筑是矗立在城市，而以开平碉楼为代表的侨乡近代建筑是落地在乡野，不同的地域空间背后有着一系列的差异。从设计上看，城市近代建筑是专业建筑设计师的杰作；而侨乡近代建筑则出自乡村工匠（当地方言称"泥水佬"）之手，虽有个别建筑设计来自香港、广州的专业建筑公司，比如开平市蚬冈镇的瑞石楼、三埠祥龙的余氏宗族祠堂"风采堂"。但绝大多数侨乡近代建筑都是由乡村工匠设计，这些工匠并非专职，他们要从事农耕活动，同时兼职做建筑设计。从资质看，城市近代建筑设计师接受的是学校的建筑专业教育，经受过系统的专业理论学习，掌握建筑专业的理论和方法；而侨乡工匠则是靠实践中的师徒相传，缺乏学校专业系统的学理培养，重在实际经验的积累。从施工看，城市近代建筑是由专业的建筑公司建造，是一个分工明确的工业化施工组织过程；而侨乡近代建筑则由非专业的乡村工匠施工，他们没有固定的组织归属，有活就聚在一起干，没活就各自回家从事农耕，他们没有明确的分工，承揽工程的工匠往往是从设计到施工组织再到施工过程，都要全程参与，一位工匠常常兼顾几个工种的活，从而降低成本。从投资看，城市近代建筑多由政府、外国公司、教会和商人投资，建筑资金主要来自社会上层，服务的也是社会上层、精英阶层，既有公共建筑，又有商业建筑、宗教建筑,身份等级、用途功能和商业盈利是考虑的重要因素,讲究遵守建筑规范,凸显的是建筑标准统一;而侨乡近代建筑的投资主要来自海外侨胞、侨团、本地商户,有民居、商铺、学校、宗祠等,主要服务乡村民众,遵从千家万户的不同需要,适应多样性的大众要求,建筑具有乡土气、"根"性。从评价看,城市近代建筑的设计、造型、建筑风格都符合各类建筑的专业标准、建筑文化的发展规律,非常规整和端庄大气,作品具有学院气;侨乡近代建筑的设计、造型、建筑风格带有乡村业主、工匠的主观意识和随意性,按照学院的建筑标准来衡量,它们都很不专业,没有统一标准,没有规范要求,无规律可循,个人风格鲜明,所以1800多座开平碉楼没有两座是完全相同的,而是各有特征,作品接地气,受到侨乡民众的喜爱,认为这些是他们自己的建筑,有灵气。

侨乡和城市近代建筑的这些差异,决定了它们是两种不同的近代建筑类型。城市近代建筑最初是半殖民地半封建社会的中国被动接受的结果,比如近代租界建筑、宗教建筑,随后在海外留学归国的建筑学者开始参与到城镇建筑之中,带来了他们自己的思考,总体的特征是讲究统一标准,遵守规范,传承创新有规律,建筑作品很标准精美,张復合称其为外国建筑的"移植"。侨乡近代建筑是侨胞、侨乡民众自发主动接受外来文化的产物,是他们希望把自己的家乡改造得和国外的城市一样兴旺发达的理想的体现。他们按照侨胞的期望和乡村民众的审美情趣和审美意识进行建造,外来的建筑文化在他们眼中没有专业的分类认识,不了解各类建筑的规范,无知则无畏,不同时期、不同类型、不同流派、不同风格的外国建筑文化被他们大胆地解构,毫无禁忌,都成为他们设计、建造的素材,完全按照自己的喜好进行组合。我将侨乡近代建筑称之为外国建筑"碎片"的组合,是"农民穿西装"追求时尚、追求进步的特殊表现。与城市的近代建筑相比,侨乡近代建筑虽然不专业、不标准、不精美,但是与侨乡自然、文化环境融为一体,亦中亦西、亦土亦洋,充满生气和泥土的芬芳,因此具有独特的历史价值、文化价值、科学价值和审美价值。

更进一步考察侨乡近代建筑在中国近代建筑的特殊地位、特殊价值,必然让我们将目光集中到侨胞、侨乡民众这个行为主体身上。2001年4—5月间,国家文物局局长张文彬到开平进行碉楼考察,在半岛酒店的汇报会上,我负责进行学术汇报,解读开平碉楼的价值。其中,我重点介绍了近代中外文化交流以来,侨胞和侨乡民众主动学习、自觉输入、积极吸收融合外来文化,创造开平碉楼这一建筑奇迹背后的历史因由,它体现的是以侨胞、侨乡民众农民为主体的中外文化交流融合实践,而且是在乡村的实践,它是农民的文化"创造",侨乡的中外文化交融实践在全世界是唯一的,具有世界意义。这就是"开平碉楼与村落"能够成为世界文化遗产,受到全人类保护的"密码"所在。

这是我最初的学术认知,后来的学术研究让我愈益坚定了这个方向,逐渐明确了这是侨乡研究顶层设计的着力点。

从古代到近代,中国都是一个农业国,农村是社会的基础,农民长期是中国人口的主体。农民、农村、农业在任何时候都必须加以重视,恰恰我们的学术界对于农民怎样看待中国、怎样看待世界的研究很缺乏。在我大学本科的近代史学习中,关于近代中国农民既有虎门销烟、义和团运动等反侵略的英勇表现，同时义和团表现出的排外、愚昧、落后的历史局限性表现，也给人以深刻印象。我到侨乡后进行长期田野调查、阅读乡村文献、解读以碉楼为代表的侨乡近代建筑的过程中，对近代农民的认知、对农民形象的印象受到挑战，看到了在对外开放环境下的乡村农民的另外一种状态。他们并不封闭、并不排外、并不愚昧、并不落后的心理和行为表现，"永进中华宝，常招外国财"的门神对联表现出朴素的开放意识，建筑装饰中大量运用工业文化元素表达了对西方近现代城市生活的向往，华侨新村建设、管理中对传统文化的坚守和对西方文化的吸纳，以"我"为主进行乡村现代化探索的实践等，都表现出侨乡民众他们自己的现代化意识、审美观念和对外来文化的态度。这些领域长期以来是我们学术研究的薄弱环节，以农民为主体的学术研究太少了。比如，近代以来的中外文化交流研究，学术界多关注传教士、殖民统治者、中国政府、社会上层、专业人士、留学生等群体的行为反应，侨乡的农民和海外侨胞（华侨绝大多数就是洗脚上田出洋的农民）对待外来文化的态度和文化融合实践长期以来被忽视。侨乡是我们分析近代农民、农村的一个重要类型和样本，以侨乡民众为研究主体，从他们的视角去理解、分析农民在近现代中国发展中的应对、选择与贡献，评价其历史地位，侨乡研究就可以突破地方文化研究的局限，在宏观层面对中国近现代史、中外文化交流史做出特有的学理性贡献。我在《从开平碉楼看侨乡民众对西方文化的主动接受》《自觉与自信：近现代侨乡民众的现代观念》《中国式现代化的侨乡建设》等文章中，比较详细地论述了这些思考。

20多年来，我在辛苦耕耘侨乡研究这片园地的同时，也在五邑大学努力推动侨乡文化学科建设，挖掘学校现有的人力资源，引进学术力量，组建学术团队，开展有组织的科研。我们按照学科发展规划，明确学术团队成员各自的研究方向，聚焦侨乡历史、侨乡遗产、侨乡文化、侨刊乡讯、侨乡性别、侨乡美学等领域，分别从不同的方向围绕侨乡如何从传统乡村转型发展、农民的选择与反应等主题开展研究，揭示在华侨华人与侨乡民众组成的海内外共同体特定环境下，侨乡治理、经济发展、乡村建设、思想观念、行为方式、乡村形态等多方面发生的转型变化，逐渐形成了五邑大学的侨乡研究特色。比如，对侨乡遗产研究，我们打破遗产的类别分界，整体性研究世界文化遗产、世界记忆遗产、非物质文化遗产中由不同文化融合形成的遗产的保护利用。再如，对侨乡建筑装饰研究，我们从草龙、蝙蝠、四瓣纹以及壁画、门对等装饰形式语言的变化，揭示侨乡民众审美情趣、审美意识的流变，从而总结侨乡民众的美学特征。

同时，我们努力打造学术交流平台，聚集侨乡研究力量，扩大学术影响。2010年，我们与美国加州大学洛杉矶分校的周敏教授在江门共同商议搭建一个国际学术交流平台，推动侨乡研究。我一直认为，华侨是国际移民的组成部分，"侨乡"（地理学、人口学称"迁出地"，人类学称"原乡"）同样是一个国际现象，有国际移民的国家就有"侨乡"，何况侨乡本身就具有国际性。因此，侨乡研究必须有国际比较的视野，才能从各国侨乡的个性中寻找到各自独特的世界贡献，揭示侨乡对推动国际移民发展、促进世界文化交流、文明互鉴、助力人类命运共同体构建的国际影响和国际意义。从首届"国际移民与侨乡研究国际学术研讨会"在江门召开以来，这个平台已经打造了15年，共举办了7届(疫情打乱了2年一届的安排),与美国加州大学洛杉矶分校、旧金山大学和加拿大卑诗大学、澳大利亚昆士兰大学、日本长崎大学、英国威斯敏斯特大学等国外高校研究机构和学者建立起学术联系,我们决定将这个国际学术交流平台的永久举办地定在五邑大学。在组织侨批学术研究为申报"世界记忆遗产"提供学术支撑的过程中,我们也十分重视国际比较研究。侨批是国际移民的产物,在其他输出国际移民的国家也存在这种文献,2008年以来,我们多次与美国明尼苏达大学联合举办国际移民书信国际学术研讨会,将侨批研究纳入国际比较的视野,与意大利、英格兰、波兰、菲律宾、印度、马来西亚等国家的国际移民书信进行比较。同理,根据中国侨乡的多样性,我们打造了"中国侨乡比较研究学术研讨会"交流平台,2年一届,单年举办,与"国际移民与侨乡研究国际学术研讨会"双年举办错开。2013年首届研讨会在五邑大学举办后,已经轮流在广西、云南、福建、浙江等侨乡举办5届(疫情影响了原有的计划)。

伴随着学科建设和国内外学术交流的发展,五邑大学的侨乡研究不断获得外界的肯定,学术影响力逐渐增长。2006年,广东省侨乡文化研究基地落户五邑大学,这是全国第一个省级侨乡文化研究基地,也是广东省社科联第一个地方历史文化研究基地,我们制定的管理章程成为后来基地建设的示范;2008年,广东省普通高校人文社会科学重点研究基地"广东侨乡文化研究中心"挂牌成立,2014年确认该研究中心为省协同创新发展中心;2015年,五邑大学与中国华侨华人研究所共建"中国侨乡文化研究中心",设双秘书处,我们共同推动了福建、云南、海南、浙江、黑龙江等地省级侨乡文化研究中心的成立。在这些进步中,我更加在意2012年"侨乡文化与遗产"通过广东省第九轮重点学科评审,被评为省级新兴交叉重点学科,它标志着"侨乡文化"纳入了重点学科建设序列,这在全国学科建设领域还是第一次,"侨乡文化"研究与"华侨华人"研究是同等重要的独立研究领域,也因此得以确立。

"开平碉楼与村落"申报"世界文化遗产"文本获广东省哲学社会科学优秀成果奖一等奖证书

我很高兴为五邑大学侨乡文化研究的学科建设和学术团队建立付出了心血,很自豪开拓了中国侨乡文化研究领域，开拓了侨乡遗产研究领域，标志性学术成果转化具有高显示度。自己的学术研究、社会服务得到政府、业界和社会的认可，20多年来获得广东省哲学社会科学优秀成果奖一等奖两项（2009年、2015年）、三等奖1项（1999年），获得全国先进工作者、全国模范教师、广东省先进党员、南粤优秀教师等荣誉。2021年获评"广东省优秀社会科学家"。

年近七旬，回顾自己从懵懂少年成长为高校教育工作者，在广东侨乡文化研究的学术道路上，一路探索，一路艰辛，为推动中国侨乡文化发展成为与华侨华人同等重要的研究领域进行开拓奋斗，使侨乡文化研究在全国首先被确立为省重点学科，也使全国最大的侨乡广东作为中国侨乡文化研究的领军之地，发挥了重要的学术影响力。自己能以侨乡文化研究比较系统的学术见解和学术组织能力贡献于间，感恩广东这片侨乡文化的沃土！

在一个新的地方高校，近30年的辛勤努力，使我的学术研究没有流于平庸，持续为中国的侨研究学术薪火相传贡献了微薄之力，回报了广东侨乡大地，回报了广东侨乡社会，回想1995年石泉先生、李涵先生、侯仁之先生对我南下广东发展的担忧，我总算没有辜负恩师的培养和期望，甚感欣慰！

（吴捷整理）

胡 军：
产业竞争力和跨文化管理研究的先行者

  1957年2月生，吉林梨树人，暨南大学原校长，教授，暨南大学"一带一路"与粤港澳大湾区研究院院长，中国工业经济学会副会长。从1986年开始从事产业经济与产业组织、企业文化与跨文化管理等领域研究，尤其是在区域经济与工业产业竞争力研究方面成就突出。学术贡献主要体现在工业化理论和产业竞争力研究、跨文化管理研究、区域经济一体化和协调发展研究等方面。出版的《华南区域经济一体化》，是国内最早系统研究华南区域经济合作与一体化发展的著作之一。主编产业经济学丛书两套、出版专著2部，发表学术论文50余篇。

一、个人经历

胡军，吉林省梨树县人，1957年2月出生于辽宁省本溪市。其父胡文才1946年参加革命，经历了解放战争和抗美援朝，1952年负伤后回国养伤，1966年之前一直在辽宁省丹东市驻防。1966年，为了支援大西北建设，其父转业后到了宁夏回族自治区石炭井矿务局工作，先后任宁夏石炭井矿务局党委宣传部副部长、政治部副主任、白芨沟煤矿党委书记，直至1986年离休。胡军也随其父迁徙到了宁夏，在那里度过了他长达12年的青葱岁月。

当时大西北的环境是十分艰苦的。据胡军回忆，他刚下火车的第一印象，就是漫天的黄沙和满目的荒凉，汽车行驶百里不见人迹，哪里见得到"大漠孤烟直，长河落日圆"的美景？地处贺兰山腹地的煤矿，其艰苦的程度更是难以想象，它的底色永远是黑色，荒山秃岭就是它的真实写照。然而，就是在这种艰苦的环境中，一代又一代来自祖国四面八方的青年人尽情地挥洒着青春的汗水，度过了他们终身难以忘怀、激情燃烧的岁月，为国家的建设贡献了他们的青春和源源不断的"乌金"。现如今，昔日已荒废的矿区变成了文旅小镇和影视基地，成为拍摄"火星之旅""天坑"之类题材电影的绝佳取景地。

到了西北后，正值"文革"开始之时，在那个时代，那一代人无法也不可能接受系统、正规的教育，更何况是在师资人才异常匮乏的矿区。回顾起早期的教育经历，胡军记得初中的物理和化学课几乎成为"学工、学农"的同义词，经常到企业和农村进行实践教学，包括拆装电机、操作车床、为不同的农作物施不同的肥，没学到系统的知识，动手能力倒是很强。

1974年高中毕业后，与当时的大多数年轻人一样，胡军到了大有作为的"广阔天地"——白芨沟矿农场下乡务农，挖过煤、赶过车、刨过粪、种过田、收过麦。在下乡的两年时间里，恶劣的环境和繁重的体力劳动对胡军的意志力和体力都是一种考验和锻炼。他们当时住的是工棚，17个人住一间房，几块砖围起一块地，中间铺上稻草放上铺盖，就是自己的"床"了。最艰苦的工作就是夏天的插秧和秋天的割麦，要在烈日炎炎下弯腰一整天，雨淋日晒，蚊叮虫咬，晚上腰痛得睡不着觉。有一次半夜浇灌麦田，由于太困，他在田埂上睡着了，结果水漫田埂，整个人被泡在水里，被清晨的冷风一吹，从此落下了腰痛病。由于劳动强度高，人特别容易饿，饭量也特别大，胡军经常讲起他曾经一顿喝一碗汤吃五个馒头的故事，那时粮食是定量供应的，不够吃就只能让父母支持一下。

在从事了一年多的农业劳动后，胡军被调入农场的露天采煤队挖煤，任青年采煤队的团支部书记。采煤队每天的工作十分单调，打炮眼、放炮、装煤车，不但艰苦而且充满危险，记得有一天工作时，安全员忘记观察岩层的变化，一块巨石从山上滚落下来，好在大家躲避得及时，有惊无险！

两年多的农村生活，胡军并没有像有些知青一样在吃喝玩乐、浑浑噩噩中荒废了自己的青春。这在很大程度上得益于一批来自天津的知识青年的影响。这些来自城市的年轻人的行为举止与众不同，他们在田间地头和八小时外并没有把时间花费在抽烟喝酒打牌上，而是热衷于谈古论今，醉心于琴棋书画，就连猜谜语都与数理化的知识有关。近朱者赤，在他们潜移默化的影响下，胡军也一直坚持学习，写日记的习惯就是在那时养成的。

1976年，胡军被招聘到宁夏大峰煤矿当工人，先是在大峰煤矿农场务农一年，然后被分配到煤矿机修车间当汽车底盘修理工。他记得当时每天身穿防油服，除了眼睛和牙齿是白色的，浑身上下全是黝黑的，下班后第一件事情就是用汽油清除身上的油污。半年后，由于上级需要，胡军被借调到矿团委负责宣传工作，后正式调入矿团委任宣传干事。

调入团委后，胡军面临的是一个全新的工作环境。深入基层矿区调研、学习马列著作和中国历史文化、出版报纸、写各种新闻稿、组织各种青年活动，在忙忙碌碌中胡军学到了不少理论知识、人文历史。也许是初生牛犊不怕虎，有一次胡军居然接受了为全矿团干部辅导马克思的《哥达纲领批判》的任务。"究竟是怎么完成的？现在想起来都有点后怕"，胡军回忆起往事时心有余悸地说。在团委工作期间，他还参加了为期3个月的基本路线教育工作队和为期两个月的宁夏党校的学习培训。

在团委工作虽然只有短短的两年，但却是胡军人生成长的重要时期。这个阶段他所经历的人和事，对他认识社会和自身成长有很大的影响。他有幸遇到和结识了一批优秀的"师傅"和年轻人，虽然生活在交通不便、几乎与世隔绝的大山中，但这些人脚踏实地、胸怀理想、勤奋做事、吃苦耐劳，特别是几位"老三届"的"师傅"，他们学识渊博、目光远大，对中国的发展见解独到，这些都给了胡军深刻的影响。他的这些同事在1977年、1978年几乎都先后考上了大学。

1978年，对胡军而言是一次人生的重大转折的一年。1977年恢复了高考制度，矿机关的几位年轻人纷纷报考了大学，而胡军却没有报考。据他讲原因有二，一是对考大学的必要性和可能性认识不足，由于当时工作也比较稳定，考大学的意识模糊，动力较弱。二是母亲认为胡军是长子，希望他留在父母身边。考试结果出来后，好几位在机关工作的年轻人考上了大学。看到自己的同事和好友都要远走高飞了，失落和孤单的感觉给胡军的心灵极大震撼，他感觉自己似乎要成为时代的落伍者了。于是，他决定参加1978年的高考，由于这个决定下得太晚，复习准备的时间又太紧，能否考上他心里根本没有底，只想给自己、给单位、给家庭一个交代。但命运总是不负有心人，他居然考上了！在喜出望外的同时，感觉到辜负了母亲的期望，后来南下广州，离父母越来越远，虽说忠孝不能两全，但未能在父母身边侍奉父母，令他深感内疚，成为永远无法释怀的遗憾！

1978年8月，胡军考入河北地质学院（现为河北地质大学）地质经济管理专业读大学。考地质大学的决定可能来自少年经历的影响，长期生活在大山荒野，经常看到地质队员的身影，《地质队员之歌》所表现出来的激情、浪漫和奉献，使他很向往地质队员的生活。填报高考志愿时，他毫不犹豫地填写了地院和矿院。

入学伊始，胡军的师兄吴玉才（宁夏回族自治区人大原副主任）就带着他领取了学校发的四样东西：地质包、罗盘（野外辨别方向和定位用）、地质锤（采矿样用）、算盘（矿产评价用）。他当时想，这可能就是自己的一生和未来了吧？

4年的大学生活既短暂、单调，又丰富多彩，是一段激情燃烧的岁月。说单调，好像大学四年除了读书很少有其他的事情做；说丰富多彩，是第一次面对浩瀚的知识海洋，那种新奇、渴望和追求，令人目不暇接。那时的校园文化不像今天这样丰富多彩，他和同学们基本上是白天上课，晚上自习，同时大量阅读课外知识，遇到不感兴趣的课，也会偷偷地看其他书籍。在那个年代没有网络、电脑、手机、复印机，学习全靠手工摘抄，虽然辛苦但却记忆深刻。课余生活也很单调，下下棋、打打乒乓球，有时做点好吃的打打牙祭，已经是莫大的享受了。在入学40周年的同学聚会上，胡军写了一段打油诗，"校园草蓊郁，陋室书声朗。凭轩思真理，伏案写华章。放歌仲夏夜，收课举炊忙"，诗中所描述的基本是那时的真实写照。回忆大学四年，胡军对两个场景记忆深刻，一是同学之间的辩论，从科学知识到社会现象，大家都从不同的角度去解读、争论。二是跟老师的辩论，老师下课后基本无法走开，总是有许多同学在提问题，有时问得老师也下不来台。那时学生的结构组成也很特别，年长的35岁，年幼的16岁，来自不同的行业，有着不同的人生经历，他们在一起交流、学习、生活、相互影响和激励，这可能就是"新三届"成长成才的独特的文化环境吧！

4年的大学时光转瞬即逝，毕业后何去何从？又是人生中的一次重要选择。"说到读研还有一个小插曲，在本科毕业前夕，有一位系领导告知我有可能被留校任教，我很惊讶！自己的性格和能力不适合当老师，在我的初心和职业生涯规划中也没有教师这个选项。于是找到系主任表明了自己的态度，但系主任说，'除非你读研究生我管不了你，否则你只能服从分配'。系主任的话成了我读研的巨大驱动力之一。从怕当老师到当了一辈子老师，现在回想起来，可谓是被动却无悔的选择吧！"胡军在回忆那段经历时说。

备考的日子短暂、紧张、难熬，一方面要完成大四的课程，完成毕业实习和毕业设计，另一方面要为考研备考学习另一门完全陌生的专业课程——工业经济学，两者间经常顾此失彼，以至于后来他在梦中经常出现既没有考上研究生也没有大学毕业的可怕场景。

"当时报考暨南大学是因为暨南大学工业经济专业比较强。中国人民大学、复旦大学、辽宁大学、中南财经政法大学和暨南大学是工业经济学专业的"五大重镇"，全国工业经济的统编教材，暨南大学是主编单位之一。暨南大学工业经济专业名师云集，如黄德鸿、赵元浩、颜坚莹、云冠平等。另外，暨南大学的经济学专业、金融学专业、会计学专业也有一大批著名教授，如蔡馥生、张元元、王光振等。这种优良的学术环境，是学子们十分渴求和向往的,所以就报考了暨南大学。记得当年暨南大学面向全国招生,只招两人,杨海涛(我的大学同学,曾任暨南大学研究生部副主任,新会市副市长,广东药科大学党委书记)和我很荣幸地被录取。"

1982年9月,胡军正式拜在黄德鸿教授门下,开始了新的学习生涯。"当年读研究生的日常比较单纯,没有找工作和购房的压力和干扰,读书、调研和做研究成为我们主要的日常工作。可谓'两耳不闻窗外事,一心只读圣贤书'。"胡军回忆道。

1983年导师黄德鸿指导论文写作

"3年中,我们的主要工作是做研究,最开心的事莫过于文章被采用。当年一篇文章在《经济研究》上发表后,我的心情是喜出望外,欣喜若狂,稿费虽然不多,却马上请同学们吃了一顿饭庆祝一番。这篇文章的架构竟然是在公共汽车上突发奇想构思而成的,大纲就写在手臂上。还有一次梦到和张炳申(室友,暨南大学经济学院原院长、广东金融学院原院长)合力钓了一条大鱼,第二天竟然收到了我们合作文章的用稿通知。"在回顾研究生经历时,胡军忍不住谈起这些趣事。

"读研期间,导师们对我们的要求还是很严格的。黄德鸿老师要求我们读原著、抄经典、写笔记,他每次都要认真检查笔记,目的是让学生打下坚实的理论基础。赵元浩老师要求学生每周末去他家剪报纸,通过剪报纸,积累知识,开阔视野,提高对经济社会发展的注意力和敏锐度。导师们除了在学术上对学生严格要求之外,在生活上对我们也十分关爱。我们几位同学都是北方人,初到南方,水土不服,语言不通,风土人情不了解,导师们平日里嘘寒问暖,节假日请我们到家里吃饭,回想起来,师恩难忘!"

"除了做研究之外,我们的求学生活也是丰富多彩的。3年里,我们跟着导师到各地做社会调查,当过助教讲过课,到远东风扇厂当过半年的助理科长。这些都极大地丰富了我们的社会阅历,为我们的成长打下了坚实的基础。"

暨南大学3年的求学生活虽然短暂,但却是胡军人生经历中收获颇丰的重要一站。他跟着名师们学做人、学做学问,和同窗学友们分享人生经历,互为镜子,取长补短。胡军当年的同窗,无论是做学问、做行政,还是做企业,现在都成了各行各业有影响力的精英,如丘进(国务院侨办文教宣传司原司长、西安交通大学副校长、华侨大学校长)、杨海涛(广东药科大学原党委书记)、贾益民(暨南大学原副校长、华侨大学原校长)、张炳申(广东金融学院原院长)、隋广军(广东外语外贸大学原校长、党委书记)等,他们也是中外关系史、比较管理学、华文教育、劳动经济学、宏观经济方面的著名专家和学者。

1985年,胡军研究生毕业,获硕士学位。"当时社会对研究生的需求很大,政府、企业和高校都要人,但黄老动员我留下来工作,黄老说理由有二,一是学术'衣钵'总要有人继承,二是你普通话讲得好,个子高,写黑板字不用站凳子,天生适合当老师。我自己也感到作为一名老师,可以有比较多自由的时间,可以超脱地观察社会、世界,把自己的所思所想跟学生分享,这是一份充满挑战和收获的工作,'桃李满天下'何尝不是人生中值得追求和自豪的一种境界?于是,1985年9月毕业后我就留在暨南大学企业管理系任教。开始了迄今为止的、长达41年的在暨南大学的职业生涯,'暨南人'也成为镶嵌在我生命中的身份标识。"胡军回忆说。

留校后,胡军于1987年任讲师,承担了"管理学""工业经济学""跨文化管理""领导科学与艺术"的本科课程。同时,他还参与了黄德鸿教授和云冠平教授主编的《管理学》和《领导科学与艺术》两本教材的编写工作,其中的《管理学》发行量很大,社会影响也较大,一段时间甚至脱销。

初为人师,兴奋和忐忑并存。面对一双双饱含探索和求知渴望的眼睛,胡军既找到了一名老师的人生价值,也体会到了肩上沉甸甸的责任。为此,他虚心向老教师学习,认真听课、备课,广泛发掘和整理课外知识,注重案例教学和启发式教学,鼓励课堂讨论和辩论,着重开发学生的潜力而不是灌输知识。他在当企业管理1984级班主任时,发现一位名叫林伟的学生在思辨和辩论方面很有天赋,于是他就支持和鼓励这位学生发挥自己的专长。最后,这位同学成为暨南大学辩论队的教练兼主辩手,在全国大学生辩论大赛中夺得冠军。1988年,胡军被评为暨南大学首届"十佳授课教师"。谈起这段往事时,胡军认为这是他一生中所获得的最有价值、最值得珍惜的奖项之一。

1989年胡军被破格提升为副教授,同年担任硕士生导师,1994年获得教授任职资格,1996年成为博士生导师。胡军于1990年至1991年6月在上海外国语大学进修英语,于1991年7月至1992年12月赴英国伯明翰大学经济系进修(其间被英国华威大学录取为博士生,后因当时的一些政策影响未能读成),于1998年7月至1999年1月受欧盟资助,赴德国汉堡大学从事合作研究。

在国外学习和研究的时间虽然短暂,但也是胡军学术生涯的重要阶段。

1991年,受国家基金委委派,胡军赴英国伯明翰大学经济系进修。在一年半的时间里，他选修了五门博士课程，与荷兰导师安德鲁共同研究了中英双边贸易问题，收集和翻译了跨文化管理方面的大量资料。回顾这段历史，胡军用"艰苦并快乐"来形容。说艰苦，当时的中国还不富裕，国家给的生活费用并不充裕，"省吃俭用"是生活的主旋律。往往吃完早餐就自制汉堡包（面包+鸡蛋+火腿肠+蔬菜）当作午餐，每天不是在课堂就是在图书馆，只有周末才能做顿中餐犒劳一下自己。通勤靠买的一辆旧自行车解决。说快乐，就是可以心无旁骛、一心一意，没有任何干扰，有大量的自由时间做研究。周末和假期周游英国，考察异国的风土人情和异域文化。1991年圣诞节，英国文化委员会安排胡军等学生到一家农村人家去体验英国的节日，当时正值英国的隆冬，大雪纷飞，胡军等学生躲在暖融融的房间内，近距离、全方位地观察了英国人是怎样过节的，亲身感受到了异域文化的独特，也感受到了英国农民的淳朴和天真。

还有一件事也让胡军感慨万分。当年，他早上6点刚下飞机时就被英国的高速公路、城市中心高大宏伟的建筑以及现代化的气息惊呆了，面对从未见过、五彩缤纷的异域世界，眼睛似乎不够用，顾不上舟车劳顿，就到处闲逛，饱览英国的风情。相比之下，那时的中国仍然落后。但在2019年，胡军受邀到伦敦中英商会做粤港澳大湾区发展的演讲，这次故地重游，他看到的是英国城市的破败和衰落，深刻地感受到祖国20年的飞速发展和强大！

胡军在英国伯明翰大学学习近一年半，也算是伯明翰大学的校友了。后来暨南大学与英国伯明翰大学合办暨伯学院过程中，胡军与伯明翰大学的校长谈起这段经历，双方距离拉近了不少。

1998年7月，受欧盟委员会的邀请，胡军赴德国汉堡大学进行为期半年的合作研究。合作者是时任汉堡大学经济学院院长、中欧管理学院首席专家费勒教授，他是一个中国通，对一些中国问题颇有研究。他当时很看好中国的未来，认为中国发展的动力和后劲很强大，是牵引世界经济发展的"火车头"之一。胡军现在回想起来，费勒当时还是很有远见的。胡军在汉堡的半年，时间虽短但也收获颇丰，提交了6篇研究报告，发表了两篇学术论文。

谈起在汉堡的经历，胡军十分怀念周末在阿斯特湖边、易北河畔喝咖啡、饮啤酒、读小说的日子。

回顾自己在大学的成长过程，胡军十分感谢他的导师黄德鸿教授。黄德鸿教授给了他人生的机遇，也改变了他的人生轨迹。

黄德鸿教授是中国著名工业经济学家，也是国内产业经济学最早的一批开拓者，创立了华南地区第一个工业经济学博士点。他在工业经济投资效果研究、国有企业体制改革、广东区域经济发展研究等方面撰写了颇多的学术论文和专著，取得了突出的学术成就。他的学术思想对中国特别是广东省的经济发展和体制改革产生了较大影响。

对胡军而言，黄德鸿教授既是吸引他来到暨南大学学习的最大动力，也是他后来学术道路的引路人，更是教会他为人、为治学的人生导师。"我第一次见到黄老是在硕士面试的考场，当时只招两个研究生，报名的却有30多人。面试时，黄老和蔼可亲的形象,让我的紧张感一下子消失了。当得知自己被录取的消息时,我喜出望外,这是我人生经历中为数不多的重要时刻。"

"治学深约宏美,做人忠信笃敬",是胡军对黄德鸿教授当年施教的感受。黄德鸿教授在长期的教学与科研实践中,形成了系统的十六字治学方法:"端正态度、打好基础、重视实践、大胆探索"。为了让学生牢记和理解经济学原理,黄德鸿教授要求学生通读经济学领域的经典著作,并定期检查学生的笔记。黄德鸿教授还特别强调理论联系实际,特别是中国的实际,经常带领学生开展社会调研,增进学生对现实经济运行状况的认识。胡军本人也在一家企业的计划财务科挂职半年,了解了企业运作的具体情况。在他看来,暨南大学产业经济研究院至今依然坚持面向实际、面向经济建设的主战场,脚踏实地地开展研究,与黄德鸿教授等老一辈学者的优良传统和言传身教不无关系。

跟随黄德鸿教授学习的时光也让胡军学到了不少做人做事的道理。"淡泊以明志,宁静而致远"是黄老的人生座右铭。平凡中见高达,质朴中显深远,是黄老人格与气质的真实写照。尤其是黄老做人做事的态度,他主张不争,与世无争、不争名利,一心做好自己的学问。这其实和老子的哲学思想很接近,"夫唯不争,故天下莫能与之争"。黄老师心胸宽广,做什么事情都非常坦然,遇到问题从来不急。从来不批评学生,而是用一种启发学生的方式点醒学生。黄老是一位纯粹的学者,穷其一生追求学问,更是一名优秀的师者,尽其一生教书育人。先生之风,山高水长。

二、学术成就

1985年胡军留校任教后,继续从事产业经济与企业管理方面的学术研究,曾先后承担国家自然科学基金重点项目"推动经济发达地区产业转型升级的机制与政策研究"、国家社会科学基金重大项目"共生理论视角下中国与'一带一路'国家间产业转移模式与路径研究"、国家社会科学基金重点项目"构建中国特色区域协调互动发展机制研究"、国家自然科学基金重点项目子项目"企业管理模式的文化基础"、国家自然科学基金面上项目"华南天然经济区高科技资源整合及发展战略研究""家族文化与家族式民营企业融资演化研究"、广东省政府大型研究项目"广东工业产业竞争力研究"和"广东产业可持续发展问题研究"等的研究工作。在《经济研究》《管理世界》《中国工业经济》《国外社会科学》等著名学术杂志发表学术论文30余篇,主编"产业经济学丛书"3套,出版专著2本。胡军的研究领域主要是产业经济与企业管理,他密切结合我国经济发展和改革开放的实践,深入研究区域经济一体化、工业产业竞争力、工业化理论与产业转型升级、创新理论与中小企业政策、跨文化管理等相互关联的重要理论和现实问题,提出了一些具有独到见解的观点,为政府政策的制定、广东地区经济发展以及产业经济学理论演进做出了一些有价值的、前瞻性的探索。

（1）关于华南区域经济一体化的研究。在20世纪90年代中期，世界上湾区经济发展迅猛，我国粤港澳大湾区事实上也已形成，经济往来日益紧密。但同时，与国外著名的湾区经济相比，这个区域的交流与发展仍存在诸多的障碍，该区域的发展是在两种不同的政治制度中推进的，地区之间在经济模式、法律体系等领域存在着显著的差异，还存在着3个相互独立的关税区，税制管理也存在着很大差别。此外，该区域仍采用传统的、依赖要素投入的经济增长模式，呈现低技术度高速发展的趋势。

面对这种局面，许多有识之士发出了改变现状的呼吁。美国威斯康星大学教授高希均指出："面对这种区域性经济结盟的兴起与蔓延，面对世界市场这样的瓜分与保护，分布在亚洲国家与地区的10多亿华人如何自处？仍然坚持政治体制的不同，个别发展，受制于美、日等国？或者'让政治归政治'，设法形成经济合作，凝成一股前所未有的华人力量，为中华民族争世界一席之地？作为一个中国人，尤其是对历史负责，对后代负责的中国政治家们，还有什么课题比这个更重要？"暨南大学的云冠平教授也指出："到21世纪，这个'天然经济区'将会尝到只顾当前经济发展而长期忽视科技投入的苦果。在享受过一段经济繁荣之后，现有的发展潜力（如低工资）将消耗殆尽。到21世纪一觉醒来，人们会发现该地区再一次沦为低发展度地区并承受其带来的一切后果。"

胡军对于这个问题也有浓厚的兴趣，恰好时任暨南大学出版社编辑的陆祖康也关注到这一问题，他建议胡军系统地对这一现象进行研究。经过一年多的策划与研究，胡军系统地梳理了不同的观点和主张，出版了《华南区域经济一体化》一书（书中的"华南区域"包括粤港澳大湾区以及台湾、福建和海南岛）。书中以欧共体为参照物，提出了华南区域经济一体化的理论思想与政策主张。

在深入分析华南区域经济一体化特殊含义的基础上，胡军指出华南经济区域传统合作模式包括3个特征：一是自发性，二是低层次和短期性，三是以低技术、劳动密集型产业的内移为主要内容。他认为这种合作模式的成因从粤闽琼方面来看有4点：对投资需求的饥渴症，使其无可选择地纳入了这一合作模式；大陆旧的增长模式的惯力在这个地区的延伸；粤闽琼对新技术的吸纳能力过弱；缺乏产业甄别机制与政策。从港澳台方面来看有以下三点：经济发展受到本身增长极限的限制；生产的产品需要足够的吸纳空间；港澳台在失去发展劳动密集型产业的种种优势以后，以小企业为主的企业规模结构没有能力进行自身的技术升级，要发展高科技，只有将这些企业向外大规模地转移。

胡军认为传统合作模式日益暴露出其局限性。主要表现在：一是产业结构的同构现象十分严重；二是出口商品结构与出口市场呈趋同性；三是产业内移效应与预期值相背反；四是广东的吸纳能力衰减；五是旧有的合作模式制约了各方经济发展的活力。所以，尽管华南经济区域各方旧合作模式的存在还有其比较利益上的合理性，在大陆三方的某些地区还会有一定的发展空间。但从总体上说，在20世纪90年代，华南经济区域各方的合作，应朝着新的模式过渡。

胡军认为要从各方综合的长远的利益出发，区域经济各方主要是提高整合的程度，从自发的、局部的、低层次的、片面的整合走向自觉的、整体的、高层次的、全面的合作。在此基础上，胡军提出了华南区域经济发展与整合模式选择的政策主张：第一，组织与协调模式应从民促走向官促。政府介入经济体系发展的主要功能在于协调宏观层面出现的利益纷争，协调产业政策，并运用经济规划、经济政策、经济扶持等手段，进行有效的宏观调控。制定合理的产业政策和引进外资政策，有可能对旧合作模式产生较大的影响，引导产业结构向合理化方向发展。第二，发展取向要从互补性合作到结构性合作。第三，产业整合模式要从垂直分工到垂直与水平混成分工。第四，时空发展模式要从无序到有序。

（2）关于广东工业产业竞争力的研究。进入21世纪，广东的改革开放和产业发展已走过了20年的历程。对这20年的发展如何评价？产业发展的现状和竞争力究竟怎样？下一步应如何发展？这些问题都需要在理论层面给予回答。在时任省委书记张德江的要求和推动下，系统研究广东工业产业竞争力的项目得以立项，胡军、朱卫平带领的研究团队承担了总报告的研究和撰写工作。胡军、朱卫平团队系统研究了产业竞争力的理论框架、评价方法与政策体系，深入分析了产业竞争力理论及其评价体系在转轨经济体制中的适应性和调整方向，首次全面评价了广东工业产业竞争力的维度与水平，提出了系统提升广东工业产业竞争力的政策主张。

基于产业竞争力战略理论和全球价值链分析法，该团队首次对广东工业产业的竞争力作了全面、系统的分析研究，对如何准确地评价和提升广东工业产业竞争力得出了比较科学的、明确的结论。从整体上来看，广东工业产业具有较强的数量优势，市场占有率连续多年居于全国首位，但其竞争优势与上海、浙江、山东等省市相比存在一定差距，主要原因是盈利能力长期低于全国平均水平；同时，其市场占有率和竞争优势系数的相对水平趋于下降，存在被江苏、山东、浙江等省全面赶超的可能性。从结构上来看，广东拥有一批同时具有较强的市场占有优势和竞争优势的工业行业，但工业发展的地区差异十分明显。从进出口来看，广东是我国第一出口大省，但市场占有优势未转化为利润优势。

该团队认为广东工业发展的主要问题表现在：关键技术的自主创新意识和能力不强，全社会研发投入不足；装备工业发展滞后；在国际分工体系中处于产业链的低端；缺乏行业龙头企业，大小企业之间缺乏有效的分工协调；区域工业发展不平衡，不同区域之间的合理分工协作关系没有形成；引进外资的结构不合理，引资方式缺少创新；高素质人才供给不足，高级技工和研发人员严重短缺，吸引人才的环境有待改善；金融体制改革滞后，投融资渠道不畅；政府协调机制尚待加强。

针对广东工业产业竞争力存在的问题，该团队提出了十二大政策主张：①以掌握制造业核心技术为目标构造技术创新体系；②以"三高"（高增长行业、高新技术、高附加值）为目标取向，不断优化工业产业结构；③以合作竞争体系形成为目标，优化工业产业组织结构；④以区域协调发展为目标，优化区域布局结构；⑤外引内联，更充分发挥区位优势；⑥拓宽工业投资渠道，提高工业投资质量；⑦加快人力资源培育，消除工业发展的人才瓶颈；⑧大力发展生产性服务体系，为工业产业的发展提供外部支持；

⑨把大力发展民营经济放在制度创新的首要位置；⑩培育产业社会的自组织功能；⑪完善和规范政府职能；⑫培育广东"工业精神"。

（3）工业化理论与产业转型升级。胡军针对中国转轨体制下的工业化问题进行了早期探索和持续跟踪研究。他在亚洲金融危机后对"东亚模式"的问题、成因及未来走向进行了反思和判断，并对广东的区域工业化问题进行了较早的研究。他认为，国家整体非平衡工业化战略必然引致局域工业化具有不同的模式。他系统分析了局域工业化的跨越模式的特点及其形成机理，认为制度、创新、开放以及市场的力量等因素构成了跨越的动力，同时指出了模式隐藏的局限性。相关结论对我国当前经济发展方式转变具有一定的启发价值和政策含义。

胡军开创性地研究了改革开放初期劳动力的流向、流速和流量及其宏观控制，深入讨论了劳动力供需结构失衡对产业结构升级的影响。他认为，中国产业结构升级转换的障碍除了缺乏具有竞争力的技术创新外，最现实的问题是与产业转换相配套的关键要素——劳动力供需结构存在着严重的失衡，劳动力供给结构与劳动力需求结构发生着较大的背离。他认为，产业结构与劳动力结构背离的主要原因在于我国工业化模式和产业的非正常发展。

胡军还对我国劳动密集型产业和代工制造业的结构调整进行了研究。他认为20世纪90年代末出现的内需不足问题的根本原因在于国民可支配收入与80年代末以来的产业结构调整不协调。在以轻工业为主的工业化模式下着力发展重工业，抑制了农村人口收入的增长，也使农业劳动力向非农化转移受到扼制。内需不足不是总量过剩的问题，而是结构性的问题。他认为，在21世纪之初经济转型阶段中，劳动密集型产业仍然存在着发展的巨大潜力和空间。他还首次利用全球价值链分工理论深入分析了中国代工制造业的成长机会、升级模式与发展路径，并对珠三角代工制造业的转型升级提出了系统的政策主张。

胡军与朱卫平、顾乃华、陶锋等专家还对我国东部发达地区产业转型升级的机制与政策进行了深入探索和系统研究。结合我国东部发达地区经济发展面临重大难题，胡军带领团队重点讨论了产业转型升级的影响因素及运行机制，典型产业转型升级的演进模式与机制，中国经济发达地区产业转型升级的演进模式、水平及其影响的分析和评价，推动中国经济发达地区产业转型升级的战略分析与政策研究，对于在产业技术理论、产业结构理论、产业组织理论和产业区域布局理论等方面融入"中国元素"、丰富中国特色的产业经济理论具有理论创新价值。

（4）创新理论与中小企业政策。胡军高度重视技术创新对产业升级发展的影响。较早地研究了工业企业技术改造的规律性，认为我国改革开放初期，工业企业技术改造中存在战线长、项目多、力量散、管理乱、浪费大、效益差等现象。他指出，制约技术改造规律的因素主要有自然因素、经济因素、社会因素、历史因素和经济规律的调节，并从整体性、相关性、有序性和动态性4个方面分析了技术改造规律作用的特点，还提出了技术改造的整体思路和对策建议。

胡军系统梳理和评价了德国等发达国家的工业创新机制和政策。他分析了德国工业创新的基本特征、主要载体、技术传播网络和教育培训系统。他认为德国工业创新体系建设和对中小企业技术创新的鼓励政策对中国工业经济发展具有借鉴意义。

第一，要激发中小企业的创新活力。既要发挥政府宏观指导和政策倾斜作用，又要充分发挥市场机制对创新资源配置的影响。

第二，中小企业的技术创新要选择适当的技术路线。

第三，应大面积改造我国目前的科研体制，使更多的专业科研机构以及大专院校的科研力量面向市场，创造新的工业创新体系。

第四，既要吸引实力雄厚的德国大企业来华投资，又要着重研究进一步吸引拥有先进技术的德国中小企业来华投资的问题。

胡军认为，德国的技术创新之所以在世界上独树一帜，在于它有一个"真正的行业协会"。德国工业创新的研究体系十分庞大，构成也比较复杂，但值得一提的是它的合同研究机构，它是使学术知识同工业的特定应用研究项目联系起来的媒介。著名的弗劳恩霍夫协会（Fraunhofer-Gesellschaft）就是德国主要的应用研究机构，它成立于1949年，下设许多从事不同领域研究的研究所。这个协会的特点是：其研究目标是为中小企业的生产与创新开发服务，同时也为大企业和外国企业从事合同研究；它有明确的组织目标和组织体系，由企业界、学术界、政府的代表所组成的管理机构决定它的研究政策和研究方向；它的研究得到政府的政策性资助，从而使厂商能以较低成本购得生产工艺和新技术；它合作研究的主办人通常是私营企业、工业联合会、政府机构，研究的重点是应用研究，这种研究使学术界和企业界的资源都指向工业创新；该协会下属的研究所所长由有科研能力和企业家精神的人来担任，通常是有经验的经理和成功的企业家，并在学术界和企业界有名望，以便适应市场需要进行技术创新的要求。

胡军还对美国、德国、日本、中国台湾的中小企业政策进行了系统的国际比较研究。通过比较研究，他认为要采取切实可行的政策措施促进我国中小企业的迅速发展：首先，各级政府以及社会对中小企业的发展应有一个正确的认识；其次，我国中小企业政策的着重点应放在鼓励中小企业生成和企业网络的形成上；最后，建立比较集中的宏观管理与社会保障体系。

（5）关于跨文化管理的研究。1990—1992年在英国伯明翰大学学习期间，胡军注意到国外学者们对跨文化管理（Cross-culture Management）的研究。作为一门在20世纪70年代后期才在美国逐步形成和发展的新兴边缘学科，跨文化管理学在当时还不成熟，许多研究领域还是空白，在中国的研究也是处于起步阶段。胡军在阅读和翻译了大量的外文书籍后，对这个领域的研究产生了极大的兴趣，并把它作为自己今后一个重要的研究领域。胡军当时认为，研究跨文化管理有3个方面的必要性。一是中国的经济正在走向世界，加入世界贸易组织之后，中国与世界的联系越来越紧密，中国企业的跨国经营成为大趋势。对于跨国经营的管理者来说，熟悉所在国的文化背景是十分重要的，因为文化往往以最微妙、最深刻的方式影响着人们的行为。二是对不同文化系统的研究有助于我们客观地认识和理解他人的文化与管理，而不是从自己的文化观点出发理解他人的文化与管理。三是对于跨文化管理的研究有利于建立有中国特色的管理理论。改革开放以来，中国的管理实践有了很大的发展，但管理教育与培训的内容还是以西方的管理理论为主。任何管理理论和管理系统都是根植于既定文化之上的，民族文化环境和管理系统必须相适应。特定的社会文化不仅影响了社会中人们的行为，而且还影响了将管理理论与管理方式成功地从一种文化转入另一种文化的可能性。我们的问题在于始终没有摆脱模仿和沿袭他人管理模式及方法的框框，在引进管理理论和管理方法时，没有考虑到不同文化背景下产生的管理理论在中国的适用性问题。有学者认为，"我们需要创造具有中国特色的管理体系。卓越的管理内涵在于其熔融于民族文化之中，任何模仿或沿袭他人的管理模式都不会形成超越"。所以，必须立足于中华民族文化的特性，运用我国的优秀传统、历史与文化的精华，创造出有中国特色的管理理论、手段和方法。

胡军于1995年较早地将跨文化管理学科及其研究体系引入中国大陆，对跨文化背景下的组织沟通、激励行为和领导方式等进行了系统探讨，具体讨论了影响企业管理的文化层面及其国际比较、员工的工作行为与激励的文化基础、管理行为与领导方式的跨文化比较，深入分析了"儒家文化圈"的管理模式。

胡军和他的研究团队对华人企业管理模式及其文化基础进行了总结与提炼，评价了中国传统价值观和家族文化对华人企业管理的深层影响，并深入研究了华人群体内部差异性及其对管理模式的影响。他发现：第一，华人企业管理模式具有5个独立的面向，包括差序式治理、家长式领导、两权合一、依赖网络和子承父业，其中依赖网络最为重要。第二，华人家族文化取向具有4个独立面向，包括家族取向、人情取向、中庸取向及恩威取向，其中，恩威取向最为重要。第三，管理模式与家族文化密切相关。从管理模式受家族文化影响的角度看，差序式治理与人情取向和中庸取向相关，子承父业与人情取向相关；从家族文化对管理模式影响的角度看，人情取向对管理模式的影响最显著，而中庸取向对管理模式的影响最广泛。

团队运用新制度经济学的交易成本理论分析华人家族企业网络的经济性质，认为华人家族企业网络是一种比市场机制有效、比大型科层制组织灵活的中间组织形式，它能通过网络内企业之间重复交易产生的信任和承诺的协调，节约交易成本；华人家族企业网络除具有一般企业网络的基本特征外，最主要的特征是其网络结构展现出浓厚的中国传统家族文化色彩；中国传统家族文化的"差序格局"是华人家族企业网络的文化根源。

团队还提出了基于社会资本的中小企业创新理论，认为：第一，中小企业的创新结构和知识管理水平受到结构性、认知性社会资本和企业人力资本的综合影响；第二，中小企业认知性社会资本既直接地、又通过影响企业的结构化社会资本间接地影响了企业的技术创新水平，显示出社会资本对中小企业创新的影响存在明显的分层结构和不同路径。

胡军还特别重视文化在其他领域的影响和作用。2017年他在接受广州《南风窗》

杂志记者采访时指出，一座城市的软实力是文化，未来的城市竞争最终是文化的竞争。一座城市的文化特质与它所选择的产业密切相关。广州未来的发展，就是要不断认识和发掘自身的文化特质并将其发扬光大，找到与自身文化特质相符合的产业，持之以恒地发展，优势就会凸显出来，而且无可替代。胡军还是较早地认识和提倡发扬"工业精神"的学者之一。

（6）关于推动经济发达地区产业转型升级的机制与政策的研究。2013年，在经历了较长时间的积累和准备后，以胡军和朱卫平、顾乃华教授为学科带头人的研究团队准备申报国家自然科学基金重点项目。当时的竞争非常激烈，最后进入答辩的是中国社会科学院、复旦大学和暨南大学的3个团队。

这项研究依托产业经济学、资源环境经济学、新经济地理学、技术经济学、新制度经济学的前沿理论，将所关注的经济发达地区产业转型升级问题，置于我国特殊的体制背景和新一轮产业革命促使全球产业链再配置加速的现实中进行考察，从而将时代背景、国际化方法和中国本土特色问题融合在一起，从"阶段—要素—制度—功能"多维分析视角入手，构建产业转型升级影响因素的分析模型。同时，基于区域产业体系与全国、全球产业体系的互动关系，并在充分考虑产业发展与科技进步、资源环境保护等有效融合的基础上，从宏观和微观两个层面，全面、系统地探讨产业转型升级的过程，以及揭示产业转型升级过程中知识网络的形成机制、产业集群的升级机制、跨国公司主导全球价值链治理的机制、要素流动和配置的机制、区域利益动态博弈的机制、区域产业政策和制度交互学习的机制等。研究成果针对中国转型阶段的发展需要以及产业发展面临的问题，提出的促进经济发达地区产业转型升级的顶层战略、发展策略与政策建议，为政府决策提供了有价值的参考和依据。

第一，对新形势和新背景下产业转型升级所涉及的相关概念进行辨析，构建产业转型升级的分析模型。项目组从产业结构、产业链、价值链等维度阐明经济发达地区产业转型升级的理论与政策含义，构建理论分析模型和影响因素分析模型。尤其注重将经济、科技全球化和外部竞争环境的变化与我国经济发达地区面临的特殊国情、对外开放和制度变革、自主创新导向战略和建设区域创新体系需要等结合起来，分析影响我国经济发达地区产业转型升级的因素。产业转型升级运行机制的研究包括两类：一是宏观运行机制，重点包括区域产业体系与全球产业分工网络的互动关系和机制，基于全球价值链的要素流动、配置与产业转型升级的关系，基于需求结构转变和内需市场扩大的产业转型升级路径，资源环境的"倒逼机制"、技术创新与产业转型升级的关系。二是微观运行机制，重点包括对企业微观转型升级进行行为分析和核心机制分析，从不同侧面讨论影响企业转型升级的关键因素。

第二，针对若干典型地区、典型产业和代表性企业转型升级和动态优化的演进模式与运行机制的案例和实证研究。项目希望通过典型案例研究和实证研究，发现和提炼出不同模式的演进特点和规律，深入阐述我国经济发达地区特别是广东省产业转型升级的现状、存在的问题，为我国和经济发达地区制定促进产业转型升级和动态优化的战略、策略、路径和对策提供参考和依据。

第三，结合中国转型阶段的发展需要，研究提出经济发达地区产业转型升级的顶层战略、重点、发展策略以及政策建议，为相关决策提供支持。特别是针对广东省及其下辖地市的相关政策研究，能够直接服务于政府决策。课题组依托此课题研究成果，以阶段性成果和积累的数据、案例作为依托，主动承担广东省发改、经信、科技等相关职能部门以及广东绝大多数地市的有关产业规划和政策研究工作，针对当地产业转型阶段的发展需要以及产业发展面临的问题，提出促进所在地区产业转型升级的顶层战略、发展策略与政策建议，为政府决策提供支持。

以该项研究为载体，提炼前沿理论性命题，通过不同学科间的协同和团队协作，形成了一批有较高水平和特色的研究成果。5年间已经发表署名该国家自然科学基金重点项目资助的著作13部，论文165篇，包括《经济研究》5篇、《管理世界》4篇、SSCI论文27篇、《中国工业经济》6篇、《经济学季刊》2篇、《世界经济》3篇、《统计研究》3篇、《国际贸易问题》8篇、《经济学家》6篇、《数量经济技术经济研究》2篇、《经济学动态》3篇、《金融研究》1篇、《财贸经济》1篇，其他CSSCI期刊论文71篇，等等。高质量地完成了国家自然科学基金重点项目，结题评价获"优秀"。

（7）共生理论视角下中国与"一带一路"国家间产业转移模式与路径研究。2017年11月，胡军、顾乃华、陶锋教授关于"共生理论视角下中国与'一带一路'国家间产业转移模式与路径研究"的课题获国家社会科学基金重大项目立项。该项目从产业共生及产业生态共建的理论视角，探讨在新的国内外形势下，从单一的产业转移向综合性、多维的国际产业合作转变的理论和实践问题。尤其是以"一带一路"沿线国家作为样本对象，分析中国与"一带一路"沿线国家之间开展产业合作的背景、合作方式及成效等关联问题，并基于设施联通、贸易互通、投资畅通、资金融通、创新相通等多元化视角，探究中国与"一带一路"沿线国家间产业转移与合作的理论基础及特征性事实、机遇与挑战、影响因素或驱动因素、不同模式选择及其宏微观经济效应。在此基础上，探讨"双循环"背景下中国深度融入"一带一路"倡议及推进高质量国际产业合作的对策建议，为政府和企业贯彻落实党的二十大精神、促进国际产业合作高质量发展、推动构建人类命运共同体提供参考。

该项研究在学术思想和理论观点方面的贡献如下：第一，在梳理中国与"一带一路"国家间产业合作思想的基础上，遵照"构建人类命运共同体"倡议，从资金融通、贸易畅通、创新连通、设施联通、民心相通等综合性视角，勾勒中国与"一带一路"国家间产业合作的画像。第二，将学界关注的产业合作的单边激励效应思路拓展到产业合作双边乃至多边互惠效应，探讨"产业命运共同体"下的真实经济效应。如考察了中国企业OFDI（对外直接投资）对"一带一路"沿线国家的互惠效应，发现中国企业OFDI不仅促进沿线国家产业合作发展，且能助推中国产业合作发展。第三，考察中国与"一带一路"国家间产业合作的互惠效应下的产业高质量发展功效。研究发现，"一带一路"倡议下中国进口竞争不仅能显著提升沿线国家实现产业升级，出口所引致的专利出海行为也将助力本土企业向全球价值链高端攀升。第四，相较以往研究，该研究在中国与"一带一路"国家间产业合作模式的考察中，从设施联通视角评估设施共建共享尤其是国际运输通道建设的产业发展及创新效应，发现了以中欧班列为代表的国际运输通道建设显著提升了区域产业合作发展，且对周边企业创新投入效应存在异质性的激励作用。

三、社会影响

胡军从教40年，曾兼任中国工业经济学会副会长，中国企业管理研究会副理事长，教育部教材评审委员会委员，广东省政协咨询委员会委员，暨南大学董事会副董事长兼秘书长、董事，曾宪梓教育基金会理事，广东省社会科学界联合会第七届委员会兼职副主席，广东省政府经济发展研究中心特约研究员，广东省行政管理学会理事会副会长，广东省海外交流协会副会长，广州市政府经济发展顾问。目前担任暨南大学校友总会会长、暨南大学"一带一路"与粤港澳大湾区研究院院长、暨南大学中国（广东）自由贸易试验区研究院院长。胡军也是广东省改革开放后较早从事经济研究的青年群体的一员，20世纪80年代他就当选为广东中青年经济学会的副会长。

胡军及其团队的研究成果多次获得省部级科研成果奖励，胡军、朱卫平牵头的"广东工业产业竞争力研究"于2005年获广东省哲学社会科学优秀成果奖一等奖，胡军、覃成林牵头的"中国区域协调发展机制体系研究"于2017年获广东省哲学社会科学优秀成果奖一等奖、教育部高等学校科学研究优秀成果奖（人文社会科学）二等奖。

在教学方面，胡军、张宏、谷世乾等专家牵头的"'面向世界，应用为主'理念下港澳台学生个性化人才培养模式的创新与实践"项目于2014年获广东省教育教学成果奖一等奖，"新时代港澳台侨学生'两融三浸'型国情教育模式创新与实践"教改项目于2023年获广东省教育厅优秀教学成果奖特等奖、教育部国家级教学成果奖二等奖。胡军本人于2002年获国务院特殊贡献专家津贴，2021年获广东省优秀社会科学家称号。

胡军及其团队所承担的课题也产生了较好的社会影响。比如今年完成的国家社会科学基金重大项目"共生理论视角下中国与'一带一路'国家间产业转移模式与路径研究"课题完成后，社会影响和后续效应较好，包括以下3个方面。

首先，课题组注重将项目研究和学生培养紧密结合，思考"一带一路"倡议背景下作为侨校的暨南大学如何培养适应经济全球化要求的经管人才。胡军带领团队完成的"工商管理类人才跨文化培养模式创新与实践"项目于2020年获广东省教育厅颁发的第九届广东教育教学成果奖一等奖。

其次，课题组首席专家、各子课题负责人以及成员围绕中国与"一带一路"国家的产业合作问题，在《中国工业经济》《管理科学学报》《财贸经济》《系统工程理论与实践》《经济科学》《国际贸易问题》《经济学动态》等中文核心期刊发表文章51篇，在 Emerging Markets Review，Journal of Contemporary China，Economic Modelling 等SSCI期刊发表文章7篇。

最后，以该课题为"孵化母鸡"，孕育了一系列国家级项目，并推动成果转化为智库服务，有力支撑了暨南大学应用经济学尤其是产业经济学的学科建设。

一是培育了一批相关的国家级课题。包括"粤港澳大湾区产业融合发展的机制与政策研究"（2019年度国家社会科学基金重大项目，主持人为子课题负责人顾乃华研究员）、"粤港澳大湾区构建具有国际竞争力的现代产业体系研究"（2020年度国家社会科学基金重大项目，主持人为子课题负责人陶锋研究员）、"畅通国内大循环、促进国内国际双循环的市场设计研究"（2021年度教育部哲学社会科学研究重大课题攻关项目，主持人为子课题负责人李杰教授）及其他多个国家社科基金一般项目、国家自然科学基金面上项目。

2019年，胡军为EMBA学生授课

二是与国家发改委合作成立了"一带一路"与粤港澳大湾区研究院，由项目负责人胡军教授担任院长、由子课题负责人顾乃华研究员担任常务副院长，扎实推进有组织的科研，重点就"一带一路"倡议与粤港澳大湾区建设两大产业国际合作开展有组织的科研，不仅取得了一批标志性研究成果，且使该研究院在2020年获批国家民委"一带一路"国别和区域研究中心、入选2020年"中国智库索引"（CTTI）来源智库，以及在2021年获评广东省普通高校特色新型智库。

三是转化了一批服务粤港澳大湾区建设的智库成果。包括：2019年受广东省市场监督管理局委托完成"十四五知识产权支撑粤港澳大湾区产业高质量发展政策措施研究"，2020年受广东省人民政府港澳事务办公室委托完成"粤港粤澳合作框架协议实施情况评估研究"，2021年受深圳市建设中国特色社会主义先行示范区研究中心委托完成"后疫情时代深圳在新发展格局中的定位和战略研究"，等等。

四是为省内外相关部门举办了多场培训。依托研究院的干部培训中心，项目主持人和骨干成员就国际产能合作、"一带一路"倡议和产业发展机遇、产业转型升级等主题，为粤港澳大湾区内广州、佛山、中山等地市的领导干部举办了数十场培训，取得了较好的社会效果。

2020年，胡军参加"一带一路"国际合作论坛

此外，暨南大学还与南沙开发区管委会共建了暨南大学中国（广东）自由贸易试验区研究院，由胡军任院长。大湾区研究院同南沙开发区管委会的创新局围绕大湾区自贸区建设形成了具有互动性、制度性、长期化的合作关系。研究院围绕粤港澳的制度对接等课题展开研究，并每年承办"一大三小"论坛，为南沙成为世界级的自贸区和对外开放核心区做出了暨南大学的贡献。

自从2000年到学校工作后，胡军的工作重心和关注重点开始向组建学术团队、搭建学术平台、推动学术研究方面转移。

2000年，胡军（右二）参加中山大学博士学位论文答辩

1997年,胡军开始接手暨南大学产业经济学学科带头人的工作,当时面临着申报国家重点学科的任务。1998年胡军赴德国汉堡大学进行合作研究,1999年回来后这个学科群龙无首,管理学院又从经济学院分离出来,学科的归属和经费的使用引发的矛盾很大。如何组织不同学院、不同学科的人员齐心协力地申报国家重点学科,的确是一项难度很大而且富有挑战性的工作。在这种情况下,时任管理学院院长的胡军主动与时任经济学院院长的张炳申教授沟通协调,希望以制定统一政策为抓手,打破学院之间的行政界限,统筹经管两院的学术资源,齐心协力共同申报国家重点学科。经过不懈的努力,产业经济学终于在2001年成为华南地区第一个应用经济学国家重点学科。

2006年,在当时广东省常务副省长钟阳胜的提议和支持下,暨南大学产业经济研究所升格为产业经济研究院,进一步加强了产业经济学国家重点学科的建设。如今,暨南大学产业经济学科取得了长足的进步,成为华南地区产业经济研究的重镇,曾先后承担国家自然科学基金重点项目两项、国家社会科学基金重大项目3项,承接了一批服务珠三角产业转型升级的决策课题,相关成果被转化为政府规划或政策,甚至政府的"一号文",部分成果获广东省委主要领导肯定性批示,为广东的产业发展做出了重要贡献。

2006年,胡军(左)拜会澳门特首何厚铧

回顾12年的校长生涯,胡军认为他做得比较有意义和有价值的事情之一就是推动了暨南大学"宁静致远工程"的实施。

进入21世纪,随着国家经济实力和综合国力的显著增强,我国的高等教育实现了跨越式发展,但同时,在教学和科研中浮躁、急功近利、重数量、轻质量的现象也开始出现。在这种情况下,如何秉承大学的精神和使命,如何坚守大学之道、回归大学本质,成为大学发展中必须面对和回答的问题。恰逢其时,2011年9月,时任广东省委书记汪洋同志在看望暨南大学饶芃子教授时提出:"暨大可否在广东带个头,为教师和学者提供一个可以安心做学问、安心教书育人的工作环境。"这一指示道出了高校破解困境的突破口,经学校领导班子讨论,暨南大学决定实施"宁静致远工程",其目的是要在校园内创造心无旁骛、潜心治学的一方天地,引导教师不为流俗裹挟,安心追求学理、追求高深学问,探求知识。

"'宁静致远'工程旨在培育安于教学、静心研究、致力育人、崇尚奉献的校园文化,以德为先、唯才是举、见贤思齐的舆论文化,鼓励创新、允许失败的精神文化,待遇适当、能体现尊严和体面的物质文化,公平、公开、公正、竞争择优的制度文化。这五种'文化'正好反映出'宁静致远'的文化环境和赖以运作的制度空间。这也正是符合让学者在宁静安逸的环境下进行学术研究的目的,是一件任重而道远的事情。"胡军当年在接受媒体采访时这样解释"宁静致远工程"的内涵。同时他表示:"自己更倾向于把'宁静致远'作为一个长远目标,而不是工程。实施'宁静致远工程'的主要目的是希望在这个充斥着物质欲望的消费时代,让我们的大学、我们的大学人能够重新检视自己对于知识、对于教育、对于社会以及对于自身的责任与担当,这与我校秉承的'特色兴校、质量立校、人才强校'办学理念是一脉相承的,因此应作为一个长远目标,贯穿于我校整个高水平大学建设进程中。"

"宁静致远工程"的实施,也得到了广大青年教师的肯定。青年教师黎文靖(现任暨南大学管理学院院长)认为:"'宁静致远工程'让我重新思考学术研究与教师职业的意义,也进一步思考'远'的含义。何谓'远'?教授就是人生和职业的终极目标吗?除此之外还有更高的追求与意义吗?对这些问题的反复思考,让我逐渐宁静下来,开始把目光放长,去审视整个人生追求,开始感受到学术研究的乐趣和意义所在。"

"宁静致远工程"的实施也收到了满意的效果。2016年10月10日,暨南大学人文社科"宁静致远工程"项目验收汇报交流会召开。会上,一系列亮眼的"成绩单"让校长胡军和与会教师都发出了"成果出人意料"的感叹。这一项目经费投入产出比1∶43,项目参与者累计获批经费5432万元,国家级项目60项(含重大项目6项,重点项目6项),省部级项目88项,发表A类论文238篇,出版学术专著54部,获得各级各类成果奖70项,等等。这些成果的背后,是四年多来全校上下"为教师创造宁心静气钻研学问的环境"做出的努力。

"宁静致远工程"的效果,得到了省领导的高度肯定,一些大学也前来学习交流,社会影响和知名度也较高。

2016年，胡军在暨南大学办公室

2015年，广东省委决定每年专门投入一定经费，支持若干所大学建成高水平研究型大学，暨南大学经过精心的准备和努力有幸入选。高水平大学需要有高水平的师资，暨南大学开始大力引进高水平的师资队伍，大力推进"人才强校"战略，不断深化人事综合改革，实施"暨南千人引智计划"和"暨南精英师资计划"，科技创新和高层次人才集聚取得显著新成效，为学校高质量发展奠定了坚实的基础。学校引进和培养了一大批学科带头人和中青年学术骨干，高层次人才引进和培养数量呈"井喷"之势，人才队伍建设呈现从个人到群体、学科发展从树木到育林的高质量发展态势。

在建设期的3年内，先后从港台地区和国外引进了香港大学的苏国辉院士，世界科学院院士、国际全球大气化学计划（IGAC）共同主席刘绍臣院士，美国杜克大学医学中心人类免疫研究所教授、科研所长，世界著名病毒学、病毒免疫学、免疫学专家廖化新博士，美国埃默里大学人类遗传学系终身教授李晓江博士，美国宾夕法尼亚州立大学终身教授和冠名主任教授陈功教授，等等。此外，国内一大批优秀的学者如关柏鸥、尹芝南、李丹、丁克、李宝军、周振、曾永平、周常河、段宣明、邵敏、王雪梅、陈家旭等也加入暨南大学，他们在人才培养、师资队伍建设、科学研究、平台建设、社会服务等方面取得一系列非凡成绩，国家重点重大课题，国家重点研发计划，以 Science 和 Nature 为代表的高水平论文，国家级高层次人才、杰青、科研成果转化都取得了0到1的突破，实现了1到n的爆发式增长，大大提升了暨南大学相关学科的整体实力，显著提升了学校声誉，也为广东的教育和科技发展做出了较大的贡献。

2010年，暨南大学的办学遭遇到前所未有的困难，一是每年的总收入不到10个亿，但却负有近8个亿的债务，二是某些原因，导致每年减少7000万的收入，在这种情况下，可用于学科建设的经费更是寥寥无几。同年8月，国务院侨务办公室派胡军到中央党校学习。在党校学习期间，胡军主动向国务院侨务办公室和教育部汇报暨南大学的重要地位和遇到的困难，积极争取广东省的支持。最后，在国务院侨务办公室、教育部、广东省领导的关心和广东省教育厅、财政厅主要领导的大力支持下，推动了教育部、国务院侨办、广东省"部部省"共建协议的签署，广东省一次性投入2亿元支持暨南大学的学科建设，极大地缓解了学校的资金困难。

胡军任校长期间，和当时的班子成员花费较多心血的还是番禺新校区的建设。2003年1月，时任广东省委书记张德江同志提出"建设全国一流大学城"的要求，广东各主要大学纷纷响应进驻大学城。由于种种原因，暨南大学没有进驻，失去了这次重要的发展机遇。但老校区仅有500亩的办学面积，无法承载暨南大学发展的需要，在广州建设新校区迫在眉睫。2006年，国务院侨务办公室刘泽彭、赵阳副主任在校领导换届大会上代表侨办对暨南大学建设新校区提出明确要求，暨南大学开始了艰苦卓绝的建设新校区征程。

2006年11月，胡军与海内外学子庆贺暨南大学百年华诞合影

前期进驻大学城的高校，政府已投入了大部分的建设资金。与之不同，暨南大学建设新校区基本上要自筹。新校区建设需要50亿元左右的资金投入，这个巨大的缺口只能自己想办法。此外，征地、拆迁、建设也要靠自己，其艰苦程度可想而知。在那个十分困难的时期，国务院侨办领导十分关心和大力支持暨南大学新校区的建设。国务院侨务办公室李海峰主任、马儒沛副主任亲自出面协调财政部、国土资源部、教育部、广东省政府，不仅化解了暨南大学多年的债务，而且争取到了各级政府9亿元的投入，极大地缓解了该校面临的窘境。暨南大学领导班子、学校各相关部门齐心协力，克服了种种困难，暨南大学新校区建设的一期工程在2014年顺利完成，同年迎接了第一批新生的

入驻。

暨南大学新校区的投入使用，为引进的高水平科研团队提供了充分的空间，扩大了海内外学子的招生规模，特别是扩大了港澳地区学生的招生规模，为国家和广东省的经济社会发展做出了重要的贡献。

迄今为止，胡军在暨南大学工作了整整41年。41年来，他直接培养的学生数以百计，这些学生分布在社会上的各行各业，有的成为一流大学的老师、知名学者、研究院院长；有的成为著名的企业家和风险投资家；有的在党政机关工作。他们都成了社会的有用之才，在各自的岗位上为社会、国家做出自己的贡献。

四、胡军谈治学心得

谈起治学，讲实话我是没有资格的，那是学术大师们的事。我的导师黄德鸿先生从我入学时就谆谆教导我，不要做大官，要做大事，做大学问。结果我是大官和大事都没有做成，学问也半途而废，每每想起，倍觉有负师恩！尽管如此，毕竟几乎一生都在大学工作，并不妨碍我从旁观者的角度谈一谈对这个问题的认识。

（1）治学要有崇高的理想和追求，不为世俗所累，把做学问变为自己生命和生活的重要组成部分。暨南大学的老校长郑洪年先生曾说过："今世俗流于颓废，我暨南同学独不可颓废；习俗沦于厌世，我暨南同学独不可厌世。自今已往，绝摩登之风，去物质之欲，坚其意志，晔其智慧，强其体魄。"老校长何炳松先生也谈道："我们要造成复兴民族之斗士，不要造成争权夺利之政客。创造心无旁骛、潜心治学的一方天地，引导教师不为流俗裹挟，安心追求学理、追求高深学问，探求知识。"

做学问就是"追求和探寻真理"，通过学术研究发现规律，创造知识，为社会服务，为人类文明进步服务，是一项无比崇高的事业。哲学家卢克莱修说过："站在高岸上遥看颠簸于大海中的航船是愉快的，站在堡垒中遥看激战中的战场也是愉快的，但是没有能比攀登于真理的高峰之上，然后俯视来路上的层层迷障、烟雾和曲折更愉快了！"我国著名经济学家与教育学改革者钱颖一说："追求真理、崇尚科学往往与追求权力、崇尚金钱相矛盾。的确，它是一种不同的生活方式，一种不同的生命意义。走学术道路，就需要鄙视世俗的权力和金钱。"记得有一年在瑞典访问，带我们参观的是一位普通得不能再普通的长者。闲聊中得知他竟然在 Science 和 Nature 发表过数篇文章，我的同事问他为什么要发表这么多高水平的文章？他回答说："这是我生活的一部分。"

（2）治学要有耐心，要耐得住寂寞。无论做什么工作，要取得成功，我认为有两个基本条件：第一，你应该做你热爱做的事；第二，你应该热爱你所做的事。这两点也是治学的根本，是产生强大的内在激励和创造性的前提。只有把做学问当作终身追求的事业而不是谋生的跳板和权宜之计，再加上持之以恒的毅力，真正做到"衣带渐宽终不悔，为伊消得人憔悴"，才可能有幸达到"灯火阑珊处"的仙境。做学问还要耐得住寂寞。应当承认，眼下的诱惑太多了，与这些诱惑相比，做学问实在是一件苦不堪言而且可能会是劳而无获的"事业"。学术圈外的诱惑暂且不论，即使在学术圈内，博士、教授的光环加上浮躁、急于求成的文化心理，也使一些人耐不住寂寞，出现了许多"短命学问"，这些所谓的"学问"很快成了明日黄花和过眼云烟。

（3）治学要"宏约深美"。我十分推崇蔡元培先生"宏约深美"的治学原则，这个原则反映了治学的一般规律。一个人要在做学问上有所成就，知识面要宽广，要博采众长、深入钻研，最后才能达到完美境界。在这四个字中，我认为最重要的是"宏"。当今世界知识爆炸，各学科知识文化融合，"综合就是创造"已成为社会、科技、知识发展的主旋律。因此，"宏"是做学问根本性、前提性的要求，只有"厚积"才能"薄发"。然而，在当代社会，信息和知识变化的速度很快，人类所面对的知识体系的复杂性、可变性与日俱增，而人类认识和接受新知识的能力却没有多大改变，做到"宏"的境界的时间性要求日益紧迫，为此，人们要学会改变自己的学习指向，从"适应性学习"变为"创造性学习"，增强自己的学习能力。

暨南大学经济学院院长王春超（后任华南师范大学副校长）在谈"宁静致远工程"体会时认为："经济学研究领域越来越需要扎实的理论和数据积累，无论是理论主导的研究还是实证主导的研究，只有做到厚积薄发才可能让研究成果具有穿透力和吸引力。厚积薄发的根本则在于研究过程中保持厚重而宁静的研究作风和态度。作为青年学者，我们应向老一辈学者学习，尤其是学习他们追求崇高理想的境界和端正为人、虚心向学的态度。思想上的净化和激励为我的科研探索带来了动力。"

2004年，胡军（左一）与杨海涛、张炳申、程飚三位高校领导交流合影

在指导研究生的过程中，我感觉到我们的专业划分得太细，限制了研究生对广博知识的撷取。许多研究生只注意对"本专业"知识的学习和钻研，而不注重对其他学科知识的研究和积累。这种做法不仅不能做到"宏"，而且会因为过分专注于本专业，形成固定的"思维定式"，影响了创造力的发挥。如果一个人在某一领域的知识太多，而对其他学科的知识知之不多，那么就像一句英语谚语所言："He knows more and more about less and less until at Last he knows everything about nothing"，最后仍是一事无成。

（4）治学要与自己的个性特质相一致。一般而言，不是任何人都适合做学问的。在如何使用自己的智力和能力方面，人与人是不同的。国内有学者把人的个性特质分为创造型、秉承型和评价型3种。具有创造型个性特质的人特立独行，善于独立思考，按照自己的方式去行事，敢于打破常规，进行破坏性创新；具有秉承型个性特质的人善解人意，喜欢按照他人已建立起的模式做事，执行力很强；具有评价型个性特质的人喜欢在后面观察他人做事，评价和批评他人所做之事。

每一个人都在一定程度上拥有上述的个性特质，所不同的是各种倾向的强度不同。要做学问，一个人必须拥有创造性偏好，以创造性的思维去思考问题，保持独立的个性，不随波逐流、人云亦云，保持一点独立思考的"野性"。大学的管理者要鼓励学者们创新，就要发现和鼓励培养创新型人才。

2008年，胡军在"百年暨南文化素质教育讲堂"讲课

（部分内容由陶峰整理）

胡钦太：

教育信息化知行合一的践行者

1964年9月生，广东惠来人，教育学博士，广东工业大学党委书记、教授、博士生导师。在构建具有中国特色的教育信息化理论体系、引领全国教育技术学科内涵发展与人才培养、推动信息时代教育传播研究与实践的创新发展，以及推动教育信息化"研政产学用"深度融合等方面做出了重要贡献。主持国家社科基金重大项目等各级科研项目40多项，出版《融合与创新：教育信息化理论发展》等专著和教材20多部，发表有一定影响的学术论文100余篇，获"第九届高等学校科学研究优秀成果奖（人文社会科学）一等奖"等10余项。

一、个人经历

（一）童年向学：好学的"赶鹅娃"

在揭阳市惠来县仙庵镇，有一个古村叫京陇，是潮汕地区胡姓的起源地。这里地灵人杰、好学成风，宋代建村以来，从这里走出的胡氏族人，遍布世界各地。

1964年9月，胡钦太出生在这片土地上。钦者敬也，太者大也。对于这个家里最小的儿子，父母在起名时，就对他寄予了较高的期望，希望他能成为一个受人尊敬的、有卓越成就的人。

20世纪六七十年代的中国农村，人们普遍都过着缺衣少食的贫穷日子。胡钦太的父母艰辛劳作，但由于孩子多，生活相对拮据。胡钦太的父亲是一位农民，后来成为村里综合社的雇员，每个月只有几块钱的收入。母亲每天都要下地劳动，忙里忙外，顾不上家里众多的孩子。胡钦太是家里最小的孩子，上有3个哥哥和3个姐姐。当时的家也很窄，一家九口挤在不到10平方米的小屋里，下面是猪圈，上面才是孩子们住的"阁楼"。

8岁那年，胡钦太进入京陇小学读书。京陇小学建在一个祠堂里，把祠堂隔开来，就是一间一间的课室了。当时学校的条件十分简陋，没有桌椅，孩子们要自带桌凳来上学。他依稀记得，小学的课桌不仅高低不平，还打满了铆钉。没有新书包，装书用的都是哥哥姐姐们用过的旧书包，上学穿鞋子就更加不可能了。可幼小的胡钦太特别珍惜难得的学习机会，每次开学拿到课本，都用报纸或牛皮纸包起来，生怕弄脏了。

家里农活多，到读初中的时候，他每天上学前都要挑着水桶到离家一里路的菜地里淋菜或干其他农活，放学回来或周末还要帮家里干农活或放鹅。看到母亲和家里的大人们每天面朝黄土背朝天地辛苦劳作，胡钦太暗暗下定决心，一定要好好读书，有了本事，才可以见识到更大的世界。为了利用一切可以读书的时间，胡钦太每次放鹅的时候都会把书本卷起来插在后裤袋里带上。于是，在乡村的田野上，经常可以看到这样的情景：二三十只大鹅在前面"浩浩荡荡"地觅食，一个小小少年拿着长竹竿，一边放鹅一边看书。为方便学习，胡钦太想到了一个"偷懒"的办法，他把鹅赶到水草丰富的小溪边，鹅们自己吃草，他可以坐在旁边心无旁骛地读书。因为他的"玩忽职守"，时不时就有鹅走丢了，或者游到小溪对面跑了，或者跑到别人家田里偷吃菜，因为这些，胡钦太回家没少挨骂。慢慢地，这个孩童热爱读书无心放鹅的故事就在村子里传开了。

由于学习成绩优秀，胡钦太一直担任班干部，是班主任和科任老师的得力小助手。老师们都很喜欢他。那时候在农村的学校，除了教科书，孩子们接触不到其他课外书，好学的胡钦太经常向老师借来教学参考书,以补充学习课本上没有的知识,每学期的考试成绩都名列前茅。

(二)少年意气:命运的机遇与抉择

京陇是一个大村,村里设有全段小学,但当时初中只有初一和初二两个年级,初三和高中必须到镇里的中学就读。村里到镇里的路程有5公里,每天来回10公里的路程,把年少的胡钦太的脚底磨出了厚皮,也磨砺出了他愈来愈坚韧的性格。3年过去,胡钦太的脚步越来越快,脚底板也跟着知识越走越厚。

因为往返路途较远,在镇里上学的同学需要自带午饭。家庭条件比较好的同学,会带着大米到学校蒸饭吃。胡钦太每次带的都是一份稀饭,家里腌制的萝卜干和咸菜就是最好的下饭菜。冬天冷的时候,胡钦太和要好的同学找到了一个好去处,他们跑到学校后山的大石头,一边晒太阳一边吃简陋的午饭。时光悄然而过,读书的少年们乐在其中。

到了初三,胡钦太想报考普宁师范学校,毕业后当一名小学教师,这样可以转户口,尽快参加工作,为家里减轻负担。他的初中班主任老师开导他说,你成绩这么优秀,基础又这么好,读中师可惜了,建议他继续读高中考大学。最终,胡钦太听从了老师的建议。

中考结束,胡钦太考上了惠来县重点中学(惠来一中)。但学校离家太远,加之县里的学校需要付一定的学费、住宿费和吃饭的费用,懂事的胡钦太不想增加家里的负担,还是选择留在乡镇中学——仙庵中学读高中。他默默告诉自己,只要勤奋努力,在镇里的中学也一样能考上大学。

到了高中,由于学习基础比较好,胡钦太依旧保持优异的成绩,是老师和同学眼中的优秀学生。1982年,胡钦太所在的高中面临停办,刚读完高二的他转学到城镇的惠来二中完成高中学业。根据彼时的政策,高二学生可以参加高考,胡钦太在高二结束时就仓促应考,由于准备不充分,成绩很不理想,这给他造成了不小的打击,他开始怀疑自己的能力,甚至有了放弃学业的想法。这时候,仙庵中学的校长专门打电话到村委会(当时叫"大队"),让其转告他的父亲,说胡钦太是读书的好苗子,一定要让他读完最后这一年。于是,胡钦太回到了惠来二中继续高三的学业,他憋着一股劲发愤读书,最终以全校第一名的成绩考上了华南师范大学。

(三)我的专业:从犹豫到热爱

高中时代的胡钦太一心想去部队当兵或学医,高考提前批志愿填的是昆明陆军学院,第一志愿填的是中山医科大学。但最终,他与这两所学校擦肩而过,因"服从志愿分配"被华南师范大学(以下简称"华师")电化教育专业录取。拿到录取通知书的胡钦太心里很是失落。这时,高中的教导处主任鼓励他:"读完大学当个人民教师挺好的,你有这个天分!"

也许是因为上大学的决心不够坚定,胡钦太赶往华师报到的路途也十分"坎坷"。他至今仍清楚地记得,报到那天,刮着风下着雨,他独自一人挑着一根扁担,扁担的两头挂着铁桶、旧草席、蚊帐等生活用品,早上5点就从惠来的汽车站出发了。长途汽车一路颠簸,中途还要转渡船,赶到广州汽车站的时候已是晚上8点多,整个汽车站只剩下昏暗的灯光,他找不到转车的地方。好在胡钦太来广州前做足了功课——22路和33路公交车可以到达华师,但33路公交车已经停运,胡钦太只能坐14路公交车到杨箕村转22路车。不巧的是,到达杨箕村已是晚上10点多,22路公交车也过了运营时间。无奈,胡钦太在原地等了许久,终于碰到一辆到华师运载厨余垃圾的三轮车,胡钦太请求师傅的帮助,才以2块钱车费让三轮车师傅带他到华师。晚上11点多,胡钦太终于抵达华师西门。由于营养不良,胡钦太当时只有1.65米的身高,90多斤的体重,跟其他大学生比起来,瘦瘦小小的他挑着行李的样子更像来广州打工的小伙子。由于太晚,新生接待站也收摊了,他只能在华师西门的招待所和衣过一夜,第二天再去接待点报到。

胡钦太就读的专业是新中国成立后的第一个电化教育专业(现称"教育技术"专业),设立于1983年,是当年广东省人民政府(高教局)向国家教委申请新设立的本科专业。第一届只录取20名学生,由于这个专业要摄像要扛设备还要维修设备,后来知道在录取学生的时候有两个标准:一是尽可能录取男生,二是物理成绩要好,因为这个专业的奠基学科之一便是物理。

1983年胡钦太入学时的留影

一开始,胡钦太对电化教育一无所知,更别提兴趣了。但由于这是全国首个新专业,学校对学科的发展很是重视,专门给电化教育系建了一栋新楼,学生在专业学习上可以接触到很多新设备新技术,比如照相机、幻灯机、投影机、电影机、摄像机,这些在当年都是很贵重的器材，年轻人也都喜欢。那个年代，周末提着板凳去看露天电影是华师学生最美好的回忆之一。电教专业的一些学生也承担了电影放映员助理的任务。课余时间，胡钦太和同学们就会扛着摄像机或照相机到学校各场景拍摄以完成作业，这些会摆弄电气设备的男生们引来众多羡慕崇拜的眼神，这也让胡钦太和同学们感受到了自己所学专业的价值，对专业的兴趣和学习的自信心逐渐被点燃。

由于高中数理化基础十分扎实，电教专业的学习对胡钦太来说非常轻松，于是他把兴趣转向了图书馆。从农村来到大学，图书馆就像一个知识宝库，让胡钦太一下子就入了迷，他每天下了课就往图书馆跑，海量藏书给这位初到大城市的少年打开了看世界的一扇窗。周六班里要组织舞会，胡钦太作为班长会早早做好舞会的准备工作，然后就兴冲冲去往他最心爱的图书馆看书。

大学时代，胡钦太涉猎广泛，尤其喜欢看古典小说、社科哲学和心理学的书，记忆最深的是一套有上中下三册的《彭大将军》传记，彭德怀大将军铁骨铮铮、坦荡磊落、刚正不阿、敢于坚持真理的崇高人格，"纵横驰骋""横刀立马"的雄才大略，让胡钦太很受触动。

很多人觉得哲学没用，不能直接解决具体问题，可胡钦太却对哲学书籍情有独钟。他认为哲学并非"无用"，而是看你"会不会用"。哲学的学习，为他奠定了认识论和方法论的基础，并形成了他的理论思维和系统思维，他喜欢从宏观的视角去看待问题，并通过系统思维抓住整体、抓住本质，从而快速地解决问题。这对他后来治学与治校的方法与态度起到了重要的指导作用。

心理学，特别是大众心理学也是胡钦太的最爱。作为一个未来的教师，应该知道如何更好地了解学生的心理发展过程和特点，提高教学效果；在跟人打交道的过程中，如何设身处地考虑别人的处境和想法，拉近彼此的心理距离；如何在本我、自我、超我中不断完善自己。心理学对胡钦太后来的工作，无论是当辅导员、专业教师，还是管理干部，都起到了很大的作用。

胡钦太不仅是读书达人，还是买书狂人。有时候看到一本书有一章或者是一节有用，即使其他90%是没用的，他都会买下来。这种对学科和知识的兼容并蓄，使他涉猎广泛，有了很多的知识储备，加上性格外向，喜欢跟别人交流，慢慢就成了一个博览群书、博采众长的"杂家"。后来，胡钦太的本科毕业论文把"非语言符号"的相关知识拍成了电视教材，并开展了教学实验和对比研究，受到香港著名传播学专家、香港中文大学传播学创办人余也鲁教授的高度评价，这正是胡钦太在图书馆学习多种知识并融会贯通的成果。

时至今日，读书和交流依然是胡钦太坚持做的事情。他认为，如果不是大学时爱读书爱交流，如果不是现在依然与时俱进地学习，上起课来可能会"干巴巴"的。无论是作为党委书记给师生员工做思想政治工作，还是作为研究生导师和学生交流，大家都乐于接受、相谈甚欢，这也正是胡钦太各种"杂书"学习和交流积累的结果。

（四）初为人师：教学与管理"两条腿走路"

1987年，胡钦太毕业留校，成为电视教材教研室李运林先生和徐福荫先生的助教，参与节目编导、广告制作、器材维修等工作，他做事情很舍得下苦功，经常为了剪辑一个片子工作到凌晨。1988年上半年，胡钦太受系里委派，到东莞从事一年的科技开发工作。在那里，他跟企业合作开发电教产品，开设电视栏目，制作企业纪录片，为当地的信息化事业发展做了一定的工作。

1989年胡钦太回到学校，从事一线教学工作的同时，担任89、90、91、92级4个本科年级和2个专科年级的辅导员。胡钦太管理学生有自己的一套办法，在新生报到之前，他会花两天时间仔细阅读学生档案，摸清每个学生的家庭情况。每周他又花两个晚上的时间走访学生宿舍，深入了解学生情况，帮助学生解决困难，真真正正和学生打成一片，学生们都愿意跟他讲心里话，他与学生感情甚深，甚至他结婚时的新房也是学生们帮忙张罗布置的。

胡钦太喜欢学生，也喜欢上课，在华师教学大楼可以容纳200多人的阶梯课室里，他不用麦克风，也不用看教案，边讲边在课室里兜兜转转，时不时和学生互动。虽然是大课，但他上课激情澎湃，是当时较受学生欢迎的授课老师之一。

在工作的过程中，胡钦太并没有放弃继续深造，1999年，他考取了中央党校经济管理专业的研究生。2002年，他又以副教授的身份成功考取博士生，师从徐福荫先生。

由于幼年和青年时代受到多位恩师的照顾和帮助，胡钦太成为硕士生导师、博士生导师之后，对学生的培养一直秉持"严管厚爱"的理念。他认为，作为一名导师首先要有爱与情怀。就算每天再忙，胡钦太也会抽出时间来回复学生的信息，是大家公认的"秒回信息"的导师。学生提出的问题他都会第一时间处理并给出有针对性的意见和建议。在厚爱的同时，他对学生要求也颇为严格。他反复跟学生强调，研究生就是"在研究中生存"，做研究首先要明确方向，其次要做出成果。为此，他要求研究生读的第一本书是《学生手册》，要学生进校就了解如何成为一名合格的研究生。他给研究生上的第一课，就是跟他们聊天、聊家庭、聊学习，帮助他们做好人生规划，引导他们成长。他要求学生每个月汇报一次学习工作情况，再指导学生根据个性兴趣和发展需求规划自己的研究方向，走出属于自己的成长路径。在学生眼里，胡钦太一直是和蔼亲切、儒雅睿智的模样，他门下很多研究生在毕业论文致谢中，不吝用"宝藏导师""完美学者""男神""格局大者"等词汇来形容这位可敬可爱的导师。

因为自己在大学求书若渴的经历，胡钦太时常教导学生要多读书、多交流。他认为只有在多读书、多读论文、原著的过程中，才能对自己的知识框架有更清晰的认知，逐步形成自己独特的知识体系；也只有在与别人相处和交流的过程中，才能学到一些学校和书本不会告诉你的知识，这些知识往往更容易内化到为人处世的过程中。

(五)朴素家风:父母言传身教的"做人之道"

"家之兴替,在于礼义,不在于富贵贫贱。"胡钦太的父母虽然没有什么文化,但家教很严,总是对孩子们强调做人就应该诚实厚道、进取有为。这种朴实的家教观一直伴随着胡钦太的成长。

20世纪六七十年代,农村的物资很匮乏,小孩子由于嘴馋,有时会到地里偷花生、甘蔗,但要是胡钦太这样做被父母发现了,那肯定是要挨揍的。家里燃料不够用,很多小孩把村里木麻黄树的干枝折下来拿回家当柴烧,但胡钦太父母认为这是公家的东西,不能拿。有一次,胡钦太捡不到干树枝,也跟着伙伴们偷偷干过一次,被父母发现后拔腿就跑,连晚饭都不敢回家吃。

1989年,胡钦太毕业后首次参加学校招生工作。母亲得知后反复叮嘱他:"能帮人的时候尽量帮,但绝对不能收人家的礼。不是你的东西不要拿。"母亲简单而朴素的交代,时至今日胡钦太依旧记得清清楚楚,这份来自母亲和家人的期待,使他时刻提醒自己要做一个清正的人。

(六)成绩背后:有多大的成果就有多大的付出

1999年是胡钦太迎来人生转折点的一年。这一年,他通过竞争上岗,担任华南师范大学党委组织部副部长。此后,他在行政的路上越走越宽广,从党委组织部副部长、部长,学校党委常委、副校长,到广东工业大学党委副书记、党委书记、第十三届广东省委委员。但无论担任什么领导岗位,他都没有离开过教学一线,始终保持着"两手抓,两手都要硬"的状态。他始终觉得,教师和教育者,才是自己职业身份的底色,对学问的追求成为他毕生坚持的学术志向。

一边工作一边读书,既要完成教学工作,又要兼顾科研任务,管理方面的工作也不能落下,如何实现学者与管理者的角色切换?胡钦太的办法就是"挤"和"熬"。每天晚上把工作上的事情忙完,晚上9点或10点之后,才开始备课、写论文、搞科研,经常要熬到晚上一两点钟才睡觉。那个年代流行卡拉OK,胡钦太坦言自己也曾很有兴趣,但没有业余时间的他只能望而兴叹。日拱一卒,功不唐捐,就是这样每个晚上三四个小时的积累,他在教育信息化领域逐步打开局面,成果也慢慢丰硕起来,成为大家熟知的教育信息化领域的"大咖"。

二、学术成就

在波澜壮阔的20世纪80年代,中国教育正经历历史性变革与转型,对知识和技术的需求前所未有。从华南师范大学电化教育系起步，胡钦太不仅见证了教育技术学从萌发到成熟的历程，更以其深邃的洞察力和不懈的努力，在学科建设和理论实践的融合上展现了卓越才华。他的研究深植于中国教育的沃土，为中国特色教育技术理论的发展发挥了重要作用。

（一）拓展深化：中国特色教育技术理论的完善

1978年，改革开放的春风吹遍神州大地，党的十一届三中全会作出"把工作重点转移到社会主义现代化建设上来"的战略决策，也给教育界带来了勃勃生机。邓小平在全国教育工作会议上指出，"要制订加速发展电视、广播等现代化教育手段的措施，这是多快好省发展教育事业的重要途径，必须引起充分的重视"。同年，电化教育局和中央电化教育馆成立。教育部《关于电化教育工作的初步规划（讨论稿）》的颁布，标志着我国电化教育的正式重启，也意味着我国教育信息化建设的正式起步。

彼时，华南师范大学意识到：这是一个促进专业发展的绝佳机会。但没有师资，没有教具，没有资源，要发展谈何容易！在改革开放前的开门办学中，"电视"课程一度在五金交电公司的仓库上课，几十台坏了的电视机就是学生们的教具，边上课边修理，几十台电视机修好了，这门课也上完了。受此启发，此后电化教育学科专业的建立与发展，也沿袭下这一"产、学、研"三结合的方式。人才是第一资源，没有人那就找人！我国的电化教育从起步到学科的发展，只有数十年的历史。我国老一辈的电化教育专家，几乎都经历了这一历程，在创办电化教育学科专业这一系统工程中，他们是宝贵的财富。为此，学校三顾茅庐、多次拜访，把健在的、能联系上的老一辈电化教育专家，包括孙明经、肖树滋、廖太初、南国农、高汝淼等"电教五老"请进来，为学科专业建设奠定了良好的基础。

1983年，华南师范大学开设电化教育专业，学制4年，首批招生20人。这20人，是新中国第一代教育技术学本科生，胡钦太幸运地成为这二十分之一。从此，他的成长，每一步都打上了教育行业改革前行的印记。随着中国教育体系的深刻变革和信息技术的飞速发展，胡钦太愈发认识到构建中国特色教育技术理论与学术体系的重要性。"我们绝不能照搬照抄西方理论，要深入中国实际，做好理论的在地化、适应性研究，避免陷入'水土不服'。"他的多项理论研究和实践工作，特别是在教育传播、智慧教育理论与实践、信息技术与教育融合等方面的创新，为教育信息化学科的发展注入了新的活力。他参与并书写了中国教育信息化的过去、现在和未来，《信息时代的教育传播研究：理论与实践》《教育传播学》《融合与创新：教育信息化理论发展》等开创性的著作见证了他对教育技术领域的思考和积累。

1. 教育传播的理论革新

传播学理论是教育技术学的基础理论之一，为教育技术研究提供了认识论和方法论框架。作为一门新兴的社会科学，传播学在我国是随着改革开放的不断深入而逐渐发展壮大的。在教育界尤其是教育技术界，不少学者随之开展了这方面的研究并为建立中国本土化的教育传播学而努力。20世纪80年代初，美国传播学创始人威尔伯·施拉姆（Wilbur Schramm）、香港中文大学传播系创办人余也鲁等国际知名学者应邀来华南师范大学讲学，极大促进了电化教育学科专业的理论建设。其后，一系列专著、译著和论文如雨后春笋般纷纷涌现，教育传播发展进入快车道。1988年后，不少设有电化教育专业的高等院校陆续开设了教育传播学课程。然而，各校教学内容不尽相同。为此，国家教委高等师范电化教育专业教材委员会于1992年在广州召开会议，讨论制定了这门课程的教学大纲，形成了基本理论框架。随后，一批教材应运而生，其中，南国农和李运林编著的《教育传播学》教材，将传播理论与教育科学交叉融合，用传播理论的观点与方法解析教育现象、分析教育过程，成为该领域的标志性教材。

胡钦太耳濡目染前辈们为学科建设的躬体力行，时代的发展、技术的进步，为他插上了理想的翅膀，这位农村出身的青年从此走进了一个奇妙的世界，开启了他近40年的追光之旅。

20世纪80年代，教育传播还是一个新概念，胡钦太已关注到教育传播的发展前景，成为国内最早专注于教育传播的学者之一。受到前辈的指引，以及个人兴趣所向、思考所及，他内心深处萌发更大的"野心"：要把教育传播发展为一个学科。这些年，无论岗位、身份如何变化，他始终没有忘记初心，一如既往地艰苦探索与钻研，围绕学科建设，在理论框架的构建、实践路径的验证、教材体系的支撑等方面做了大量工作。学科建设、理论先行。一本本专著和论述，记录了他行走于教育技术领域的所思所感。作为国内全面性、系统化开展信息时代教育传播理论与实践研究的先行者，胡钦太先后发表《信息时代语境下教育传播过程的重构》《论信息时代的教育传播研究范式》等系列文章，其出版的系列专著也荣获国家级、省级社会科学领域重要奖项。

2005年，胡钦太（后排左二）博士学位论文答辩通过后与导师合影

"传播和教育不可分割,教育的过程就是传播的过程。"胡钦太围绕新时代教育传播学的内涵与范式、新媒体时代教育传播学的模式、传播学的人才培养模式、网络时代教育传播的主客体关系等提出了一系列有远见的创新理论与思维。2009年,科学出版社出版了胡钦太的论著《信息时代的教育传播》,该书着眼于信息时代教育传播所呈现的新特征、新发展,通过对教育传播理论的系统回顾和经典阐释,以教育传播的要素和环境作为切入点,深入地探讨了现代信息环境下的教育传播现象、过程与规律,丰富和提高了教育传播学的理论内涵和应用价值。

深耕教育传播理论与实务多年,胡钦太并没有沉湎于过去的荣耀。新问题、新情境总会激发他的新思想。2013年6月,他参与主编的《信息时代的教育传播研究:理论与实践》一书由高等教育出版社出版。该书是研究信息时代教育传播模式的专业性书籍,通过对教育传播过程与模式的刻画,阐明了教育传播的特征及存在的问题,提出了信息时代教育传播的新路径,对于高校教育管理改革创新颇具借鉴价值。新中国电化教育(教育技术学)创始人南国农先生为该书作序,认为该书"从理论到实践,探讨了信息时代教育传播的新现象、新特征、新实践、新发展等,充分强调了新媒体技术的传播效能,丰富并创新了教育传播学的理论内涵,推动了信息时代教育传播研究与实践的创新发展"。作为高校教材和学术著作,该书被学界广泛使用,受到高度肯定,在教育传播学、教育技术学领域都具有重要的影响力。

教育传播理论是教育技术学的重要理论基础,为专业发展提供了坚实的理论支撑。教育传播理论体系的建立和落地需要实践支撑。胡钦太积极推进信息技术与教育传播交叉研究与实践,主持国家社科基金一般项目"信息化进程中教育传播的理论发展与实践应用研究"(2009)、"广东省精品资源共享课《教育传播学》"(2009)及广东省高等学校教改项目"广东高校教育信息化资源建设及共享的现状与对策"(2013)等教学改革实践与研究项目,主持建设广东省高校人文社会科学重点研究基地"信息传播与文化创意产业研究中心"。他对于教育传播理论的创新贡献,受到南国农先生的高度肯定:"胡钦太教授对教育传播研究的新发展进行了宝贵探索……丰富并创新了教育传播学的理论内涵,指导了信息化环境中教育传播过程及其效果的优化应用。"

随着信息技术和互联网的发展,"互联网+"时代背景下的教育传播特点和内涵也发生了相应变化。为落实《中国教育现代化2035》提出的实现教育现代化、建成教育强国的战略部署,教育部等六部门印发《关于推进教育新型基础设施建设构建高质量教育支撑体系的指导意见》,提出依托"互联网+教育"大平台,促进信息技术与教育教学深度融合。因此,教育传播学的发展需要与高质量教育发展的需求接轨,与5G、人工智能、大数据、云计算、区块链等新一代信息技术支撑的教育信息化2.0相融合,从而推动教育数字化转型、智能升级,支撑教育高质量发展。然而,部分已有的教育传播学的理论知识滞后于新时代理论和技术的发展,教育传播理论亟待升级和优化,而教材是学科知识传承的重要依托。基于此,胡钦太于2022年重新编写了标志性教材《教育传播学》,着力探究教育传播原理,力求为教育传播学的理论体系建设奠定基础。通过理论联系实际,该书深入浅出地阐述了教育传播学的概念和理论,探讨了教育传播理论的应用技术和方法,如利用信息技术构建智慧学习环境的有效途径,发掘新的教育传播模式,融合创新智能教育传播环境下课程思政内容,建立线上线下联动的媒体融合新模式,在中国大学慕课平台开设"教育传播学"课程作为教材的配套资源等。在立足于中国国情的基础上,该书力求与国际先进的教育传播理论和实践接轨,并充分融入教学法与教学设计的相关理论和方法,具有很强的专业性和针对性。

随着新的《教育传播学》的出版,胡钦太距离"创学科"的初心,又迈进了一大步。

2. 教育信息化的发展路径

科学技术创新在推动社会发展的同时,也推动着教育的变革。信息技术作为一种基础性、变革性的技术,改变了人类知识创造与传播的方式,改变了整个教育生态,影响着教育的理念、模式以及走向。教育的信息化成为促进教育公平、提升教育质量的有效途径,"以教育信息化带动教育现代化"已成为我国教育事业改革与发展的战略选择。回应教育信息化这一时代课题,在教育传播学研究的基础上,胡钦太积极探索教育科学规律与信息传播科技融合,坚持理论创新与实践落地协同、学术研究与社会服务同行,针对"如何构建与应用教育信息化理论,指导和促进中国教育信息化良性发展"这一重大问题开展研究,为构建具有新时代特色的中国教育信息化理论体系做出了重要理论贡献。

中国教育信息化在快速发展中,面临着实践领先于理论研究、实践工作缺乏科学的理论指导的尴尬现实。胡钦太没有回避这一问题,他选择迎难而上,把研究做在祖国最需要的领域,解决最迫切的问题。无论是主持国家社会科学基金重大项目"信息化促进新时代基础教育公平的研究"、教育部—中国移动科研基金项目"教育信息化理论研究"等重大课题项目,发表《回顾与展望:中国教育信息化发展的历程与未来》《高等教育信息化深度发展框架与趋势分析》《"十四五"高校信息化思维创新与路径选择》等高质量文章,还是主编出版"互联网+"时代的教育信息化理论发展丛书(九册)和出版《融合与创新:教育信息化理论发展》等著作,他的学术始终扎根中国这片沃土,既有对中国教育全域式、整体性的把握,又有对区域问题、差异表现的细微观察。

他对中国教育现状观察独到,常有新见,这在他主持的重大项目,以及出版、发表的各类作品中时常可见。2012年,教育部—中国移动科研基金启动了"教育信息化"的专项研究课题,胡钦太作为主持人,负责"教育信息化理论研究"课题的研究。该课题围绕教育信息化的理论框架、发展战略、绩效评价体系、标准体系、学校实践等领域开展系列研究,形成了教育信息化的系统理论、方法与实践模式,指导我国教育信息化的实践与创新。

作为该课题成果的梳理与总结,胡钦太出版了"互联网+"时代的教育信息化理论发展丛书。该丛书着力于教育信息化理论研究，系统论述了教育信息化的核心价值、发展路径、理论基础、教育环境、教学模式、绩效评估、师生发展、发展趋势以及"互联网+教育"等内容，为教育信息化的科学发展与实践工作提供一个初步的理论框架和概念，旨在供教育信息化管理者、研究者与实践者和一线教师参考，并阐释回答《国家中长期教育改革和发展规划纲要（2010—2020年）》所表述的"信息技术对教育发展有革命性影响"这一命题。该丛书的出版，奠定了胡钦太团队、华南师范大学在教育信息化领域集大成者的学术地位。

在胡钦太看来，教育具有其内在的发展规律，技术也具有其自身的发展规律。教育信息化的发展规律不等同于二者的简单相加，而是相互影响、相互促进、相互融合、交融创新的过程，从而形成其独特的发展规律，而这也是其编著《融合与创新：教育信息化理论发展》一书的由来，该书体现了胡钦太一以贯之的深度思考。他认为，教育信息化发展过程，大多是应用技术解决教育教学面临的问题，推动教育的发展与变革；但也不可否认，在特定发展阶段，新技术会颠覆传统的教育教学，技术创新会引领教育发展。"互联网+"发展战略就是这样一种变革的新思维，即应用新技术、新思维颠覆传统领域，从而缔造一种新形态、新业态。教育信息化将为人类提供适合信息时代发展的教育形态、人才培养方式。

扎根中国特色社会主义教育土壤发展起来的教育信息化，在不断摸索、沉淀和完善中，逐步产生具有本土特色的教育信息化理论成果。在扎根教育技术领域的近40年里，胡钦太的研究视角和聚焦也与国家、时代同向而行。前30年，他主要专注于高等教育信息化，近10年来，他更多把注意力放在基础教育领域。基础教育公平性问题如何解决？教育资源供给如何优化？如何以信息化弥合不同地域教育水平差异？关注基础教育的公平性问题，以教育信息化促进教育公平、资源有效供给，牵动着胡钦太的心。彼时，尽管国家层面密集出台政策"推进教育信息化，加快教育信息基础设施建设，利用信息技术促进优质教育资源普及共享，提高教育教学水平和教育管理水平"，但基础教育领域的现状依然不容乐观：优质教育资源在资源配置和供给方式上仍有许多不足，区域间和学校间优质教育资源配置不均等问题日渐突显；教师智力资源总体配置不够均衡；现有教育服务难以真正做到尊重学生个体差异，为不同区域的学生群体和学生个体提供精细、切需、切实和切时的教育教学服务。面对这样的现状，胡钦太以学术研究和实践探索回应基础教育的时代之问。

基础教育信息化首先要解决的就是教育基本公平问题和教育优质公平问题。在胡钦太担任首席专家的国家社科基金重大课题中，系统构建了信息化促进新时代基础教育公平理论体系，解决了三大关键问题：一是信息化促进优质数字教育资源配置与供给的有效路径。结合互联网开放性、共享性和自由性等优势，创新教育资源供给路径和服务模式，健全教育资源供给体系和保障机制，以期扩大资源供给规模，改善资源服务质量，提升资源应用水平，优化资源配置绩效，最终实现通过教育资源供给侧结构性改革和服务创新来解决基础教育均衡发展问题。二是信息化促进教师智力资源共享与流转的可行机制。运用互联网构建线上线下相融合的网络教育空间,实现教师智力资源在互联网中畅通流动,扩大教师智力资源的影响力和辐射范围,打破已有教育资源供给和教师配备的固有配置局限和时空界限,让教师资源和学生需求精准匹配,实现精准化、个性化、多样化的在线教育服务供给,达到运用信息技术解决教师智力资源公平获取问题的目的。三是信息化保障教育帮扶精准度与有效性的体系模型。立足于学生发展需要,通过将信息技术与学习过程的感知、适应、协调和服务等内容相融合,整合优质的数字教育资源、教师资源和多样化教学方法,建立教育精准帮扶系统构成及运作方式,提出教育精准帮扶实施方法,突破教育在时间、空间、技术、方法4个维度上的限制,向学生提供优质、适切、精细的教育服务,从而有效实现基础教育精准帮扶,解决面向不同群体和个体的教育过程公平问题。

3. 智慧教育的探索与实践

正在形成中的智慧教育理论,则是对有本土特色的教育信息化理论的最新探索。胡钦太是国内最早一批提出"智慧教育"的学者之一。他认为,"智慧教育"是一种新的教育形态,是教育信息化的最新愿景,而教育是一个启迪智慧、促发个体内生动力的过程,无论采用何种技术手段,都要为这一目的服务。为此,他对智慧教育开展了相关研究,并以个人学术影响力促进学界和业界关注,助力我国教育信息化理论与实践的综合实力不断走向国际领先水平。在他看来,传统智慧教育研究多为关注溯源概念、挖掘内容、提取特征和创建模型方面,由于受限于前期基础和智能信息技术在应用领域的成熟度,仍停留在理论研究、小范围试点的量变积累阶段,无法破解我国当前教育发展面临多年的主要问题与共性问题,对于新技术在智慧教育体系和技术融合、智慧特征的技术驱动等方面的研究更是较为少见。胡钦太通过大量探索性调查研究,构建了新的智慧教育格局,并对智慧教育进行了体系解构与技术解构,详细描绘了智能技术驱动的智慧教育新格局,讨论了体现智慧教育所含智慧特征的技术细节和内在联系,提出了智慧教育关键技术,描述了技术所带来的智慧教育特征和教育应用场景,尤其是建构了智慧校园的内涵与关键技术、愿景与发展策略;其相关成果发表在《电化教育研究》《中国电化教育》等学科领域的重要期刊上,不仅系统阐明了智慧教育发展的方向,还对更加有的放矢地推进智慧教育发展进程有着很强的实践指导意义。从2014年至2021年,胡钦太的相关文章被引累计超过600次,研究成果更是入选2019年人大复印报刊资料教育学类最受欢迎文章集萃,并在全国教育技术学专业院长(系主任)联席会暨"新时代教育技术发展与学科建设"研讨会、教育技术国际会议等重要学术会议上进行交流,得到了同行的广泛认可与积极评价。

胡钦太认为,智慧教育是破解教育系统革新相关难题的重要支点,根据教育系统内部各要素的优化和升级,可以将智慧教育的"格"分为9个方面:全新的教育理念、教育教学流程的重组、教与学方式的变革、学习空间的重构、教学质量评价方式的优化、教育治理方式的升级、人才培养模式的创新、学习型社会的形成、教育体制机制的创新。通过智慧教育新格局的构建，方能真正在教育领域产生技术红利，在智能时代的浪潮中乘风破浪，以教育信息化全面推动教育现代化，以智慧教育推动教育系统的又一次革命性变革，实现建设教育强国的伟大目标。

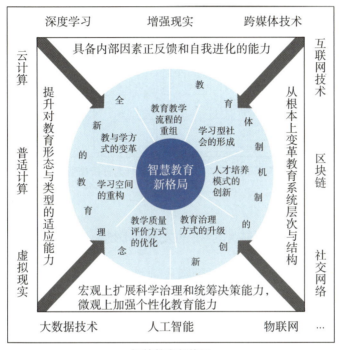

智慧教育新格局

智慧教育离不开智能技术的运用。技术是构建智慧教育新格局、加速教育信息化现代化的重要一环。胡钦太致力于讨论与分析国内外智能技术应用于教育领域的现存问题与优化策略，不断探索以新兴智能技术赋能教育教学的路径与策略。如在大数据支持的跨模态学习行为分析方面，胡钦太提出，以往的学习分析数据往往只来源于在线学习平台，数据来源单一、结构简单，然而学生的学习不仅发生在线上，也发生在实际物理学习空间中，因此，胡钦太从利用深度学习算法进行跨模态学习分析入手，采用HDRBM深度混合判别受限玻尔兹曼机神经网络模型，建立跨模态学习分析模型，为教育技术领域中利用跨模态大数据挖掘学习者行为特征提供了新范式，通过采集来自多种途径的数据源分析多模态数据能更全面、准确地把握学生的学习状态。然后，着眼于数据分析的可解释性，利用大数据技术，采用深度学习算法对多模态数据进行分析与建模，在特征分析的基础上，利用贝叶斯因果分析法对影响学习者学习成绩的要素进行归因分析，以找出影响学习成绩的核心要素，并采用联合树算法对各要素的影响程度进行判别，阐述了利用深度学习算法进行跨模态学习行为分析的算法设计与实现过程。最后，他还设计了一系列实验，基于学生浏览在线课件次数、学生缺席次数、举手次数、浏览学校公告次数和课堂讨论次数等指标对学习成绩的影响进行验证，表明研究所采用的算法能在保证有效性的基础上表现出较好的可解释性。

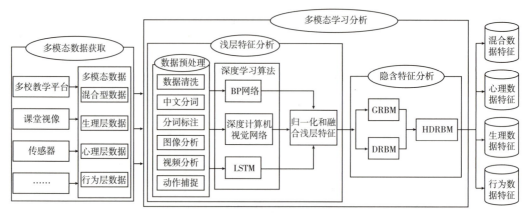

基于 HDRBM 的多模态学习行为分析模型

（二）引领变革：教育技术学科的发展与影响

作为华南师范大学教育技术学科的带头人，胡钦太在这一学科的成长和发展中扮演了重要的角色。他的贡献不仅是学术上的理论创新，更体现在对教育技术学科整体架构和人才培养模式的深刻影响。一代人有一代人的使命担当，作为新中国第一代电化教育本科专业的毕业生，胡钦太见证了这一学科专业从开创起步到蓬勃发展的历程。无论是教育技术学泰斗南国农先生的殷切期待，时任电化教育系主任李运林老师的指导培养，还是胡钦太的博士生导师徐福荫的言传身教，40 年来，老一辈电教人齐心协力、勇于开拓、无私奉献，一代代电教人接续奋斗、砥砺前行、笃行不怠，这一幕幕场景都深深扎根在胡钦太心中，成为他全身心投入这一学科的动力源泉。

1. 学科建设与引领

作为华南师范大学首个招收教育传播学方向硕士研究生的导师，回忆起在学科建设、理论构建、人才培养中的点滴往事，胡钦太感慨，这些年一直不敢懈怠，"心中有一股使命感和责任感，觉得就应该为这个专业做点什么"。而他也确实做到了。在他的推动下，教育传播学发生了质的变化，从一门普通的选修课，进入到人才培养体系中的专业课程目录，成为一个正式的专业方向。学科发展有两种路径，一种是内生性发展，一种是交叉融合发展。从电化教育到教育技术再到传播学科，胡钦太双管齐下，内外协同发展，根据学科国际前沿、技术发展形态和社会发展需求，不断改进优化专业方向和人才培养方案，引领学科强化内生动力、促进学科交叉创新。

胡钦太为学科的建设和发展倾注了极大的热情和心力。他在学科建设中采取了多项创新举措，包括课程体系的优化、教学方法的革新以及学术资源的整合等，不仅推动了教育技术学科在理论研究上的深化，更注重将理论与实践紧密结合，使得学科教育不再是抽象的理论传授，而是与时俱进、贴近实际的教育模式。他利用自己丰富的学术背景和实践经验，不断推进教育技术学科的发展，特别是在信息技术快速发展的今天，他更是将前沿技术与教育教学深度融合，引领学科走在了时代的前沿，在课程设计、教学方法和学术研究等多个方面进行了大胆创新，使教育技术学科成为华南乃至全国教育技术学领域的标杆。

在担任国务院学位委员会（教育学）学科评议组成员、教育部教育信息化专家组成员、教育部高等学校教育技术专业教学指导分委员会主任委员等重要学术机构负责人期间，胡钦太的影响力和视野得以进一步拓展。他积极参与国家级教育技术研究项目，提出了许多创新的教育技术应用方案，这些方案不仅对中国教育技术学科的发展产生了深远的影响，也为国际教育技术学的交流与合作提供了新的思路。

2. 教育技术的深化创新

胡钦太在教育实践和学科建设上展现了卓越的领导力。基于自身影响力，他推动跨机构、跨领域合作，服务教育信息化建设需要，引领全国教育技术学科内涵式发展与人才培养，推动教育信息化"研政产学用"深度融合。

一是对接国家重大战略和社会重大需求，推动产学研转化与创新。他响应国家和广东省战略需求，积极推动教育信息化区域发展和标准体系建设，积极搭建产学研联盟平台，推动教育信息化产学研转化和产业生态形成。筹划成立中国教育信息化产业技术创新战略联盟并担任联盟首届理事长，联盟第一届共有75家企事业单位参加。筹建成立广东省智慧学习工程技术研究中心并担任主任，获批国家新闻出版业科技与标准重点实验室"AR+教育数字出版联合实验室"，充分发挥国家重点学科辐射作用，突出学科群交叉融合研究，与团队成员拥有智能触控一体机、智能录播系统、微课星等一系列自主研发产品，研制并发布了《中国基础教育信息化发展报告》《广东省教育信息化发展报告》等政府咨询报告。

二是建设教育信息化人才培养创新示范区，提升人才培养质量。通过总结教育信息化研究成果和应用实践，他牵头建立人才培养创新实验区，促进新产品、新系统与社会教育过程的深度融合。已建立了东莞教育信息化示范应用基地、清远教育信息化示范应用基地、深圳龙岗教育信息化示范应用基地、"粤教云"教育公共服务平台、广州从化农村智慧教育示范基地等。其中"广州从化农村智慧教育示范基地"已连续开展3年，每年有各科目20多个实验班，针对信息技术与农村教育深度融合，实现资源的精准推送与各个活动环节的数据采集与分析，示范引领与辐射带动作用明显，有效地促进了优质教育服务的均衡发展，提升了人才培养质量。

三是在本学科领域主动传播和交流教育信息化先进理念和经验，发挥引领示范作用。积极指导全国高等学校教育技术学科的博士学位点和硕士学位点、本科专业点开展学科建设和专业人才培养，助力教育信息化建设事业；作为华南师范大学"教育技术学"国家级重点学科的带头人，积极整合社会资源，强化学科建设，使"教育技术学"学科保持在全国前列；坚持扎根一线，教学与科研实践相结合精心育人，培养一大批教育技术学专业博士生、硕士生。近年来参加国际教育信息化会议、民进中央"智慧教育论坛"、中俄教育战略对话、全国高等教育信息化校长高峰论坛等多个国际、国家级教育信息化高端论坛并作主题演讲,发表《新时代我国教育技术学科高质量发展的机遇与路径》《我国教育技术学人才培养现状与未来趋势——面向"十四五"的调研分析及建议》等文章,为学科建设与发展做出了贡献。

(三)创新实践:教育技术理论的应用探索

胡钦太不仅是理论的创新者,也是实践的先行者。他深知理论的价值在于其在实际教学中的应用。在他的引导下,多项教育技术理论被成功应用于课堂教学和教育管理中。他推动了多个教育技术项目的实施,如智慧课堂、在线学习平台以及基于云计算的教育资源共享等。这些项目不仅提高了教学效率,也改善了学习体验,使得学生能够更加主动和高效地学习。

这种理论实践和教育情怀,在"爱种子"项目上得以最大限度地体现。他应广东省教育厅基础教育与信息化处委托,筹建广东省基础教育与信息化研究院,正式启动"以信息化推动义务教育教学改革研究与推广"项目(简称"爱种子"项目),选择广州市从化区为试点开展教改实验。"爱种子"项目体现了胡钦太一以贯之地"打造具有中国特色的教育技术理论体系"的学术理念。"爱种子"项目关注教育公平,始终把推动城乡义务教育一体化作为教育教学改革的着眼点,基于教育信息化背景和教育现代化的要求,通过打造组织新生态、课堂新生态和质量持续改进新生态,推动广东乡村教育实现"公平而有质量"的发展,实现城乡基础教育一体化。针对农村教育课堂育人质量不高、优质教育资源供给不足、教学改革支撑体系不健全等难题,通过释放信息技术创新的融合效应、扩散效应、溢出效应,构建了"互联网+"新生态,有力推动了乡村教育的高质量发展。

"爱种子"项目从3个层面破解中国长期存在的乡村教育不公平、发展质量不高的问题。

微观上,提出并实践了素养导向的"互联网+"综合化教学模式。发挥互联网的融合效应,构建了"爱种子"(I-SEED)教学模式,形成师生发展、活动支持、资源服务、数据赋能等系统要素支持的信息时代课堂新生态,推动课堂变革和教学模式创新。依托教学平台和技术环境支持,建设以平衡、深度、高效的课堂为形态的组织文化,为学生营造和谐成长、积极向上的课堂育人氛围,重视学生课堂秩序和学习习惯的养成,提高教师课堂管理的水平和艺术,促进课堂教学效果整体提升,实现育人方式重建和育人目标落地。

"爱种子"教学模式以"自主学习、互动探究、主题拓展"为主要环节,以发展性评价为引导,构成了一个集"三环""四得"的、面向学生核心素养培养的新型教学体系。在"三环"中,"自主学习"指向内化、能动、具身的学习,"互动探究"指向协作、集体、深度的学习,"主题拓展"指向创新、跨学科的学习。"四得"中的"学得"和"习得"是一个整体过程,"评得"与"教得"为两者服务。以习得方法和能力为基础，拓展用互评互学的方法和手段激发学生反思和创新思维，提升综合素养能力。

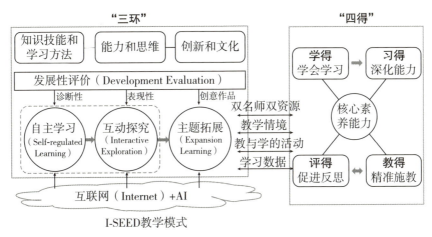

"爱种子"教学模式的体系与结构

中观上，提出并实践了"基本式+变式"的"互联网+"资源供给模式。发挥互联网的扩散效应，聚合名师开发体系化的大单元学习数字化资源，并利用互联网平台支持资源一键点用、自主改用和变式创用，实现了从"点点用""改改用"到"创创用"的创新扩散。在教学过程中，创新设计的组件式、场景式、序列化的教学资源可嵌入数据采集点，利用学生终端（应答器或平板）开展诊断性、过程性和结果性评价，实时采集数据、即时分析和反馈学情，助力教师以学定教、因材施教，引导学生精准学、合作学和创新学。构建师生数据画像和课程知识图谱，实现资源个性化推荐，提高教与学的效率。通过共同体学习和导师团监控体系持续提升教师的数据素养和信息化教学能力，提升教研质量。基于项目建立区域大数据，提高教育治理和决策的科学性。此外，配套三级管理保障机制，不断完善环境建设，为开展新型信息化综合化教学提供依托。基于以上整体设计，以数据驱动，鼓励教师以课题形式研究数据暴露的教学过程及问题，提高教改的深度，从而构建了三级教研网络（导师驻点教研—校际教研—校本教研），对教师的教学过程进行跟踪监控，促进教师信息化教学能力的持续提升，保障教育信息服务的高质量、稳定和持续发展。

宏观上，提出并实践了横纵双联的"互联网+"组织新生态。突破部门层级各自为政的组织模式，以互联网为依托，发挥"互联网+"的溢出效应，建立了以"广东省基础教育与信息化研究院"为纽带，通过行政引导、高校牵头、市场服务、学校创新、专家和名师参与，形成"政府—高校—市场—学校"横向联通、"省—市—县—校"纵向联动的组织新生态，为乡村基础教育改革提供动力机制和组织系统，建立应用导向的投入机制和专业支持体系，保障农村教学改革持续性推进。"爱种子"项目以各级政府和教育主管部门的政策引领和经费支持为基础，以"爱种子"新型学科资源建设与应用为抓手,汇聚了多家龙头信息技术企业的技术资源和平台服务,实现"研、政、学、产"广泛参与的协同创新,形成较为完善的优质资源供给与信息服务的产业链条,促进了组织新生态的主体互利共生和系统自持发展。

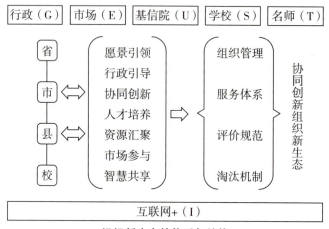

组织新生态的体系与结构

"爱种子"项目围绕基础教育在教育资源、教学模式和教学系统等方面的需求,构建了高校、政府、名师、中小学、产业组成的协同创新共同体,历经12年的研究与探索,从理论、模式、技术、机制、实践等多个维度,进行系统设计、创新实践、迭代演进,提出了一系列的解决方案,有效改善了欠发达地区基础教育公平的问题,该成果获广东省教育教学成果奖特等奖。

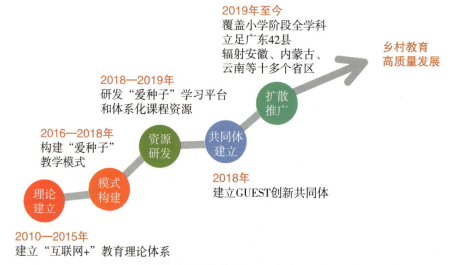

"爱种子"教学模式实践历程

（四）深化改革：高校管理与党建工作的新探索

学术理论与学术思维不仅体现在胡钦太的治学之路上，也体现在他的治校理念与实践中。胡钦太的第一篇管理类文章《高校要在改革中加强科学管理》，发表于《中国高等教育》2000年第10期。此后，他接连发表了《试论高校党建工作的改革与创新》《以"三个代表"思想为指导推动社区党建工作》《新形势下大学生价值观教育的思考》等系列文章。一直以来，胡钦太都带着鲜明的问题导向和学术视角来看待高校党建与管理工作。在担任广东工业大学党委书记期间，胡钦太敏锐地意识到学校存在的重理工而轻人文、大学精神培育不足等问题。他根据时代赋予高校的责任、对工科高校的期待，丰富人文与新工科教育，促进学生德智体美劳全面发展。

胡钦太坚持把党建贯穿于教育教学全过程，使广东工业大学以"三个融合"实现"三全育人"，为该校学子嵌入"红色基因"。

一是思政小课堂与社会大课堂融合。把思政课堂与校外基地有机结合，开展现场体验式教学活动，提升思想政治教育的体验感和说服力。

二是线上思政与线下思政融合。在线上，充分发挥学校在信息技术、人工智能等领域的优势，不断完善思政课的教学改革。在线下，依托学校创客空间以及广工地方研究院等多个与产业深度融合的协同创新育人平台，在实践创新、社会实践中培育学生的家国情怀。

三是思政课程与课程思政融合。该校现有4000多门课程都融入了思政元素，课程思政类项目立项省级10项，校级212项。

在胡钦太的指导和引领下，广东工业大学心怀"国之大者"，把思想政治工作体系贯穿于学科体系、教学体系、教材体系、管理体系建设，创建新时代工科高校"大思政课"全新育人模式。该校挖掘和整合校内外优秀思政教育资源，探索数字化时代思政教育的方式创新，注重思政课程和课程思政协同互济，精心锤炼学生的工匠精神与创新能力，努力为粤港澳大湾区建设与新时代广东高质量发展提供强有力的支持和保障。

2021年12月3日，胡钦太在"读懂中国"国际会议（广州）上发言

胡钦太的学术旅程是中国教育技术学发展的一个缩影，是对知识、创新与教育事业的无限热爱的生动诠释。他在理论创新与实践应用上的卓越贡献，成为推动中国教育信息化、现代化的重要力量。他的故事，充分体现了一个学者如何在中国教育和技术融合的大潮中扮演关键角色。在未来的岁月里，他的学术贡献将继续服务于中国教育信息化发展，激发更多教育工作者和学者的热情与创新，为教育高质量发展带来持续的动力。

三、社会影响

学校教育是社会分工的产物，十几年的学习就像一条长长的流水线，而智慧教育或者说教育信息化的目的就是要赋予其更强的生命力。

不过，在胡钦太看来，无论是传统教育还是智慧教育，教育依然有它最纯粹的意义。参与这个行业的个体，不管是教师、研究者，还是企业，要想产生真正有意义的价值，必须真正懂得教育的角色。儿时就爱看教辅书的胡钦太，在几十年的读书和治学的生涯里，似乎找到了打开教育这扇大门的钥匙，从完善教育传播学理论，到创新发展教育技术学学科基础，再到打通学界、教育实践和企业行业的沟通障碍，有机链接智慧教育生态链，他不遗余力，也卓有成效。

作为我国教育技术学专业第一届本科生，胡钦太心里始终有一种"老大哥"的使命感，笔耕不辍也好，传道授业解惑也好，他从不敢懈怠，他觉得只有这样，才能对得起教育技术学诸多前辈的引领和教诲，对得起自己作为教育技术学专业首届本科生的身份。

胡钦太主持国家社科基金重大项目、国家自然科学基金重点项目等40多项，累计经费6000多万元；主持编写（或参编）出版专著和教材20多部，在《教育研究》等重要刊物发表学术论文100多篇，多次荣获教育部及广东省哲学社会科学优秀成果奖；入选2019年人大复印报刊资料教育学类最受欢迎文章及"中国校友会2022中国高贡献学者"榜单；等等。投身教育信息化学术与应用领域近40年来，胡钦太始终坚持教育发展规律与信息传播科技融合、理论创新与实践应用协同、学术研究与社会服务并重，主持和参与多次重大项目和重大活动，在理论与实践创新、学科建设、社会服务等领域，为广东省、大湾区乃至全国的教育技术学科建设及教育信息化事业发展做出重要贡献。

国家"特支计划"领军人才、享受国务院特殊津贴专家、广东省优秀社会科学家、国家社科基金重大课题首席专家、国家督学、国务院学位委员会（教育学）学科评议组成员、教育部教育信息化专家组成员、教育部高等学校教育技术专业教学指导分委员会主任委员、教育部高等学校教学信息化与教学方法创新指导委员会副主任委员、中国教育信息化产业技术创新战略联盟理事长、中国教育发展战略学会常务理事、中国教育学会常务理事、广东省基础教育与信息化研究院院长、广东省智慧学习工程技术研究中心主任、广东省数字教育研究院院长……胡钦太身上有诸多头衔，他坦言，"我既不想搞花架子、空名堂，更不想沽名钓誉"。不同的社会职务，让他拥有了多个思考问题的维度，从更宏观、更全面的高度来考虑问题，更有动力、更有能力协同多方力量来推动问题的解决，尤其是调动各方资源，协调推动改革方案的实施。

2022年1月，第四届广东省优秀社会科学家暨第九届广东省哲学社会科学优秀成果奖颁奖大会在广州举行，在这次大会上，胡钦太作为第四届广东省优秀社会科学家受到表彰。

2021年，胡钦太获广东省哲学社会科学优秀成果奖特等奖，并被授予"广东省优秀社会科学家"称号

2021年胡钦太获奖照片

优秀社会科学家，不仅仅是一个荣誉称号，它记载了一个学者近40年来用心书写的学术版图：知行合一，构建具有中国特色的教育信息化理论，并身体力行地推动教育信息化大范围多层次的创新应用。

（一）高等教育信息化生态概念的提出者

如果用一座冰山来形容教育信息化的创新，露在水面、容易感知到的就是教室和课堂层面的创新，大量的技术和产品创新都停留在这个层面。但究其根本，冰山的下面不为人知的，则是更深层次的重构教育生态系统。

一提到"教育信息化"，不少人会将之与"在线教育"混为一谈。这是胡钦太最为担忧的。在各个场合，他总是尽可能地阐述，希望大家更全面、理性地看待新技术在教育中起到的作用：教育信息化是指在教育过程中比较全面地运用现代化信息技术，对教育思想、观念、模式、内容和方法产生深刻影响，对深化教育改革，实施素质教育具有重大的意义。此外，教育信息化融合在教学的诸多方面，平时大众印象中的课上使用智慧黑板、播放设备等更智能化的教学设备，仅仅是教育技术表征的一方面，教育技术发展带来的更多影响，是在教学方式、评价模式、学习理念等环节发生了诸多的变革。

作为国内最早一批提出智慧教育概念的学者之一，这些年来，胡钦太及其团队对高等教育信息化的推动效果有目共睹，他曾主持编写了《智慧校园建设规范》《数字校园文化建设标准与评价指南》等评价标准，参与撰写《中国教育信息化发展报告》，对高等教育信息化新生态的顶层思路的形成、框架结构的搭建产生了积极的影响。

1. 创新提出智慧教育评价的新范式

胡钦太曾主持完成教育信息化资源标准《国家教育资源公共服务平台教育资源评价指标体系》及相关研究报告，其中的评价指标体系由教育部教育信息化推进办公室发文推广（见教育部教信推办〔2013〕22 号文），该项目成果为国家、地区、学校、公司建设面向移动学习的资源建设标准提供了参考。

作为教育技术专家，胡钦太敏锐而深刻地认识到智能信息技术在推动教育数字化转型中的关键作用。他认为，现有高等教育评价存在着模式陈旧、指标单一、数据匮乏和算法灵活性差等问题，随着人工智能技术的发展，基于人工智能的教学评价带来了评价主体、评价体系、评价结果、教学决策等的积极改变。为此，2022 年胡钦太领衔申报了"面向 5G 智慧校园的 AI 伴随式综合评价生态体系"项目，入选"5G+智慧教育"融合类应用试点建设项目。

"5G+智慧教育"应用试点建设项目的申报工作由工业和信息化部办公厅、教育部办公厅发起，经自主申报、地方推荐、专家评审等环节，全国共有 109 个项目入选，涵盖互动教学、智能考试、综合评价、智慧校园、区域教育管理、自选方向及融合类 7 个方向。广东省仅有两家高校入围该建设项目。

该项目联合了中国联通、腾讯云等，探索全面建设面向 5G 智慧校园的 AI 伴随式综合评价生态体系，是胡钦太深入信息化建设征途上的又一个发力方向。建成后的评价生态体系将通过 5G 等新一代网络设施的硬件基座，以应用中台、AI 中台和物联网的中台模式以及三位一体的应用架构，实现云网端一体化的智慧校园生态环境支撑。该系统布局成功后，能实现伴随式学生数据采集以及学生画像构建，有效提升科教协同辐射能力和其他核心业务效能，赋能广东工业大学高水平建设。同时，"5G+AI"智慧校园伴随式评价生态范式以及关键技术成果落地方案的成功布局，将形成一套可供推广的示范方案，助力国内同类型的高等院校建设多校区的校园生态圈。

此外，胡钦太创新性地提出以信息化驱动教育评价改革，从而实现缩小数字鸿沟、促进教育公平的目标。他提出从"建立模型—数据实证—制订方案"的数据驱动供给决策出发，通过数据实证驱动信息化重构现有数字教育资源公共服务体系，促进教育资源需求侧和供给侧的信息流通和对接，便能够促进教育资源供需匹配度提升，使得闲散的教育资源得到最大化的利用，解决供给管理粗放和应用低效问题，实现最大化满足师生对教育资源的多元化和个性化需求，并将教育结果公平作为量化的指标，通过全面评价教育结果本身、教育起点、教育过程，真正实现学生的个性评估与全面发展。

2. 有力推动智慧教育教学改革落地实践

未来高校会呈现什么样的形态？这是胡钦太常常思索的问题。如今，随着人工智能技术的飞速发展，这个问题的答案和作答方式慢慢变得清晰——高校一定会朝着智慧教育的形态发展。

智慧教育是第四次工业革命和第二次信息革命背景下教育发展的高级阶段和未来方向。胡钦太认为，当前我们开展的教育变革最终是面向智慧教育形态及其体系建构；智慧教育具有个性化学习空间、高沉浸学习交互体验、精准科学教育治理等特征。通过开发与创设适应各种特定学习需求的智慧学习环境，智慧教育能引导学习者将更多智力资源投入到更为复杂、更有价值、更需智慧的学习任务中，提高学习效率，推动创造能力的培养。

当下的大学教育存在一个较为共性的问题，便是缺乏对学生日常学习过程的了解和管理，多数只能简单以期中考试、期末考试成绩评判教学质量的好坏。

解决这个问题，便成了智慧教育介入传统课堂的切入口。

在胡钦太等人的推动和支持下，华南师范大学自主研发了基于国际主流开源在线学习系统 Moodle 的"砺儒云课堂"。2016 年 10 月，"砺儒云课堂"正式上线，成为华南师范大学统一的在线教学平台，大力发展混合学习、泛在学习、智慧学习的创新教学模式，服务个性化教学，改变了学校没有校级在线教学平台的历史。该平台与华师的信息化应用环境融合度高，与学校的统一身份认证、教师信息网和教务管理系统等多个信息化应用实现集成。在此基础上，胡钦太带领技术团队继续开发了在线教学大数据行为分析系统，对在线教与学行为进行监督与评估。砺儒云平台上现有线上课程 6547 门、在线直播视频 150286 个、在线授课教师 2470 名、在线学习学生 91828 名，平台月均访问量达 350 万以上；采集学生学习行为数据近 5 亿条，积累近 5 亿条学习行为记录，基本形成创新学习空间集群环境和一体化应用格局。

以 ChatGPT 模型为代表的 GPT 技术的出现，对学术、教育及产业界均带来了变革。

在GPT生成式大模型的驱动下,在线教育平台也呈现了智能化的特征。

在广东工业大学,胡钦太带领团队对自建教育平台——"蕴瑜课堂"进行了二期建设。在"软件+硬件"的支持下,"蕴瑜课堂"打通了新型流媒体和硬件配套,实现了线上线下数据的联合共享。广东工业大学课室管理中心管理着全校近500间普通课室与智慧课室,智慧课室建设有物联网感知系统、常态化录播系统、学习行为捕捉分析实时系统等设备,能够在智慧课室进行跨模态的学习行为的采集与整理。在全校统一身份认证的支持下,在线教育平台产生的数据与智慧课室终端采集的数据、师生其他数据等不同类型的数据打通,形成了在校学生的大数据画像,真正实现了对教学、学习、教学管理的"一站式服务",发挥教育大数据价值,精准辅助教学管理和决策。

2023年5月17日,胡钦太陪同教育部部长怀进鹏到广东工业大学大学城校区集成电路学院调研

3. 高效提升教育信息化人才培养质量

胡钦太坚持一线教学与科研实践、自我发展与队伍建设相结合,为我国教育技术学科培养了一大批高素质人才。

他先后担任国务院学位委员会(教育学)学科评议组成员、教育部高等学校教育技术专业教学指导分委会主任委员、国家督学,充分发挥学科领军人物担当作用,积极投身数字化赋能教育高质量发展事业,引领全国教育技术学科内涵建设与高质量人才培养;指导全国高等学校教育技术学科的近30个博士学位点、50多个硕士学位点、200多个本科专业点开展学科建设和专业人才培养,助力教育信息化建设事业的发展。

疫情期间,他不辞劳苦,指导全国30多所高校的教育技术学专业开展"同心抗疫助教学,教育技术网上行"大型公益直播活动共34场,引起广泛的社会反响。

（二）教育信息化产业联盟的发起者

教育信息化不可能孤立封闭发展，必须突破学校围墙，与"互联网+"的新业态和智慧城市发展积极对接融合，这是胡钦太一直秉持的理念。

纵观教育信息化改革近10年的发展，相关政策密集出台。2010年7月，国务院颁布了《国家中长期教育改革和发展规划纲要（2010—2020年）》，这份纲要首次提出"信息技术对教育发展具有革命性影响，必须予以高度重视"。

2012年被称作教育信息化腾飞元年，教育信息化工作正式被搬到台面上，更多体制外市场机构可以参与到中国教育信息化的建设中来。紧接着，2013年教育信息化十年规划出台，同年8月，继续推进教育信息化改革文件发布。随后的每一年，教育信息化的改革都在深化当中。

彼时，政策的春风、市场庞大的体量催生了教育市场的繁荣，教育信息化产业链条上的企业数量迅速增多。资本汹涌助推，一大批企业，包括传统教育装备供应商、互联网头部企业、教育培训机构、教育科技公司等，或投资或并购，纷纷入场。从2015年至今，新三板已经汇聚了近300家教育企业。

科技与教育的结合是大势所趋，中国的教育信息化已经进入到"深化应用"的阶段。深耕教育信息化学界和行业的胡钦太认为，目前的教育信息化产业发展仍缺乏统一部署，有很大的提升空间。一方面，教育信息化行业的产品模式存在问题。厂家、代理商、集成商各自为战，在提供持续服务、深化应用等领域，缺乏统一的方向。另一方面，一些教育信息化企业由于没有深入教学一线，缺乏对教育信息化的实用理解，一些课堂产品功能新奇、操作复杂，反而给教学管理工作量本来就大的教师们增加了额外的负担。

在教育领域，企业不该是一座孤岛。与其杂乱无章，各自为战，不如以组织的形式，搭建一个互惠互利的平台，把产业界的力量聚集起来。

这时候，需要一个角色带领大家放下戒备和作出让步，强化资源整合的能力，构建一个有体系层面的影响力的联盟。2013年，华南师范大学教育信息技术学院就与广州创显科教设备有限公司合作，提出成立教育信息化产业技术创新战略联盟的设想，并在华南师范大学举行了第一次筹备成立联盟的研讨会。

2015年5月24日，中国教育信息化产业技术创新战略联盟（以下简称"联盟"）正式成立，胡钦太出任联盟首任理事长。该联盟第一届共有75家企事业单位参加，有效推动了教育信息化产学研转化和产业生态的形成。

2015年，胡钦太向科技部原副部长陈小娅汇报工作

  学界和产业界的这一次友好牵手，为的是贯彻国家"提高企业创新能力，建设创新型国家"的战略部署，落实"国家中长期科技发展规划纲要"，充分发挥战略联盟的作用，推动我国教育信息化产业技术和产业突破，以提高企业自主创新能力和核心竞争力为目标，积极投身于教育信息化产业，促进在中国建设完善的教育信息化产业链和成熟健康的市场。

  "空架子""光说不练""徒有其表"……联盟成立之初，也免不了承受这些质疑。

  回应质疑最有效的方法不是争论，而是真刀实枪并且卓有成效地开展工作。

  在胡钦太的领导下，教育信息化产业技术创新战略联盟成立后，便有条不紊地开展了一系列工作，他们的工作卓有成效：市场上曾经被壁垒分割的资源都能够投入教育信息化，打造标准化，甚至触发革新。

  同时，作为教育技术学界和产业界的沟通平台和集合体，联盟还肩负着一个大家的共同期许——行业标准的制定。有规矩才能成方圆，行业标准的制定，意味着一个行业能够在某种程度上达成一致，在标准的框架下，技术和产品才能不断地规范与成熟，建立效率与公平兼具的秩序。在胡钦太和同仁的推动下，联盟陆续编写和发布了行业产品技术与应用标准，以此促进行业规范发展，推动教育信息化产业的产品和服务创新能力的发展。

  如今，中山能龙、中国电信广东公司、广州创显科教股份有限公司、网龙华渔教育等龙头信息技术企业借助技术资源和平台服务，实现了"研、政、学、产"广泛参与的协同创新，形成了较为完善的优质资源供给信息服务的产业链条，促进了组织新生态的主体互利共生和系统自持发展。

  此外，为服务国家和广东省战略需求，胡钦太积极推动教育信息化区域发展和标准体系建设，他咨政建言，服务决策，积极推动广东教育信息化区域一体化发展和标准体系建设。他撰写的系列政策咨询建议获教育部及广东省相关领导的肯定，《关于运用信息化促进广东基础教育"公平而有质量"发展的五大建议》《教育信息化赋能乡村教育振兴的对策建议》等多份咨询报告获广东省委省政府领导批示,2次列入省委省政府文件,被写入《广东省教育发展"十四五"规划》。胡钦太担任广东省教育厅教育数字化专家咨询委员会主任,主持研制了《广东省"互联网+教育"中长期发展指导意见》等系列文件;参与研制"广东省信息化中心学校"和"融合创新项目"评价标准;主持编写《智慧校园建设规范》《数字校园文化建设标准与评价指南》等评价标准;同时,参与撰写《中国教育信息化发展报告》,主持出版《广东省基础教育信息化发展报告(2020)》《广东省基础教育信息化发展报告(2018)》《广东省教育信息化发展报告(2015)》等社会评价报告,为我国教育信息化事业的发展贡献了智慧与力量。

(三)信息化促进基础教育公平的践行者

如何让优质教育能够惠及大多数人,是社会各界非常关切的重大命题。作为GDP在全国排名前列的广东省,也存在珠三角和粤东西北地区教育资源严重不平衡的问题。

从2012年开始,胡钦太开始重点关注基础教育公平的问题,作为教育信息化专家,他期待现代信息技术的介入能有效改善基础教育领域的教育公平困境。

自2015年起,在广东省教育厅指导下,广东省基础教育与信息化研究院(简称"基信院")启动"以信息化推动义务教育教学改革研究与推广"项目(又称"爱种子"项目)。胡钦太作为研究院的院长,带领团队启动并推广这一项目。该项目两次被列入中共广东省委省政府文件(粤发〔2020〕06号与粤府办〔2018〕28号)。

"爱种子"项目着力扩大优质教育资源覆盖面,引导广东欠发达地区学校因地、因校制宜地开展教学改革,缩小城乡、区域、校际的教育差距。

"原来一谈到教育信息化改革,部分欠发达地区教师就感觉自己被拖着走,难以跟得上。"胡钦太和团队调研发现,部分欠发达地区教育信息化改革模式与其教学信息化设备、教师专业能力等不相适应。欠发达地区如果直接采用"拿来主义",时常会因模式实施要求超越当地教学信息化设备承载水平、教师教学能力而出现"水土不服"。再加上部分欠发达地区学校重设备、轻素养,教师仍采用以讲为主的教学模式,学生自主、协作学习能力不强,教学信息化设备难以与教学、课程深度融合,教学信息化改革很难在交互中提高教学水平和教育质量。

如何基于欠发达地区教学信息化的问题和需求,帮助欠发达地区探索出教学信息化的新路?胡钦太带队依托华南师范大学教育技术学国家级重点学科的团队力量,深入研究广东基础教育与信息化融合创新的路径、模式、方法,"爱种子"模式应运而生。

当地推进实施的"爱种子"模式依托"互联网+教育"大平台,通过重构教学资源供给方式,重塑课堂教学模式,应用大数据赋能精准化、个性化教学,培养知识、技能和综合素养全面发展的学生。

如何根据欠发达地区中小学师生需求,精准供给内容?"爱种子"模式以政府指导、专家引领、名师设计、教育信息化企业制作为流程，构建了内容供给机制。在广东省教育厅牵头下，以及在华师教育技术学专家指导下，中小学名师们分学段协同作战。

"爱种子"项目组与合作地教研部门强化协同，努力发挥他们的积极性、创造性。项目组现已建立区域教研共同体，包括省市名师团队、区教研室教研员、技术团队。区域教研共同体还以导师驻点教研、校际联研和校本研修为抓手，构建了三级教研网络和教改保障机制。

"合作地教研部门集聚熟知本地教情、校情的教研教改专家，他们有职责、有能力推动教改，提升区域教学质量。因此我们将地方教研部门作为所在地'爱种子'教改指挥中心。"胡钦太介绍。本地教研部门在专家指导下，调研分析实验校教师的不足和需求。他们基于数据驱动，因地、因校制宜，精准开展个性化的教研活动，构建适切性的教学范式，指导教师更简便地应用平台资源。为让实验校内不同类型的教师会用、用好，"爱种子"平台专门打造了教学支架，提供简便易懂、实操性强的教学范式和导学案，教师可按部就班地"点点用"。很多教师逐渐实现了从模仿到适应、逐步提升、自我改进、创新设计的转变。

"'爱种子'平台注重教学评一体化，尤其看重课堂的过程性评价。"中山市菊城小学数学教师李伟群举例说。当他带着学生学完一个知识点、一节课，"爱种子"平台还会设置数个问题，让学生通过自评、小组成员互评等方式，测试学生对知识点的掌握情况。平台也会记录学生在学习、应答过程中的积分。

原来在部分欠发达地区，教育主管部门在评价学校时，侧重于底线评价、学生考试成绩评价。这些评价指标不全面，评价数据相对模糊。"爱种子"平台如何用好评价"指挥棒"？

"我们以问题导向做改革。'爱种子'云平台基于教学终端和大数据技术，实时采集教学数据，即时分析和反馈，实现教学与学习反馈数据可视化。"胡钦太表示。"爱种子"云平台对每天、每课的教学数据进行采集归类、关联分析，形成区域教育部门教育管理大数据。当地教育管理部门可通过云平台，随时了解区内实验校课堂互动实况等教学情况。

同时，"爱种子"项目组通过构建科学的评价指标体系，强化过程性、发展性评价，监测、应用多元化的评价数据，更加注重对教师师德师能的评价。"爱种子"平台引导教师从关注优秀学生，到关注全体学生尤其是后进生。针对数据反映的问题和不足，实验区发挥教研力量，选派专家进行针对性指引提升，努力做到科学、精准决策，努力引导学校评价重点从单一的"智育"升级为"五育"并举。广东省基础教育与信息化研究院再进一步汇总分析各个实验区、实验校的数据，总结问题不足、推广典型经验、优化升级路径，从而促进全省实验区相互取长补短，动态改进提升，共建共进。

"爱种子"在改革探索中总结出逐层引领、以点带面的实施策略，注重以少数带动多数、以一批带动一片，逐步实现了以"种子"教师带动实验校教师、实验校教师带动区域教师，很多实验校、实验区不但取得了"解放学生、解放教师、解放家长"的良好成效，还进一步动态优化了教学模式。"爱种子"教学改革所取得的成绩，得到教育部、广东省教育厅的一致肯定。2020年，广东省委省政府联合发文《关于推动基础教育深化改革高质量发展的意见》（粤发〔2020〕6号），将"爱种子"列为基础教育改革十大工程之一，由广东省教育厅提供专项资金扶持，开展"爱种子"教学改革。目前，该项目服务于广东省42县（市、区），辐射辽宁、广西、四川、河南等十二个省份，惠及1228所学校、87余万师生，并获2022年广东省教育教学成果奖（基础教育）特等奖。

胡钦太从来都不是困坐书斋的理论家，几十年来，他不遗余力，为教育信息化的改革与推广奔走呼号：

2019年4月，在"发展智慧教育 推动教育信息化"主题研讨会（教育部学校规划建设发展中心、中国教育智库网），作"面向中国教育现代化2035的教育信息化"主题报告。

2020年3月，在接受《半月谈》（新华社）"教育信息化摸底考，还有7关要闯"专题采访。

2021年12月，在"读懂中国"国际会议（国家创新与发展战略研究会、中国人民外交学会、广东省人民政府、卡特中心联合主办），作"智库的时代担当"主题发言。

2022年10月，在"智行中国"系列论坛（中国人工智能协会），作"智能时代教育研究范式的变革及其价值追寻"主题报告。

2023年3月，在"ChatGPT与未来教育"论坛（《教育研究》杂志社），作"教育视角下的ChatGPT内涵与定位"主题报告。

2023年，胡钦太参加政协会议留影

2023年12月,在"读懂中国"国际会议(中国国家创新与发展战略研究会、中国人民外交学会与国际知名智库共同发起),作"数字化转型背景下教育变革之未来"主题报告。

2024年6月,在全球智慧教育大会(联合国教科文组织与北京师范大学联合举办),作"增强教育数字化转型意识,深化技术赋能教学改革"主旨报告。

以上列举的只是胡钦太近五年来在政府会议、学术论坛等重要场合演讲和发言的极小一部分,但依旧不难看出这位教育技术学者长期扎根于教育信息化前沿研究,他密切地关注着这个领域的发展,热切盼望这个领域的进步能为我国教育事业注入新的动能,更通过自己多年不懈的努力,实现了自己青年时代的梦想——为教育信息化事业贡献力量,卓有成效地推动我国教育信息化事业的发展。

四、胡钦太谈治学心得

1. 学术之根在于坚守初心

"板凳须坐十年冷,文章不写半句空",是史学界前辈范文澜老先生的名言。范文澜多次告诫新加入近代史研究所的年轻人,做学问就要坐得冷板凳,坚守初心。要有视富贵如浮云的精神,想当官就不要来。他所号召的这种治学精神深深影响了那个年代的学者,也包括我。

1987年,我本科毕业留校工作。此时,正是我国电化教育起步的重要时期。因为广东毗邻港澳,各种新式的电视机、录音机、摄像机、幻灯机等纷纷传入广东。因为懂技术又懂当代中国教育对电教设备的需求,1988年,我被学校派往东莞开展产学研工作。这一年里,我们与香港电器厂家和本地电器生产商合作,建立起了电器开发公司和售后维修部,并将电视机、录音机、摄像机等设备进行改良,使之符合课堂教学的需求,这个电器开发公司和售后维修部慢慢地也成了学生的实习基地。此时,电器热正席卷中国,我们与企业联合开发的电教产品,将电器和课堂教学结合起来,大幅提升了课堂的教学效率,丰富了课堂的表现手段,可以说是国内最早对产学研一体化的探索。

那时候正值改革开放初期,中国打开了国门,一部分人先富起来,"万元户"成为大家仰慕的对象,这在某种程度上也代表了当时人们的一种价值追求。我曾跟朋友开玩笑说,如果我当时不选择回高校搞教学和研究,就沿着电教设备这条路发展下去,也许在今天的中国教育信息化装备企业家里也有自己的一席之地?实际上,在东莞工作一年后,我便如约回到了母校华南师范大学,继续坚持自己在教育信息化领域的教学和研究,这一坚持,便是40年。40年来,我不曾忘记自己作为教育技术学专业第一届本科生的使命,也牢记着南国农先生、李运林先生、徐福荫先生等教育技术界前辈对我的殷切期望。

作为一门新的学科,当时的教育技术学并不是大家追求的"大热门",我亲身经历了这门学科从鲜有人问津到受到各方重视的过程。但"冷板凳"也好,"大热门"也罢,做好学术研究,是我职业生涯里最明确的目标,也是我这么多年不曾放弃的习惯。

在前辈们的启发下,2019—2022年,我和团队的老师们结合新时代的技术变革,用三年时间重新编写了《教育传播学》教材,真正地使教育传播学从一门专业选修课发展成为一个专业、一个研究方向。随后,我们又出版了"'互联网+'"时代的教育信息化理论发展丛书",完整地构建起这个学科的理论体系,特别是我主编的《融合与创新:教育信息化理论发展》一书,解决了教育信息化和教育教学过程"两张皮"的问题,奠定了团队在教育信息化领域的领军地位。

2023年11月12日,胡钦太出席广东工业大学本科办学65周年发展大会

在学校的生活是清苦的,但精神上十分富足。这么多年来,忙完一天的教学和行政工作,不管多晚,我始终坚持读书写作的习惯。能抛却浮华,独坐书斋,是我最快乐的事。"日拱一卒,功不唐捐",我大部分的论文、著作,都是在这不被打扰的时间里完成的。其间,虽然我有过几次到地方任职的机会,但我还是喜欢学校,喜欢学生,喜欢学术。

热爱是最好的老师,我常常希望通过自己投入的工作,能唤起学生对专业的热爱。热爱是一个人内心最深沉最持久的力量,只要心怀热爱、坚守初心,永远都是当打之年。对于一个专业、一个研究领域,如果你发自内心地去了解它并喜欢它、钻研它,想取得成就都不难。

2. 学术之道在于知行合一

做学问,不仅要"知",而且要"行",更要"行之有效"。知中有行,行中有知,做到"知行合一"。在很多场合,我都强调,在教育技术这个学科,教育是个核心概念,通俗一点说,我们"姓教育,而非姓技术"。技术手段再怎么强,最终都是为教育服务的。我希望学生能够明白,无论从事教育技术的哪个岗位,不管是做产品研发,还是做理论研究,还是做老师,所有的工作都要围绕"教育"这两个字来进行。遵循教育的基本规律、发挥教育的功能,是我们矢志不渝的职业追求。因为本质上,我们就是教育工作者,只有实实在在从事教育相关的工作,成为教育某个环节的参与者,才能更深刻、更生动地理解和发挥教育技术这门学科的作用。

1999年之后,我逐步担任了学校的一些管理职务。我把教育管理的实际工作当作自己多年来学习教育和教育技术的实践机会。知行合一,推动教育信息化大范围多层次的创新应用,是我一直追求的职业精神。这么多年来,行业产品技术与应用标准的制定也好,产学研联盟平台的建设也罢,通过"爱种子"项目改善欠发达地区基础教育公平的问题也罢,可以说都是我们团队在知行合一方面的不断探索。

怎样学习才能"知"?

我认为最重要的莫过于多思和反思。多思和反思是一种重要的思维方式,可以帮助我们更好地理解自己和世界,提升我们的认知水平和智慧。在日常学习中,我有一个习惯,就是每读完一本书后,对全书的脉络进行总结,在头脑中形成思维导图,抓住核心问题、弄清需求;同时,结合当下的社会现状,在大规模调研的基础上,进行批判性思考,逐渐形成发散性思维甚至逆向性思维。对老师、名人和前贤的看法,对那些似乎无可置疑的"定论",也要"大胆存疑",要有"标新立异"的勇气。

怎样在"知"的基础上身体力"行"?

一是要有敏锐的嗅觉。具体地说,就是要有敏锐的政治嗅觉、敏锐的政策意识和敏锐的信息触角。这一方面来源于对党和国家重要指示和讲话精神的领悟。要善于从政治上判断形势、分析问题,在政治问题上保持头脑清醒,政治与政策敏锐性的核心是立场问题,是政治上与党中央能否保持一致的问题。另一方面来源于自身长期在教学一线积累的对教育的认知。通过经验,找到问题所在,最终在"知"的基础上,利用教育技术手段解决现实中的教育问题。

二是要及时把握国内外大学的发展情况。要不断学习、积极尝试各种新鲜事物,拓宽我们的视野和思维。要怀着理解和宽容的态度不断加强国际教育合作,进行国际教育交流。这样可以让我们了解到不同国家的文化和观念,从而更好地适应多元化的社会,找到"行"的正确方向。

3. 学术之脉在于融合创新

我在几十年的大学教学与学科研究实践中,体会最深刻的一个关键词就是"融合创新"。融合创新是打开科学研究新境界的一把金钥匙,培养融合思维是推进科研创新的重要方法论。面对快速变化的复杂世界和新一轮科技产业革命,打破知识体系边界、促进学科交叉融合已经成为普遍潮流,没有交叉新工具、融合新范式,必定会落后而被淘汰。对于学生来说,更应该不囿于学科背景,全身心投入各类融合创新实践,不断垫厚学识根基、拓宽见识眼界,最终实现创新的目的。

如何在教育信息化理论研究方面有所创新？我认为，有3个"需要"。

2019年胡钦太外访留影

第一个"需要"：教育信息化理论研究需要尊重教育与技术的发展规律。教育有其内在的发展规律，技术也有其自身的发展规律。教育信息化的发展规律不等同于二者的简单叠加，而是相互影响、相互促进、相互融合的过程，从而形成其独特的发展规律。教育的发展速度是缓慢的、稳定的，技术的发展速度却往往是爆炸式的、裂变式的，二者共振与融合的途径、速度需要在实践中不断观察与发现。此外，我们对新兴技术如何推动教育变革还要进一步达成共识。近年来，学者们从技术如何提升产业生产力的经验中得到启发，普遍认为技术融入教育的路径是：应用技术重构教育流程，推动教育系统的结构性变革，只有这样，才能真正推动教育的革命。

第二个"需要"：教育信息化理论研究需要具有系统思维。系统思维对我们每个人来说都非常重要，它可以扩大我们的视野，让我们看问题更全面、更客观。提高系统思维能力，就要高度重视系统的整体性、关联性、耦合性和协同性，处理好各方面关系，统筹兼顾、综合平衡，突出重点、带动全局，将系统观念的科学方法转化为教学科研和管理的成功实践。具体到研究一门学科来说，通过什么样的方法、通过什么样的步骤、通过什么样的思维、通过什么样的途径把这件事情做成，从而形成一个闭环，这样在做研究的时候就有一套系统的方法，实践时就显得有章法了。教育信息化是一项系统工程，它涉及教育教学手段、教育资源配置、宏观政策决策，也涉及具体的教学模式、学生个体在信息化环境下的认识与学习行为等。因此，教育信息化的研究需要建立系统观，从不同的视角展开研究，包括宏观政策、课程与教学、资源开发、个体认知等。

第三个"需要"：教育信息化理论研究需要具有互联网的新思维与价值观。"互联网+"作为国家新的发展战略被提出来，它的核心是充分发挥互联网在生产要素配置中的优化和集成作用，将互联网的创新成果深度融合于经济社会各领域之中，提升实体经济的创新力和生产力。这为教育信息化研究提供了新的思路。我们要将互联网的开放、共享、平等、自由等特征与教育教学本质规律结合起来，形成对学习者、课程、学校、教育政策、体制机制、教育评价、教育管理等教育相关因素的重新定位与思考，从而重构教育体系，提升人才培养质量。

（陈少徐、李胜彬、王宇涵、王姝莉、张彦整理）

黄国文：

外国语言学及应用语言学的探索者

　　1956年2月生，广东饶平人，哲学博士，华南农业大学外国语学院原院长、教授、博士生导师。先后在英国爱丁堡大学（1992）和威尔士大学（1996）获博士学位，任国际生态语言学学会中国地区代表，中国英汉语比较研究会（民政部注册一级学会）副会长，中国英汉语比较研究会英汉语篇分析专业委员会主任。学术贡献主要体现在语篇分析和话语研究、系统功能语言学、生态语言学等领域，编写出版国内第一部语篇分析著作《语篇分析概要》、国内第一部生态语言学著作《什么是生态语言学》等。

一、少年时代

黄国文于1956年2月出生在广东饶平县的一个小乡村，由于家里贫穷，他没有上过幼儿园，在小学入学前都没有机会读书认字。他在小学和中学所受的教育也不是很正规，按他自己的说法，小时候接受的教育是"营养不良""先天不足"的。1971年4月，15岁的黄国文离开家乡到饶平县城去工作，所在的单位是县的革命委员会（简称"革委会"，即现在的县委、县政府），他当时在革委会办公室任中文打字员，县机关的人都称他为"打字弟"。参加工作后的黄国文认识到打字员这种工作是做不长久的，自己的文化水平又低，是没有什么发展前途的。因此，1974年，他报名参加"工农兵学员"的推荐和选拔，周围的大多数人都不理解他的这个想法，主要原因是：那时的大学生毕业后都到农村去工作，各方面的条件都比不上在县机关工作；还有一些人觉得他中小学没有读什么书，上了大学也不可能读得了或读得好。但是，黄国文自己觉得当时的大学招生方式是千载难逢的机会，如果是通过"文革"前的那种考试上大学，他是想都不敢想的。于是，他就不顾别人的劝阻，报名参加推荐和选拔。当时饶平县里有一位姓郑的领导（他的部门领导）很欣赏好学、有想法的黄国文，所以支持了他的申请。1974年7月，他被录取到位于广州北郊黄婆洞的广东外国语学院（后来改名为广州外国语学院，再后来与广州外贸学院合并，改名为广东外语外贸大学）英语系，开始了大学的学习。

二、在广外的日子

对于中小学没有受过正规教育的黄国文来说，学习理工、医学等学科肯定不合适的，学习哲学、历史、中文等也会很吃力；但当时黄国文的优势是年轻，因为很多人18岁才从中学毕业，而他则要上大学；当时被推荐上大学的人至少要有两年的工作（或务农）经历。在一位高人的指点下，黄国文选择了学习英语，就这样他进入了广东外国语学院。入学后他发现，英语是一个热门专业，同年级的同学有一部分是领导的子女，他们也来这里学英语。

据黄国文回忆，他入学前没有学过英语，连26个英文字母也不认识，所以第一年的学习成绩很差。到了第二年，同年级的一个叫赵豪雄的潮汕老乡建议并帮助他学习英语语法，使他的学习有了很大的进步。三年级的语法课由关冲老师讲授，关老师把枯燥的语法课讲得非常有趣，给他留下了非常深刻的印象。在毕业的时候，他成了全年级

100多位同学中数一数二的"语法家"。然而,当时喜欢语法并不被大家看好,别人说你是"grammarian"(语法家)或"grammar-minded"(语法意识强),多少都带有一些嘲笑的味道。但是,不可否认的是,那个阶段的英语语法学习为黄国文后来提高英语水平和再后来的学术发展奠定了坚实的基础。

1977年7月,黄国文完成了3年的学习,毕业后留校工作,同年9月份就参加了教育部在广州外国语学院举办的为期一年的青年教师进修班,教师包括来自澳大利亚的外教Nick Bricknell及其太太Shirley Bricknell和几位中国老师。在大学学习期间,黄国文尝到了学习语法的甜头,因此在参加进修班期间,也很喜欢黄锡祥老师讲授的英语语法课。进修班结束后,黄国文更加坚定了学习和研究英语语法的决心。

1979年左右,有关部门影印了一些外国出版的学术著作,当时这些著作是内部供应,其中一本就是R. Quirk, S. Greenbaum, G. Leech & J. Svartvik合著的 *A Grammar of Contemporary English*(1972, London: Longman)。黄国文买了一本,爱不释手。很快,这本书就小范围地流传开来,那时刚创刊或复刊的学术期刊陆续出现了有关英语语法研究的文章,其中有很多文章参考或引用了这本语法书。由于黄国文对英语语法现象比较关注,所以在看英语书籍和报纸时就特别留意与语法书所说的不一致的语法现象。例如,一般的语法书都这样说,as if引导的从句中的动词要用虚拟形式,因为这个从句所讲的内容与事实是不一致的。根据这些语法书,"He speaks as if he were my brother."是正确的,而"He speaks as if he was my brother."或"He speaks as if he is my brother."是错误的,因为从句的动词没有用表述虚拟意义的"were"。但是,他在阅读的过程中,发现有很多语法书认为错误的例子其实是正确的。因此,他就写了一篇题为"As if 从句的时态形式"的短文,投到上海师范大学主办的《上海外语教学》,后来发表在该刊1979年第4期上。虽然这篇文章很短,但能够被期刊接受并发表,给了黄国文莫大的鼓励,更加坚定和增强了他学习和研究英语语法的决心和信心。

黄国文的学术研究就是从研究英语语法开始的。长期关注他的读者会发现,几十年来,他一直在英语语法研究领域耕耘。他曾在《人生处处皆选择》一文中写道:这些年终于悟出了一个结论,很多著名的语言研究者都是从语法研究开始的,也是以语法研究作为支撑的,国外的M. A. K. Halliday和Noam Chomsky是这样,广东的王宗炎、何自然、徐盛桓等知名教授也是这样。这些年黄国文多次看到和听到Halliday写(说)到他是"grammarian",而感到非常欣慰:原来做"grammarian"或"grammar-minded"并不是丢人的事,难怪Halliday总是建议语言研究者要"think grammatically"(从语法角度去思考)。

在英语语法研究方面,黄国文除了在国内外学术刊物发表论文外,还撰写了一些书稿:《英语语法常识自学教程》(与何自然合著,广州外国语学院英语刊授中心非正式出版刊授教材,1985年)、《英语复合句——从句子到语篇》(与肖俊洪合著,厦门大学出版社1996年版)、《大中学生简明英语语法词典》(与肖俊洪等合著,广东教育出版社1999年版)和《英语语言问题研究》(中山大学出版社1999年版)。

黄国文于1983—1986年在广州外国语学院参加了"全国高等学校教师研修班"的学习，研究兴趣开始转向语篇分析（话语分析），后来选择了文体学作为其硕士学位论文研究方向。他论文的指导老师是美国文学研究专家王多恩教授，硕士学位论文做的是美国作家海明威小说《杀人者》的文体分析（A Stylistic Analysis of Hemingway's *The Killers*，广州外国语学院，1986年）。在语篇分析方面，黄国文出版的专著有几本：第一本是《语篇分析概要》（湖南教育出版社1988年版），该书是"语言学系列教材"丛书之一，是中国语篇分析研究领域的第一本书，这本书可以说是黄国文的"成名作"，其出版对他后来这些年的学术发展起了非常大的推动作用；第二本是《语篇分析的理论与实践》（上海外语教育出版社，2001），该书曾获"第四届中国高校人文社会科学研究优秀成果奖"语言学三等奖；第三本是与葛达西合著的《功能语篇分析》（上海外语教育出版社2006年版）；第四本是与赵蕊华合著的《功能话语研究新发展》（清华大学出版社2021年版）。

三、留学英国

1987年10月，黄国文被广州外国语学院推荐，参加由教育部和英国文化委员会共同设立的"中英友好奖学金"（Sino-British Friendship Scholarship）的选拔，包括参加雅思（当时叫ELTS）考试，最后被录取，公派到位于英国苏格兰的爱丁堡大学攻读博士学位，导师是Keith Mitchell；1988年9月至1992年7月，黄国文在爱丁堡大学应用语言学系攻读博士学位，1992年7月获该大学授予的"应用语言学"哲学博士学位；1992年9月至1994年1月在英格兰北部的纽卡斯尔大学语言系做研究，参与了Lesley Milroy教授主持的大型项目（被聘为Research Associate）；1994年1月到威尔士大学加的夫学院（现加的夫大学）"英语、传播与哲学学院"做教学助理，同时攻读第二个博士学位，导师是功能语言学著名学者Robin Fawcett；于1996年获威尔士大学授予的"功能语言学"博士学位。他在英国的学习和研究情况，见其文章《人生处处皆选择》（本节第六部分）。

四、回国工作

1996年1月底，黄国文完成了第二个博士学位论文的答辩，马上起程回国，到中山大学外国语学院任教授。促成黄国文到中山大学工作主要有3个人：一是王宗炎先生，二是当时的外国语学院院长吴增生教授（后任中山大学副校长）和时任外国语学院党委书记李友文研究员。黄国文在 1988 年出国时是讲师，1995 年 6 月中山大学破格特批他为教授，1996 年回国后就担任博士生导师；那些年整个国家博士点少，博导也少，黄国文的博导资格也是破格特批的，因为当时他连"博士生导师要有指导过一届硕士研究生的经历"这个基本条件都没有达到。

1996 年 1 月至 2016 年 1 月，黄国文在中山大学外国语学院工作，致力于系统功能语言学教学与研究，其间曾担任外国语学院院长和翻译学院院长；培养了上百名硕士和几十名博士，也多次组织各类国际国内的大型学术会议。黄国文于 1999 年获"南粤教书育人优秀教师"称号，于 2005 年获"宝钢教育奖"（优秀教师奖），于 2009 年获国务院政府特殊津贴，于 2012 年入选教育部国家级高层次人才特聘教授。他在中山大学所做的工作和所取得的成绩，见其文章《人生处处皆选择》（本节第六部分）。

2016 年 2 月份，黄国文从中山大学调动到华南农业大学，担任外国语学院院长，至 2024 年 1 月退休。在华南农业大学工作期间，他致力于生态语言学研究，于 2021 年获"广东省优秀社会科学家"称号。他在华农 8 年所做的工作和所取得的成绩，见其文章《八年耕耘圆心梦》（本节第七部分）。

黄国文 2005 年的留影

2024 年 1 月，黄国文从华南农业大学外国语学院退休。从 2024 年 2 月起，他到澳门城市大学发挥余热，目前被聘为澳门城市大学人文社会科学学院副院长、教授、博士生导师，主要工作是培养"应用语言学"博士研究生。据黄国文说，他加盟澳门城市大学，是为了延续他的旧梦，因为他的第一个博士学位就是研究"应用语言学"的，但在过去的这些年里，他的主要关注点是"功能语言学"和"生态语言学"。不难猜想，在澳门城市大学聘期结束以后，黄国文教授也许会撰写题为"澳门城大续旧梦"的回忆性文章。

五、学术贡献

黄国文教授在国内外都颇具影响力，先后在广州外国语学院、中山大学、华南农业大学、澳门城市大学以及英国的纽卡斯尔大学和威尔士大学加的夫学院工作过；先后担任多个学术团体（包括国家一级学会中国英汉语比较研究会副会长、广东外国语言学会会长）的不同职位和国内外 20 多本学术期刊的编委或顾问；发表学术论文 200 多篇，其中多篇论文在知网的下载数超过 1 万次，最高的将近 3 万次；多篇论文的引用数超过 500 次，最高的达到 900 多次。2011—2014 年，他被推选为国际系统功能语言学学会（International Systemic Functional Linguistics Association）执行委员会主席，是该学会 40 多年来唯一当选此职的亚洲学者。他与导师 Robin Fawcett 提出的"enhanced theme"概念被写进英国 Edward Arnold 公司出版的功能语言学教科书（G. Thompson, 2004, 2014. *Introducing Functional Grammar.* 1st edn & 2nd edn）。他的专著《翻译研究的语言学探索》（黄国文，上海外语教育出版社 2006 年版）被翻译成英文，在英国 Equinox 出版公司出版（G. W. Huang, 2024, *Linguistic Explorations in Translation Studies*）。他早年出版了国内英语界第一本语篇分析的著作《语篇分析概要》（黄国文，湖南教育出版社 1988 年版），几年前与学生合作出版了生态语言学著作《什么是生态语言学》（黄国文、赵蕊华，上海外语教育出版社 2019 年版）。

黄国文是话语分析、功能语言学、生态语言学、应用语言学等研究领域的开拓者和领路人，他是一位活到老学到老的研究者，是国外语言学及应用语言学的实践者，在国内外相关领域有很高的知名度和影响力。

（陈旸、秦建华整理）

六、人生处处皆选择

1. 引言

2016 年对我来说，注定是一个不平凡的开始。选择，是对生命的郑重承诺，也是对自己的明确交代。

我于 1956 年农历正月出生于广东省潮汕地区的一个小乡村。当时只知道农历，所以 1971 年参加工作填写出生年月时，就想当然地填成了一个日子，这个不准确的日期从此成为官方承认的出生日期。

小时候家里比较贫穷，我入学前没有读书认字；小学和初中接受的教育也都不正规。1971 年的 4 月，刚满 15 岁的我离开了家乡，到了所在县的革委会（即现在的县委、县政府）参加工作。我本可以继续在县机关工作的，但 1974 年的夏天，我选择了来广州读大学，这是我人生一次很重要的选择。

2. 来到广州

1974 年，我报名参加"工农兵学员"的推荐和选拔，并于 1974 年 9 月到广东外国语学院（后来改名为广州外国语学院，再后来与广州外贸学院合并改名为广东外语外贸大学）英语系学习。在读书的 3 年中，教过我的老师有杨琇珍、王应龙、方汉泉、朱道敏、关冲等。在此期间，对我影响最大的有两个人，一个是教英语语法的关冲老师，另一个是在另外一个班级读书的老乡赵豪雄，是他建议并帮助我学习英语语法，使我在大学毕业时成为全年级 100 多位学生中数一数二的"语法家"。这个阶段的英语语法学习给我后来的学术发展奠定了坚实的基础。

1976 年，"文革"结束了，中国进入了一个新的发展和开放时期。1977 年 7 月，我完成了 3 年的学习，留在英语系工作，接着参加了教育部在广外举办的为期 1 年的教师进修班，教师主要有澳大利亚籍外教 Nick Bricknell 及其太太 Shirley Bricknell 和几位中国老师；可能是因为我喜欢语法，给我留下很深印象的是语法课老师黄锡祥先生，他对英语语法的研究很深入。

1983 年，我报名参加了广外主办的第一届"全国高等学校教师研修班"选拔考试，并被录取；该班是教育部规划的，由广外与英国文化委员会联合举办，教师包括英国文化委员会选派的 John Simpson（应用语言学、文体学），Roger Berry（外语教学法、语言习得）和桂诗春（统计学、测试学）、桂灿昆（普通语言学、语音音系学）、伍谦光（语义学）、何自然（语用学）。1986 年，我获得了"语言学与应用语言学"硕士学位。当年和我一起读书的同学有很多位现在都有不小的成就，包括：何安平（华南师范大学教授、博导）、李经伟（原解放军外国语学院教授、博导）、陈佑林（华中师范大学教授、博导）、邹科（美国 California State University, East Bay, 教授），以及王守元（山东大学外国语学院原院长、教授、博导）。

2016 年，黄国文与桂诗春先生参加学术会议合影

3. 到英国学习和工作

我的学术生涯可以从 1988 年到英国说起。关于我的学术旅程的记载，前些年我写了两篇文章。第一篇收录在我与何伟、廖楚燕等人于 2008 年编写的《系统功能语法入门：加的夫模式》一书，题目是"从系统功能语法到加的夫语法"；这篇文章以我个人在系统功能语言学方面的学习和研究为主线，集中谈了其他学者对我的影响和帮助以及我个人对系统功能语言学的认识和理解；该文的主要小节分别是："我与系统功能语法的第一次接触""Robin Fawcett 把我领进系统功能语法领域""王宗炎先生支持我搞系统功能语言学研究""胡壮麟教授对我的提携和帮助""M. A. K. Halliday 对中山大学语言研究的关注""我的研究重点和研究兴趣""一点认识：为什么要介绍'加的夫语法'？"。第二篇文章收录在我与常晨光、廖海青于 2010 年主编的《系统功能语言学研究群言集》中，题目是"选择就是意义"，主要是对第一篇文章进行补充，同时也把我认为值得强调的要点和观点进行深化。

1987 年，教育部给广外分配了一个到英国攻读博士学位的名额，由中英友好奖学金资助。我有幸被推荐参加这个项目的选拔（过程包括学术评审、专家推荐和 ELTS 考试），最终获得了 3 年的资助到英国攻读博士学位。我于 1988 年 9 月到英国爱丁堡大学应用语言学系攻读博士学位。1992 年 7 月，获该大学授予的"应用语言学"博士学位。

博士毕业后，我到纽卡斯尔大学参加了 Lesley Milroy 教授主持的大型社会语言研究项目的研究工作，并很快被聘为研究助理（Research Associate）。在纽卡斯尔大学，我得到了 Lesley Milroy 教授的指导、关心和帮助，也得到了同时在她的团队做 Research Associate 的李嵬博士的帮助。

大约是 1993 年秋天的一个晚上，威尔士大学加的夫学院的 Robin Fawcett（原先我们有联系）给我打来长途电话，邀请我去他那里做研究并给本科生做辅导教师，同时攻读第二个博士学位；他的 upper middle-class English 和他对我个人发展的建议打动了我。

1994 年 1 月，我依依不舍地离开纽卡斯尔大学语言系，到威尔士大学加的夫学院开始了我作为辅导教师和博士生的新生活。

到加的夫 2 个月后，有一天，Robin Fawcett 突然找我认真谈话，想要我参加他和 Margaret Berry、Christopher Butler 正在编辑的一本准备献给韩礼德的论文集的编辑工作，并且要在那一年比利时根特大学召开第 21 届"国际系统功能语言学大会"之前完成。该论文集名为 Meaning and Form：Systemic Functional Interpretations—Meaning and Choice in Language：Studies for Michael Halliday。后来我才了解到关于该书的一些背景信息：国际系统功能语言学学会希望在韩礼德准备退休的 1987 年之前，编辑 3 本题为 Meaning and Choice in Language：Studies for Michael Halliday 论文集（由美国的 Ablex 出版公司出版）献给他；这 3 本论文集的编者都是国际知名的学者，分别是澳大利亚的 Ruqaiya Hasan 和 James R. Martin，英国的 Margaret Berry，Christopher Butler 和 Robin Fawcett 以及北美（美国和加拿大）的 Peter H. Fries 和 Michael Gregory。由 Ruqaiya Hasan 和 James R. Martin 主编的 Language Development：Learning Language，Learning Culture—Meaning and Choice in Language：Studies for Michael Halliday 早在 1989 年就出版了。我于 1994 年到加的夫时，由 Peter H. Fries 和 Michael Gregory 主编的 Discourse in Society：Systemic Functional Perspectives—Meaning and Choice in Language：Studies for Michael Halliday 也正在出版之中。唯独由 3 个英国学者负责编辑的那一本进度缓慢，而且没有确定的出版日期。我到加的夫后，Robin Fawcett 先后与 Margaret Berry 和 Christopher Butler 商量，建议邀请我参加论文集的编辑。原先的 7 位编者都是国际系统功能语言学界的头面人物，而我是刚进圈子的新人，怎么有资格与这些人排在一起？我猜想，Robin Fawcett 应该是和国际系统功能语言学学会的其他一些重要人物商量过此事。20 多年过去了，我现在还清楚地记得：我到达比利时根特大学去参加第 21 届"国际系统功能语言学大会"的那天，当时和我并不熟悉的 Ruqaiya Hasan 教授一见到我，就把我拉到一边，单刀直入地问，那本论文集的编辑工作是否已经做完了。

Robin Fawcett 邀请我与他们一起编辑该论文集，我非常高兴。该书 1996 年在美国出版后，国际系统功能语言学研究者都注意到有一位叫"Guowen Huang"的中国人作为编者之一，名字与 Margaret Berry，Christopher Butler，Robin Fawcett 并列出现在书的封面和扉页上。细心的读者也会发现，在该论文集的前言（XI）中有这么一个重要的注释："The three original editors of this volume (Berry, Butler, and Fawcett) are very grateful to Dr. Guowen Huang for coming to our help at this time of ever-increasing administrative work in British—and no doubt other—universities. It is his editorial work in collaboration with RPF (Robin P. Fawcett) that has finally brought this important volume through to its successful publication. It is particularly fitting, in a publication that was prepared in the year when we paid tribute to the important place of China in the family of systemic linguists by holding the 22nd International Systemic Functional Congress in Beijing (1995), that a representative of China should be an editor of this volume."

1992年，我获爱丁堡大学的"应用语言学"博士学位，在去英国前我也在广外正规地学了3年的应用语言学，而我在1996年学成回国后却没有在这个领域发挥作用。这有多方面的原因，其中一个与我在加的夫两年的经历有很大的关系。这两年的时间虽然不算长，却使我留下了很多非常美好的回忆。在加的夫的日子里，我先后到美国阿尔伯克基的新墨西哥大学、比利时的根特大学和安特卫普大学、北京大学、香港城市大学、英国的布莱顿大学参加了6个国际学术研讨会，并通过宣读论文与学者交流；这些学术活动都得到Robin Fawcett主持的COMMUNAL项目的资助。这两年的经历对我后来的学术发展起了很重要的作用，我学到的既有学术的内容，也有非学术的内容。我还基本了解了系统功能语言学这个大家庭的家史以及几位重要人物之间的学术关系。1995年底，我完成了在加的夫的学习和工作，并向学校的研究生院提交了博士学位论文，准备答辩和回国工作。

4. 回国创业

1996年1月底，我完成了第二个博士学位论文的答辩，马上起程回国，到中山大学外国语学院教书。促成我到中山大学工作主要有3个人：一是王宗炎先生，二是当时的外国语学院院长（后任中山大学副校长）吴增生教授和时任外国语学院党委书记李友文研究员。我于1988年出国时是讲师，1995年6月中山大学破格（我没有副教授职称）特批（不是参加一年一度的评审）我为教授，1996年回国后就担任博士生导师。那些年整个国家博士点少，博导也少，我的博导资格也是破格的，因为我连"博士生导师要有指导过一届硕士研究生的经历"这个基本条件都没有达到。

虽然王宗炎先生曾于1980年和1981年写过评论J. R. Firth和M. A. K. Halliday的文章，但在我到中山大学之前，并没有人开设过"功能语言学"或"语篇分析"之类的课程。从1996年起，我开始讲授功能语言学课程，指导硕士研究生研读"功能语言学"和"功能语篇分析"的学术著作，并撰写这方面的学位论文。

中山大学自1924年建校以来，就设立了西方文学系，多年来一直是以文学为主导，语言学一直处于弱势地位。在1999年之前，外语学科没有组织过一次全国性或国际性的"外国语言"研讨会。1999年8月，中山大学召开了"语篇与语言的功能"国际会议暨第六届全国话语（语篇）分析研讨会。特邀参加此次会议的国外的学者包括Professor M. A. K. Halliday, Professor Ruqaiya Hasan, Professor Robin P. Fawcett, Professor C. M. I. M. Matthiessen, Professor Peter Fries, Dr. William Greaves等。国内参加会议的学者有胡壮麟教授、方琰教授、杨信彰教授等。会后出版了两本论文集：黄国文、王宗炎主编的 Discourse and Language Functions（外语教学与研究出版社 2002 年版）；黄国文主编、杨炳钧副主编的《语言·语言功能·语言教学》（中山大学出版社 2002 年版）。这次会议是具有历史意义的，因为这是中山大学外语学科第一次组织召开"外国语言"的学术会议。在这次会议上，86 岁高龄的王宗炎先生还作了大会报告。

继 1999 年成功召开"语篇与语言的功能"国际会议后，2002 年 7 月 24—26 日中山大学主办了"语篇与翻译"国际会议。该会议的目的是尝试在功能语言学和功能语篇分析与翻译研究的结合研究方面做些探索。应邀参加此次会议的国内外专家包括：Professor Mona Baker、Professor Christina Schäffner、Professor Kirsten Malmkjaer、Professor Basil Hatim、杨自俭教授、张佩瑶教授、谭载喜教授、朱纯深教授、罗选民教授。会议的目的之一是希望通过这次学术会议与同行切磋功能语言学与翻译研究问题，以扩大研究范围和提高研究层次。

2001 年，我在中山大学发起举办了"系统周"（Systemics Week），邀请国际学者和国内学者集中讲授功能语言学课程。该活动周（也称为"系统功能语言学学术活动周"）的性质与国际系统功能语言学大会前的"（功能语言学）讲习班"相似。最初 3 年的"系统周"在中山大学举办，从 2004 年起，"系统周"走出中山大学，第 4 届至 15 届先后由以下学校承办：厦门大学（2004）、河南大学（2005）、北京师范大学（2006）、江西师范大学（2007）、北京科技大学（2008）、北京师范大学（2009）、华中师范大学/武汉工程大学（2010）、南京师范大学/南京国际关系学院（2011）、国防科技大学（2012）、中山大学（2013）、西南大学（2014）、山东大学（2015）。

从 2006 年起，我在中山大学发起举办"功能语言学与语篇分析"论坛，主要是在中山大学和北京科技大学举办，已经举办了 16 届，邀请了国外的知名学者（如 M. A. K. Halliday, R. Hasan, R. P. Fawcett, C. M. I. M. Matthiessen, J. R. Martin, S. Hood, S. Huston）和国内的知名学者参加论坛。

2003 年，中山大学在国内率先成立了致力于研究系统功能语言学的"功能语言学"研究机构。现在中国已经设立了中山大学"功能语言学研究所"、香港城市大学"The Halliday Centre for Intelligent Applications of Language Studies"、北京师范大学"功能语言学研究中心"、北京科技大学"功能语言学研究中心"、上海交通大学"马丁适用语言学研究中心"和中山大学"韩礼德文献中心"。

1999 年，在复旦大学召开全国第六届系统功能语法研讨会期间，经胡壮麟会长的提议，张德禄和我被增补为中国功能语言学研究会副会长（原来的副会长还有朱永生、任绍曾、方琰）；2003 年 8 月，在燕山大学召开的第八届全国功能语言学研讨会上，胡壮麟会长提出辞去会长一职，并提议我担任会长；经过理事会的讨论，最终我被推选为中国功能语言学研究会会长。

2006 年 11 月 2 日，在山东鲁东大学召开的中国英汉语比较研究会常务理事会上，我带头申请设立二级学会"中国英汉语比较研究会英汉语篇分析专业委员会"，得到杨自俭老会长和潘文国新会长的大力支持，得以批准；在 2007 年 4 月的第 10 届全国功能语言学研讨会（南昌，江西师范大学）开幕式上，时任中国英汉语比较研究会会长潘文国教授向媒体宣布了这一决定。

5. 在国际学术组织任职

2004 年，我被国际系统功能语言学学会推选为"国际委员"。2008 年 7 月，在澳大利亚麦考瑞大学召开第 35 届国际系统功能语言学大会期间，我被推选为国际系统功能语言学学会执行委员会副主席（Deputy Chair, Executive Committee of the International Systemic Functional Linguistics Association），任期 3 年（2008—2011 年）。

2011 年 7 月 25—29 日，第 38 届国际系统功能语言学大会在葡萄牙的里斯本大学召开，会议期间，我被推选为国际系统功能语言学学会执行委员会主席，任期 3 年（2011—2014 年）。

"国际系统功能语言学学会"（International Systemic Functional Linguistics Association, ISFLA）是一个致力于研究系统功能语言学的理论与应用，同时在世界各地发展系统功能语言学研究与应用的学术团体，其成员为世界各国的语言、语言学、应用语言学研究领域的专家和学者。该学会没有设主席或其他领导职位，一切事务由"国际系统功能语言学学会执行委员会"负责。国际系统功能语言学学会的官方网站是 http：//www.isfla.org/。

ISFLA 每年召开一次"国际系统功能语言学大会"（International Systemic Functional Congress, ISFC），这个大会的前身是 Robin Fawcett 于 1974 年在英国组织召开的"系统语言学工作坊"（Systemic Workshop）。在 1974—1981 年，该会议在英国的不同学校和地区召开。1982 年，该会议走出英国，到加拿大的约克大学召开，同时改名为"国际系统语言学工作坊"。1988 年会议在美国的密执安国立大学召开，并更名为"国际系统语言学大会"。1992 年会议在澳大利亚麦考瑞大学召开，更名为现在的"国际系统功能语言学大会"。

20 世纪 80 年代中期以来，国际系统功能语言学大会一直由 ISFLA 组织召开，每年一次，在大洋洲、亚洲、美洲、欧洲轮流举行，该大会到 2011 年已经召开 38 届大会。在 20 世纪 70 年代初期到 80 年代中期，学会和会议的组织者（非正式主席）一直由 Robin Fawcett 担任。到 80 年代中期便成立了"国际系统功能语言学学会"（但不设主席或其他领导职位）和"国际系统功能语言学学会执行委员会"；执行委员会原则上每三年换一次。担任过执行委员会主席的学者分别是：Robin Fawcett（Cardiff University）、Eija Ventola（University of Helsinki）、Frances Christie（University of Melbourne）、Bernie Mohan（University of British Columbia）、Kristin Davidse（University of Leuven）、Geoff Williams（The University of Sydney）、Cecilia Colombi（University of California at Davis）、Geoff Thompson（University of Liverpool）和黄国文（中山大学）；目前的主席是澳大利亚悉尼大学的 Rosemary Huisman。

国际系统功能语言学学会执行委员会的主要任务包括：制定有关规定和要求，引导、协调、决定与国际系统功能语言学学会有关的一切事务（包括年会召开的时间、地点、主题、学会经费的使用等）。根据 ISFLA 的章程和惯例，每届执行委员会任期 3 年。选举之前由前任主席组成提名委员会，通过广泛征求意见、考察和与候选人沟通等程序，最后确定候选人名单（提名委员会的工作时间一般是半年到一年），在换届当年的执行委员会工作会议上讨论通过，最后提交给换届当年的 ISFC "年会全体会议"（Annual General Meeting）选举通过。在 2011 年 7 月 25—29 日由葡萄牙里斯本大学承办的第 38 届大会期间，我当选为新一届执行委员会主席，我的同事 Wendy Bowcher 教授当选为新一届执行委员会副主席。在年会全体会议之前的执行委员会会议上，提名委员会主席对主席与副主席候选人来自同一个学校的问题作了解释：执行委员会成员不是机构（大学）的代表，推荐主要是看候选人个人的学术影响、学术贡献和协调能力。

根据 ISFLA 的规定和惯例，只有执行委员会主席、副主席和会员秘书、通信秘书和财务主管须提交大会选举，"国际委员会"委员由执行委员会决定。

参加 ISFC 大会的学者来自世界各地，最近 20 年每年参加会议的代表都超过 200 人。亚洲到 2016 年为止总共承办了 7 次 ISFC 大会。最早承办会议的是日本，分别于 1991 年和 2004 年召开第 18 届和第 31 届大会；召开次数最多的是中国，分别于 1995 年（北京大学，第 22 届），2009 年（清华大学，第 36 届）和 2013 年（中山大学，第 40 届）承办会议；新加坡 1999 年召开第 26 届大会，印度 2003 年召开第 30 届大会。第 43 届大会于 2016 年 7 月 19—24 日在印度尼西亚的万隆召开。

根据 ISFLA 的章程，每年的大会在四大洲轮流举行，希望承办会议的单位一般要提前 3 年向执行委员会提出申请，然后由该委员会最终决定是否给予举办权。系统功能语言学界申办国际系统功能语言学大会，要提出申办报告和对申办情况进行说明。在 2010 年的第 37 届年会召开之前，印度尼西亚的一所大学和中山大学同时提出申办 2013 年的第 40 届年会，执行委员会经过将近 4 个月的酝酿、考察和讨论，最终以投票形式决定，中山大学因获得多数赞成票而获得承办权。

这里有个小插曲：2009 年清华大学代表亚洲举办了第 36 届年会，按一般的惯例，下一次在亚洲的会议（即 2013 年的第 40 届）应该轮到亚洲地区的另一个国家。由于中国在国际上的地位和影响力不断提高，中国学者的国际活动参与意识不断增强，也由于中山大学这些年在系统功能语言学研究与应用方面所做出的成绩和贡献，国际影响越来越大，所以中山大学破例获得了 2013 年第 40 届 ISFC 的承办权。当然，由于这次的申办多少有些特殊，所以结果公布后，有个别知名学者对这个决定公开表达了不同意见。

最近这些年，中国系统功能语言学研究者的"参政议政"意识明显提高。2002 年，大会选举了清华大学的方琰教授为执行委员会副主席，2005 年换届时，方琰教授第二次被选为执行委员会副主席。在 2008 年的第 35 届年会上，我被选为副主席。执行委员会下属的国际委员会的委员代表的是地区，由执行委员会决定，而主席和副主席则是独立的，并不代表任何地区，而且是通过选举产生的。

系统功能语言学学会的学术活动在世界各地开展了几十年，而执行委员会的主席一直由西方国家的学者担任，这次由亚洲学者担任，是历史性的突破，它宣告了一个时代的结束与另一个时代的开始。这说明了亚洲的崛起，亚洲人已经能够参与国际学术组织的重要决策，也说明中国国际地位的提升。日本和中国都在亚洲，日本的科技发达，经济地位也较高，日本学者从事系统功能语言学研究的历史比中国的要长，两个国家都有系统功能语言学研究会，但这次亚洲人做主席，选的是中国人，这说明国际学界对中国的发展是佩服的，对中国的研究者是信任的；应该说，由中国人担任国际学会的主席，归根到底是因为中国的综合实力不断增强和国际地位的日益提高。

6. 我的研究

我于1979年开始发表研究英语的文章，很短的处女作《As if 从句的时态形式》发表在上海师范大学主办的《上海外语教学》（1979年第4期）上，可惜后来该期刊停刊了。30多年来我在国内外发表了100多篇学术论文。

我的研究是从英语语法开始的，读大学时就被同学戏称为"grammarian"，当时觉得大家是在笑话我。尽管如此，大学毕业后那些年，R. Quirk 等4人合编的 *A Grammar of Contemporary English*（1972）一直是我每天要看看、摸摸的"圣经"。那是内部印刷的，封面是黄色的，所以大家都称它为"黄皮书"；后来 R. Quirk 等4人合编的 *A Comprehensive Grammar of the English Language*（1985）也成为我生活中的必读书。如果有人认真阅读我过去这些年所写的东西（包括关于语篇分析、语码转换、系统功能语言学、翻译研究），一定会发现，几十年来，语法分析始终贯穿在我的所有研究中。这些年我终于悟出了一个结论：很多著名的语言研究者都是从语法研究开始的，也是以语法研究作为支撑的，国外的 Avram Noam Chomsky 和 M. A. K. Halliday 是这样，广东的王宗炎、何自然、徐盛桓等知名教授也是这样。这些年我多次看到和听到 Halliday 写（说）到他是"grammarian"；原来"grammar-minded"并不是坏事，难怪 Halliday 总是建议语言研究者要"think grammatically"。

在英语语法研究方面，我撰写了一些书稿：《英语语法常识自学教程》《英语复合句——从句子到语篇》《大中学生简明英语语法词典》《英语语言问题研究》。

从1985年起，我的研究兴趣向语篇、话语分析拓展，后来在选择硕士学位研究方向时，做的是文体学，论文的指导老师是美国文学研究专家王多恩教授，学位论文做的是美国作家海明威小说《杀人者》的文体分析（A Stylistic Analysis of Hemingway's *The Killers*）。我在语篇分析方面出版的专著有：《语篇分析概要》（湖南教育出版社1988年版，"语言学系列教材"丛书之一，曾获中国版协教育图书研究会优秀教育图书二等奖）和《语篇分析的理论与实践》（上海外语教育出版社2001年版，曾获"第四届中国高校人文社会科学研究优秀成果奖"语言学类三等奖）。

前面说到，1994年，我到英国威尔士大学跟随 Robin Fawcett 从事系统功能语言学研究。此后我一直致力于这方面的研究，陆续撰写并出版了 *Enhanced Theme in English: Its Structures and Functions*（山西教育出版社2003年版）、《翻译研究的语言学探索》（上海外语教育出版社2006年版，曾获"中国大学出版社图书奖首届优秀学术著作奖一等奖"）、《功能语篇分析》（与葛达西合著，上海外语教育出版社2006年版）、《系统功能语法入门：加的夫模式》（与何伟、廖楚燕等合著，北京大学出版社 2008 年版）和《什么是功能语法》（与辛志英合著，上海外语教育出版社 2014 年版），翻译了《系统功能语法：理论之初阶》（麦蒂森、韩礼德著，与王红阳合译，高等教育出版社 2008 年版）。同时还主编或参编了 Meaning and Form: Systemic Functional Interpretations—Studies for Michael Halliday（1996, with Margaret Berry, Chn'stopher Butler, and Robin Fowcett, Norwood, N. J., USA）、《语文研究群言集》（与张文浩合编，中山大学出版社 1997 年版）、《语言·语言功能·语言教学》（中山大学出版社 2002 年版）、Discourse and Language Functions（与王宗炎合编，外语教学与研究出版社 2002 年版）、《功能语言学的理论与应用》（与常晨光、丁建新合编，高等教育出版社 2005 年版）、Functional Linguistics as Appliable Linguistics（与常晨光、戴凡合编，中山大学出版社 2006 年版）、《功能语言学通论》（与辛志英合编，外语教学与研究出版社 2011 年版）、《系统功能语言学研究现状和发展趋势》（与辛志英合编，外语教学与研究出版社 2012 年版）；此外，我从 2009 年起还主编了丛刊《功能语言学与语篇分析研究》（已出版 6 辑，高等教育出版社），2010 年起与常晨光编辑出版了《功能语言学年度评论》（已出版 4 卷，高等教育出版社），2011 年起与常晨光和廖海青编辑出版了《系统功能语言学研究群言集》（已出版 3 辑，高等教育出版社）；2010—2012 年，我与张敬源、常晨光和何伟主编了"功能语言学丛书"（10 卷，外语教学与研究出版社），包括黄国文、辛志英：《功能语言学通论》；常晨光、陈瑜敏《功能语境研究》；何伟、高生文：《功能句法研究》；何伟《功能时态理论研究》；丁建新、廖益清：《批评语言学》；刘立华：《评价理论研究》；戴凡、吕黛蓉：《功能文体理论研究》；张敬源：《功能语言学与翻译研究》；彭漪、柴同文：《功能语篇分析研究》；曾蕾、廖海青：《功能语言学与外语教学研究》。

2004—2006 年，我还应邀为广东外语艺术职业学院的《外语艺术教育研究》主编了三期专号：《功能语言学与语篇分析》（2004 年第 3 期），《功能语言学与语言研究》（2005 年第 3 期），《功能语言学与应用语言学》（2006 年第 2 期），也为四川外语学院（现四川外国语大学）主办的《英语研究》主编了一期题为《语篇分析研究》（2006 年第 4 期）的专辑。

我过去 20 多年的研究主要集中在系统功能语言学，具体地说，主要是 3 个方面：①理论探索和学派发展梳理，②功能句法研究，③系统功能语言学应用于翻译研究。我的一些研究也受到同行的关注。例如，我与导师 Robin Fawcett 教授所提出的"enhanced theme"概念被写进了功能语言学教科书。

在过去这 20 多年里，我一直努力工作和学习，不断提高自己，也得到了很多人的提携、关心、帮助和配合，中山大学也给了我一个很好的发展平台，使我的教学和科研得以顺利开展，同时也获得了很多荣誉，包括 2012 年入选教育部国家级高层次人才特聘教授。我也做了一些社会服务工作，包括担任所在院系的领导职务，也被国内外 20 多家刊物聘为编委或顾问。从 2010 年起，我被《中国外语》（CSSCI 来源期刊）聘为主编；同时，为了推动学科发展，我从 2014 年起与常晨光主编了 Functional Linguistics

（Springer：http：//www.functionallinguistics.com/）期刊和 The M. A. K. Halliday Library Functional Linguistics Series 丛书（Springer），与 Jonathan Webster，何伟和 Angel G. Ortega 一起主编 Journal of World Languages（Routledge：http：//www.tandfonline.com/loi/rwol20）。2016 年初，我被北京外国语大学聘为冠名教授——"外研"讲席教授。

2012 年，黄国文在北京大学交流

7. 几点体会

我从 1974 年起开始学英语，后来当英语教师，讲授语言学与应用语言学，从 1979 年起开始发表学术论文。我在国内外多所高校学习和工作过，也先后到过 20 个国家进行学术交流，包括 2004—2005 年在美国斯坦福大学做了一年的福布莱特学者。对于英语语言研究我有自己的体会，主要有四点。

2019 年，黄国文给学生上课

（1）关于语言体系知识的重要性。无论我们是做外语教师还是既做教师又做研究，对所讲授的学科的基础知识都要掌握得好，才有可能把书教好、把研究做好。作为教师，对英语的语言和文学（文化）以及翻译的基础知识的掌握程度会直接影响到教学的质量；但就做研究而言，我们要有专攻。我的研究是从英语语法开始的，我认为，在语言研究中，语法分析和研究是基础、是核心；但是，我们不是为了结构分析而分析，而是要探索语法结构背后的语义驱动和使用功能，要揭示语法结构的组建动机；语法结构的组合不是任意的，而是根据意义来组织的，语法结构是功能驱动的。我们研究语法，重点要放在语言结构的意义表达和语言功能，通过研究语法来探索特定的场合合适语言的使用。研究语法，目的就是考察特定的语言结构是怎样表达合适的意义的。

就我个人来说，无论是做文体分析、语篇分析、双语现象研究（语码转换研究）、翻译研究，都离不开语法分析和语言分析。因此，我认为，语法分析是语言研究的核心。

（2）语言研究的立足点。对于同一个问题（如语言现象），不同的人可以从不同的角度进行研究；同一个人也可以研究不同的问题或不同的现象。由于研究者的世界观、方法论、学术背景、学术训练、研究兴趣、研究目的等不尽相同，所以对同一个问题或同一个语言现象的看法也可能完全不一样。同一个研究者对不同问题的研究可以采用不同的方法和策略，也可以采用相同的方法和策略。这些年我关注了不同的研究问题和现象，但我始终坚持我所坚信的语言观和方法论。比如说，我认定了语言的社会性、意义导向、多功能性、多层次性等，所以无论分析什么语言问题我都从这些角度去考察，而我的重心总是落在语言结构与其表意功能上；这些年我遵循的是 Halliday 所说的 "think grammatically"。10 多年来，我写了一些关于翻译问题的文章，但细心的读者会看出，我是把"译文"当作语篇来分析，与分析其他语篇是一样的，也是要考虑语篇与语境（包括上下文语境、情景语境和文化语境）的相互关系和相互作用，而我所做的语篇分析也是以语言分析作为基础的，因为我坚信 Halliday（1994）关于"不基于语言分析的语篇分析算不上是分析"的理念。

（3）功能语篇分析方法的可应用性。关于"功能语篇分析"（functional discourse analysis）这个概念，我早在 2001 年就提出来，并在多处进行介绍和解释（如黄国文，2001；黄国文，2002；黄国文、葛达西，2006）。这个概念与 Eggins（1994：308-309）所说的"系统语篇分析"（systemic text analysis）基本是同义的。但是，严格地说，它们之间是有差异的，有各自的侧重点和特点。我所说的功能语篇分析涉及 6 个步骤：①观察（observation）；②解读（interpretation）；③描述（description）；④分析（analysis）；⑤解释（explanation）；⑥评估（evaluation）。从知网所收集的文章看，已经有很多人采用我提出的分析步骤进行语篇研究。需要指出的是，之所以把"评估"作为最后一个步骤，是因为语篇分析的最终目标就是对语篇进行评价、评估，以此来说明为什么某一语篇已经达到（或没有达到）它的既定目的，同时也说明该语篇在哪些方面是成功的，或不是很成功，甚至是失败的；这是 Halliday（如 1994：XV）多次论及的观点。我们讲的功能语篇分析方法，可以应用于各种类型的语篇分析和话语分析，包括下面要说的生态语言学研究。

（4）本土研究的重要性。我在2009年写的《中国的系统功能语言学研究：发展与展望》（黄国文，2009）一文中说到，我国外语界的很多研究缺乏原创性和本土化，这是我们在国际交流过程中显而易见的障碍。我在该文中指出，我们要追求原创性和本土化。具体可以从3个方面入手：一是用成熟的语言学理论进行个别语言学研究，研究汉语，对汉语语言系统和特点进行全面的描述和阐释，以此建立起一个系统性强的综合分析模式。二是进行英（外）汉对比研究，尤其是从类型学角度研究这两种语言的系统，并从不同的语言层次上就它们的异同进行全面、深入的探讨，最终从类型学角度进行语言学的解释；这也符合普通语言学的研究目标。三是把理论运用于翻译研究中。无论是研究汉语，还是进行英汉对比或翻译研究，我们都有一些国外学者所没有的优势。从这几个方面出发，我们就可以进行原创性和本土化研究。如果我们能够与国内汉语界的学者合作，就更有可能做出成绩来。本土研究如果与跨学科研究结合起来，前途更光明，比如说下面要谈的语言学与生态学的交叉研究。

8. 一个新的研究领域：生态语言学

最近一段时间，我对生态语言学（ecolinguistics, ecological linguistics）非常感兴趣。生态语言学也称"语言生态学"（linguistic ecology, ecology of language），它们之间有一些差异，但很多人认为它们同指一个交叉学科。生态语言学研究的是关于语言与其环境的相互关系和相互作用问题（包括研究语言的生态因素，语言与生态的关系）。从文献上看，可以研究语言的自然环境（the natural environment of language），也可以研究语言的心理环境（the mental environment of language），还可以研究语言的社会环境（the social environment of language）。从本质上说，我是个功能语言学研究者，我坚信的是功能的语言观，我注重语言的社会属性，所以我做的生态语言学研究是从语言的社会环境出发的，也是以它为归宿的。我认为，从非隐喻（non-metaphor）的角度研究生态语言学更能揭示语言的社会功能，因为人类是大自然不可或缺的组成部分，人类是自然中的社会的团体，每个成员的一行一动、所思所想、所作所为，都是由人与其他人之间错综复杂的关系和人与大自然的关系所决定的；人类不能离开自然环境而生存，人类用语言来反映世界和建构世界（Halliday, 1990/2003：145），语言的本质有其生态特征，语言是社会现象，它在人类社团中的角色是由生态因素决定的（Garner, 2004：33-34）。生态语言学的研究从本质上说是跨学科研究，或者说是交叉学科的研究，其发展前景不可低估。

根据Halliday（1990/2003：172）的生态语言学思想，关注等级主义（classism）、增长主义（growthism）、物种灭绝、污染及其他类似的问题也是应用语言学家的任务。我们可以从生态语言学的角度进行语篇分析和话语分析，审视我们赖以生存的话语（如Stibbe, 2015），通过改变语言系统模式和语言使用方式，使得我们的语言系统更加符合自然生态系统，使语言系统与生态系统更加统一、和谐。通过语篇分析和话语分析，我们可以帮助大家提高生态环境意识，鼓励和宣传与生态和谐的话语和行为，提倡使用

"有益性话语"(beneficial discourse);同时,批评和抵制与生态不和谐的"破坏性话语"(destructive discourse)(Stibbe,2015)。

尽管听起来生态语言学与系统功能语言学没有什么联系,但事实上,生态语言学研究中有一个途径就是"韩礼德模式"(Fill,2001),它注重的是语言在各种生态问题中的重要作用,突出了语言学家的"社会责任"(social accountability);"韩礼德模式"把语言系统与生态系统联系起来,认为语言体系、语言政策和语言规划等工作都必须以维护人类社会良好的生存环境为目标。我在有关论文中(黄国文,2016)曾指出,对有志于从事生态语言学研究的学者,不但要 think linguistically 和 think ecologically,而且要 think and act ecolinguistically。这样,我们就可以随时随地从生态语言学的视角审视我们的一切行为(包括我们的言语),因此我们与大自然就更加贴近,语言研究与生态环境就更加和谐,我们就会感到越来越幸福。

从语言研究发展史看,其大致经历了这些阶段:从比较语言、语言类型、语言描述到语言结构研究经历了很长的时间,20世纪五六十年代起越来越多的人开始研究语言的功能,由此产生了社会语言学、语用学、系统功能语言学和语篇分析等学科,后来就是认知语言学的研究高潮了。这些研究主要集中在语言结构、语言功能、语言使用的环境和语言使用者。可以预见,在不久的将来,会有越来越多的人更加关注语言与自然、语言与生态的关系。这样,生态语言学也将成为语言学研究的一门显学。

9. 结语

"人生处处皆选择",在过去的几十年里,我始终谨记这句话,努力做适合自己的选择。当年离开县委机关到广州读书,是自己力排众议的结果,那时的大学生社会地位低;上大学时学习英语也是自己的选择,当时也有诸如"医学"这种专业给我选择;毕业时留校当老师也是自己的选择,那时中国已经对外开放,许多想赚钱的英语毕业生选择了做导游或与商业有关的工作;在去英国读书之前,剑桥大学和爱丁堡大学都接受了我,最终我选择了后者,因为那里有一位我认识的老师(Keith Mitchell,后来是我的导师);在爱丁堡大学获得博士学位后,我没有马上回国,因为那时在国外做研究的机会非常难得,所以我去了纽卡斯尔大学跟 Lesley Milroy 教授做博士后;后来离开纽卡斯尔大学去加的夫跟随 Robin Fawcett 攻读第二个博士学位,是因为我一直喜欢 Halliday 的语言学理论(我1986年的硕士学位论文的理论基础就是经验功能的"及物性"分析);1996年,我追随王宗炎先生到中山大学工作,是因为想圆这么一个梦:"我没有到北京跟随'北许',那到广州跟随'南王'也同样是人生的一大幸事。"(黄国文,2015);现在我到华南农业大学开拓生态语言学研究,也是我自己的选择。多年来,我只是注重语言和语言使用研究,而忽略了语言在生态系统中的作用,我希望在这一领域尽到语言研究者的社会责任。

我出生于农村,15岁离开家乡,当年有幸被县委机关招去吃"商品粮",主要的原因是我所在的乡是"农业学大寨"的先进单位。我最近一直在想,我到华南农业大学开拓生态语言学研究,应该是冥冥之中的事。我来自农村,最终应该回到大自然去,走近农业，到自然生态中磨炼自己。

2016年的到来，就意味着到了"耳顺"的年龄。回想自己这些年所走过的路，深深体会到"选择"的重要性。有人说，人生过程就是四部曲：改变、适应、包容、放弃。其实，无论是改变、适应、包容，还是放弃，都是选择的结果：你改变不了世界，就只能改变自己；你无法改变环境，就只能设法去适应环境；你无法改变你不喜欢的事物，就只能选择包容；你无法拿得起放得下，就只能选择放弃。因此，选择是一种挑战、一种磨炼、一种本事、一种智慧、一种豁达、一种美丽、一种艺术。从系统功能语言学角度看，选择就是创造意义！从生态语言学角度看，选择就是亲近自然！

（原载《当代外语研究》2016年第1期，第1~8、13页，有改动）

七、八年耕耘圆新梦

1. 引言

2016年2月，我从中山大学调动到同样位于广州市的华南农业大学（该校2022年进入了国家"双一流"大学建设行列），2024年2月我从华南农业大学退休，一晃已经8年了。我于1971年4月在潮州饶平县参加工作，1974年进入广东外国语学院（今广东外语外贸大学）学习英语，1977年7月毕业留校工作，加入英语教师队伍，我在广东的高校工作了几十年，就要告一段落了。

有人说，在中国，"8"往往有着特殊的意义。对于一些人来说，8年的时间可能很漫长、很难熬，也可能很值得怀念；好多人也都经历了让自己终生难忘的8年。记得青少年时看京剧样板戏《智取威虎山》，剧中常猎户的一句台词是"8年了，别提它了！"50多年过去了，常猎户的这句话还在我的脑海中。常猎户的"别提它了"是因为那是他不堪回首的8年。而对于我来说，在华南农业大学的这8年是开心愉快的、充实的，是硕果累累的，也是值得怀念的。2016年的调动焕发了我的学术研究青春和提升了我的教学热情，激励我"从头再来"，在华南农业大学美丽的"五湖四海一片林"开拓新的研究领域。

在我的人生中，非常值得怀念的"8年"有几个，其中在英国留学和工作的8年（1988—1996年）就是我后半生常常回味的时光。关于在英国的一些琐事，我多次（如黄国文，1996a，2021）谈到过。今天，我想谈谈最近的8年，也就是我在华南农业大学的这8年。

之所以要专门谈我在华南农业大学的8年，是因为8年前我调动的消息在学界（包括调出的学校和调进的学校）引起了一些反应，好多人有不同的看法和评论；一些人（尤其是亲朋好友）对我这个调动的决定表示理解和支持，当然，也有一些人作了不乐观的评论和预言。这里先给个总结性结论:我在华南农业大学这8年,工作是顺利的,生活是愉快的,心情是愉悦的,在教学和科研以及国际交流等方面也是做出了成绩的;2021年还被中共广东省委宣传部和广东省社会科学界联合会授予"广东省优秀社会科学家"称号。

多年来一直有人问我"为什么要调动",对于不同的人,我会作出不同的回答。当然,如果时间和篇幅允许以及有必要的话,也可以把所有的答案都说出来。不过,在这里,我想还是根据目标读者的期待说说其中的一些原因。

我在《人生处处皆选择》(黄国文,1996a)一文的开头说:"2016年对我来说,注定是一个不平凡的开始。选择,是对生命的郑重承诺,也是对自己的明确交代。"我在60岁那年还选择调离一个国内比较知名的大学,肯定是经过深思熟虑的。我在那篇文章中说:"我到华南农业大学开拓生态语言学研究,也是我自己的选择。多年来,我只是注重语言和语言使用研究,而忽略了语言在生态系统中的作用,我希望在这一领域尽到语言研究者的社会责任。"我还说:"人生过程就是四部曲:改变、适应、包容、放弃。其实,无论是改变、适应、包容,还是放弃,都是选择的结果;你改变不了世界,就只能改变自己;你无法改变环境,就只能设法去适应环境;你无法改变你不喜欢的事物,就只能选择包容;你无法拿得起放得下,就只能选择放弃……从系统功能语言学角度看,选择就是创造意义!从生态语言学角度看,选择就是亲近自然!"所有选择都是有意义的,亲近自然就是不忘初心,用心做事,老实做人,方得始终。过去这8年,我常常记起我上面所说的这些话。在很大程度上讲,这就是我当初选择离开工作了20年的单位的主要原因。

那么,我这8年是否实现了当年的目标和愿望?要回答这个问题,就是要看这些年我在教学、科研、人才培养、学院的学科建设、国际交流以及个人的社会活动中是否注重"语言在生态系统中的作用",是否尽到"语言研究者的社会责任"。

2. 语言与生态的关系

过去这些年,语言与生态之间的关系问题未能引起研究者的充分重视,作为语言学研究分支的生态语言学也是20世纪70年代后才慢慢发展起来的。生态语言学要研究的是语言与生态的关系,研究的重点是语言如何影响生态、生态又是怎样影响语言的,即它们之间是怎样相互影响和相互作用的。简单地说,生态语言学探讨的是在人与自然和谐共生进程中语言的作用。因此,这个领域的研究是问题驱动的,或者说是问题倒逼的。

研究语言与生态的关系,可以从生态学角度出发,也可以从语言学视角入手,当然,也可以从其他的角度进行。我的研究背景和知识结构是语言学,具体地说是系统功能语言学(Halliday 1985; Halliday & Matthiessen, 2014),所以我选择了从语言学的角度出发去研究。系统功能语言学是一个以问题为导向的理论(a problem-oriented theory),它为语言研究提供了理论假设、研究视角和研究方法(Halliday, 2009)。

记得这些年我多次间接地听到这样的评论:"黄国文自从调到华南农业大学后,专心致志做生态语言学,不做系统功能语言学了。"这种评论说得对的部分是"专心致志做生态语言学",误解的部分是"不做系统功能语言学了"。当然,这种误解也可以说是情理之中的。这是因为,从 2016 年起,我所写的文章或所做的学术报告,绝大部分都是与生态语言学和生态话语分析有关的,尤其是刚到华南农业大学的那几年。说这句话的人,应该不是生态语言学研究者,也不是系统功能语言学研究者,或者说应该是没有认真阅读过我所撰写的有关生态语言学的文章。因为在我所撰写的生态语言学和生态话语分析的文章或所做的有关报告中,均有非常明显的系统功能语言学思想和方法。过去几十年来,我所持的语言观是功能的语言观(a functional view of language),我注重理论联系实际,重视语篇分析和话语分析,强调要研究语言现象、语言实例(instance)和语言的实际使用,我特别关心语言与语境(包括上下文语境、情景语境和文化语境)的关系,特别突出语言在社会实践中的功能,这些都是持功能的语言观的学者所共有的,也是我作为系统功能语言学理论实践者的一个重要特点。

系统功能语言学研究有建树的人有很多,我跟得最紧的是其理论创始人韩礼德(M. A. K. Halliday);虽然我是从福塞特(Robin Fawcett)(韩礼德 20 世纪 70 年代初在英国伦敦大学招收的博士生)那里开始认真学习系统功能语言学的,但我的系统功能语言学理念主要来自韩礼德。韩礼德(Halliday,1990/2003)在 *New ways of meaning: the challenge to applied linguistics* 一文中谈到了语言与生态的关系问题。他明确指出,等级主义(classism)、增长主义(growthism)、物种灭绝、污染及其他类似的问题也是应用语言学家所要关注的问题。他提醒应用语言学研究者要关心社会问题,要有学者的社会担当,要关心和研究语言与生态的关系问题。虽然在该文中他讨论语言与生态问题的篇幅不多,但短短几句话却引起了人们的特别关注,从而推动了语言学界关于语言与生态问题的研究。韩礼德是语言学研究者,他(Halliday,1990/2003:167)提醒我们要"展示语法是怎样推进增长或增长主义意识形态的"(to show how the grammar promotes the ideology of growth, or growthism);人们在社会实践中的所思所想、一言一行,都与意识形态关系密切,或者说都是被潜在的意识形态左右着。韩礼德(Halliday,2007)在另一篇文章中提出了"系统生态语言学"(systemic ecolinguistics)概念,把它与"机构生态语言学"(institutional ecolinguistics)进行了对比,认为系统生态语言学要探讨的问题是 "How do our ways of meaning affect the impact we have on the environment"(我们的意指方式如何左右我们对环境的影响)。韩礼德关于语言与生态关系的思想有其独特性,为拓展作为适用语言学的系统功能语言学指出了一条可持续发展的道路。国际生态语言学研究奠基人、奥地利格拉茨大学教授阿尔温·菲尔(Alwin Fill)对韩礼德的生态语言学思想给予了很高的评价,认为韩礼德关于语言与生态关系的论述构成了生态语言学研究中的"韩礼德模式",与埃纳·豪根(Einar Haugen)所提出的研究路径构成了目前生态语言学研究比较有影响的两个路径(Fill,2001)。

每一个人文学科的学者,都会把自己的家国情怀、道德伦理、世界观、人生观、价值观直接或间接地融入自己的研究和对事实(现象)的解释中。虽然有人说科学无国界，但科学家有国家，有家国情怀，有乡愁。因此，科学家所做的研究也是有价值取向的。我是研究语言现象的人，我的研究肯定也是有价值驱动的。我曾在不同场合说过，我这些年所做的生态语言学研究和生态话语分析的理论支撑主要是系统功能语言学；但由于生态语言学是以问题为导向的学科分支，我的关注点主要在于解决问题，而不是某一理论的构建或修正。如果一定要我说我现在所做的研究属于系统功能语言学的哪个部分，那就是韩礼德所说的"适用语言学"（appliable linguistics）（Halliday, 2008），再具体地说，就是"系统生态语言学"（Halliday, 2007），是用系统功能语言学的理论与方法探讨语言与生态的关系问题。最近这两年，我也对自己的研究作了一些思考（如黄国文，2022；陈旸、黄国文，2022；赵蕊华、黄国文，2017, 2021）；也有学者对我的研究进行评述（如周文娟，2017；周文娟、翟晨笑，2022；赵蕊华，2022）。

关于语言与生态的问题，可以把它看作是仅仅涉及语言学与生态学的学术问题，当然也会涉及这两个学科以外的其他学科（包括人类学、地理学、历史学、经济学和其他自然科学）；也可以把问题与国家的发展联系起来，比如生态文明建设、和谐社会构建、国家经济发展等。

3. 语言研究者的社会责任

关于语言研究者的社会责任，我曾先后在不同场合发表过一些想法，也与学术同事写过文章（如黄国文、文秋芳，2018；黄国文、肖琼，2019）。

从1979年开始发表文章起，我的学术探索主要是关于语言本体或语言使用，其中也涉及语言与社会的关系，但都仅仅是从学术的角度去考虑问题。在2016年工作调动以前，我从未认真谈过语言与生态的关系问题，连这方面的文献也没有认真读过；语言与生态之间存在什么关系，我不曾想过，更谈不上主动去关注这个问题。因此，那时我的研究与语言研究者的"社会责任"没有多少联系。10多年前辛志英（现为厦门大学教授）在中山大学做博士后期间（我是她的合作导师），她让我知道了可以采用系统功能语言学理论研究语言与生态问题，我们合作发表了《系统功能语言学与生态话语分析》（辛志英、黄国文，2013）一文，但我当时是被动去关注这个问题的，没有过多考虑去做这方面的研究。现在想想，如果没有调来华南农业大学，我应该是不会做生态语言学研究的。因此，我要特别感谢华南农业大学，是学校的"农业"和"生态"特色开启了我的生态语言学探索之路。

2015年底，我开始认真考虑是否调动到华南农业大学。记得那年的年底和2016年初的寒假，我把整个假期的时间都花在阅读生态语言学的文献上，仿佛回到了在英国攻读博士学位的日子，每天除了睡觉吃饭就是读书。我曾在一篇文章（黄国文，2017a）中谈到，2015年底，我读到了范俊军（2005）的《生态语言学研究述评》一文，从中看到阿尔温·菲尔说到韩礼德的生态语言学研究思想是一种与埃纳·豪根不一样的路径。原来，我崇拜的大学者早就注意到语言与生态的关系问题。看到了韩礼德的研究，我非常激动，当晚彻夜未眠！这是我学术研究在"生态转向"上的一个重要突破口，看到韩礼德，就像看到了亲人，看到了黑暗中的光，就不会迷失方向，就找到了回家的路。尽管那时我早已过了容易激动的年龄，但还是兴奋了好一阵子。韩礼德的系统功能语言学是一个关心社会问题的语言学理论，他特别注重语言在社会实践中的作用，认为语言是一种行为形式，是干预社会活动的一种重要方式，由此把语言研究者所从事的学术活动与语言研究者的社会责任紧密联系起来。韩礼德多次说到，系统功能语言学研究者要时刻记住关心社会问题，他（Halliday，1993/2007，2008，2015；Martin，2013）认为，系统功能语言学的终极目标就是为了发展马克思主义语言学，因此必须把研究放在社会语境中进行，以此来解决现实社会活动中各种与语言有关的问题。韩礼德（Halliday，1993/2007：223）曾说过，20世纪50年代，他与其他英国共产党语言学小组成员一起做语言问题研究，目的是要建构"一个对社会负责的语言学"（a socially accountable linguistics）理论。这样的理论一方面强调将语言置于其社会环境之中，另一方面则强调把语言学研究应用于其社会环境之中，语言研究者要投入到社会实践和社会活动中。

如上所述，生态问题与国家的意志以及国家的发展联系紧密，像生态文明建设、和谐社会构建、经济稳步发展、生命可持续发展等问题都是"政治"问题，研究这些问题的学术尝试最终是要为社会发展、国家建设、人民幸福、生活安康等宏大事件服务。这样看来，语言与生态问题的研究也属于这种情况，也是有重大意义的。

由于2016年以前我很少把学术研究与社会实践和社会活动联系起来，所撰写的论文主要发表在外语类期刊上，所以也没有在像《中国社会科学报》这样的人文社会科学媒体表达自己的学术观点。到了华南农业大学后，由于研究重点落在生态语言学，而这个研究主题又与"生态文明建设""人与自然和谐共生"等宏大叙事有关联，因此我的学术观点也受到外语界以外的人的关注。粗略统计，从2016年10月起，《中国社会科学报》先后12次刊登我的相关学术观点（或发表或转摘我的文章）。党的二十大会议期间，《中国社会科学报》（2022-10-19）头版头条发表了题为"党的二十大报告在哲学社会科学界引发热烈反响"的报道，我的学习体会也被摘引了，外语学者的声音也被其他哲学社会科学的学者注意到了。

4. 和谐话语分析

在过去的很多年中，我一直只关心"英语"和与英语有关的问题。但是，最近这8年，我多次在不同场合呼吁学界要注重研究的本土化，要研究中国的问题，为中国的发展服务。虽然很多时候所研究的问题是中性的，但研究者是有价值取向的、有家国情怀的。对于生态语言学的研究者来说，这点尤为突出。同一个"故事"（story）（Stibbe，2015，2021，2023），同一段话语，同一句话，持有不同"生态哲学观"（ecosophy）（Naess，1989，1995；Stibbe，2015；黄国文、赵蕊华，2019）的人可能会做出完全不同的判断和解释。因此，孤立的一个故事，一段话语，一句话，既可能是有益性的（beneficial），也可能是中性的（ambivalent），还可能是破坏性的（destructive），这取决于分析者的生态哲学观。从这一点可以看出，中国学者的研究是有其特殊意义的，中国的语言与生态关系的问题首先应该由中国学者来研究。

这些年我读了一些以前没有读过的书。阅读了蒙培元（2004）等哲学家的著作，接受了这样的观点：中国哲学的根本精神之一是"生"的问题，而"生"的哲学就是生态哲学，就是人与自然的和谐共生关系；中国哲学中的"天地以生物为心""人以天地生物之心为心""天人合一"都是主张要与自然界万物和谐相处，要以自然界为精神家园。尽管孔子儒家的"天生万物"和老子道家的"道生万物"是存在差异的，但它们的基本点都是讲世界的本源（天或道）与包括人在内的自然界的和谐关系和共生关系，在"天人合一"这一理念的解释上，基本的含义都是"人与自然的内在统一"（蒙培元，2004：3）。

在研究问题时，我一直记住首先要考虑中国的实际，研究中国的问题，为中国服务。我们（黄国文，2016b；赵蕊华、黄国文，2017；黄国文、赵蕊华，2017）提出了"和谐话语分析"（harmonious discourse analysis），这是生态话语分析的一种路径，其哲学根源就是中国"生"的哲学。我们信奉中国的生态哲学，认为要敬畏自然，要善待其他生命体，认为动物、植物等都是有生命的，都需要得到爱护、保护。但是，在我们看来，在人与动物的选择上，首先应该选择和突出的是人的责任和担当，因此在和谐话语分析中，我们提出了"以人为本"假定（黄国文，2017b）。"以人为本"一方面是说人比动物要"贵"，另一方面也强调了人在生态系统中的重要性和对环境保护的责任。我们提出了三条原则，用于和谐话语分析：①良知原则；②亲近原则；③制约原则（黄国文，2017b；黄国文、赵蕊华，2019，2021）。从生态哲学看，这三条原则可以指导我们的生态话语分析。我们所说的和谐话语分析与生态批评话语分析在很多方面是不同的；其中突出的一点是：前者的重点是构建，后者主要是解构（黄国文、赵蕊华，2019：73-76）。和谐话语分析展示的是生态系统中积极的、和谐的一面，而不是突出消极的、冲突的一面。和谐话语分析与积极话语分析（Martin，2012）也是不同的，其中重要的一点是：和谐话语分析所关注和研究的范围比积极话语分析要宽广，前者包括人类社会在内的生态系统以及该系统中各种生命体的相互关系和相互作用，而不仅仅是人与人或人与社会的关系。关于和谐话语分析与生态批评话语分析和积极话语分析的差异，我们已经做过一些讨论（黄国文、赵蕊华，2019，2021；Huang & Zhao，2021）。

2016年和谐话语分析框架提出以后（黄国文，2016b；赵蕊华、黄国文，2017，2021；黄国文、赵蕊华，2017，2019，2021，2022；赵蕊华，2022；Huang & Zhao，2021），很多同行开始关注并认同我们的观点，其中比较突出的是国际生态语言学学会召集人（主席）、英国格鲁斯特大学生态语言学教授阿伦·斯提比（Arran Stibbe）。早在2016年11月在他写给"首届生态语言学国际研讨会"（华南农业大学）的贺信中就这样说："话语分析者可以使用黄国文教授提出的和谐话语分析框架，批判当代的破坏性话语，如消费主义和新自由主义，并分析来自中国的可作替换的积极话语。"（见华南农业大学《首届生态语言学国际研讨会会议手册》，2016，第3页）

2019年斯提比教授在给他的著作 *Ecolinguistics*: *Language*, *Ecology and the Stories We Live By*（《生态语言学：语言、生态与我们信奉和践行的故事》）的汉译本（陈旸等译）撰写的前言中说了几段与和谐话语分析有关的话（见斯提比，2019）：

当然，任何一门学科都蕴含着创作者的文化视角，生态语言学也不例外。因此，有必要创造出适应中国语境的生态语言学形式，并将中国传统思想的感悟直接融入其理论和实践的框架中。为此，黄国文教授与其他学者共同建构了和谐话语分析框架。以下是黄国文教授对和谐话语分析的总结：

批评话语分析和积极话语分析都局限于人类社区团体的范围，着眼于人与人之间的关系；而和谐话语分析的目的在于实现不同层面的和谐，尝试探究语言在人类与其他物种以及物理环境之间的关系中所发挥的作用，并探讨如何通过语言的选择来理解、调整、维持和/或加强特定社会中的关系。这突出了语言的使用在解决生态问题中的重要性。

和谐话语分析和生态语言学之所以在当今世界如此重要，主要有以下两点原因：首先，传统上人们一直认为语言学只存在于人类社会中，而没有考虑社会所嵌入的更大的生态世界——一个有动物、植物、河流、海洋、土壤和雨水的世界。但是，由于语言与更大的生态系统是相互塑造的，只有将更广泛的生态考虑在内，才能使语言学成为一门更为准确的学科。其次，随着生态系统的日益恶化，我们的生命、我们下一代的生命以及无数其他生物的生命都受到了威胁。因此，将更广泛的生态考虑在内是十分必要的。

2021 年，黄国文参加学术会议留影

2021 年，斯提比的《生态语言学：语言、生态与我们信奉和践行的故事》一书出版了第二版（Stibbe，2021），他在该书的第 212 页中写道：

最近，在中国，学者们发展了和谐话语分析（黄国文，2017b；Huang & Zhao，2021）。这种方法之所以独特，是因为它深深植根于中国传统的和谐哲学，特别是基于儒家思想的良知、亲近和制约三大原则（黄国文，2017b，第880页）。黄国文和赵蕊华（Huang & Zhao, 2021）在文章中描述了"通过研究话语中与语言相关的生态问题，我们旨在展示人类与其他生态参与者的各种关系，并通过语言促进和谐关系"。和谐话语分析的重要性在于它提供了一个例子，说明生态语言学走遍世界，并根据它所到达的地方的文化、哲学和生态进行重新改造。

斯提比教授的《生态语言学：语言、生态与我们信奉和践行的故事》的第二版于2023年由清华大学出版社出版，并配有中文导读（Stibbe, 2023）；斯提比在给该书写的前言中有多段关于和谐话语分析的话：

和谐话语分析框架具有中国特色，已经成为生态语言学的一种重要而独特的形式（Huang & Zhao, 2021, Zhou & Huang, 2017）。黄国文和赵蕊华（Huang & Zhao, 2021: 2）是这样说的：

和谐话语分析既将"话语"解释为狭义的语言使用，也从更广的意义将"话语"解释为社会实践中的各种系统（Foucault, 2013），其目标是在两个层面上开展工作：基于文本的微观层面，分析语言形式的特征和模式；超越语言的宏观层面，分析语言系统和其他系统（意义系统、社会系统或物质系统）在社会实践中的相互作用。和谐话语分析不仅肯定或批评一种现象、生态哲学或行为，还展示生态系统中的各种关系是如何协调的，以及语言和其他系统如何推动这些关系的协调的。

和谐话语分析中的和谐概念基于中国哲学传统的道家和儒家思想（Zhou & Huang, 2017），融合了"良知原则、亲近原则和制约原则"（Huang & Zhao, 2021）。该框架中的分析充分利用了系统功能语言学和认知语言学。

斯提比（Stibbe, 2023: xxi-xxii）还提到张兰等人（Zhang, et al., 2021）的研究与和谐话语分析之间的关系：

一个有希望的新发展是张兰等人（Zhang, et al., 2021）将景感生态学与生态语言学相结合。这有助于弥合属于自然科学的生态学与语言学之间的鸿沟，因为景感生态学既考虑了文化生态系统的关系，也考虑了激励人们从中受益或忽视它们的语言形式。张兰等人的研究使用和谐话语分析来分析汉语中对裘皮的表征，描述了有益性的、中性的和破坏性的话语。张兰等人（Zhang, et al., 2021: 660）引用了韩礼德论文（Halliday, 1990/2003）中的一个重要观点，说明韩礼德理论对中国生态语言学研究的重要影响：

本文从人本主义心理学的角度，将三种类型的裘皮口号与马斯洛的需求层次理论和生态系统关系理论联系起来，分析了有益性话语、破坏性话语和中性话语的不同愿景和社会效应。本文从微观和宏观两个层面都证明了韩礼德（Halliday, 1990/2003）所说的"语言不是被动地反映现实，而是主动地创造现实"这一论点。

和谐话语分析是一个重要的发展，因为它不仅提供了一个框架，可以完美地调整在中国语境中进行话语分析，而且还提供了可以在世界各地使用的见解。

我鼓励读者通过这本书对生态语言学有一个基本的了解，然后通过阅读有关和谐话语分析的文献，在此基础上进一步了解生态语言学。

斯提比教授曾在多个场合用很长的篇幅谈论和谐话语分析，一方面说明他认同我们所提出的研究框架，另一方面也说明国外的学者对我们学术研究的本土化尝试是重视的、尊重的。因此，我们还需要更加努力去根据中国语境做研究，要有文化自信和学术自信。

美国阿拉巴马大学的教授罗伯特·普尔（Robert Poole）在其专著《语料辅助生态语言学》（Poole, 2022：10）中也说到和谐话语分析：

中国生态语言学者提出了一种称为和谐话语分析的生态语言学研究路径（Huang & Zhao 2021）。和谐话语分析将系统功能语言学的理论框架与中国传统哲学相结合，构建了一个语境敏感的、本地化的框架，用于非西方语境的研究。

南丹麦大学的著名生态语言学家史蒂芬·考利（Stephen Cowley）也认同我们所说的和谐话语分析，他在两篇论文中（Cowley, 2022, 2023）都提到和谐话语分析框架。

尽管和谐话语分析的构建还在继续，还存在很多需要解决的问题，还有待于在实践中进行改进和修正，但我们初步的努力已经得到学界的关注和支持。从有关论文检索看，已经有一些国内外学者在讨论生态语言学和生态话语分析时引用、讨论或修正和谐话语分析中的一些观点或说法，这对我们来说无疑是一种鼓舞和鞭策。

顺便说说，我们在阅读文献时发现，这里所说的和谐话语分析不仅仅在生态语言学、生态话语分析或语言生态学中被研究者注意到，在心理学领域（如Peng, 2023）和教育人文领域（如Jin, 2022）也有人提及；此外，阿拉伯地区的学者（如皂克, 2023）也注意到了和谐话语分析。

长期以来，我国外语界的研究总是比较轻视中国学者所提出的理论、方法、原则，眼光一直盯住"外国人"。我们要做到理论自信，就要立足中国，从关注中国的问题开始；要有本土意识，就要努力挖掘中国的思想文化，结合中国的语境，聚焦中国自己的问题，寻找中国的解决方案，而不要总是想着拿外国的方案来试图解决中国的问题。

最近国际生态语言学学会与英国的布鲁姆斯伯里出版公司（Bloomsbury Publishing PLC）联合组织出版生态语言学专著系列"布鲁姆斯伯里生态语言学的进展"（Bloomsbury Advances in Ecolinguistics），系列主编是斯提比教授和学会的玛丽安娜·罗西亚（Mariana Roccia）。在丛书选题中，系列主编特别提到期待出版"像和谐话语分析那样的新兴理论框架"（Emerging Theoretical Frameworks such as Harmonious Discourse Analysis）的专著（见https：//www.bloomsbury.com/uk/series/bloomsbury-advances-inecolinguistics/）。在这一背景下，赵蕊华和黄国文提出的专著选题得到了主编和审阅人的认同。

和谐话语分析的研究思路首先是我提出来的，后来有多位学者（包括陈旸、赵蕊华、周文娟、谭晓春、李文蓓、哈长辰、张丹清、张兰、张琳、韦周平、王博、马园艺、卢健、常晨光、曾蕾、黄芳、王勇、洪丹、王红阳、肖家燕、张志敏、陆志军、廖雅君、刘瑛、庞亚飞）参与了构建或把它应用于话语分析中，有关他们的研究见于各种相关出版物；何伟教授也多次在不同的场合谈及和谐话语分析。因此，应该这样说，它是集体智慧的结晶，是团队共同努力的结果。我希望有更多的人加入我们的研究团队。

据不完全统计，国内已经有一些学者在期刊论文中从不同角度讨论和谐话语分析。2023年12月12日，我们在知网以关键词"和谐话语分析"搜索，共有文献54条目。从收集的材料看，除了学术期刊论文外，既有多篇硕士学位论文和博士学位论文，也有本科毕业论文，它们都以和谐话语分析为研究框架，讨论生态话语分析问题。

和谐话语分析不仅仅要研究社会结构中人与人之间的生态关系，还要探索人与自然的和谐共生关系，重点之一就是研究语言在生命可持续发展过程中所能发挥的作用。语言在人与自然和谐共生中起着非常重要的作用，构建人与自然和谐关系与共生关系，语言的系统和语言的使用发挥了不可估量的作用。在人与自然和谐共生的研究领域，可以进一步探讨的问题非常多，它们与我国的生态文明建设是紧密相关的。我们期待更多信奉人与自然和谐共生的同仁与我们一起探讨语言与生态的关系问题，共同为生态文明建设贡献我们的力量。从目前情况看，北京外国语大学何伟教授所带领的生态语言学团队做出了很多成绩，发表了很多研究成果，在国内外学术界的影响很大。

基于和谐话语分析的基本假定和理念，我曾提出生态语言学研究者要"think and act ecolinguistically"（黄国文，2016c）。"think ecolinguistically"就是"思，以生态语言学为本"，"act ecolinguistically"就是"行，以生态语言学为道"。从生态语言学的角度去看待问题和思考问题，就会发现，有些问题表面看起来与生态没有什么关系，但如果从生态的角度来思考，就会发现其实就是生态问题或与生态关系密切的问题。另外，从生态语言学的角度去行动，就是在选择语言表达和使用语言时，要考虑生态因素（黄国文，2016c）。生态话语分析是生态语言学的一项重要研究内容，生态语言学的一个重要任务就是促进生态教育，提高人民的生态意识和生态素养（黄国文、哈长辰，2021；哈长辰、黄国文，2022，2023），建立人与自然和谐共生的生态伦理。从这一点看，我们的生态语言学研究与推动生态文明建设是紧密联系在一起的；通过生态语言学研究，我们也承担起语言研究者的社会责任。

5. 交叉研究与研究平台

这些年学界都在讨论新工科、新医科、新农科和新文科建设，寻求学科发展新路径，其中一个突出特点是学科交叉研究。我认为，生态语言学研究就属于学科交叉研究的尝试。这些年，我们在交叉研究平台建设方面作了一些努力。

5.1. 生态语言学研究所

在大学里,研究所(研究中心)是一种研究平台。我一到岗,学校就给我提供了一个很好的研究平台。2016 年初,学校专门成立了校级的"华南农业大学生态语言学研究所",挂靠在外国语学院。

"华南农业大学生态语言学研究所"可能是国内和国外第一个以"生态语言学"命名的研究所。成立该研究所,目的是邀请学界有志于参与生态语言学研究的学者一起探讨语言与生态关系问题,这是一个以研究为目的的学术机构,为国内外同行进行学术交流提供平台。在过去的 8 年里,先后到研究所交流的国际学者包括:Sune Vork Steffensen(丹麦,南丹麦大学)、Dongping Zheng(美国,夏威夷大学)、Robin Fawcett(英国,加的夫大学)、Jonathan J. Webster(中国,香港城市大学)、Edward McDonald(澳大利亚,悉尼大学)、Mick O'Donnell(西班牙,马德里自治大学)、Hiroshi Funamoto(日本,北陆大学)、Derek Irwin(英国,诺丁汉大学)、Lise Fontaine(英国,加的夫大学)、Gordon Tucker(英国,加的夫大学)、Andrew Lambert(美国,纽约城市大学)、Stephen Cowley(丹麦,南丹麦大学)、Tom Bartlett(英国,格拉斯哥大学)、Hildo Honório do Couto(巴西,巴西利亚大学)等。国内参加生态语言学研究所组织的活动或到生态语言学研究所进行学术交流的专家学者也有很多位,包括何伟(北京外国语大学)、范俊军(暨南大学)、胡庚申(清华大学/澳门城市大学)、王铭玉(天津外国语大学)、胡加圣(上海外国语大学)、杨枫(上海交通大学)、彭宣维(深圳大学)、于晖(北京师范大学)、杨炳钧(中山大学)、常晨光(中山大学)、辛志英(厦门大学)、黄忠廉(广东外语外贸大学)、刘丽芬(广东外语外贸大学)、胡春雨(广东外语外贸大学)、王立非(北京语言大学)、刘毅(深圳大学)、胡颖峰(江西社会科学院)、汪磊(广东外语外贸大学)、王勇(中山大学)、刘君红(三峡大学)等。

5.2. 国际生态语言学研讨会

我开始做生态语言学研究后,发现国内外都没有以"生态语言学"命名的学术研讨会,因此我于 2016 年初便开始思考和策划召开"国际生态语言学研讨会"(International Conference on Ecolinguistics),并于 2016 年 11 月 25—27 日在华南农业大学组织召开了首届国际生态语言学研讨会,会议的主题是"Ecolinguistics Studies in the Chinese Context"(中国语境下的生态语言学研究),特邀国际生态语言学研究知名学者、国际期刊 *Language Sciences*(Elsevier)主编 Sune Vork Steffensen 教授(南丹麦大学),韩礼德理论研究知名学者、国际期刊 *Linguistics and the Human Sciences*(Equinox)和 *Journal of World Languages*(Routledge)等期刊主编 Jonathan Webster 教授(香港城市大学),国际生态翻译学研究会会长、《生态翻译学学刊》主编胡庚申教授(清华大学/澳门城市大学)和美国中央华盛顿大学的 Charles X. Li 教授等学者做大会主旨发言。会议由《中国外语》、*Language Sciences*、*Functional Linguistics*(Springer)和 *Journal of World Languages* 等学术期刊协办。参加会议的境外学者分别来自丹麦、美国、俄罗斯、新加坡、印度、巴基斯坦、马来西亚和中国的香港和澳门等地,共有 300 多人,多家媒体报道了会议信息。这是国际上第一次以生态语言学命名的学术会议,也是华南农业大学外语学科第一次组织召开的国际会议。时任校长的陈晓阳教授特地为会议致欢迎辞。此次会议在国际生态语言学研究界产生了很大的影响,国际生态语言学学科奠基人、奥地利格拉茨大学的阿尔温·菲尔(Alwin Fill)教授写来贺信,并在他与赫米内·彭茨(Hermine Penz)主编的《劳特里奇生态语言学手册》(Fill & Penz, 2018:6, 437)中以及他接受周文娟(2016:29)的访谈中提到这次会议和华南农业大学的生态语言学研究所。

继在华南农业大学召开首届国际生态语言学研讨会后,2017年8月26—27日,第2届国际生态语言学研讨会由何伟教授在北京外国语大学组织召开。第3届于2018年10月26—28日在刘瑾院长的大力支持下在贵州师范大学召开。第4届于2019年8月12—15日在丹麦的南丹麦大学(Syddansk Universitet)召开(线下参加会议的代表来自62个国家,我国有将近20位学者参加了此次会议)。第5届于2021年4月12—14日在英国的利物浦大学(University of Liverpool)召开(线上和线下)。第6届于2022年9月21—24日在奥地利的格拉茨大学(Universität Graz)召开(线上和线下)。第7届于2024年8月22—26日在北京师范大学召开。第8届会议的地点和时间也已经落实,将于2026年5月在法国雷恩第二大学(Université Rennes 2)召开。

黄国文(前排左三)参加国际生态语言学研讨会(丹麦,2019年)

中国学者策划的国际会议,从广东走向全国,然后走向世界,这也表明中国学者所组织的学术活动是得到国际学者的认可的。学术会议是学术交流的一种重要形式,通过与国际学者的交流,我们可以更清楚地认识到"我是谁、我从哪里来、我要到哪里去";通过这类学术活动,可以与同行面对面交流,会见老朋友和结交新朋友,与志同道合的人一起探讨学术问题。

这些年，我多次在华南农业大学组织学术研讨会，值得一提的是2017年11月3—5日召开的第22届功能语言学与语篇分析高层论坛，该论坛由华南农业大学和广东外语外贸大学联合主办，我和彭宣维教授担任联合召集人。会议主题是"Alternative Architectures for Systemic Functional Linguistics: The Cardiff Approach，系统功能语言学的多种建构：加的夫模式"。来自不同国家和地区的八位国际知名学者（Robin Fawcett, Jonathan. J. Webster, Ed McDonald, Mick O'Donnell, Hiroshi Funamoto, Derek Irwin, Lise Fontaine, Gordon Tucker）和多位国内知名学者以及200多名参会人员一起研讨系统功能语言学的多种建构问题。休会期间，加的夫语法创始人Robin Fawcett教授与他的学生（包括我们）以及学生的学生几十人在一起，共同庆祝他的80岁生日。此次会议的部分论文被收进名为"Approaches to Systemic Functional Grammar: Convergence and Divergence"的论文集（Tucker, et al., 2020）中。

2017年，黄国文在广东外语外贸大学参加学术会议

我于2016年在华南农业大学发起的国际生态语言学研讨会，现在已经列入国际生态语言学学会的常规学术活动之一（由Sune Vork Steffensen和我主持运作）。

5.3. 语言生态学博士点

华南农业大学有"生态学"一级学科，2016年我到校后学校在这个一级学科自设了"语言生态学"研究方向（即二级学科博士点）。在自设博士点过程中，得到了多位学界知名学者（包括许钧、王克非、彭青龙、向明友、黄忠廉、常晨光、何伟）的大力支持和帮助。2018年，我们开始在这个学科方向招收博士研究生，现有黄国文、肖好章和陈旸3名博导，到目前为止共招了7名博士生。我自己招收了5名博士，已经毕业了4名。我所招收的这些学生在校期间，先后在 Eco-Rebel（Tan, 2020）、International Journal of Sustainable Development and World Ecology（Zhang, L. et al., 2021, 2022）、Environmental

Science and Pollution Research（Ha, et al., 2022）等生态和环境科学国际期刊和《外语教学》（谭晓春、黄国文，2019；黄国文、哈长辰，2021）、《语言教育》（李文蓓、黄国文，2021）、《鄱阳湖学刊》（张丹清，2021；张兰，2021）、《外语与外语教学》（张丹清、黄国文，2022）等国内期刊发表了探讨语言与生态关系的学术论文。这些学生既发表"语言生态学"的文章，也发表"生态语言学"的文章。他们在校攻读的是生态学一级学科下的博士学位，博士学位论文的评审和答辩是在"生态学"学科范围内进行的，所获得的是"理学"博士学位。但是，这些学生的学士学位和硕士学位都属英语学科，以前所受的教育也是外国语言学及应用语言学，所以，他们也在外国语言文学的学术期刊发表有关"生态语言学"的论文。

2017年黄国文工作照

从2017年起，华南农业大学生态语言学研究所共举办了四期"生态语言学讲习班"，先后邀请了 Dongping Zheng、Andrew Lambert、Sune Vork Steffensen、Stephen Cowley、何伟、范俊军、黄国文等学者做学术报告和参加学术讨论，旨在培养年轻的生态语言学研究者，为学科发展培养后备力量。培养生态语言学学术后备力量的工作受到外语教学与研究出版社的高度重视，从2018年起，该出版社连续多年举办为期两天的"生态语言学研究研修班"，邀请何伟教授和我给学员讲授生态语言学与生态话语分析的课程，在国内外语界影响很大。

6. 中国的生态语言学研究

在2016年前，英国格鲁斯特大学的斯提比注册成立了"生态语言学学会"。我开始做语言与生态问题的研究以后，便一直与斯提比有密切的交流和商讨，在我、Sune Vork Steffensen 和何伟等人的建议下，斯提比经过与其他人商量，把"生态语言学学会"更名（升级）为"国际生态语言学学会"（https://www.ecolinguistics-association.org/），学会设立主题代表（subject representative）和地区代表（regional representative），何伟和我分别担任了这两个委员会的代表。同时，也在国际生态语言学学会框架下成立了"中国生态语言学研究会"（https：//ecoling.bfsu.edu.cn/index.htm），由北京外国语大学的何伟教授任会长，我和王文斌教授担任名誉会长，苗兴伟教授（北京师范大学）、王晋军教授（广州大学）和陈旸教授（华南农业大学）担任副会长。2017年，中国生态语言学研究会正式成为"中国英汉语比较研究会"（民政部注册国家一级学会）的"生态语言学专业委员会"。这个专业委员会和"华南农业大学生态语言学研究所"都是国际生态语言学学会的合作伙伴机构（https：//www.ecolinguistics-association.org/）。

斯提比在他的《生态语言学》第二版（Stibbe，2021，2023）的"致谢"中说：

I would also like to thank Huang Guowen for introducing my work to Chinese scholars, organizing the translation of the first edition into Chinese, and for facilitating the founding of the hugely successful China Association of Ecolinguistics.

斯提比感谢我把他的著作《生态语言学》介绍给中国学者，还组织翻译了这本著作的第一版（斯提比，2019；陈旸等，2019），并促成了中国生态语言学研究会的成立；该研究会这些年在何伟教授和其他学者的努力下，所取得的成绩是有目共睹的。

2015年12月12日是我决定开始做生态语言学研究的重要日子，我当天在知网查询到以"生态语言学"作为关键词的文献只有150篇（条）。8年后的2023年12月12日，通过知网以关键词"生态语言学"再进行检索，文章数上升到1026篇（条）。生态语言学研究在中国的迅速发展，与我们这些年的不懈努力是分不开的。

根据2023年12月12日在知网的检索，我于2016年发表的文章《生态语言学的兴起与发展》（黄国文，2016c），下载数是12263次，被引用数是450次；另一篇文章《生态话语分析的缘起、目标、原则与方法》（黄国文、赵蕊华，2017）的下载数是9396次，被引用数是331次；何伟和张瑞杰在2017年发表的《生态话语分析模式构建》一文的下载数是7632次，被引用数是347次；周文娟在2017年发表的《中国语境下生态语言学研究的理念与实践——黄国文生态语言学研究述评》一文的下载数是2728次，被引用数是61次。这些例子表明，近年来，生态语言学研究在国内学术界产出了不少成果，产生了一定的影响。

这些年我们的生态语言学研究也引导着更多的研究者去关注多年前发表的有关生态语言学的文章，包括：辛志英、黄国文在2013年发表的《系统功能语言学与生态话语分析》和范俊军在2005年发表的《生态语言学研究述评》；根据2023年12月12日在知网的检索，这两篇文章的下载数和被引用数分别是：辛志英、黄国文，11932和343次；范俊军，10227和616次。

7. 参与课程思政建设

虽然过去这8年我一直在华南农业大学外国语学院任院长，但是我始终认为自己就是一名普通教师，所以除了给博士生上课和指导论文外，我每年都给本科生和硕士生上课。作为一线的教师，就是要努力做好教书育人的工作，传道、授业、解惑。

最近几年我也积极参加外语课程思政建设工作，认真投入到教育工作中的价值引领和价值塑造建设。作为《中国外语》（CSSCI 来源期刊）主编，与高等教育出版社外语事业部的肖琼主任（编审）和期刊编辑部的同仁一起，策划《中国外语》"外语课程思政建设"专号（共刊登 17 篇外语课程思政建设方面的文章），在办刊 100 期（2021 年第 2 期）时与读者见面，在学界引起了很大的反响。根据 2023 年 12 月 12 日在知网的检索，我和肖琼在 2021 年撰写的《外语课程思政建设六要素》一文，下载数是 13536 次，被引用数是 209 次；另一篇文章《关于外语课程思政建设的思考》（肖琼、黄国文，2020），下载数是 8648 次，被引用数是 362 次；我的《思政视角下的英语教材分析》（黄国文，2020）一文也受到关注，下载数是 7707 次，被引用数是 216 次。从这几篇文章的下载数和引用数看，外语课程思政建设是需要引领的，这也是期刊的主要任务之一；通过参与这项工作，我阅读了很多相关文献，对外语教育中的价值引领和价值塑造与重塑有了新的认识。

2023 年，黄国文在西北农林科技大学交流

此外，由南京大学的王守仁教授和我一起担任总主编的《新时代明德大学英语（综合教程）》（共 3 册，高等教育出版社 2021、2022 年版）教材顺利出版，该教材以社会主义核心价值观为主线，是一套课程思政视角下的英语教材，出版后在外语界获得很好的评价。

华南农业大学是一所涉农高校，以强农兴农为己任，培养学生的知农爱农情怀，学生必须具有"三农"情怀，这也是课程思政教育的一个重要组成部分。因此，我和中国农业大学的张彩华主任一起担任总主编，组织中国农业大学、西北农林科技大学、南京农业大学、华中农业大学、华南农业大学、山东农业大学、江西农业大学和湖南农业大学的专家教授编写了《中华农耕文化英语教材》（共 4 册）（中国农业出版社，2023），该教材项目 2017 年入选农业部"十三五"规划教材，还获批 2018 年度中华农业科教基金教材建设研究重点项目。

2023年7月,华南理工大学的钟书能教授领衔(黄国文排名第二)申报了题为"大学英语课程思政内涵建设与教学实践"的教学项目,获"国家级教学成果奖"二等奖。在此之前的2022年5月,该成果获"第十届广东省高等教育教学成果奖"特等奖。感谢钟书能教授邀请我参与他的这个项目申报,与他一起探索英语教学中的价值引领和价值塑造问题。

8. 有感而发的学习心得和体会

我由于前些年在研究上出现了"生态转向"(黄国文,2022),所以阅读了很多以前没有关注或细读的一些书,也就有了一些体会和思考,并常常从生态语言学视角去发现问题和分析问题。这样做的结果之一就是有了学习的心得,随后写出来与学界的同仁分享,希望得到大家的帮助支持或批评指正。过去这8年,我以独立作者和第一作者发表的文章大约有50篇,有些文章发表后受到很多关注(如知网的下载和被引用情况比较好),有些就是一些普及性或介绍性的文章,在所发表的文章中自己比较满意的也有几篇。由于我对生态语言学的接触时间不算太长,有些问题也是一直在思考中,所以有些文章的观点不一定能被广泛接受。无论如何,这些年所写的东西都是有感而发的结果,也代表着我这些年的学术思考。

2016年,我通过电邮访谈了斯提比教授,该访谈("Ecolinguistics in an International Context: an Interview with Arran Stibbe")被刊登在国际生态语言学学会的《语言与生态》期刊上(http://ecolinguistics-association.org/journal/4563035324),并且先后被翻译成汉语(黄国文,2018)和葡萄牙语(Huang,2021)。

在这8年里,我和团队成员先后出版了《什么是生态语言学》(黄国文、赵蕊华,2019)、《功能取向——黄国文学术论文自选集》(黄国文,2021)、《系统功能语言学十讲》(黄国文、陈瑜敏,2021)、《功能话语研究新发展》(黄国文、赵蕊华,2021)四本著作,主编和合编了《功能语言学与语篇分析研究》(第7辑)(黄国文,2019)和 *Approaches to Systemic Functional Grammar: Convergence and Divergence* (Tucker, et al., 2020),还参与了《生态语言学:语言、生态与我们信奉和践行的故事》一书(陈旸等,2019)的翻译工作。此外,我还跟其他学术同事一起编写了其他有关著作。我于2006年出版的《翻译研究的语言学探索》(黄国文,2006)被王博和马园艺两位博士翻译成英文,由英国Equinox出版公司出版(Huang,2024)。

《什么是生态语言学》(黄国文、赵蕊华,2019)是国内第一本生态语言学著作,出版后在学界反响很好,较多学者对其进行评论(艾斌,2022;王烯、陈旸,2022)。

这些年我的学术体会很多,这里就简单说两点:第一,学术研究没有什么捷径可走,也不能一蹴而就;要做学问、做学术研究,就得静下心来读书、思考,结合自己的情况(内部的和外部的)寻找自己的研究兴趣和动力,同时要注意所要研究的课题是否是值得研究的(researchable)和自己驾驭得了的(manageable)。第二,要做好事情,要从自己的实际情况出发,自己主动去努力;当然,别人的帮助也是非常重要的;记得小时候读过毛泽东的《矛盾论》，里面所说的一段话我 50 多年后仍记忆犹新："唯物辩证法认为外因是变化的条件，内因是变化的根据，外因通过内因而起作用。鸡蛋因得适当的温度而变化为鸡子，但温度不能使石头变成鸡子，因为二者的根据是不同的。"

9. 感恩

2016 年我经历工作调动，回头一望，是一件大事，突出的一点是推动了中国生态语言学研究。当年，一个已经 60 周岁的人，还调动工作，而且是去开拓一个原先自己不了解、周围很少人关注的研究领域，这对于一个进入"耳顺"之年的人来说是有巨大挑战。8 年过去了，我与学校签订的合同已圆满履行完毕，我也即将退休，要依依不舍地告别我在学校六一区的住所了；这是学校提供给我住的房子，环境非常优美舒适。

此时此刻，我怀着感恩的心，感谢过去 8 年来给予我信任、希望、关心、支持、帮助和期待的每一个人。他们当中既有我的家人、亲朋好友，也有学界的好朋友和我的同事和学生。当然，首先我要感谢的是华南农业大学的几届领导和学校职能部门的有关人员。他们给予了我在体制上、机构上、工作上和学术上的大力支持和热情帮助。同时，我还要特别感谢在外国语学院与我一起工作的领导和同事。我自知自身存在不少局限性，但这些年靠着国家的生态文明建设和人与自然和谐共生理念推广的大环境，也靠着学校的"冲一流"的向上精神和机构上的优势以及我遇到的好人的支持和帮助，尤其是关键时刻多位鼎力相助的贵人，加上自己的辛勤耕耘与锲而不舍的精神，做出了一点成绩。这些都是在大家的提携、宽容、呵护、支持和无私的帮助下取得的。在这里我要对这些人表示衷心的感谢：愿好人一生平安！

感谢国际生态语言学研究界的一些知名学者（如 Arran Stibbe、Alwin Fill、Robert Poole、Sun Vork Steffensen、Stephen Cowley、Hildo Honório do Couto）关注和支持我的研究。国际系统功能语言学研究界也有一些人在关注我这些年的学术动向以及我所做的研究；其中国际知名的系统功能语言学学术领袖 Christian M. I. M. Matthiessen 就多次在不同场合谈到我的生态语言学研究（如 Matthiessen, et al；2022：186；Law & Matthiessen，2023）。

已经 90 多岁高龄的北京大学胡壮麟教授这些年来也一直关心着我，在多个场合说到我对中国系统功能语言学研究和发展所做出的努力，也谈到我近些年的生态语言学研究（如胡壮麟 2018，2021）。胡老师还时常跟我分享和交流信息，偶尔还会提醒我要更加宽容待人。胡壮麟（2018：1）说黄国文是"我国生态语言学的领路人"；他在另一篇文章中还说："我注意到，黄国文离开中山大学后，在华南农业大学任教。他花较大精力从事生态语言学的研究。我认为这是一个很有意义的选择，一方面结合了他所在的学校的特殊性，另一方面这正是我国推行'一带一路'倡议时迫切需要解决的课题内容。"（胡壮麟，2021：52）非常感激胡老师能说出我的心声。国内其他知名学者，如王文斌、袁周敏，也提到我所做的和谐话语分析。这些老师和朋友对我的关注和支持，给了我很大的鼓舞和鞭策，使我时时告诫自己在学术道路的追求上不能放松、不能偷懒。

2018 年，黄国文在北京大学的学术会议上发言

我还要感谢广州新华学院的王庭槐校长和该校外国语学院的廖益清院长，前些年他们让我有机会接触到民办学校的外语教育，使我有想进一步了解私立学校教育情况的冲动。

最后，我要特别感谢陈旸教授，她于 2007 年在中山大学跟随我攻读博士学位，后来一直和我一起做研究。2015 年底她把我介绍给华南农业大学的有关部门和领导，促成我 2016 年的调动。过去这 8 年，她给予我很多的支持和帮助，从生态语言学研究所的成立、"语言生态学"博士点的建立，到组织召开各种学术研讨会和生态语言学讲习班以及其他的学术活动，陈旸都做出了很大的努力和贡献。

10. 结语

人生就是一场体验，一个寻找生命本质和自我发现的过程。每个人都有属于自己的梦，也都有魂牵梦绕的时刻。到华南农业大学从事生态语言学研究，就是我人生中的一个梦。生命短暂，时光宝贵，每个人都有与其他人不同的经历，每个人的每个阶段也有不同的记忆，都有许多得与失、取与舍、爱与恨、是与非、喜与悲、乐与苦、生与死的不同过程和体验。记得 60 岁那年，我写了《人生处处皆选择》，作为给自己的生日礼物；这篇《八年耕耘圆新梦》是我给自己准备的 68 岁的生日礼物。8 年过去了，我即将离开这个我熟悉的工作体制和工作环境，心中的感触肯定是很多很多的。自从 1971 年 4 月参加工作以来，走南闯北，去过亚洲、欧洲、北美洲、南美洲、大洋洲、非洲的一些国家；在英国留学 8 年中，我在爱丁堡大学、纽卡斯尔大学和威尔士大学从事研究，也作为福布莱特学者在美国斯坦福大学访学一年（其间还去了一趟夏威夷）；自己对人生的体验应该是丰富和充实的，也有些许感悟。

细细想来，人生中最重要的事情不多，就几件。生命的价值，或者说人生的美，在于爱：爱自己、爱亲人、爱他人、爱家乡、爱集体、爱国家、爱环境、爱自然，爱自己的选择，爱自己选择做的每一件事；珍惜生命，敬畏自然，好好生活，把握当下，这都是我们时刻要记住的；健康快乐地生活，和爱你以及喜欢你的人在一起，这就是人生的大事。生命本来就是一场自我完善的过程，认真过好每一天，无怨无憾无悔无恨就好。

最后，借用伟人毛泽东的两行诗句，作为这篇《八年耕耘圆新梦》的结束语："雄关漫道真如铁，而今迈步从头越"。

（原载《当代外语研究》2024年第1期，第7~29页，有改动）

黄建华：
词典学研究的领头人之一

1936年4月生，广东广州人，广东外语外贸大学首任校长，教授、博士生导师。学术上的主攻方向是词典学研究和翻译，出版了《词典论》《双语词典学导论》等著作以及译作《自然法典》等多部世界学术名著。历时16年编纂出版了《汉法大词典》，是目前国内最大型的汉法词典，出版后获第四届中国出版政府奖图书奖。荣获法国政府棕榈叶二级勋章、中国辞书学会"辞书事业终身成就奖"。曾主译由商务印书馆策划的"汉译世界学术名著丛书"：《自然法典》（1982）、《公有法典》（1985）、《塞瓦兰人的历史》（1986）、《论实证精神》（1999）等多部世界学术名著。

一、个人经历

古之岭南,长期被当作流放地,但广州却是千年商都,到了近代更是对外开放唯一商埠,与现代西方世界接触最早,也最先感受中西方文化的碰撞。到了当代,作为对外开放之前沿和窗口,广州更是领改革开放风气之先。广州的涉外高校广东外语外贸大学,则是当代中国改革开放的亲历者和见证者,而广外的一位耄耋长者——黄建华先生,更是新中国发展建设和改革开放的积极参与者和不懈贡献者。

坐落在广州市北郊白云山脚下的广东外语外贸大学,常被人们简称为"广外"。无论什么季节,凡初到广外校园的人,总会以为自己置身公园之中。放寒假时,广外校园常常显得格外宁静,若是北方袭来寒潮,校园则平添几分寒意。但无论春夏秋冬,也无论刮风下雨,总有一位精神矍铄的长者,每天都会准时走出家门,手拎简易的帆布袋子,迈着稳健的步伐,走过云溪小河上的石头桥,沿榕树遮阴下的大路,走向正西门南侧的行政办公楼。熟悉的人远远就能认出,那是黄建华教授。在几代广外人的心目中,黄建华教授既是一位老师,也是一位校长,还是翻译家、词典编纂家。

2021年,黄建华教授获评"广东省优秀社会科学家"。对黄建华教授而言,这一年意义非同寻常,因为60年前,他从中山大学毕业,留校开始从事教学和科研活动:六十年教书育人,桃李满天下;六十年笔耕不辍,蜚声海内外。

他的学术文集《词海泛舟亦编舟:黄建华词典学文集》,于2021年10月由商务印书馆出版。时任广东外语外贸大学党委书记隋广军教授为该书撰写序言说:"今年恰逢中国共产党建党百年,回顾近代史,我们感叹于民族多灾多难,欢欣于民族走向伟大复兴。回顾广外建校56年历程,我们更是感慨伟大的祖国、伟大的时代带给我们施展才华、奉献热血的沃土和平台。黄建华教授,就是我们身边一位熟悉的长者,更是广外师生一直崇敬的榜样。他既普通平凡,又卓越非凡:普通平凡,因为他是我们在白云山下广外校园每天生活中的普通一员,在过去的十数年间,无论是工作日还是节假日,我们总能看见工作室虚掩的门里他正在埋首书海词海;卓越非凡,因为他把自己的时间和心血全部奉献给了党和国家的外语教育事业,他是广外双语词典编纂和词典学理论的创始人,是我国现代辞书理论建设的重要贡献者,是大型汉法词典编纂的卓越实践者。"黄建华教授在自序中则谦虚地说:"我这朵与辞书结缘的小浪花,是我国改革开放大潮激发起来的……我得感谢我国改革开放的洪流,使我这朵小小的浪花有了奔腾的机会。"

2021年,他的另一部文集也出版了:《新时代汉外词典编纂传承与创新示例——〈汉法大词典〉专题研究论文集》(外语教学与研究出版社)。

2021年,还有一则从太平洋彼岸传来的佳讯:"黄建华的词典学研究和他编纂的《汉法大词典》(英文),在北美词典学会会刊《词典:北美词典学会杂志》第42卷第

2期作为首篇发表（第1~40页）"。期刊主编在"编者按"中指出，该研究论文从历史批评视角，针对中国双语词典领域的重要著作《汉法大词典》（2014）进行了历时研究，从改革开放初期一直到现在。以这篇论文为契机，英文世界的读者可以深度了解当代中国的双语词典学研究，了解它所面临的种种来自词典编纂实践的挑战，以及了解这部词典的主编为该领域所做出的独特贡献。

2023年，黄建华教授似乎也变得更繁忙了。仅在11月，他就应邀参加了3项活动：赴肇庆市参加第四届世界广府人"十大杰出人物"颁奖典礼（11月17日），领取获奖证书；出席中国辞书学会双语辞书专业委员会第十五届年会暨学术研讨会（11月17—19日，广州），他在会上致辞并揭晓双语辞书专委会第六届理事会的换届结果；接着又出席广外词典学研究中心举办的第二届"词典文化周"（11月19—24日）活动。

让我们一起走近黄建华教授，一起感受他求学的坎坷经历、做学问的不懈探索、服务社会的无私奉献、报效祖国的执着追求，以及对党的外语教育事业的无限忠诚。

（一）出身贫寒逢战乱，求学坎坷志弥坚

1936年4月5日，黄建华出生在广州市海珠区的一个普通工人家庭，家境贫寒。父亲是木匠，也做泥瓦活，早年曾读过3年书。母亲照顾家庭，没有上过一天学。周围邻居，也大多是没有读过书的人。黄建华家有兄弟姐妹五个，他是长子。贫苦家庭对长子的期许，大都是早点成为家里的帮手，尽早挣钱，摆脱贫穷。在那个战乱频仍的年代更是如此。黄建华未满3岁，就遇上了日本人侵占广州，国家和民族的灾难也深刻影响着这个家庭。身处这样的年代，黄建华的父亲从来没敢想过让儿子读书，家庭境况也不容许他有任何奢望。

到了入学年龄的黄建华，无学可上。童年时，他每天除了帮助家里干家务，就是留心周围有没有读书的地方，也就是类似私塾或识字班的地方，有了就好去"蹭学"——搬着自家的小板凳去插班就读。黄建华的小学教育就是这样在时断时续中完成的。

广州解放是一次重大转折，改变了黄建华的命运。广州解放时，黄建华已到该上中学的年龄，对上学的渴望、对知识的追求，在黄建华身上体现得异常强烈。这时候的黄家，境况依旧艰难，黄建华有4个弟弟妹妹，父母坚持要他早点工作。上学与弃学，父子俩争执不定。这时候要感谢父亲的一位工友。黄建华不知道他的姓名，只记得一直管他叫"来叔"。这位工友再三劝说黄父改变主意，成全孩子读书的愿望。父亲终于点头，黄建华开始了初中学习，接受晚到的正规学校教育。至于初中时的学习状况，以"蹭学"打下的文化底子可想而知。读初一时他的英语考试成绩大概都是40分上下，到了初三毕业时勉强能达到70分左右。

初中毕业，黄建华又一次面临人生抉择。这一次，懂事的黄建华自己做出了决定，为父母分忧，早点工作，并且是要子承父业。他放弃了继续读高中，报考了中南建筑工

程学校。他心想，自己现有的初中文化程度，比父亲的受教育水平要高多了，将来一定能够在工作上干得比父亲更有出息。天从人愿，他考取了建筑工程学校。但是命运捉弄人——入学体检发现他患有肺结核，当时老百姓叫它"痨病"。对于想尽快子承父业的黄建华来说，这无疑是晴天霹雳。

他只能休学，在家养病。正是此时，黄建华就读初中的教导主任叶老师来到家里探访。当时的黄建华，只记得他是自己初中学校的一位老师，到访时带来一些补品和两三本书。平时不苟言笑的叶老师，这时很亲切和蔼，他跟黄建华说肺结核这种病已经可以治愈，并且举出好几个病情严重得多的患者，后来都治愈康复了的例子。叶老师叮咛他一定要听从医嘱，保持心情愉快，一定要注意多晒太阳、多做操、多活动，精神上一定不要垮……临别时，叶老师又拿出一本新书，是刚刚出版的《毛泽东选集》第一卷，说除了看自己喜欢的文学书，也可以抽时间读读这一本，它能够帮助你解开一些心结。黄建华由此开始了一年的病休，在身体逐渐康复的同时，通过读书自修，他的眼界和心胸也都开阔了许多。新学期临近，黄建华已经不再心心念念要子承父业，而是开始向往进入属于自己的文学世界。

多年后，黄建华多方查询了解才知道，这位来探访自己的初中老师，是福建泉州当地的一位开明人士，到广州做生意并办学。他是自己所就读的初中——新民中学的负责人，后来该校合并到广州市第十三中学。

新学年开始，他没有再去中南建筑工程学校办理复学，而是选择了继续读高中，考取了第五中学，开启了另一条不同的人生之路。

（二）问学中大勤修习，学成留校执教鞭

高中时期，黄建华做的大学梦是学文学，当作家。受高中语文老师朱谷怀先生的影响，初露文学天赋的黄建华此时已经有小诗歌、小散文见诸报刊。原本打算报考中文系的文学专业，但考虑到法国诞生了莫泊桑、巴尔扎克等文豪，也为了开阔自己的眼界，就选择了并不热门的法语专业。于是，他也就成为1957年中山大学第一届法语专业十名本科学生中的一个。

作为第一届学生，他们最大的优越性，就是有很长一段时间，系里老师的人数比学生还多。每位学生享受到的教师资源，以及图书等教学资源，较之后来入学的同学都要多一些。再加上法语专业每届都只有10名左右的学生，小班上课的优势得到比较充分的发挥——教师批改作业和作文所投入的时间精力、批改内容的针对性和有效性，都会强一些。课后师生之间的交流互动，也会更多一些。

对于黄建华来讲，学习法语是有着一些劣势的。首先是他年龄上的劣势。由于上学较晚和病休耽搁，上大学时他已经21岁了。尽管这时中山大学的法语专业实行的是零起点教学，但一个人在成年时才开始学一门外语，困难之大可想而知。用现在比较专业点的话来讲，他学习外语的关键期早已过去。其次，据黄建华讲，他自己并没有多少学语言的机会。事实上，到高中毕业，他一直都是在说粤语，家庭生活和中学教学全都是

用粤语。就连他的普通话也是在进入大学后才开始学习的。认识到自己的劣势和不足，黄建华在学业上加倍付出，更加刻苦和努力。学业上求真务实，下苦功夫和硬功夫，成了黄建华一生的学术习惯。

中山大学的法语老师，大都是早年留法归国，法语功底极为扎实，对学生的要求也十分严格。当时，著名诗人、翻译家梁宗岱，便是法语专业的老师之一，也是黄建华的业师。梁宗岱中学时就读于广州一所美国教会的中学，叫培正中学，这所中学极其重视英语基本功的学习，为梁宗岱的英语打下了很好的基础。梁宗岱后来考入岭南大学，学习一年后赴欧洲留学，游历欧洲整整7年，博闻强识，才学过人。他回国后先后执教北大、清华、南开、复旦、中大等著名学府。

梁宗岱是黄建华的授业恩师，这不仅体现在大学期间他上梁宗岱先生讲的课，还体现在黄建华毕业留校后两人一同工作近20年，亦师亦友，真诚交往。后来黄建华续译了梁宗岱先生只翻译了第一卷的《蒙田随笔》（梁宗岱、黄建华译，湖南人民出版社，1987），正是两人合作和友谊的一个见证。黄建华回忆，梁先生给他批改的课程作业和法文习作，十分细致和较真，让他受益终身。

1961年，黄建华大学毕业留校任教。作为教师，需要不断提高法语实践能力，黄建华在教学中和学生一起教学相长，共同进步。现在回过头看，黄建华认为自己很幸运，能够留校任教，有机会继续向系里的老师们请教学习。他感觉自己就像是一个一直在勤奋攻读却无法毕业拿学位的研究生，需要始终如一地不停努力，需要得到老师们的扶持和指点。

"文革"期间下乡劳动，有不少人把多年积累的书籍都卖掉或扔掉了，黄建华心里很不认同这种做法。他深信当时国家的教育和文化还算不上发达，将来肯定会有大发展，自己的法语专业一定不能够荒废。于是在学习《毛泽东选集》和《毛主席语录》时，他常常是眼里看着中文，在脑子里却是想着法文版本。学如逆水行舟，正是在逆境中坚守学业，持续不断地下硬功夫、苦功夫，才使得他的法语不但没有退步，反而悄悄地一点一滴地在精进。也许正是在业务上不断追求进步，他才能够最终出类拔萃，也才能够被组织上安排主持《新简明法汉词典》的编订工作，这是后话。

（三）合校广外家团圆，授业之余编词典

1970年，黄建华的家庭生活发生改变，这源自广东省的外语院校进行重组。暨南大学外语系和外贸系，中山大学外语系，广州外国语学校，一起并入广州外国语学院，学校更名为广东外国语学院。黄建华随中山大学外语系一道，搬迁至白云山脚下的新广外，成为广外的一员。从此，他再也不用每天踩单车，往返于坐落在广州市珠江南岸的中大和广州市东郊瘦狗岭的广外。

黄建华的夫人余秀梅，是他的大学同班同学，也是中大第一届法语本科学生。两人到了高年级虽然彼此有好感，但一直没有挑明。1961年毕业时，余秀梅听从组织分配去了北京，在全国妇联工作。1964年有情人终成眷属。此时，国家实施"三线建设"，

开始人员疏散，1965年余秀梅响应号召调回广州，正好赶上广外建校，被组织分配到西语系法语专业任教，成为广外的建校"元老"。1970年黄建华随着中大外语系并入，反而成了后来广外的一名新员工。无论如何，这次合校对这个家庭而言是个天大的喜事，当时他们女儿才刚刚出生两年。1978年落实政策，原中大外语系"重组"中大，原中大教工可以自由选择，或返回中大，或继续留任广外。黄建华当时人在巴黎，考虑到家庭实际情况，选择了继续留任广外。

黄建华曾反思自己学习外语的经历，深感成年后才开始学习一门外语之艰辛。作为外语教师以及后来外语院校的领导，如何培养和选拔优秀外语人才，一直是他思考和探索的一个基础命题。从他女儿学外语的成长之路，我们或许能够窥见黄建华的一些独特思索和尝试。

顺其自然天性，贵在长期坚持不懈。黄建华的女儿学外语，纯属"偶然"。孩子六岁的时候，有一天看见妈妈正在备课，问写的是什么？余秀梅回答说是"法语"，"什么是法语？"……"你想不想学法语？"孩子点头回应……于是，他们便开始教孩子学法语了。学外语当然从单词开始，但更要注重学说话——一句话一句话地教……很快，黄建华就意识到，虽然家长都是法语老师，但语音并非那么纯正地道。为了让孩子学到地道发音的法语，他们决定拿出家里的全部积蓄，购买一台大磁盘录音机，播放法语原声给孩子听，这也让两人一同回想起了大学时10位同学围着一台大录音机听法语原声的情景。孩子听的主要是法语儿歌和儿童故事。有一天，余老师发现孩子听着听着竟然哭了起来，当时女儿在听的是《鱼美人》的故事——孩子竟然进入到法语故事的角色中去了。后来，黄建华到联合国教科文组织担任译审，他从有限的生活费中节省钱，为孩子买了一台卡式录音机。于是，女儿每天有录音机伴随入睡，进入法兰西的梦乡，从小学开始一直到高中毕业，从未间断。而学校里的英语课，女儿也一直在照常学习。有好友、同事知道此事，纷纷劝说他俩不要让孩子太辛苦了：一门外语都难学好，何苦还要再加一门。外语学习中，人们通常的困惑是，两种外语同时学习会不会相互冲突。黄建华认为，两者并不冲突，人的语言天赋和潜力是很大的，一些欧洲语言之间的差异也并不是人们所认为的那么大，而是具有很多共性，共性利用得好，在学多种语言时是可以相互促进的，这也就是为什么欧洲人普遍会好几种语言的原因。

后来，黄建华女儿进入北京外国语大学，攻读的专业不是英语反而是业余学习的法语，她高中毕业后参加英语托福考试也取得600多分的好成绩。特别是在联合国译员求职考试中，他女儿凭着英语和法语成绩，入围了最后的面试。黄建华的女儿，目前是联合国欧洲总部的专职译员，从事法语、英语与汉语的同传翻译工作。

黄建华编纂词典，源自1975年的中外语文词典编写出版规划座谈会。该会议在广州召开（从5月23日到6月17日），这是我国辞书史上一次重要的会议，会议确定在1975年到1985年这10年间规划编写出版160种中外语文词典。

会议期间，商务印书馆的陈原同志专程到广外调研，落实词典的规划和编纂。黄建华全程陪同并继而负责德—汉、法—汉、英—汉和泰—汉4部中小型词典编纂的联络和具体落实工作。此外，黄建华本人也牵头负责法—汉词典，即《新简明法汉词典》的编纂工作。这 4 部词典最终都顺利完成并出版。黄建华 1977 年完成《新简明法汉词典》编纂工作,由商务印书馆于 1983 年出版。在《梁宗岱传》(黄建华、赵守仁,广东人民出版社 2013 年版)中,黄建华回忆说:"他(梁宗岱)对编词典这种枯燥烦琐、刻板细致功夫也缺乏足够的耐心。但有一样事情,他却做得非常出色:他负责全词典的谚语翻译,好些句子都译得非常贴切、漂亮,令人叹绝,可以说,他在这方面发挥了天才诗人的优势。"1979 年《辞书研究》创刊,黄建华作为《新简明法汉词典》的主编应约撰稿,总结自己词典编纂的经验得失,写下了"法汉词典选词、译义、词例问题初探"一文,发表在创刊号上。

(四)专业任职国际机构,译审余暇不忘科研

1977 年末,黄建华赴联合国教科文组织工作,担任译审,是"文革"结束后最早一批走出国门到国际机构任职的专业人员。此时,黄建华已到不惑之年,他是作为专业人士(professional)入职联合国的,是通过公开竞聘考试才被录用的。他的职级是译审(reviser),为长期合同执业人员,有别于各国政府派驻的官员(director)。黄建华作为译审,日常工作是主管两名"译员"(translator)的译稿,为译文质量把关。如果遇到联合国召开各类大会,则需要大量招募临时工作人员,翻译大量多语种文本。这时候,也是黄建华工作最累的时间段,他要与大量来自国内和海外的译员打交道。这些译员头衔和教育背景各不相同,但在联合国工作是不看重这些的,只重视译文质量的高下优劣。对此,黄建华感触颇深,这也深刻影响到他回国后从事教学科研时的着眼点和价值取向,同时也影响到他后来担任广外校长所秉持的行政管理理念和所确立的人才培养方向和培养模式。

20 世纪 70 年代末,黄建华考进联合国教科文组织担任译审留影,身后是该机构的大楼

黄建华在联合国教科文组织工作期间，在做好本职译审工作的同时，还利用教科文组织的图书资源、法国巴黎的高等教育资源，不断提高自己的翻译业务能力和法语专业水平。

教科文组织的图书资源，较之当时国内图书馆，无论是大学的还是公共的，在藏书量、专业化程度和借阅便利性等方面都要更为现代化一些。比如馆际互借这一项措施就能确保读者在短时间内获得所需要的稀缺图书，几乎涵盖西欧各国。黄建华回忆说，兹古斯塔的那部词典学经典著作《词典学概论》（英文版）就是通过馆际互借拿到手的。联合国教科文组织的词典收藏，也是极其丰富的，尤其是英语、法语和汉语的原版单语词典、双语词典应有尽有，对黄建华而言，这既方便了翻译工作，也有利于学习和钻研法语和英语。

黄建华的业务学习，不仅限于联合国教科文组织内部的资源和人员，也很快扩展到巴黎的高等教育资源。他利用自己在国际机构工作的身份以及西方高校和科研机构的开放性，在周末和工作之余经常到一些大学和科研院所听讲座，甚至"蹭课"。有一次，在巴黎大学误"蹭"一门研究生文学课，开始上课了才发现只有一位老师和3名学生，加上"贸然插班"的自己。但老师并没有感到惊讶，而是邀请他作自我介绍并一起参与讨论。正是在这样的广泛"蹭学"过程中，一位学者的观点给他留下了极为深刻的印象——"查阅东西"超越"连续阅读"，这样的时代一定会到来。换言之，词典一类查阅工具书，虽然在当时是冷门，但必将迎来一个大发展的时代。对于这一预见性见识的高度认可，更加坚定了黄建华投身词典学研究的信心和决心。

《辞书研究》创刊时向黄建华发出约稿，之后不久他被聘为该刊物的特约撰稿人。这成了他在联合国教科文组织工作期间的"兼职工作"，他开始聚焦于词典学研究，这也是他继续求解编纂《新简明法汉词典》过程中所产生的一系列困惑和疑问的开始。于是，黄建华一方面深入钻研法文和英文的词典学文献，进行理论探索，同时遍访法国词典学名家，当面向这些"活词典"求教。自此，国内广大词典编纂者和词典爱好者就在《辞书研究》上先后读到：《好哇！大主笔——法国词典家罗贝尔小传》《法国词典学一瞥》《词典编纂问题》《一座语言的丰碑》《法语宝库"词典"》《〈小罗贝尔词典〉编纂方针》《拉鲁斯百科辞书巡礼》等文章。这些文章介绍法国著名词典编纂家、著名品牌词典和重要的词典学研究成果，在国内辞书界引发广泛反响和好评。法国是与我国建交最早的西方发达国家之一，有着特立独行的文化传统和民族精神，有着自由开放的学术环境和科学精神。当然，法国的词典和词典人，也都带着十分鲜明的法兰西民族个性。

（五）学者自当树其帜，编舟磨砺成楷模

从1983年3月2日到1985年5月1日，黄建华在《辞书研究》发表"词典论"系

列文章14篇，在辞书界引起热烈反响，获得高度好评，为我国现代词典学理论建设做出了突出贡献。这一系列文章构成《词典论》（黄建华，上海辞书出版社1987年版）专著的重要理论基础。这部专著是黄建华在完成《新简明法汉词典》编纂后，专注于词典编纂通用理论探索，历经10年艰辛探究的学术成果。它于2001年出修订版，先后在中国台湾地区发行繁体字版、在韩国被翻译成韩文版，在亚洲辞书界产生了相当广泛的影响。

黄建华探索词典学理论的脚步还在继续。经过又一个10年的不懈探索，《双语词典学导论》（黄建华、陈楚祥，商务印书馆1997年版）问世，这部专著被教育部推荐为研究生教学用书。1998年，经过20年的词典学理论探讨，黄建华重返词典编纂实践。这一次编的是个"大部头"，不像当初编纂《新简明法汉词典》时是从"战争"中学习"战争"，现在是有了词典学理论武装头脑，心目中对目标词典也有了比较清晰的规划图景。但是，像历史上任何一部好词典的诞生一样，编纂实践总会随着时代的发展而面临崭新的问题并等待解决，没有哪一部优秀词典的诞生会是一帆风顺的。

历经16个冬夏寒暑，近6000个日日夜夜，《汉法大词典》在2014年12月28日举行首发仪式。

黄建华编词典的日常工作

笔者是2000年开始跟随黄建华先生学习词典学的。在我求学期间，先生刚退下行政职位，一心专注于《汉法大词典》的编纂。先生的办公室，说是办公室，实际上只是个七八平方米的斗室，没有窗户，但装有空调。每次去先生办公室，无论是讨论读书报告、选题开题，还是请教学位论文的写作修改，一进门总是看见先生端坐在一台电脑前，周围是一排排、一摞摞的各色词典。其中有一部总是放在书桌上右手侧的位置，应该是经常翻阅参考的蓝本词典。记得刚入学时，那部词典摊开的位置大约是全书的五分之一，3年后毕业时，印象中大概是到了接近五分之二。我在撰写博士学位论文阶段，曾向先生索要过他已经编纂好的"打"字的全部条目,这对于笔者分析"打"的义项和构词特点很有启发。我毕业后几次返校,去拜访先生时也总是关注那个蓝本词典摊开的位置以及翻过的书页厚度,借此推测先生编纂《汉法大词典》的进度。世界上优秀的大部头词典的编纂,大多数都进展缓慢。

办公室的北墙,挂着一幅简朴的书法横幅。开始时不曾注意,后来才偶尔关注到它的存在,几经"相面"认出是"学者当自树其帜",再后来才知道是先生的座右铭,先生也曾专门撰文谈治学,标题正是借用郑板桥的这句诗。

每次去跟先生谈学业,都如沐春风。除了谈学业,造访先生办公室次数并不多,因为怕打搅先生。但偶尔也还是会去打扰,比如广外的教育部人文社科重点研究基地——外国语言学及应用语言学研究中心,当时每年都要组织一次博士生和导师共同参加的周末文化考察,有两次我被派去邀请先生,但都没成功——先生坚决辞去所有社会交往活动(当然,不包括教育部指定下来的工作,如"211"高校的评估等,以及中法两国间重要的文化交流活动),全身心投入这部词典的编纂。先生后来曾解释说,词典是团队协作的结晶,词条的审校定稿最后都集中到主编一人之手,如不快马加鞭赶工期,万一主编个人身体出了状况,那么,多少人多少年的心血就有可能会毁于一旦。先生为此十分自律:每天早中晚三班制工作,包括周末、节假日,甚至大年初一都无例外。

关于黄老师每天工作的三班制,我最近拜访余老师时又谈起,才了解到更多详情。黄老师退休后,跟退休前一样,每天仍是早中晚三班工作制。黄老师晚上要看新闻联播,常年雷打不动。赶到办公室工作是在8点之前。最初一段时间,晚上是工作到11点从办公室返家。后来感觉进度不理想,于是推迟到11:15分从办公室动身。再后来,又推迟到11:30分。再后来,又推迟到11:45分。然后,就是2008年,他感到身体不适,到医院检查,被诊断为肺癌,要做病灶切除手术。术后恢复刚见好转,黄老师就又重新投入词典编纂工作,很快就又恢复到三班工作制。

到2012年,那一次病痛得厉害。起初,黄老师是忍痛继续工作;后来,他依靠吃止痛药坚持工作;再后来,止痛药逐渐失去效用,彻骨的疼痛,疼得他彻夜难眠,痛不欲生。用黄老师自己的话来讲,"对于别人或之前的自己而言,'痛不欲生'可能只是一个词语,但有了这段经历,才真正体会到什么是'痛不欲生'"。等到女儿终于从国外回来,才由女儿陪着去医院,做核磁共振检查,发现癌细胞已经转移到骨头,或许已经开始侵入脑膜,诊断结果为IV期晚期。这一次是采取保守治疗——靶向药治疗,为词典编纂赢得更多一点的时间。多亏医药科技进步,有了靶向药,也幸亏基因检测匹配药物靶点,治疗效果良好,黄老师才能亲自参加自己主编词典的出版发行会。

2021年10月16日上午,"《〈汉法大词典〉专题研究论文集》《黄建华词典学文集》发布暨黄建华教授教学科研六十年研讨会"在广外举行。中国辞书学会会长李宇明教授在会上说:"黄建华教授从事教学科研60年,风雨兼程,学绩卓著,荣誉满贯。最令我敬佩的有三件事情:第一,主政广东外语外贸大学;第二,主编《汉法大词典》；第三，与癌症和平共处10余年。"

黄建华教授主政广外的11年，是广外发展历史上的一个重要时期。尤其是1995年，与广州对外贸易学院合并，组建成立广东外语外贸大学。他作为合并后的首任校长，深知合校之艰辛，但这艰辛换取来的是重塑学校新文化，规划学校新蓝图的新契机。他所倡导的"全球化"人才培养视野，外语学科与非外语学科"双轮驱动"、多学科多语种协调发展的学科格局，至今仍是广外秉持的办学思想。他做教师、做校长，体现了教育界传道授业、立德立言的"红烛精神"。

黄建华教学、行政之余，从事翻译和词典编纂，著作等身。尤其是2000年退休之后，他全身心投入《汉法大词典》编纂，16年如一日，废寝忘食、夜以继日，几乎是凭一己之力铸就了《汉法大词典》。编词典，就是为人类"编舟渡海"，体现了辞书人的"编舟精神"。

2014年，一部720万字的《汉法大词典》编纂完成。在《汉法大词典》新书发布会上，他幽默地说："我很幸运，书出版了，人还在！"黄建华勇敢的品格和乐观的态度，体现了"天人合一"的中华精神。

进入21世纪，由于互联网和语言智能的发展，辞书生活发生了重大变化。中国辞书学会提出：要从研究辞书编纂拓展到辞书生活，要推进融媒辞书的发展，要总结中国品牌辞书的经验、弘扬中国辞书人的精神。黄建华教授曾被中国辞书学会授予"辞书事业终身成就奖"，他的辞书学理论和辞书编纂实践、"重实学轻虚衔"的学术人品和与病魔共存的超人意志，激励着学界业界为提升国民辞书生活水平而努力进取。

（六）莫把变老当病医，与癌共存享暮年

在黄建华看来，每一堂课，每一篇文章，每一部专著、译著，每一部词典，包括自己的人生，都是一场竞赛，比赛结束后也是不能一下子停下来的，需要按照原来的节奏继续跑上一程，再慢慢地改变节奏，迈向下一个比赛循环。《汉法大词典》的编纂，是一次超长距离的赛跑，更是无法一下子停下来，需要很长时间逐步变化节奏。同时，随着年龄的增长，身体状况欠佳，更需要在工作、生活、治病、社交等之间保持一种平衡。当今社会日新月异，科技飞速发展，不仅要"活到老，学到老"，更需要"学到老，才能活到老"。黄建华凭借自己的人生经历和思考，提出了"莫把变老当病医"，但是当疾病真正到来的时候，更要相信科学，要在积极治疗的同时，学会与疾病（当然是指一些常见老年病）和睦共处。快乐的人生态度，良好的工作生活节奏，永远是健康长寿的一剂良药。

《汉法大词典》在2014年出版后，黄建华随即开始着手这部词典的修订工作，作为词典人他十分清楚，一部词典出版之时就是它开始修订之日。他一如既往地做着新词的收集和新词词条的编纂工作。因为这部词典在出版后很快推出了App版，可以做到实时

在线更新，这也就意味着每编出一个新词条，或者是订正一处错误，都可以第一时间体现在用户的手机词典中。

结合《汉法大词典》编纂所收集的大量材料，黄建华近年来又先后编纂出版《中法谚语对照手册（漫画版）》（黄建华、余秀梅，商务印书馆2015年版）、《汉语谚语名句法译辞典》（黄建华、余秀梅，商务印书馆2019年版）、《词海泛舟亦编舟——黄建华词典学文集》（黄建华，商务印书馆2021年版）。

黄建华少年时的"文学情愫"也一直不离不弃地伴随着他成长，从少年奔向青年，从青年走向中年，从中年迈向老年……他除了翻译《蒙田随笔》（与梁宗岱合作），还先后翻译了《夜之卡斯帕尔》（散文诗集）、《碧丽蒂斯之歌》（散文诗集）、《克莱芙王妃》（小说名著）、《此时此地》（前法国总统密特朗原著）、《爱经》全译本等作品。他还出版自撰的散文集《花都异彩》《随谈录》《文踪留迹》；诗集《遗珠拾捡》《遗珠再拾》《黄建华短诗选》等。

每次与黄建华先生一席谈话，都如沐春风，与先生接触愈多，愈加感受到先生学贯中西，其精神品格也体现了中西优秀文化的深度融合，比如先生对待生命的态度，与癌症相处时所表现出的那份淡定，那种睿智，那颗文学和学术淬炼出的幽默之心。

二、学术成就

（一）开拓我国现代词典学理论研究

1. 缘起1975年

1975年5月，国家出版事业管理局在广州组织召开"中外语文词典编写出版规划座谈会"，讨论制定《1975—1985年中外语文词典编写出版规划（草案）》，国务院批准了这一规划。黄建华作为协调人，具体负责广外所领命的四部外汉词典编纂的组织和落实。1979年《辞书研究》创刊，黄建华作为《新简明法汉词典》的主编，应约撰稿总结词典编纂的经验得失，写下了《法汉词典选词、译义、词例问题初探》一文，发表在创刊号上。正是在这篇文章中，黄建华首创的"译义"这一双语词典学概念，与科学上的"定义"和单语语文词典中的"释义"开始逐渐形成三足鼎立之势。

2. 创建词典编纂通用基础理论

1983年伊始，黄建华作为《辞书研究》特约撰稿人，以"词典论"为题，在《辞书研究》上发表了词典学研究系列论文，从1983年第1期至1985年第2期，连续14篇。这是国内学者第一次系统聚焦语文词典编纂，全面阐述词典的本体内涵、结构设计、编纂指导原则和实施准则等核心内容。这一系列论文，从某种意义上讲，打开了国内广大辞书人观察世界辞书编纂的眼界，使之能够比较深入地了解以法国为中心的西方词典同仁，了解他们的词典编纂实践，以及他们结合现代语言学理论而进行的词典学理论探索。这些词典学研究成果及有关的后续研究，经过进一步丰富、充实和整合，形成了一部系统论述词典编纂实践和理论的概论性专著——《词典论》（上海辞书出版社1987年版）。

黄建华的词典理论探索，发乎词典编纂实践，是带着《新简明法汉词典》编纂的亲身经历和体悟思考而进行的。黄建华到联合国教科文组织长期担任译审，一方面切实感受到联合国机构的工作运行机制，同时也有机会利用工作之余的时间，遍访法国的词典编纂大家，如保罗·罗贝尔（Paul Robert）等，当面向他们求教在词典编纂中遇到的实际问题和理论困惑。他还到一些辞书出版社进行实地考察，了解辞书从编纂走向市场的整个流程。在法国巴黎联合国教科文组织的法语翻译工作，以及工作之余面向词典编纂的游学研究，使得黄建华对汉法两种语言的差异，以及对词典编纂实践和理论的认知，都有了一个新的质的飞跃。这也构成了黄建华创建词典学理论体系所需要的坚实语言实践基础，以及西方现代语言学理论与中国辞书编纂传统相融通的学理基础。

黄建华并未止步于《词典论》这一普通词典学理论的构建，而是更进一步，将辞书理论运用于指导词典编纂实践，从而进一步提炼出了6项极具普适性的指导原则和极具操作性的实际做法（黄建华，"新观念-新词典"，《现代外语》1987年第2期）：

(1) 严格遵循共时原则；
(2) 采纳分布分析法；
(3) 将词汇视为有机的整体；
(4) 揭示词在具体语境中的功能；
(5) 强调词例翻译中的功能等值；
(6) 重视词语的文化信息。

这些普适原则和做法，直接体现在10年后他着手设计和编纂的《汉法大词典》中，也影响到许多其他语种的双语词典的编纂。

3. 创建双语词典编纂基础理论

黄建华构建词典学理论的探索，在《词典论》后，又开始系统探究指导双语词典编纂的原则和理论。又经历10年不懈探索，他与陈楚祥教授合作编写了《双语词典学导论》（1997），这部专著被教育部推荐为"研究生教学用书"，在我国词典学学科建设和辞书编纂事业人才培养上发挥了重要作用，其精髓要义，很大程度上直接体现在了《汉法大词典》的特色设计和编纂实践中。

（二）主持编纂《汉法大词典》

《汉法大词典》的编写，前后历时16载，远超"十年磨一剑"的工期。前文谈到，黄建华教授曾主持编写过一部简明法汉词典《新简明法汉词典》（1983），出版词典学专著《词典论》（1987）、《双语词典学导论》（与陈楚祥，1997）两部。他还曾在联合国教科文组织任译审多年，代表译作主要有文学翻译《蒙田随笔》（续梁宗岱译作，1987），以及学术翻译《论实证精神》（1996）等 4 部。《汉法大词典》可谓其 40 载词典学理论探索、词典编纂实践、法汉翻译实践等的集大成之作。

《汉法大词典》设定的总体目标是"以读者为本，立足本土、兼顾海外"。在词典的"前言"，黄建华指出，本土读者主要是"通过词典学习法语、从事汉译法工作以及提高法语语言能力"。海外读者"学习汉语过程中可能遇到的难点……特别是帮助他们理解语素字、非语素字与词语之间的关系，以及汉语量词用法等难点"（黄建华，《汉法大词典》前言，2014）。换言之，《汉法大词典》力争做到：对本土读者，应是一部高品质的双语词典；对国外读者，又是一部词汇信息详析明解的学习词典。两者能否"合二为一"？从词典分类讲，国内本土读者汉译法和学习法语，与外国人学习汉语，分别属于两种不同向型的词典需求，一部词典能否真正做到兼而顾之？

黄建华本人曾说：编写一部像《汉法大词典》这样的大型双语词典，不能不考虑市场需求。法语在中国外语教学界属于小语种，潜在用户人数比较有限，不比英语，使用者众。英语词典编纂可以做到按词典用户进一步切分、细化。法语翻译和教学在我国的实际需要，只能是要求一部大词典尽量实现多种功能，尽可能满足不同用户的多方面需求。

1. 汉语描写致力于反映基本现状、追踪最新变化

《汉法大词典》的主要汉语蓝本是《现代汉语词典》（第 6 版）。它对蓝本的"扬弃"，一是继承其"复式"宏观结构设计。整部词典中单字词目、多字词目各占一个层级。第一层级排列单字词目（也包括不成词的语素字）：先按汉语拼音的音序排列；发音相同再按笔画由简到繁依次排列；笔画数相同，则按笔顺先后排列。多字词目在第二层级排列：起始字相同的多字词条目，置于该起始字所在的单字词条目下排列；排序按第二个字的拼音、笔画数、笔顺等顺次排列，第二字相同则按照第三字，以此类推。另外，《汉法大词典》还保留偏旁部首检字表等辅助性字词检索方式。二是保持其对汉语词汇事实的描写。《现代汉语词典》（第 6 版）是一部规范性语文词典，它在描写汉语语言事实和规范其使用等方面，是国内外其他词典所无法企及的。《汉法大词典》要实现"与时俱进，力求反映现代汉语的基本状况和最新变化"（黄建华，《汉法大词典》前言，2014）这一总体目标，第一步就是借助《现代汉语词典》（第 6 版），实现对现代汉语基本现状的描写。只有"紧盯"《现代汉语词典》（第 6 版），才有希望接近或达到其对现代汉语的描写水平，也才能避免编纂人员找各种借口"妥协"，最终导致降低编纂水准。三是根据实际情况，合理进行调整、补充。《汉法大词典》在复式结构的两个层面上，采取了截然不同的调整策略：单字词目层面是"做减法"，多字词目则是"做加法"。单字词目从 13000 减至 10786，减少 17%；多字词目则由 69000 增至

100000，增加45%。

《汉法大词典》在多字词目上的数量增加，实际上多数是"扩容"而非"纳新"。一种语言的词汇变化，有"纳新"，也有"汰旧"。真正意义上的"纳新"，是指收录那些伴随社会发展和人们交际需要而产生的新词语和新表达法，它们是该语言词汇中前所未有的。当今世界上的各种语言，其词汇的动态变化趋势往往表现为内容的"更新"和数量的"膨胀"，两者都是围绕人们社会生活和沟通交流的实际需要。《汉法大词典》的"纳新"，主要是追随《现代汉语词典》，紧跟其三次修订（2002，2005，2012）而不断更新。《汉法大词典》对新词新义的关注重点，在"政治、经济、文化、科技等领域"，共收录近3000条。当然，《汉法大词典》也有不少词语，如二维码、低碳经济、房奴、微信等，都是近年新出词语，而在《现代汉语词典》（第6版）未见。

"纳新"，是大型词典编修的重头戏。新词新义的认定及其收录标准的确定，一直是一个棘手的"老问题"。新词的认定和收录，尤其是自然科学、医学、金融商贸、航空航天、人工智能、计算机网络等领域的科技词语和术语，当它们"普通化"时，便是词典"纳新"的重头戏，也是"重灾区"（黄建华，《汉法大词典》前言，2014）。编纂或修订一部词典，就是要通过收录和界定新词，更新义项，实现及时准确地反映人类认知的最新成果。随着人类探索和知识传播步伐的加快，全球化促使不同民族的认知加速趋同，汉语词典的释义也必须加快更新节奏，以期与世界同步更新其知识表征。对于双语词典编纂人员来说，利用母语和外语单语词典，使得自己能够全面准确把握相关词语在两种语言文化中的内涵和使用，是确保词典编纂质量的一个重要前提。

2. 汉外对比是关键："译义""译词"与"译例"

关于双语词典中的翻译问题，黄建华曾先后撰文进行探讨（黄建华，《双语词典与翻译》，《辞书研究》1988年第4期；《改进双语词典的翻译》，《辞书研究》1998年第2期）。在《汉法大词典》编纂中，他又特别强调"词目是一个翻译单位，其译文要求较为严格的意义等值；词例又是一个翻译单位，词目进入词例中已失去相对独立性，这时它的翻译应主要考虑做到功能等值"（黄建华，《汉法大词典》前言，2014）。以下分别就其所说的"译义""译词"和"译例"进行解释。

（1）"译义"的提出及其奠基意义。黄建华在1979年《辞书研究》创刊号上刊发《法汉词典选词、译义、词例问题初探》一文，首次提出双语词典编纂研究中的奠基性概念"译义"。"译义"之于双语词典学，犹如"释义"之于词典学，或"定义"之于科学，实为一门学科建设中的奠基之石。

在双语词典中，作为词典编纂核心任务的单词"释义"，就成了跨语言的"译义"（黄建华，《辞书研究》1979年第1辑）。"译义"就是在两种语言之间寻找"语词对等"。两种语言有对等词语存在，却因没有找到而硬译，是一类问题；语词内涵和用法不完全对等，其差异和限制没有阐述清楚，是另一类问题；存在词语空缺，需要"立新名"并阐释其内涵，又是一类问题。这些问题的正确解读、解决，是确保双语词典编纂质量的一个重要前提。

在一种语言中,给词语"下定义",旨在强调对其意义或含义或其指称的概念或事物进行"界定"。但就常见词语而言,其含义往往"笼统、模糊且多义"。这时"界定"词义,往往不易获得公认的"定义"。因此只能退而求其次,从不同视角、不同层面对词义作"解释、说明",于是就得到各类各式不尽相同的"释义"。正如国内外辞书市场上针对不同语言水平使用者的那些词典,对于同一词语给出的那些不尽相同的"释义",或中小学语文教师针对学生各自的认知水平和接受能力而提供的不同知识深度的"词义解释"。再者,"定义"往往是从某一学科或专业视角对事物或现象的"界定",是基于某一特定的知识体系或理论而形成的对该事物或现象的认知。"释义"则是基于大众的"公共知识"或"常识",体现或积淀了该民族或社区大众的共同认知体验和经历,能够满足大众日常交际的实际需要,它所"解释"的往往是语言知识或语言事实,而非"定义"所揭示的科学知识或科学事实。对于科技词语、专业术语,单语词典提供的"释义"更贴近"定义",而对于普通语文词汇,则主要是给出面向特定目标用户群的"释义"。为了便于将"释义"解释清楚,往往又将(多义词的)词义进一步划分为不同的"义项",逐一加以"描写、解释"。

(2)"译词":意义等值。鉴于以上认知,再来看"译词"。先看单义词。最简单的情形,就是目标语中存在与源语言对应的"对等词",两者在各个方面均"严格对等",这时的"译词"就是找出这个对等词。但是,如何判定分属不同语言的两个词语"完全对等"?这需要将两种语言表述的"定义或释义",译成同一种语言,再就内容逐一比对才能确定是否完全严格对等。如果两者只是"部分对等",则需要在给出"部分对等词"的同时,另用括注等形式指明存在哪些不同,这同样是以"定义或释义"的完整精准翻译和对比为前提。至于"完全不对等","译词"的工作重点除了精准翻译"定义或释义"外,还需要对该词义所预设的理论或相关知识做出必要的说明或阐释,往往还需要在目标语中为该词"立名"。至于多义词,则需要针对它的每一义项,酌情依次处理。围绕现代汉语词汇系统所蕴含的各类(语法、语义、语用、修辞等)意义,以词语为单位逐一进行客观而科学的描写、阐释和标示,是一项十分复杂和烦琐的工作,也是确保"译词"工作质量的一个重要前提。

《汉法大词典》的词目词翻译,强调"意义等值"。"译词"首先聚焦词目词的"语义义"。语义义,是指词义中稳定不变的那部分含义,是从该语词一个个具体用例中抽象概括来的,是脱离具体语境而能保持稳定不变的那些内容。正是基于对这一固定语义内涵的准确翻译,才能实现跨语言的词语"意义等值",也才能确保在翻译中实现"信"这一基本目标。词语的这种"语义义",具抽象性和概括性,在单语词典中以"释义"现身,在双语词典中则"变脸"为以寻找对等词为目的的"译义"。"译义"要真正"达"于译文读者或词典查阅者,途径主要有两条:一是借助词例提供的"语境"而使之复活,以"语用义"面目出现;二是采用较浅显的译语来阐释,以"浅显义"面目出现——唯有"浅显"方能顺应词典使用者的认知水平,不过,这在一定程度上会牺牲"译义"的精准度。

词目词翻译的"浅显化",还涉及释义的用词控制。词目词翻译的用词,有明确的划定范围。词目词的翻译只有足够"浅显",才能有效地服务"法语学习者"。一是有效控制义项翻译所使用的法语词汇。通常情况下,《汉法大词典》词目词翻译的用词,规定基本上使用法国的《现代法语词典》(Dictionnaire du francais contemporain)所收的词汇,不见于《小拉鲁斯词典》(Le Petit Larousse)的词汇原则上不用,只容许在对少量科技词语或特殊词语释义上有所突破。这里是考虑到词典使用者的"认知视野",是以"用户友善"为宗旨而设定的。二是为词目提供多种翻译。这主要是针对"成语、熟语"等词目提供的多种翻译,分别是:①其字面含义的直接翻译;②用目标语,即法语进一步阐释;③尽可能提供"对应"的法语成语、熟语;④尽可能利用例句展示其具体的、典型的用法。可以看出,这里的多种翻译主要是围绕两种语言中具体词语在"概念义"上的差异而设定的。

(3)"译例":功能等值。《汉法大词典》在例证设置和翻译上,下了特殊功夫。在收词上,《汉法大词典》远较英美案头词典少,所以能腾出更多空间用于常用词的"精耕细作"——例证配置和例证翻译,其精细程度可与国际知名学习词典相比肩。针对双语词典中例证的选配和翻译,黄建华"强调词例翻译中的功能等值"。他认为,词例选配应尽量满足以下5条(黄建华,《词典论》,1987:148-149):

①显示词目或词目某一意义的细微含义,即用以表达译义的未尽之意;

②表明词的常用搭配方式,即显示其语法特点;

③显示译语的不同表达法,即可借此来提供词在具体搭配中的译法;

④具备令人能举一反三的孳生能力;

⑤提供常与词目连用的固定词组(习语、成语、谚语等)。

词例设置,主要作用有5种:示义、示用、"定"义、"补"义、"证"义。黄建华上述五条中,①强调"示义、补义"作用;②、④和⑤强调"示用"作用,指明词目词在组合上的自由度或形成搭配时所受的各种具体限制,避免在使用中出差错;③关注词目词的"译义"在目标语中的组合搭配情况,揭示词目词与"对译词"在两种语言间的对应关系。

黄建华强调"揭示词在具体语境中的功能",源自他对20世纪七八十年代在西方语言学界兴起的语用学研究的关注,并及时借鉴以指导双语词典编纂实践。他认为,"传统的词典往往将词作为一个抽象的实体,只凭纯粹的逻辑关系进行描述",造成"读者所掌握的……是游离于语境之外的词义",应该"把词放在具体语境中作为句子的一个成分来加以描写"(黄建华,"新观念-新词典",《现代外语》1987年第2期)。这种对特定交际语境中话语具体含义的重视,与国际语言学界重视语言交际功能、重视特定语境下的语言使用和翻译相呼应,也顺应了伴随我国对外交往日益频繁而出现的面对面沟通交流的实际需要。

黄建华认为，词例翻译常出两类问题，"一是译义照应了词例的译法，却没有做到严格的意义等值；二是选用词例只考虑翻译时能与译义相通，因而起不到令读者触类旁通的启发作用"（黄建华，"新观念-新词典"，《现代外语》1987年第2期）。要真正解决这两个问题，就要"毫不含糊地将词目（或词组）与词例视为两个不同层次的翻译单位，对第一个层次力求严格的意义等值，对第二个层次主要考虑功能等值。选例的重点将是那些翻译时与词目的译义不可能或不大可能一致的词例。这样做，不消说难度是比较大的，但只有'知难而进'，才能更有利于读者"（黄建华，"新观念-新词典"，《现代外语》1987年第2期）。这种"为了'有利于读者''知难而进'"的编纂理念，从制定到具体编纂始终坚持，需要学术勇气，更需要加倍付出心血，才能一以贯之地践行。

3.《汉法大词典》的编纂设计特色

《汉法大词典》是双语词典编纂实践和理论探索有机结合的产物。这种结合统一，突出体现在词典主编黄建华身上，是在他40多年词典编纂实践和词典学理论探索过程中逐步形成的。这种有机统一，具体表现在以下多种关系的正确把握和处理。

第一，词典为谁而编？从一般词典学原则上讲，目标读者越具体明确，编纂出的词典就越能有针对性，就可以更好地满足特定读者的信息查阅需求。《汉法大词典》作为一部非通用语种的大型双语词典，需要综合考虑法语在中国国内的教学实际、在国际交流的现状和趋势、在辞书市场的直接需求，还需要考虑汉语在法国的教学、在中法交往中扮演的角色，以及法语母语者学习汉语的实际困难和需求。据此制定的编纂指导思想——"立足国内、兼顾海外"，意在"一箭双雕"地满足两类不同读者的内向和外向型需求。换言之，在一部词典身上要实现两种不同类型词典的诸多功能，会极大地提高设计和编纂的难度和复杂性。如何具体落实这一极具挑战性的目标，是整部词典编纂的首要问题。

第二，词典中的原语，即汉语描写，呈现谁的语言？黄建华认为，该词典应该呈现当代汉族人正在使用的汉语，即"严格遵循共时原则""力求反映现代汉语的基本状况和最新变化"。在实际编纂过程中，要重点考虑汉语标准语与汉语各类变体或方言的关系，以及采取规定主义或描写主义原则来筛选词典示例等诸多问题。该词典主要以描写主义原则为指导，采纳结构主义语言学的"分布分析法"，针对现代汉语标准语的核心词汇，来分析、筛选、描写其常见的和典型的词义、用法及搭配。

第三，词典中的目标语，即法语描写，呈现谁的语言？跟原语描写相对应，目标语所应当呈现的是当代法国人正在使用的法语。具体讲，就是词典中作为汉语词目的词语，其"译义"的法语对应用词，不超出《小拉鲁斯词典》和《现代法语词典》两部当代法语原版词典的收词范围。这种对"译义"用词的明确控制，是对国外，尤其是英美等国的学习词典控制释义用词成功做法的直接借鉴。

第四，对词汇总体属性的描写，主要依靠词典的语法和语用标示体系。这个标示体系，既用于描写原语汉语词汇，也用于描写作为"译义"的法语词汇。语法和语用标示，主要是针对词语的共性特征，进行外显式的明晰化标注。至于词语的个性语法和语用特征，其主要体现是词语的具体用法和固定搭配，需要依靠一个个具体例证，由例证所营造的具体语境来完成内隐式的体现和表达。

第五，词典的宏观结构，符合大型汉外双语词典设计的基本要求。在汉语收词数量上，比较科学地确定了两个基本比例——语文词语与科技词语的比例、单字词目与多字词目的比例。在立目上，依照汉语的具体特点，承袭了单字条目统领多字条目的复式立目结构，两个层级内部分别依照先音序、后笔画笔顺的排序原则，来具体组织排列。这种宏观结构设计，比较好地解决了"因形索义"的目标信息检索的要求，但也"割裂"了多字条目中以同一单字词为中心语的一组词语间的内在语义联系。

第六，词典的微观结构，较好地兼顾了内向和外向两类目标信息查寻检索的不同需求。满足内向型的信息查寻需求，是普通双语词典的设计取向。而满足外向型的信息查寻需求，是汉语作为外语学习的单语词典的设计取向。一部词典能够做到很好地兼顾内向和外向需求，实现诸多词典功能的有机兼容，将两部不同种类的词典真正"合二为一"，是对词典编纂实践和理论的一项重要贡献。

第七，翻译研究成果及时借鉴引入双语词典编纂。例如，早在 20 世纪 80 年代中期，黄建华就明确将翻译研究中的"形式对等"和"动态对等"翻译原则借鉴到双语词典，指出双语词典中的词目和词例属于不同的翻译单位。他认为，作为词目词的词语，在翻译时要追求"严格的意义等值"，而当词目词一旦进入例证中，则要追求翻译的"功能等值"。

第八，语言学研究成果的借鉴引入。除了前面提及的结构主义语言学"分布分析法"的采纳应用，黄建华还及时将词汇学、语用学和认知词汇语义学的研究成果借鉴到词典编纂之中。就词汇学研究成果而言，他提出"将词汇视为有机的整体"，从而将派生词、复合词、类义词，以及词缀等构词成分均置于统筹考虑范围之内，以期帮助建立词与词之间在形态和语义上的组合关系和聚合关系，从而服务于提高查阅者的读解能力和表达能力。

第九，语用学研究成果的借鉴引入。将词典编纂置于语用学和系统功能语言学视阈下，例证的作用和地位得到进一步突显。例证配置，以及数量确定、质量保证、功能发挥，在《汉法大词典》中都受到特殊重视。黄建华再三强调，要"把词放在具体语境中作为句子的一个成分来加以描写"，以期"揭示词在具体语境中的功能"。

第十，认知词汇语义学、系统功能语法研究成果的借鉴引入。认知词汇语义学研究十分重视帮助读者建立目标语的心理词汇语义网络，在词典中如何利用"参见"给出与条目相关的同近义词、反义词，在例证中提供特定语境下词目词的对等词和替换词，都是围绕建立两种语言之间或各自内部词语语义联系而展开的。这种围绕建立词汇语义关系，尤其是同义表达可替换关系来处理词语及其相关例证，是与系统功能语言学的核心理念相吻合的。

第十一，用户需求的特别照顾和兼顾。"以读者为本，立足本土，兼顾海外"这一指导思想中，将"读者"确立为编纂服务对象的根本，充分体现了《汉法大词典》对词典用户的特别重视。这种重视和服务词典用户实际需求的理念，具体体现在词典编纂的各个层面和环节。同时，"以读者为本"也标志着传统词典编纂中"以编者为中心"向现代词典编纂"以用户为中心"转变的成功实现。

第十二，汉语文化特色词的有效处理。一种语言的词汇不仅担负着指称主客观世界事物和概念的任务，同时还表征和积淀着一个民族思想、文化的传统和智慧。用另外一种语言的词汇来翻译和阐释这些文化特色词，是实现跨语言文化交际的一个不可或缺的前提保障。《汉法大词典》对于"成语、熟语"等文化特色词的处理，采取了"四步走"策略：第一，提供其字面含义的直接"译义"；第二，用目标语进一步阐释；第三，尽可能提供"对应"的法语成语、熟语；第四，尽可能利用例句展示其具体的、典型的用法。

（三）西方世界学术名著的汉译和翻译研究

黄建华作为一名真正意义上的译者，似乎还是要从词典编纂算起。他主持编纂的《新简明法汉词典》是一部双语词典，双语词典编纂的核心任务就是翻译，翻译词目和翻译词例。词典编纂工作中的翻译，对翻译的准确性要求尤其高。其次，对翻译速度也有特定要求，因为每一个词典编纂项目都是有时间规定的，折算到日常工作中来，就是对工作效率的一种严格要求。主持《新简明法汉词典》编纂项目和实际词条编纂中大量词目翻译以及例证翻译等任务的完成，使得黄建华顺利实现了由业余文学翻译爱好者到词典编纂职业翻译工作者的嬗变。这种特定的职业翻译素质，使他能够顺利通过联合国教科文译审的选拔，并胜任该职岗的工作要求。

从1977年开始，黄建华到联合国教科文组织工作，两年后他回国休假，其间应《现代外语》之约，谈国际组织对笔译员工作素养的具体要求。他第一次提出了翻译作为职业的一种工作翻译标准，即"准确、迅速、传神"（黄建华，《现代外语》1980年第3期）。"准确"是任何翻译工作都务必努力做到的一个基本要求，也是最高要求。从严复提出"译事三难，信、达、雅"开始，就将表示翻译内容准确的"信"，放在了第一位。翻译工作中，内容和信息的跨语言传达，首要任务就是务必做到正确和精准，否则就有可能给整个工作带来灾难性后果。工作翻译的另一个标准是"迅速"，对应的是工作翻译的时效特点。无论是公文、条文和其他各类材料的文本翻译，还是会议现场的实时口译，都有着极其严苛的时限要求：如果某一项翻译任务不能在特定时间内完成，就有可能会妨碍到所服务的会议或活动的顺利进行。现代大型国际机构，作为大工业革命的产物，其高效运行是以每个人的工作效率和每项任务的及时完成为前提的，这一点对于当下社会的人们而言，可能是习以为常的，但对于改革开放刚刚起步的20世纪70年代末的人们而言，则是具有非常鲜明的时代特征的。黄建华在1980年强调工作翻译要做到"迅速"，以提高翻译工作的效率，是他在联合国教科文组织这一国际机构工作的真实感受和切身体会。至于第三点"传神"，则是讨论翻译之达旨，令人联想到傅雷的翻译观："以效果而论，翻译应当像临画一样，所求的不在形似而在神似"（《〈高老头〉重译本序》，1951）。翻译要达到"传神"，似乎已经超出以公文、条文等为主的应用文翻译的要求，更像是针对翻译科技、学术或文学文本而提出的标准。

黄建华在联合国教科文组织担任译审（1977—1981年）期满回国后，先后主译"汉译世界学术名著丛书"凡四种：《自然法典》（1982）、《公有法典》（1985 [1967]）、《塞瓦兰人的历史》（1986）、《论实证精神》（1999），均由商务印书馆出版。这4部法国学术名著，原著问世时间跨越近200年，按照时间顺序分别是17世纪中后期德尼·维拉斯的《塞瓦兰人的历史》（1677—1679），莱布尼茨曾在其著作《神正论》（1710）中将塞瓦兰称作乌托邦；18世纪中期的启蒙运动哲学家和思想家摩莱里的《自然法典》（1755）；19世纪中期，德萨米的《公有法典》（1843）是一部十分重要的空想社会主义著作，对包括马克思和恩格斯在内的众多共产主义理论家都有重要影响；19世纪中期的另一部学术名著是孔德的《论实证精神》（1844），孔德是社会学和实证主义的奠基人，正是通过这部书，他一方面具体建立了社会学，当时也称社会物理学，同时也试图协调整个实证知识体系。黄建华的学术汉译，紧紧围绕国家之所需，急国家之所急，专心服务中法文化交流，尤其是助力更深层次的学术交流和文化文明互鉴。

到了20世纪90年代，黄建华又翻译了《中国社会史》（谢和耐著，黄建华、黄迅余译），全书56万字，于1994年在湖南教育出版社出版，后入选"凤凰文库·海外中国研究系列"，于2008再版。这是一部当代学术经典著作，黄建华试图让中国人透过一位西方著名汉学家的双眼，来观察我们自己的社会和它的文明发展史，也算是另一种形式的镜鉴吧。

（四）《蒙田随笔》的翻译和文学研究

1984年，湖南人民出版社推出《蒙田随笔》（［法］蒙田著，梁宗岱、黄建华译）一书，全书分两部分：第一部分随笔22篇，第二部分随笔31篇。此书在1987年、2005年重印两次。

2008年6月，人民文学出版社出版《蒙田散文》（外国散文插图珍藏版）（［法］蒙田著，梁宗岱、黄建华译）。

蒙田（1533—1592年）是法国文艺复兴时期的一位人本主义作家，"随笔"这种新的文学形式即由其所创立。蒙田的随笔，擅长描绘内在自我，正如他在《随笔》的"开场白"中所说,"这部书讲的事情就是关于我自己",他的文笔扣人心弦,直达情感私密深处,这方面的成就可与卢梭《忏悔录》媲美。《蒙田随笔》穿越时代,影响了一代代哲人学者和芸芸大众,至今仍在影响着世界各个角落的人们。在中国,《蒙田随笔》到来得比较晚一些,最早的介绍者和翻译者,便是梁宗岱。在1933年上海《文学》创刊号上,他撰写了文章《蒙田四百周年生辰纪念》,并翻译了《蒙田随笔》第一卷第二十篇的《论哲学即是学死》。在1935年至1936年间,郑振铎主编的《世界文库》第7~12册,辑入梁宗岱所译《蒙田随笔》的21篇随笔,冠以总标题"蒙田散文选"。1938年8月至1939年2月,梁宗岱在香港《星岛日报》的文学版《星座》上陆续发表11篇蒙田随笔的译文。1943年重庆《文艺先锋》和《文化先锋》刊登了梁宗岱的两篇蒙田随笔的译文。根据《梁宗岱传》(2013),在1944年冬,梁宗岱曾有一段时间专心翻译《蒙田试笔》和《浮士德》。抗战胜利后不久,梁宗岱返回家乡百色,一心专研中草药研制,但仍利用闲暇翻译《浮士德》和《蒙田试笔》。很遗憾,在"文革"中(1966年7月28日),梁宗岱翻译的《蒙田试笔》手稿二十几万字,化为灰烬。1971年末,我国恢复在联合国的席位之后,梁宗岱参与了联合国文件的汉译工作,在这些"任务性"翻译工作之余,他还积极投入到了《浮士德》(1986)和《蒙田试笔》(2013)的重译工作。

黄建华参与翻译的《蒙田随笔》(1984),截至目前已由多家出版社出过多种不同选本,且部分章节(黄建华本人执笔)被人民教育出版社选编进中学语文教科书中,后亦被日本的公文教育委员会选进教材。

2007年4月,团结出版社出版《蒙田论生活》(英中文双语读本)([法]蒙田著,黄建华译)。

2020年7月,人民文学出版社出版《蒙田随笔》(精华版)([法]蒙田著,黄建华译)。在序言中,黄建华强调"译作的最大成功之处,在于既忠实于原文,又能提起广大受众的阅读兴趣"(《蒙田随笔》(精华版)"译序",2020)。

从蒙田随笔在我国的引进出版和传播,我们可以看出梁宗岱先生的开启之功和数十年不懈努力的坎坷历程,加上黄建华数十年的接续努力,终有蒙田和《蒙田随笔》在我国融入学术研究、文学研究和普通大众生活之景象。

三、社会影响

(一)广外主政十一载

2019年9月6日,黄建华应邀参加了在北京外国语大学举办的"新中国外语教育发展高端论坛暨《民族复兴的强音——新中国外语教育70年》新书发布会"。他作为新中国尤其是改革开放以来我国外语教育发展的见证者、亲历者、贡献者，应邀为该书"大学之道：院校领导论外语教育"部分撰文："躬耕一生初心在，枯灯长卷慰平生"。黄建华回顾了自己与广外 36 年的"情缘"，以及在广外主政的十一年。

1989 年，黄建华开始担任广州外国语学院院长。1995 年，国家提出科教兴国战略，对全国高等教育进行一系列改革，外语教育也进入高速发展时期。时任国务院副总理李岚清亲自推动了广州外国语学院和广州对外贸易学院的合并。广州外国语学院是国家教委（现教育部）直属的 36 所大学之一，与北外、上外比肩而立。广州对外贸易学院是国家外经贸部（现商务部）直属院校，为全国国际经济与贸易专业的创始单位之一。外贸人才离不开外语，外语人才需要专业，这两所学校的合并可以说是"天作之合"，但在合并过程中也遇到了许多难题。黄建华作为合并后的第一任校长，为理顺两所学校合并后的各类工作而殚精竭虑，但也取得了令人欣慰的成果，两校合并工作得到了国家教委的充分认可。

在办学理念上，黄建华提出大学应有"全球化"的视野。20 世纪 90 年代，全球化进程加速，国家迫切需要新型国际人才。大学如何才能培养出具有世界眼光、能在国际舞台上大展身手的人才，如何才能适应"国际化"或"全球化"的趋势？黄建华认为，大学"全球化"体现在教师背景、学生构成、课程设置、国际交流、远程教学手段等方方面面，但首先应是观念上的转变与更新。黄建华提出，随着资讯手段的日趋完善和交通工具的不断改进，人的活动范围迅速扩大，信息传递变得无处不在，我们的教育因而需要面向快速变化的世界，我们所培养的学生应在精神上、技能上和知识上做好准备。这些建议对广外从全球视野考虑自己的未来发展发挥了重要的指引作用。

黄建华认为，外语教学也应重视德育。早在 1985 年，黄建华就在《外国教育动态》第 2 期撰文介绍美国哈佛大学校长 D. 布克谈大学中的道德教育。他鼓励广外的专业教师努力学习马克思主义关于文化问题的论述，深刻认识"一定的文化是一定社会的政治和经济的反映"，学会运用马克思主义的观点、立场和方法，有机结合外语教学及课余活动，对学生做出正确而生动的引导。他还提倡教师运用多种方式，大力弘扬优秀的中国文化，让学生在学习外国语言文化的过程中，时刻不忘记自己是"龙的传人"，通过有意识的中外文化对比，使学生树立起对华夏五千年文明的自信心和自豪感。

在人才培养上，广外形成了外语加专业的特色。广州是我国历史悠久的对外通商口岸，也是我国改革开放的前沿阵地，对外语人才的需求尤其旺盛。广外作为华南地区国际化人才培养的重要基地，就是要为国家培养既熟练掌握外语，又熟悉国际经济运作，了解对象国国情、法律、文化的人才。两校合并后的一段时间内，广外致力于学校架构的一些优化和转型，从以语言技能为主，逐渐发展为语言和专业结合，先后成立了商英学院、法学院以及后来的计算机学院等，为在校学生提供了语言学习之外的多种可能性，培养了一大批既有外语专业能力又具备其他专业能力的人才，同时还培养了许多具有其他专业能力但外语能力也很强的人才。在复合型人才培养方面，广外致力于探索双语教学、全人教育、"外语+专业"等新的教学模式。目前,广外已形成了外语学科与非外语学科"双轮驱动"、多学科多语种协调可持续发展的学科格局,着力推进专业教学与外语教学的深度融合,培养新时代所需要的高素质国际化人才。

发展非通用语种,也是广外的一项重要办学特色。广州离东南亚国家很近,很早就开始关注东南亚相关的非通用语种的开设和教学工作。2000年5月,广外成立了非通用语种教学与研究中心,全面统筹协调非通用语专业的建设与发展。在学生培养方面,采用"双外语-复合型"人才培养模式和"3+1""3.5+0.5"等中外合作办学形式,紧紧围绕人才培养这一主线落实教育质量工程,推进非通用语特色专业建设点的全面发展。经过3年多的建设,2004年3月,教育部正式批准广外设立高等学校外语非通用语种本科人才培养基地。该基地组织各专业方向的教师对对象国国情问题进行学术研究与探讨,推动了国内非通用语各专业的学科建设与发展。

在管理模式上,随着全球化时代的到来以及信息技术的发展,校内教学与校外教学的界限也逐渐模糊起来。广外希望打造一种弹性化的教育模式,以打破当时把正规学历教育与成人教育截然分开的僵硬模式。1999年6月,依托广外的资源,广外创办了一种新型办学组织——公开学院(也称继续教育学院),本着"为学生成才服务"的理念,尝试普通高校"宽进严出"、向社会公开招收自学考试学员进行全日制培养的新路子,为自学考试的考生实现大学梦搭建了平台,为广东省乃至全国的自考助学提供了新模式和新思路。公开学院一直到现在都办得非常好,目前有外语系、国际商务系、工商经济系、艺术设计与信息管理系、大学预科部五个教学单位。

在师资建设上,广州由于有地缘优势,与国外交流比较多,也比较便捷,因此在师资力量培养方面,广外非常鼓励教师们"走出去",用国外的先进教学理念和方法培养我们自己的教师。广外是中国最早一批具有对外汉语教学资格的院校;1986年,广外就成立了对外汉语教研室,从零开始建立对外汉语专业;1997年1月,新合并的大学组建了国际文化交流学院,对外汉语部被合并到国际文化交流学院,专门负责留学生的招生和培养。为了保证教师们的海外进修机会,当时制定了相应的政策,"每招收10名留学生,就提供一名教师的海外进修机会"。有些教师出国进修过两三回,有些还

校长任期届满,黄建华发表离职讲话后留影

在国外拿了学位。这个政策大大优化了广外师资队伍的学历结构,教师的知识结构和学缘结构得到了改善,学术、科研能力也相应有所提升,为广外的可持续发展打下了坚实的基础。

广外的外国语言学及应用语言学研究,特色鲜明、成果显著。2000年,外国语言

学及应用语言学研究中心被评为教育部人文社会科学重点研究基地，词典学研究和词典编纂是该基地三大研究方向之一。

（二）创建辞书研究专业学会

1993年11月8日至12日，广州外国语学院和广东人民出版社联合主办"中国辞书学会首届年会暨第四届全国辞书学研讨会"（广州市），会上，中国辞书学会做出决定，成立双语词典专业委员会，由黄建华担任首届委员会主任。1997年，黄建华推动亚洲辞书学会（Asian Association for Lexicography；简称 ASIALEX）成立，并被推举为首届会长。黄建华还曾担任国际词典学杂志（International Journal of Lexicography）编委。近年来他又合编（第一作者）出版《中法谚语对照手册（漫画版）》（商务印书馆2015年版）、《汉语谚语名句法译辞典》（商务印书馆2019年版）；出版专著《词海泛舟亦编舟——黄建华词典学文集》（商务印书馆2021年版）。

黄建华在亚洲辞书研讨会上作主题发言，当选为亚洲辞书学会首届会长

黄建华是我国现代词典学理论的重要探索者、奠基人，也是新一代大型汉法词典的设计者、编纂者。他主持编纂的《汉法大词典》（外语教学与研究出版社2014年版）是国内迄今规模最大的汉法词典，填补了我国大型汉法词典独立研编的空白。该词典共2271页，累计720余万字，历经16年编纂而成，具有收词齐全、新词新义丰富、术语准确规范、例证鲜活实用、译文地道简明、编排合理细致、语言文化并举、附录新颖翔实等特色。该词典被视为"现代词典学理论的精湛实践"，"表明词典学研究和词典编纂水平已处于国际领先地位"。他的词典学理论探索和词典编纂实践创新，2021年在北

美词典学会的会刊《词典：北美词典学会会刊》第 42 卷第 2 期作为首篇（第 1~40 页）发表，获得世界辞书学界专家及学者的广泛好评。

2006 年，黄建华获中国辞书学会授予"辞书事业终身成就奖"。

2018 年，《汉法大词典》（黄建华主编，2014）获第四届中国出版政府奖图书奖。

（三）兼济天下：中法文化交流的使者

中法文化交流，在我国外交事业中地位特殊，扮演着不可替代的重要角色。黄建华自己的职业生涯可谓与中法文化交流紧密地联结在了一起，他自觉充当中法教育交流和文化互鉴的使者，为中法两国和两国人民的互知互信和友好往来，长期不懈做贡献。他的词典编纂和学术研究生涯，从 1975 年主持编纂《新简明法汉词典》开始，到 2014 年《汉法大词典》出版问世，包括其间的词典学理论探讨，从本质上讲，都是在服务于中法交流，只不过前期主要是服务于中国人学习法语和了解法国的历史、文化、文学成就，以及把法国的哲学、政治、历史、文学等经典名著译介到中国。也正是他本人在改革开放之初因有机会长时间身居巴黎，在联合国教科文组织当译审，才使得他更加体会到，精准深度理解和掌握语言是文化交流的基础，词典这种工具书是最基本的，也是最重要的。

黄建华推动广外与本地法国文化协会的合作

作为中法文化交流的使者，黄建华也是最早一批深刻意识到高质量汉外双语词典的重要性——对外讲好当今中国故事，传播中华优秀传统文化。正是这种使命担当，使得他不畏艰难、躬耕不辍，16 年深居简出，皓首穷经，痴心编纂《汉法大词典》，无论周末还是节假日,他都会在办公室,"为伊消得人憔悴"。他深知这部词典兹事体大,除教育部的指派任务或中法友好活动无法推辞外,其余社交活动他一律婉言谢绝。这部词典的编纂过程,可谓春蚕吐丝、蜡炬成灰,一十六载独守小室一间,整日潜心词海,梳理辞藻万千:收词考究斟酌,立目爬梳剔抉;释义辨析精微,译义推敲琢磨;注解条分缕析,例证典型鲜活。本土海外两相顾,案头学习一身兼;呕心沥血成词典,融通汉法展笑颜。

2024年,是中法建交60周年。如今,黄建华教授仍旧是每天准时到工作室,埋首进行《汉法大词典》的在线更新,以及第二版的修订。

黄建华在中法友好交流故事会上发言

1995年,黄建华接受法国政府颁发棕榈叶勋章(军官级)

四、黄建华谈治学心得

1. 学者当自树其帜

1979年以前,我连 Lexicography(词典学)这个词儿也不知道,当时主持编订《新简明法汉词典》可以说是名副其实地"从战争中学习战争"(从编辑工作中学习编辑)。十余年来,我主编了两本小词典,写了《词典论》及其他一些相关的著作论文。凭这些微薄的成绩,不可能归纳出真正有价值的治学方法,只好流水账式说些个人的零星体会。

(1)学术刊物是"催化剂"。《辞书研究》创刊于1979年,发刊前照例给领有词典编写任务的单位发"稿约"通知,其时《新简明法汉词典》的编订工作已接近尾声,我把自己在编写过程中的一些感受稍作归纳整理,写成《法汉词典选词、译义、词例问题初探》一文寄去。我并不认识编辑部任何人。投稿后犹如石沉大海。不久我就到了联合国教科文组织工作,把稿子的事置诸脑后了。在这当儿,编辑部来了"用稿通知",

并聘我为"特约撰稿人"。这下子令我的精神为之一振。既然当了"撰稿人",总得写点什么,而要写,就得真正有所研究。于是我利用当时在国外的条件,工余之暇一头钻进词典学方面去。那几年不断受到编辑部的督促和鼓励,慢慢地文章也就一篇一篇地写了出来。当初如果没有那个"特约",我就未必会注意词典学问题,兴趣重点也就可能转移到别的方面去了。当然,我们也不必夸大学术刊物的作用,但就我个人的经验来说,它是"催化剂"或"航标器",那是无疑的。但愿《现代外语》对于诸位也多少能起到这种功能。

(2) 遍访名家,取其所长。在法逗留期间,我利用一切机会访问法国词典编纂家、词典研究家;更是不止一次地登门就教专业的辞书出版社(如拉鲁斯、阿歇特)。遇到个别不得其门而入的人士(如 Paul Robert),我竟至凭电话簿在一大堆同名同姓的人当中拨号试找。我就是通过这个办法把居住外地的 P. Robert 约到了巴黎,他下榻豪华的 Grorge V 旅馆会我。话别时,他取出自己的近著 *Au fil des ans et des mots*(《长年累月攻词句》)题赠给我,扉页写下了这么几个端庄的题字:"A M. HUANG Jianhua, en cordial souvenir de Paul Robert. 21 août 1979."后来,我要向国内介绍他的著作时,他还通过我给编辑部发了短函,信中的内容大意是这样的:

编辑先生们:

你们可爱的同事黄建华先生所写的好文章令我深为感动。

我十分乐意由贵刊发表拙著《长年累月攻词句》中关于词典编纂问题的某些段落。

顺致崇高的敬意!

保罗·罗贝尔

这位词典界的长者去世之后,他的助手 Alain Rey 还把《长年累月攻词句》的续集交给了我,扉页上这样写道:"Pour M. HUANG Jianhua, le second volume des Memoires de notre regrette Paul Robert, AU FIL DES ANS ET DES MOTS, en exprimant le profond regret qu'il n'ait pu avoir la dédicace de l'auteur. Son collaborateur fidèle Alain Rey."

通过诸如此类的访问、交往,我的视野开阔起来。固然这不能代替个人对问题的独立钻研,但却能使我吸收新的信息,了解专家们对现状的评价,知道他们如何估量本国词典学研究在世界上的地位,还约略摸到他们对同行的某些观点的看法,总之,由此窥出了一点用功的门径,从而增强自己钻研问题的信心。中国古人十分强调把"勤学"与"好问"结合起来。访问前辈与同行也就是一种"好问"的方式。

(3)"囊括"所有资料,登上一个阶梯。我用"囊括"一词,不过是在有限的时间、空间和主题范围内极言搜集之全罢了。我当时在联合国教科文组织工作,利用它的跨馆借阅制度,一般在三五天内便能借到法国各地有关词典学的书籍。有了这个便利的条件,我几乎把能收集到的资料都尽收行囊之中。充分占有材料,可以说是研究工作的第一步。否则就会耳不聪、目不明,甚至可能重复人家的陈词滥调而不自知。一个学术领域的著作大体有两类,一类是奠基性的,常常难度较大,但非硬着头皮去啃懂它不可。当时我对于 *Etude linguistique et sémiotique des dictionnaires français contemporain* 和 *Intro-duction à la lexicographie：le dictionnaire*，*Manual of lexicography* 等著作，都是反复阅读，遇到不懂之处就请教别人的。另一类是参考性的，浏览得越多越好，只有这样才能了解人家正在探讨什么问题；哪些问题已经解决，再没有什么文章可做；哪些问题有待探索，值得为此下功夫。这样开展研究，才能心中有数、有的放矢。否则，尽管文章你一篇我一篇地发，专著你一本我一本地出，但内容不少重叠而且还是低水平的重复，这其实是纸张的浪费，看起来热闹非常，但学术上并没有前进一步。最可惜的是下了一番功夫，而得出的却是别人早已做过的结论。时下有些论述翻译的文章，就有点给人老生常谈的印象。倒不是作者有意模仿或抄袭他人，而是没有充分占有有关资料并在这个基础上再攀上一个阶梯。

(4) 建造自己的"大厦"。做编辑工作的同志可能都会有这样的印象：一些谈论国外语言学的文章，严格说来并没有多少研究心得，顶多只能算是编译之作。有些利用别人的公式或方法，在极其有限的范围内作一点调查，便据此而成文，当然这也未可厚非。但对于一个研究者来说，如果满足于此，给自己定的标准就未免太低了。知识上的"搬运工"固然可贵，尤其是搬的是域外的"材料"，可以给国人开一开眼界。但"搬运"毕竟不是创造。有一种做法尤其不可取，那就是大段摘引，却不标明是谁家的"货色"，令读者误以为是引者的"高见"。是只热衷于材料搬家，抑或是致力于利用各种材料去构造自己的"大厦"？有志于学术事业的人，当然应该选择后者。即使"大厦"建不成，能筑一间"小屋子"也好。因为这是你自己的创造。

要想做学术上的"建筑师"，那就要努力站到一个新的思考高度，避免单纯就事论事，尤要警惕以偏概全。就拿翻译批评来说吧，我们常常见到纠正误译的文章，有些还对名家"挑刺儿"，这样的文章自然不是全无价值。但如果字里行间显示自己比译者高明得多，那就不太可取了。因为没有疏误的译著大体是没有的，从几百页的书中找出这样或那样的错误并非难事。批评者自己动手来译，或许所犯的毛病并不亚于原译者。因此，你批评的这部译著，单就其错误程度方面而言，要判断它是劣译、佳译抑或是过得去的译品，你就得找出参照数据。例如，你经过大量抽样调查研究，发现类似译品，出自名家手笔的，误译平均每千字不超过两个（这是个设想的数字），出自一般译者的每千字不超过四个。如果你所批评的译著每千字的错误竟达五个以上，那么这时你才可以认定它是拙劣译品。而经过这样的研究所写成的论文，对于别人才有较大的启发价值。因为你已初步提出了评价译著错误度的标准，别人可以径直借用或可以根据自己研究心得或实践经验经修订后应用。如果别人的订正成立，也就是在你的研究基础上前进了一步。例如，我对于多语词典几种排列法所占篇幅的计算式子就曾作过少许的修正，我的能力不足以建造独立的"学术大厦"，但还是想砌上一点自己的"砖瓦"，而不满足于单纯的材料搬家。

(5) 凌空而不落空。有些人急于搭起自己的"体系"，常常热衷于纯概念的推演。

当然，搞学术研究的人思想不能呆滞，而要想得凌空一点。但万丈高楼平地起，外语是一门实践性很强的学科，要搞研究，语言基本功、应用能力及技巧是必不可缺的。请设想一下：研究词汇学的如果是个词汇十分贫乏的人，研究语用学的如果是个语言交际能力极差的人，研究语音学的如果是个口齿不清、发音吃力、辨音能力缺乏的人……试问他们的研究如何能深入下去，他们据以推论而得的"成果"又能有多少说服力？有人就可能问道：你的词汇学为什么不用来指导你丰富自己的词汇？为什么你的语用学对于提高你本人的语用能力竟然不起作用？你的语音学怎么竟无助于纠正你自身的发音？等等。当然，理论水平和实践能力并不是一回事。我们常常见到，抽象思维能力极强的人有的语言应用能力平平，而语言技巧娴熟的人有的也缺乏语言理论素养和逻辑思维能力。但作为一个新型的外语研究者，两方面都不可或缺，而语言的实践能力应该是其基础。我还是举翻译作例子来说吧。一个从未做过翻译或译不出任何像样东西的人去从事翻译研究，那就只能从资料中寻章摘句加以推演概括，由此而搭起的"理论架构"，即使看起来头头是道、面面俱到，但未必有助于翻译实践。反之，备尝翻译甘苦的人，转而从事系统研究，常常能印证自己的经验，闪出智慧的火花；由此而形成的理论往往是引向实际而不是导向漂浮。据我所知，巴黎高级翻译学院（Ecole supérieure d'Interprètes et de Traducteurs）几位学者的专著都是这种情况，作者既是实践家（有的人曾多年在国际机构从事同声传译工作），同时又是理论家。翻译学院规定，要读DEA（大学第三阶段第一年证书）或博士文凭的非从事过三年以上的专职翻译工作不可。这就防止了理论架空之弊。翻译与写作的原理相通，鲁迅是从来不相信文章技巧、小说作法之类的书籍的；现在许多专事翻译工作的人也不去看翻译理论文章，除了他们本人对理论也许有误解之外，与这类文章不少远离他们的实际恐怕不无关系。至于我自己，是先参加了词典编订工作然后才去搞词典学的，在考察理论问题的同时，也并没有忘记实践，似乎只有这样，心里才踏实一点。我也试图运用新的理论见解回到自己的编纂实践中去。《新观念-新词典》（《现代外语》1987年第2期）一文就是这种思考的结果。

目前外语学刊不少，出版物正日益增多，但大多印数不大，其中一些也没有多少新见，发表之后，有如小石子投进大海，在社会上乃至在同行中都不产生任何影响，对自己及对本单位的实践也丝毫不起作用，不说被人引用，甚至连批评意见也没有引起半句。除非那里面真的有什么未为常人了解的价值有待后人发掘，否则这样的文字算是白写了。因此，我们的研究要凌空而不落空，不能以虚构一份文字材料为满足，而应以其社会功效或对实践的指导作用为依归。

（6）不妨选新一点、冷门一点的课题。我开始探讨词典学的时候，外语界问津的人不多，因而我在一定程度上适应了填补空白的需要。我的《词典论》（上海辞书出版社）能得以出书，大体原因就在于此。学术研究的情况常常是这样：有些领域或学科基础雄厚，人才济济，名家辈出；另一些则少人注意，甚至暂时无人涉猎。研究者就应根据自己的兴趣和特长，选定一个薄弱环节，予以突破。在学识上，就总体而言，自己或许永远不能望前辈的项背，但在某点上发前人之所未发，就算有了一点成绩，就多多少少算是一种贡献。反之，只求步人后尘，就永远落在他人的后面，疲于奔命，未必能有所建树。

当然，选择新的或冷门的课题，需要有一点预见性。也就是说要估量一下，你选的这个"冷门"会不会"热"起来，你这门"新科"发展前景怎样。如果，你研究的那个"冷门"只会冷却下去，你所费的功夫就尽付东流了。十余年前，我看到法国的辞书在整个出版物中的比例在迅速增长，我便预计到，中国也会发生类似的情况，后来果然辞书出版量大增，专业辞书出版社在各地先后成立，工具书店纷纷开张，……辞书大量编纂呼唤着理论的指导，于是我们的研究便顺应着社会的需求，而不会是闭门造车、孤芳自赏的东西。

师生当中临别的时候常常喜欢以名言、警句相赠。就我来说，我最欣赏的格言是郑板桥的"学者当自树其帜"。什么风潮来就追什么，哪个人在哪一方面引起轰动就跟哪方面，我以为是没有出息的。

最近，我读到某中央领导同志关于社科研究的一段话："那种从概念到概念，脱离实际的研究，那种只求出书发文章不问是否有用的研究，那种东拼西凑或哗众取宠，不下苦功夫的研究，都是不可取的。"

我愿以这句话与同行们共勉。

2. 为学之难

科研处约稿，希望我为《广东外语外贸大学博士生导师文集》写个总序，令我颇费踌躇。序言理应是导读的文字，5位导师虽然同属语言学的大学科领域之内，然而各有专攻，让我来作概括指引，实在力不能胜。各位导师的治学之道，也各有其独到之处，要归纳介绍，也真是谈何容易！幸而我自己也忝列这5人当中，那我就从自己的体会出发，把一些也曾在别的场合发表过的感想移至此处，聊作序言吧。

古人说："治外物易，治己身难。"如果把"外物"看作是我们所攻的学科，而"己身"则视为个人的道德修养，那么，我想把这话稍改一下："治外物不易，治己身尤难。"而此二者又常常是联系在一起的。

难在什么地方？

为学之初，未得其门而入，往往心浮气躁，看见人家在哪方面取得成绩就往哪方面赶，什么东西时兴，就冲着什么东西用劲。这时，如何能够按照自己的志趣、条件，冷静而又耐心地选准专攻的切入点，一难也。

专攻的方向终于确定，用功之后获得了初步的成绩，一般都迫不及待地要"多出成果"：数量，对于许多人来说，是极具诱惑力的。这时，如何能够耐得住寂寞，认真追求精品，厚积而薄发，二难也。

学问之道，常常是由博而约、复由约而博的循环递进过程。一旦学有专攻之后，不少人就囿于原有的领域，不愿、不敢或毫无兴趣去涉猎其他，不了解现代的学科往往是彼此关联、互为推动的。这时，如何能开阔视野，使自己不致停留在原有的平台上，三难也。

一个人学有所成，往往是成功地运用了某种方法，而且是倾注了巨大心血的结果，因而对自己所熟悉的那一套较为赞赏，对本人所攻的学科有所偏爱，那是十分自然的事。然而，有的人竟至以为，世间上只有自己所借助的方法最正确，自己所从事的那门学科最重要，其余都不值得称道。于是，原先和谐的、彼此尊重的学术气氛大受影响。这时，如何能做到借人之长、补己之短（而不是以己之长傲视他人之短），使自己更上一个新台阶，四难也。

初露头角，在一个小圈子里稍有名气，于是这个"长"、那个"顾问"的头衔飘然而至，聘书、请柬便不时飞来。这时，如何能沉得住气，婉拒不必要的交际、约会，一如既往地保持刻苦钻研的劲头，使自己不致为应酬所困，为浮名所累，五难也。

资历日增，获得一席的学术地位，自然吸引到一些项目纳入自己的名下，社会上有些人也认为，只要某某挂名即可，不必由他亲自动手。于是，不"主"又不"编"的"主编"，无须主管也不必操持的"项目主持人"，便日益多起来。这时，如何能做到既"主"又"编"，既主管又操持，凭自己的切实参与带领一班人推动学科的前进，而不是借他人之力，坐享其成地把自己所拥有的"学术雪球"滚大，六难也。

年岁渐长，学术上具备了师长的资格。有些人便以"宗师"自居，容不得可畏的后生挑战自己的见解，殊不知有新的发现，才有学术上的前进。"弟子不必不如师"，应是常规之理。这时，如何能够做到扶持后学，让他们在"大树底下好乘凉"，鼓励他们超过自己，欣赏他们的创新，而不是有意或无意地抑制他们（其实也是抑制学术的新发展），弄得"大树底下无小草"，七难也。

这七条难处，既涉及"治外物"，也关乎"治己身"；每一条都是一个很高的阶梯，……我摆出这几条"难处"，无非是希望能够与同行共勉。如果这还能对后学起点激励作用，那就可以说是喜出望外了。

（田兵整理）